顧頡剛全集

顧頡剛日記

卷 二

中 華 書 局

目　　録

一九二七年

（民國十六年）

一九二七年一月

一月一號星期六（十一月廿八）

蔣女士偕鄭太太來。到語堂先生處，未到，晤川島，即同往海濱拾貝，到模範小學，遇林校長。懇親會也。

鈔《尚書講義》目録畢。到大禮堂，看模範小學游藝會，艮男在《月明之夜》劇中。六點歸。

看《奇觚室吉金文》。萬里夫人來。

近日晚飯後倦甚，不能不早眠。

艮男居然能上戲臺，雖爲配角，亦大不易矣。

一月二號星期日（十一月廿九）

與履安，振玉，元胎夫婦，介泉夫婦，玉苑到廈門市購風俗調查會陳列品，來回皆以舟。在大走馬路光華吃飯。購物約三十元，定物五十餘元。

看所購物，元胎夫婦來談。早眠。

一月三號星期一（十一月三十）

作《尚書講義第一編》序一千五百言。江濤，元胎，亮丞先生，邵慶元來。

到油印處送講義，看講義及來信。寫父大人稟。寫答賀年片十二分。亮丞先生，振玉，萬里，元胎，川島來談。

豫備功課。

聞亮丞先生言，此間國學研究院下半年有停辦之說。這是想得到的事情，但此半年中我們不能不勉力一做矣。

父大人來信，欲予每月貼六十元，予答函遵命。函中因述叔父數年中見凌狀，乘繼母在滬時言之。

一月四號星期二（十二月初一）

豫備功課。上課，講《尚書餘論》。鈔父大人稟。

到丁山處及介泉處。草《周易的古史》文千餘言。學生會歡送魯迅，予亦赴會。校《週刊》。

點讀《偽經考》第二冊十餘頁。

魯迅先生來此，甚得學生信仰，此次到廣東中山大學，即有四生隨行。夜中文科生又開會作別，聞席中頗有鼓吹風潮之言。

一月五號星期三（十二月初二）

[《廈大國學院週刊》第一期出版。] 到元胎處。草《易經中的古史》文千餘言。草電文，爲保存張天師府法物事，開會商量。

爲沈周等辭職事，及報紙所言，開會質問林校長。到仰之處，冒雨歸。

介泉夫婦，元胎夫婦來談。豫備功課。邱立塔來。萬里來。

今日黎明醒時，憶昨日覽報，黨軍入贛封天師府事，恐道教法物從此失散，擬電致國民政府，請其設立博物院。開會商之，大家贊成，電遂發出矣，快甚。

前日《思明報》上，載林校長對人説魯迅之走，係由國學院內部分爲胡適派與魯迅派之故。開會時，萬里質問之。語堂先生聲色俱厲，蓋數月來辦事不順手，積憤甚多也。

一月六號星期四（十二月初三）

豫備功課。上課，講《僞孔》兩序及皮鹿門文。出考試題十五個。到楚青處，未遇。

寄父大人碑帖，芝生書稿。寫楚青，忭民信。校《周刊》，登日記。理書。《民鐘》副刊主筆陳君來。

國學院同人公餞魯迅先生于會議室。

今日群賢樓一帶，貼有驅逐劉樹杞之揭帖甚多，風潮恐不能免。

仰之事至昨日始定，任院中編輯，月薪八十元。此事辦了半年始成，真不易也。

一月七號星期五（十二月初四）

到群賢樓看揭帖。莘田來談。寫周忭民，油印處，佩真，振鐸，魯弟，龍叔，孟真，沅君，芝生，紹虞，希白，文科主任，謝雲聲，式湘，賓于，援庵先生，谷葦，彬龢信。

發出前日公電文到各報社。亮丞先生來談。

點《僞經考》。

今日學生罷課，限校長于夜十二時前答覆。

一月八號星期六（十二月初五）

寫仲川，崇年，愈之信。亮丞來談昨日會議狀况。到仰之處。

玉苑，仰之來。振玉夫婦來。到鼓浪嶼，民鐘報社爲魯迅餞行，邀我等作陪也。

點《偽經考》十餘頁。

今日劉樹杞辭職，但校長布告云挽留。因此仍繼續罷課。

今日同席：魯迅　玉堂　萬里　川島　李碩果（經理）　陳允洛　陳昌標（範予）　梁唯明　李鐵民（以上編輯）　陳一民(《申報》駐廈記者)

一月九號星期日（十二月初六）

與萬里等到鼓浪嶼，校長為魯迅先生餞行，邀我等作陪也。

三點歸。丁山，元胎來談。

與萬里理樸社寄來書籍。點《偽經考》。

今日同席：魯迅　玉堂　萬里　孟恕　亮丞　川島　集通經理　盧仰志　陳德恒

林校長當了許多人的面，招我入小室談話一小時，我很怕川島挑撥感情，故歸時即當眾宣布之。

一月十號星期一（十二月初七）

作《天后》一文畢，四千餘言，入《周刊》。仰之第一天到院。

編第三期《周刊》。

豫備功課。寫張葦鄰，劉谷葦信。到張早因處談話。

學生為劉氏雖辭職，而校長布告但云"挽留無效"，不曾明白免其職，認為不滿意，仍繼續罷課。

我近日精神真不安定。其故：

（一）學校前途未知如何？

（二）國學院前途未知如何？

（三）院中來了川島，專好挑撥，不能不防。

（四）學校停閉日多，找我為之覓事者日眾。

（五）康媛到滬，在繼母手中未知何若。

（六）父大人決計歸家，此後奉養之費從何籌出。

（七）來此本想好好讀書，迄未如願。

（八）北京不知何日可去。

一月十一號星期二（十二月初八）

與履安到兼愛樓看屋。寫答賀年十二片。寫小鵜，孟韜，孝徵，芝生，悟梅，黃覺民，沅君，式湘，賓于，其可，隅卿，逮曾信。

爲研究生等事開會。

到介泉，夷庚，元胎處談話。

今日爲了開會，害得我頭痛了一夜，只得不工作了。我性不適于團體生活，而勢不能端居，奈何！

一月十二號星期三（十二月初九）

［第二期。］粘貼信件郵票。寫日記。算購買風俗物品賬。爲福州之游寫院長信。

寫魯弟，繼母，自明，仲澐信。答賀年片五。寫上海同社，北京同社，伯祥，緝熙，敬文，乃乾信。到亮丞先生處闢謠。

整理半年中講義。

今日學校提前放寒假。

川島告予，謂學生方面的信息，予與亮丞先生爭作國學院主任。此語何來，駭甚。

一月十三號星期四（十二月初十）

看龔達清課作。整理講義。寫總秘書信，爲請款游福州事。校長餞別魯迅及劉樹杞，於鼓浪嶼大東旅社設宴，凡四席，幾不歡而散。飯後，與介泉，夷庚到觀海別墅及林家花園游覽。歸，遇江再傳君，同舟。

元胎夫婦，萬里夫婦，澤涵夫婦來談。

點《僞經考》第二册畢。

席中，校長謂有人謀作厦大董事，謂之曰："只要你們肯捐錢，就可作董事，任是一毫一仙也是好的。"魯迅先生疑其諷己，遂以小洋兩角與校長，説"我捐二十仙"。校長還之，不肯受，其勢洶洶，將演武劇，幸席散而罷。今日予適坐于玉堂，楚青二人之間，又與魯迅及校長等同桌，頗踧踖不安。因思及戲中之《群英會》。

一月十四號星期五（十二月十一）

作《周易中的古史》約三千餘言，尚未畢。與萬里，振玉到許大夫處。

點《新學僞經考》十餘頁。莘田來談。

一作文即有新發見，何其快耶！相形之下，在酬酢寫信之中費去的時間更覺其不值得矣。

一月十五號星期六（十二月十二）

讀"箕子之明夷"條注文。到印刷所兩次。陳夢韶來談。到魯迅先生處作别。

與元胎到林校長處，請于支票上簽字，到集通公司取款，到海關訪李宗明君購票。到蘇州船訪魯迅。到陶園吃點，歸。

到萬里及莘田處。點《新學僞經考》十餘頁。

亮丞先生在山上跌交，傷其右臂。

夏葵如君由滬到港，經厦門，見訪，予適到市，未遇。夜歸，已不能往矣。

一月十六號星期日（十二月十三）

到亮丞先生處問疾。到玉堂先生處辭別。到茗之處，到薛永黍先生處談話。到川島處。寫高夢旦信，爲《厦大季刊》也。

到院，理書物。記日記。

理物。

一月十七號星期一（十二月十四）

十點出校，十一點上海康船，住二等十號房。見林校長及劉楚青。劉未行，其夫人由陳芝美送去。予與介泉，茗之一室。元胎夫婦一室。飯，予仍三碗。看《漢書·匈奴傳》。九點睡。

海康船爲 Douglas 公司者，行香港，厦門，福州，英文名 Hai Hong。

一月十八號星期二（十二月十五）

天未明，風浪甚大，予未吐，起身看《繹史》。九點許，到羅星塔，候一小時，十點許下汽船，行二小時許，到福州。換小船登岸，進法大旅館，孝泉先生請吃飯。飯後到沂春園洗浴剃頭。回旅館吃夜飯，到市街散步，買風俗物品。寫履安，式湘，自明信。

閩江風景甚美，迥異于厦門之枯燥。

一月十九號星期三（十二月十六）

［第三期。］八點許出，至西來大餐館進早點。游城南公園（左公祠）。出，茗之別去，我們循大道到水部門，路逢槍斃囚犯。進城，上于山，游玉皇殿及呂祖祠。下山，到通津門旁亦蘭亭吃飯。到南大街買地圖及印章，遇王昆侖君，同到總指揮部訪悟梅。談久，昆侖別去。予等辭出，訪孝泉，未遇。復游南大街及附近街巷。訪游藝園，無戲。遇藍耀文。出南門，到小館吃麵。雇車歸寓。飯後，式湘及鄭坦（思勤）、疇（伯修）叔侄來談，邀演講，

定于星期日。看《漢書·匈奴傳》畢。

一月二十號星期四（十二月十七）

早至東來吃點，到青年會看報。回店，晤式湘，同到市買唱本及小說。歸，芝美，孝泉，賓于并至。飯後同出，到西湖公園吃茶坐船。到督署前買漆器，到別有天吃夜飯，賓于，式湘所邀也。飯畢，冒雨訪昆侖，費時甚久始得其寓所。適出，晤賈祝年，李希仁諸君。冒雨歸寓，李挺超君適在，談戰事。

一月廿一號星期五（十二月十八）

早至南大街，遇藍耀文，同至馬玉山吃點。出，介泉別去。遇龔明禮，同到石遺先生家，觀花光閣藏書，承贈著述四種。出，到南軒吃飯。飯後，予與元胎以明禮之導，到北後街龔宅看書，未得入。退至南後街，到聚成堂，醉經閣，藏古堂等處選買書籍。歸旅社，來談者甚多。寫語堂，川島，父大人信。

今夜來訪者：昆侖　挺超　賴清元（仁如）　魯純仁　思勤
袁冠新（世彬）　汝嘉

一月廿二號星期六（十二月十九）

早，悟梅來，同到東街訪蔡馬二先生，談半小時。遇祝年，同商歡迎二先生事。出，悟梅邀宴于聚春園。到南後街，又買書百餘元。到龔家，以無人，留條而出。冒雨回南後街取書，雇車歸旅社，豫備明日講演。吃蛋炒飯，到新華臺看陳靖姑劇。八時一刻開演，十一時半演畢。祝年，思勤來訪，未晤。

一月廿三號星期日（十二月二十）

早，與元胎同至南後街，囑咐書鋪。到安民巷，訪鄭思勤，未晤。到聚春園，公宴蔡，馬二先生，同席凡三十五人，說話人極多。予以孑民先生之命，報告廈大狀況。午飯自十一時直至二時半。出，即偕元胎到法政學校演講，政務委員爲我等發起之學術講演會也。予講"研究國學之方法"，元胎講"思想與行爲"，均約五十分鐘。出，與賓于，明鑑同到街上買風俗物品。又到聚春園，應政務委員會教育科之宴。歸，挺超，謝東山等來談。十二時眠。

今午同席：蔡孑民　馬彝初　姜紹謨　勵德人　張紹琦　王星舟　袁冠新　王昆侖　李大超　汪滌陳　賴清元　賈祝年　王悟梅　黃俊昌　李希仁　周一志　范映霞　黃鐘　何朝宗　王漱芳　冷欣　宋思一　顧千里　金鐵鳴　李在冰　吳醒耶　高方　茗之　介泉　元胎　式湘　賓于　予

今晚同席：黃魯貽　蘇道如　鄭思勤　劉慶平　陳灼孫（此教育科中人）　式湘　賓于　元胎夫婦　茗之　介泉　予

一月廿四號星期一（十二月廿一）

早在寓讀《易林》，鈔出應用材料。式湘來，醉經閣送書來。下午賓于來，同至蔡先生處，談半小時。到南街買物，往訪陳明鑑，同到南後街買風俗物品，又到總督後買漆器，歸，夜，芝美來，邀往廣宜樓晚餐，冒雨歸。寫龔惕庵及王孝泉信。

一月廿五號星期二（十二月廿二）

在旅社看萬里泉州第二次游記。賓于，式湘，姚華荨，陳泗孫來談。

與賓于，式湘，介泉坐船到協和大學，參觀校舍。

在式湘家吃飯，看所購三民主義書籍。

一月廿六號星期三（十二月廿三）

［第四期。］黃重鎧來談。與式湘，賓于，介泉同游鼓山，坐肩
輿而上。在涌泉寺吃飯，到喝水岩看宋元來題名石刻。薄暮歸，微
有雨。

看式湘藏書。

一月廿七號星期四（十二月廿四）

介泉先歸。到賓于處，許即城來談。與賓于坐輪回城。

看《性史外集》，畢。到美豐銀行取款。到孝泉處，未晤。到
聚成堂，買書。

與賓于元胎到江上妓船及岸上妓院游覽。

一月廿八號星期五（十二月廿五）

王孝泉先生來。獨進城，赴教育科改造教育委員會之招，蔡，
馬二先生及予皆被邀演說，予說福建當多立通俗圖書館及講演所
事。到聚成堂購書。

還旅館吃飯，知明日船即開（以陰曆年底故），因至蔡先生處
說明，并送船票。又到聚成堂選購書籍，總凡四百餘元。到電局發
報。出城，遇芝美。

蔡馬二先生來。寫聚成堂，孝泉信。理物。

一月廿九號星期六（十二月廿六）

六時起，整理物件下船，到義和洋行碼頭，入小輪。九點許
開，中途式湘，賓于下船。十一點上海康輪。一點許開。

舟出福州灣，風浪頗惡，元胎夫婦及賓于皆吐。予與式湘登甲
板。回艙看幻洲靈閣專號。

八點許即眠。

一月三十號星期日（十二月廿七）

九點餘，船到埠，語堂先生來接，下小舟到廈門酒店，送蔡，馬二先生入寓，獨歸。與式湘，賓于，元胎夫婦到南普陀吃飯。

歸家，理帶歸物件，看兩星期中所到信件。振玉，介泉夫婦來談。

元胎邀夜飯，飯畢到川島，振玉家談話聽留聲片。十二時許眠。

一月卅一號星期一（十二月廿八）

到仰之處，未晤。到式湘，賓于處，同到國學院。到大門口迎接蔡，馬二先生，伴同參觀國學院及生物學院。

在校長室公宴蔡，馬二先生，演說者有二先生及語堂先生，采真，式湘，元胎，苕之等。飯畢照相。記日記。亮丞先生來談校事。

與川島，介泉合宴蔡，馬二先生于南普陀。以無船，伴二先生游博學樓，送至生物學院睡眠。

今晚同席：蔡先生　馬先生　賓于　式湘　德人　苕之　振玉（以上客）　介泉　川島　予（以上主）

亮丞先生告我，謂林校長此次到新加坡，蓄意攆去林語堂先生，囑他與我二人勿與其事。但我已決意不獨留。非關朋黨，蓋此間并無辦好研究院之誠意，同事排擠又急，留此亦做不出什麼事業也。

一九二七年二月

二月一號星期二（十二月廿九）

到蔡先生處，商就中山或燕京兩大學職務。送他們上船。細看樸社賬目。

算此次福州游覽購賬目。看《北大國學門月刊》第三期。

振玉邀吃年飯。看數日中報紙。

今晚同席：亮丞先生，介泉，川島，式湘，賓于，振玉夫婦，莘田。席間回思舊事，甚起悵惘，蓋前數年于新正中必可相聚也。風流已散，奈何奈何！

江西省政府有覆函來，謂天師府物件運省保存。此非好辦法，當再去函。

二月二號星期三（丁卯元旦）

［第五期。］到江再傳處及介泉處。寫孟餘先生，適之先生長函，開武昌中山大學應聘條件。

寫啟明，幼漁先生，喬峰信。

澤涵，仰之，蔣女士來。與履安，艮男等到禮堂看《情天劫》電影及新聞記者新劇。

武昌中大與燕京大學同時見聘，以燕京爲教會所立，故先儘中大。今日去函商條件，要求在京作研究，每年抽出一月到武昌講演。一年作旅行一二次，五年到國外游學一次。如能許我，則此後研究之業可上軌道做去矣。否則燕京亦許我專作研究，尚有去處耳。

二月三號星期四（正月初二）

寫乃乾信。與賓于，式湘，介泉，元胎夫婦到海邊拾貝。理《蔡先生言行録》等付毛瑞章。爲元胎們寫斗方四幅。

與介泉，賓于到南普陀，聲金，澤宣，貴定，雨階邀宴也。到國學院與蔚深談話。記日記。

在家宴客。

今日天氣熱甚，直如初夏。生活久不上軌道，人更疲乏。

今晚所宴客：夷庚先生　仰之　亮丞先生　澤涵　振玉夫人

蔣女士　　川島　　莘田

二月四號星期五（正月初三）

看《玉芝堂談薈》。寫叔父，父親，逮曾，緝熙，伯祥，曉先，崇年，愈之，上海社員，予同信。賀年片五。看《中西回史日曆》。

看李石岑《人生哲學》。多日勞動，倦甚，早眠。

今日起風，天氣陡寒。研究院放假後，寂無一人。在此作事，極靜謐。不知何日得長保此境也。

工作豫計：

二月二十號前，爲《廈大國學季刊》作《周易中的古史》。

三月三十號前，爲亞東本《東壁遺書》作序。

四月，爲北大研究所作《孟姜女故事專號》。

五月，爲《廈大國學季刊》作《皇與帝》。

二月五號星期六（正月初四）

理書函及雜紙。寫謝雲聲，石岑，彬龢，芝生（二），清華歷史系，援庵先生，沅君女士，魯弟，康嬡，兼士先生，萬里信。賀年片一。

標點稷王山兩文，未畢。

兼士先生與我相處三年，而處處疑忌我爲胡適之派，我反對伏園，川島全是爲公，而彼對人揚言，以爲是黨爭。可見他之拉我，非能知我，乃徒思用我耳。今日去函，辭北大職務。

與沅君女士書云，廈大起了風潮，而我仍須爲他們的《周刊》《季刊》作文之故，實因我們來此半年，勞于籌辦，尚無成績發表，使即此離廈，未免使人笑爲"徒餔餟"，故只要廈大不解散，總想在此半年中出版書籍數種，《周刊》《季刊》二十餘册。到了暑假，我就一去不顧了。若他們要解散廈大，那麼，我爲廈大所作文便可送給北大。

二月六號星期日（正月初五）

編《周刊》一期。標點稷王山兩文。

作稷王山兩文書後，未畢。亮丞先生來談。

式湘歸，談話。與式湘，元胎夫婦打牌四圈。

萬里來書，謂我行後，廈大中有流言，謂我向校中當局暗送秋波。可笑！

二月七號星期一（正月初六）

與式湘，元胎到廈門郵局寄信，遇沈省愚，同到鼓浪嶼，訪語堂，未晤，到亦可亭吃飯。

飯後，到英華學校參觀，到林家花園游覽。到語堂先生處，晤見。到史祿國處，未晤。到青年會，晤勵德人。到中華印書館購物。

歸飯。泉州游侶歸，談話。

二月八號星期二（正月初七）

與式湘，賓于及履安，艮男游白鹿洞及虎溪。

與式湘，賓于，莘田，介泉，川島，振玉，元胎，仰之，亮丞先生到青年會，爲國學院歡迎蔡，馬，陳，鄭四先生。

到黃開宗處，爲宴陳，鄭事。到振玉及莘田處。

二月九號星期三（正月初八）

[第六期。] 仰之來談。譯蔣伯誠來電。到院，商量閩學會事。

廈大在群賢三樓宴蔡，馬二先生。看《學衡》全分。寫完適之先生信。

到南普陀，茗之設宴也。看履安等在振玉處打牌。

川島小人，處處挑撥。我要對付他，時間精神均覺可惜。我要讓他，又使他快樂。這真是難辦的事。

我本立定主意與語堂先生同進退，今看他爲川島挑撥，對我頗疑忌，我覺得不必作此無謂之犧牲矣。

二月十號星期四（正月初九）

送式湘行，到大學碼頭。爲廖碧虛寫條幅。

遷居至兼愛樓，整理物件，倦極，夜休息。介泉夫人，元胎夫婦來談。

二月十一號星期五（正月初十）

與賓于到廈門，訪蔡，馬二先生。勵德人兄留飯。送式湘上海澄船。

與賓于同到新民書社買書，大走馬路買電燈。頭痕，神倦，早歸，休息，看《梵天廬叢録》。

近日予傷風頗劇，晚上咳嗽，早起多痰。

賓于告我，聞川島言，魯迅説："賓于，式湘因爲是顧頡剛薦的，所以偏偏不用。"他現在正托川島覓國文教員。按，魯迅對于我的怨恨，由于我告陳通伯，《中國小説史略》剽襲鹽谷温《支那文學講話》。他自己鈔了人家，反以別人指出其剽襲爲不應該，其卑怯驕妄可想。此等人竟會成群衆偶像，誠青年之不幸。他雖恨我，但没法罵我，只能造我種種謠言而已。予自問胸懷坦白，又勤于業務，受兹橫逆，亦不必較也。

二月十二號星期六（正月十一）

與賓于到介泉處談話，聽唱留聲片。元胎留吃午飯。

到研究院。到青年會，爲廈門北大校友會開成立會也。與元胎及賓于上街買書。

采真邀宴，在青年會。歸，看《狂飈》。

二月十三號星期日（正月十二）

到南普陀，聽蔡，馬二先生演講。聽畢，寺中邀吃飯。

飯後雨久不止，與定謨，亮丞諸先生談話。四點，雨尚未停，遂冒雨歸。理行裝。

邀元胎夫婦，仰之，澤涵，圭貞，賓于在我家吃飯。飯畢，與元胎，賓于冒雨到青年會，衣履均濕。十一時眠。

二月十四號星期一（正月十三）

四點半即起，上大通船，正雨。七點開，九點許到浮宮，坐汽車到漳州，宿于公園西首之西園。往公園及古玩鋪，購得一日本之古鏡。

飯後，坐汽車到雲洞山，觀月峽之勝。又到江東橋。歸城，浴于大觀園。

到孟溫先生家吃飯。飯畢，看蔡，馬二先生寫字。看妓院。

到此半年，今日在林家始吃得閩南整桌菜，蓋以前在廈門所吃盡福州菜也。閩南菜以燒豬爲貴味，而豬之肺肝亦多入看饌者。

漳州街道寬廣，風景優美，頗適居家。

二月十五號星期二（正月十四）

早起，與元胎出外剃頭。十點，與大家同游西溪，歸途又同游南山寺。樊洙溥兄來談。

蔡，馬二先生往禮拜堂講演，予與振玉，元胎，孟溫游東嶽廟及各古玩鋪，又至古香齋買書籍印色。看賭博場。

到廣東館吃飯。看林和清先生詩詞。

二月十六號星期三（正月十五）

[第七期（發）。]漳州旅外學生會招予及蔡，馬二先生往照相。與子民先生談校事。與黃仲琴先生談話。

飯後坐汽車到浮宮，在站讀報，知國學院業已停辦，惟留予及亮丞先生二人。上大通船，與蔡，馬二先生商院事。晚歸，仍冒雨。

到振玉處，與大家商量院事，與亮丞先生商尤久。

國學院之停辦，予早聞之，至今日而果實現。惟院中一切教職員全數辭退，則實想不到耳。予與亮丞先生雖被挽留，勢難幹下，蓋校長性質，既膽小，又糊塗，實不能為之盡力也。

今年元夜時，苦雨黃昏候。不見去年人，泪濕青衫袖。

二月十七號星期四（正月十六）

冒雨送賓于上船，到青年會，晤蔡，馬二先生。繆子才先生請吃飯，同席為莘田，介泉，元胎，及子才之子孝感。

開會商量研究院事，到者蔡，馬二先生及語堂先生，振玉，介泉，元胎，川島，莘田，玉霖等。晚歸。

仰之，澤涵來談。

夷初先生勸予勿辭職，先向校長提出質問書，質問停辦國學院及辭退院中各教職員之理由，俟其答覆而後再辭職。會中全體無異議。于是予遂不即辭職矣。

晚，小舟抵碼頭時，予右足已上，左足在船，船為浪激忽離岸，予幾墜水。介泉在岸，竟不一挽。

二月十八號星期五（正月十七）

到澤宣先生處，亮丞先生亦在，談院事。振玉，澤宣來，商院事。

草與林校長書二千言，質問停辦國學院及辭退教員之故。仰之，元胎來。

元胎夫婦來談。

　蔡，馬二先生今晨乘集美漁船赴溫州。

二月十九號星期六（正月十八）

　修改與林校長書。到介泉處送書稿，交大家看。到研究院，與亮丞先生談話。補記日記九天。到圖書館，遇定謨。仰之，振玉，川島來。玉霖來。莙之來。

　將致林校長書鈔錄二份，送校長室，寄新加坡。介泉夫婦，元胎夫婦，玉苑來。與履安到山上看瀑布。

　寫陳嘉庚先生信。

　書室窗外，有“三折澗”（石遺先生所名）瀑布。近日多雨，聲大作。居屋有此伴侶，大佳。

　自到廈門大學，已歷六月，除編講義外竟無成績，日惟勞于酬酢。幸游福州，泉州，漳州，得廣聞見耳。生活長此不變，予之人殆廢矣。予非絕對不能治事，但我總覺得不如研究學問之值得耳。只要不讀書，總似這一天是白活的。心習已成，不能改，亦不願改，而社會上偏不容我如此，此予之所以多悲憤也。

二月二十號星期日（正月十九）

　夷庚先生來。玉霖來。元胎來。理信札雜紙。

　寫芝生信，開條件與燕京大學，即鈔清。算與諸友關係之賬。到莙之處。

　仰之來談。

二月廿一號星期一（正月二十）

　寫父大人，魯弟，尹默兼士二先生，希白信。算游福州賬。到黄開宗處，看校長來電。到院，晤蔚深。

到介泉處談。振玉來。莘田來。

看梅思平《春秋時代之政治》一文。

《民鐸》八卷二號中，有梅思平先生《春秋時代之政治及孔子之政治思想》一文，極好，能將予欲說而不能說的話說出。

二月廿二號星期二（正月廿一）

與林校長書，辭絕文科教授事，且將去年名譽講師聘書却還。元胎來。江濤來。仰之來。補記游福州時日記七天。

寫伯祥，曉先，孟真，式湘，賓于，隅卿，嚴幼雪，張仁寬，玄同先生，紹虞信。元胎來。

晤藍耀文。為語堂先生要改質問書，到群賢樓打電話。到介泉處。

質問書在《民鐘報》登出，居然刊在電文之前。語堂先生以予承認院中同人有投入風潮漩渦者，頗不滿意。其實起風潮非可恥事，何必自諱耶！

今日學校布告，開除風潮主動分子十九人，中有予之學生四人，易諒坤，藍耀文，杜煌，陳劍鏘也。

二月廿三號星期三（正月廿二）

［第八期。］作《怎樣讀書》講演稿，備明日講演。到研究院取物。夷庚先生來。碧虛來。

仰之來。題《柳洲詩話圖》。

上海人歡迎黨軍，為孫傳芳慘殺若干人。凡街上派傳單的，不加訊問，就地斬首。商務館編輯謝福生君亦在其列。聞一日殺至百餘人。上海全體罷工，故多日無來船，亦無來信。上海報紙因在高壓之下，相率停刊。數十年來，未有此也。

二月廿四號星期四（正月廿三）

鈔改講演稿，共四千言。到研究院取物。

仲琴先生來。到莘田處，與莘田同到青年會，吃飯，出購物。在青年會晤凌濟東先生。七點半講演，八點三刻畢，坐轎歸。

今晚聽者約二百餘人，青年會會場滿矣。女子竟占三之一。

凌冰先生伴美國 Kilpatrik 自粵來此。

二月廿五號星期五（正月廿四）

寫蔚深信，爲宴凌濟東事。與振玉到太史巷捷昌公司訪黄仲琴先生。出，到昌日街古玩鋪買貝殼，到市買什物。

仲琴先生來，導游國學院及圖書館等處，宴之于南普陀。履安亦去。

偕仲琴先生到振玉處看書畫，送之出校。到元胎處，蔚深處談話。

今晚同席：黄仲琴先生　黄德光　陳屏侯（宗藩）　振玉夫婦　元胎夫婦　予夫婦

《厦聲報》記者評予昨日演講，謂"聲細而速，又雜蘇音，頗難領解"，此語甚確，予本不能講也。

二月廿六號星期六（正月廿五）

寫萬里信。澤宣先生來談。標點予同《僵尸的出祟》，大白論《静女》兩文。

元胎來。擬《古史辨》第二册以下目錄。

元胎夫婦，仰之，澤涵來談。記日記四天。點劉半儂先生論《静女》文。

今日本擬辦樸社事，而久不習静，此心放而不收。只得標點《古史辨》文字，藉以輕簡之工作度此光陰矣。

我近來多感痛苦，由于別人儘以出風頭機會給我，而我欲自覓一讀書之機會。兩相衝突，遂至不寧。

二月廿七號星期日（正月廿六）

到研究院。黃覺民來。點適之先生及春臺評《古史辨》兩文。

點孫明復小集數文，入道統論，記筆記三則。仰之，元胎夫人，振玉，履安打牌。澤宣來。

看《三民主義》中民生主義。

二月廿八號星期一（正月廿七）

到蔚深處。到振玉處。到研究院，伴凌冰先生參觀，并到化學院諸處。到南普陀，宴凌先生等。

與凌先生等到兼愛樓寓所，又到鍾心煊先生處。又到徐軒金先生處，看他所藏的古泉。凌先生別去。予至澤涵處。

校《怎樣讀書》一稿。看民生主義第一講畢。看雲南游記。

今日同席：Kilpatrik　Allgood　林文慶夫人　凌濟東　余少文　黃仲珪　徐聲金　華祖芳　江澤涵　駱文彪　張祖蔭　白鴻基　許雨陛（以上客）　鍾心煊夫婦　孫貴定夫婦　莊澤宣夫婦　予（以上主）

一九二七年三月

三月一號星期二（正月廿八）

到研究院取物。點校孫仲容《釋棐》，《釋翼》，宋濂《禄命辨》。爲不放二月份薪事，到黃開宗處質問，晤定謨，李英標，詹汝嘉。（黃開宗，一不知天地爲何物之人，居然做起文科學長，并無理扣留上月薪水，可笑。質問後無話可說，即發出矣。）

到會計課領薪。寫孟真快信。與履安，艮媛到後山自來水池游覽。

理抽屜。元胎來。

孟真來了兩封快信，要我到廣東中山大學辦中國東方語言歷史科學研究所，并謂魯迅在彼爲文科進行之障礙。魯迅知此間研究院停辦，講朱騮先邀其餘人而獨排我，孟真則欲獨招我。

魯迅對于我排擠如此，推其原因，約有數端：

（1）揭出《小説史略》之剿襲鹽谷氏書。

（2）我爲適之先生之學生。

（3）與他同爲厦大研究教授，以後輩與前輩抗行。

（4）我不説空話，他無可攻擊。且相形之下，他以空話提倡
　　　科學者自然見絀。

總之，他不許別人好，要他自己在各方面都是第一人，永遠享有自己的驕傲與他人的崇拜。這種思想實在是極舊的思想，他號"時代之先驅者"而有此，洵青年之盲目也。我性長于研究，他性長于創作，各適其適，不相遇問可已，何必妒我忌我！

三月二號星期三（正月廿九）

到研究院取物。到元胎處，修改其致省政府請干涉厦大信。理書架。

算樸社分紅賬。寫仲川，緝熙，崇年，乃乾信。振玉來。蔚深來。

仰之，澤涵來。

三月三號星期四（正月三十）

到研究院取物。到元胎，振玉處。看《現代評論》第二次增刊。（上午頭痛甚，或以昨晚算賬之故。）

到介泉處。黄、容二夫人來談。鈔《毛公鼎》，《盂鼎》跋（吳大澂）。張祖蔭來取款。

艮男不肯讀書，打之。

三月四號星期五（二月初一）

到研究院取物。晤振玉。寫兼士先生信，詳告此次風潮狀况，凡四千餘言。介泉夫婦來談。

亮丞先生來。元胎來。莘田，振玉來。到研究院，與亮丞先生同到兼愛樓，訪許雨階，囑其調停辭退教職員之薪水。

昨得亦寧書，寥寥無幾，計不通書者已三閱月矣。如此相待，不如相忘，爲鬱抑者久之。

三月五號星期六（二月初二）

寫赤霞丈，起潛叔，姚名達信。到研究院。晤夷庚。元胎來。腹痛，瀉一次。

粘貼《蒙古車王府曲本目録》。送元胎夫婦上船。到川島處。

理雜紙及稿件。

三月六號星期日（二月初三）

寫謝雲聲，希白，孝泉，仲澐，覺民，應麒，崇年，辛旨，士楨，佩真，蔡師母信。

與履安游三折澗，到仰之處。

廖碧虛來。仰之，澤涵來。校點與兼士先生書。

武昌中山大學來電促行，署名者爲戴夏，邀予及語堂，魯迅兩先生。

三月七號星期一（二月初四）

到研究院，與亮丞先生談話。寫汪劍餘，蘇演存，崔盈科，徐旭生，陳繩夫，谷鳳田，元胎，希曾，王祝晨，盧逮曾信。夷庚先生來。

將容氏所用木器搬來。蔚深來，同到他家看磁像。

寫父大人信及道真女士信。

　與道真女士書曰："閩中春季，非風即雨，鮮見晴和之日。顧念身世，如萍飄絮泊，一二月後更不知漂流何所。小樓聽雨，倍增惆悵矣。"

三月八號星期二（二月初五）

到振玉處。到研究院。遇語堂先生。寫乃乾，子震，式湘，賓于信。

到川島處。到振玉處。與仰之到史禄國處談話，又到徐聲金處。歸，介泉夫婦來談。

讀《文選》，記筆記三則。

　自一月三十日自福州歸來，至今四旬矣，爲學校停辦國學院，爲蔡、馬、凌、黃諸先生來厦，爲青年會講演，爲清理信件，爲算樸社賬目，爲下半年職業之豫備，爲種種零碎之交際，爲遷寓，鎮日亂忙。學術上之工作不過三四天，損失至此，何以自堪。近日稍閑，欲爲工作，又以心緒甚亂，放心難收。只得翻開《文選》讀之，作不用心之工作耳。

三月九號星期三（二月初六）

黃仲琴先生來。寫魯弟，通伯，彬龢，谷葦，高叔華，亦寧信。

莘田介泉來談。

仰之來談。

三月十號星期四（二月初七）

寫予同，仲川，崇年，芝生，緝熙，張歆海，心存信。算樸社賬。

與履安到廈門寄信買物，走去走歸，遇邵爾章，常惺，白鴻基，采真，江濤，傍桂等人。

點與予同書鈔本。

近日天稍熱，廈門街上已頗臭。如是不潔而欲求免瘟疫，得乎！

寓舍旁田畝中，入夜蛙聲大作，蟋蟀聲亦大作。此與梅花桂花同開正類。因知十二月花名蓋江蘇人所擬也。

三月十一號星期五（二月初八）

到圖書館看報，到莘田處。寫戴夏，孟真，適之先生信。

亮丞先生來。澤宣來。蔚深來。川島來。

仰之來。理《續清經解》。

昨日林校長自南洋歸，今日亮丞先生去，知國學院可以恢復。因此予擬做到暑假，即日通知辭職。所以不即行者，以維持半年辛苦經營之機關也。所以終于辭職者，免爲語堂先生們所罵，多出許多討厭事也。

三月十二號星期六（二月初九）

剃面。振玉來。爲黃仲琴先生書斗方，即書函寄去。莘田來。記日記。

與亮丞先生到校長家商院事。到莘田及振玉處，并晤介泉，川島，茗之等。到仰之處。

寫元胎，萬里，孟恕，丁山，子民夷初先生信。

以前研究院中教職員：

張星烺（留）　林語堂（決辭去）　周樹人（已自辭）　顧頡剛（留）
史禄國（今挽留）　陳萬里（挽）　王肇鼎（挽）　潘家洵（自辭）
章廷謙（決辭）　孫伏園（自辭）　黃堅（挽）　丁山（挽）　程憬
（挽）　容肇祖（挽）　林景良（辭）　凡十五人

三月十三號星期日（二月初十）

到莘田處，勸其勿辭。到介泉處，他勸我辭。

鈔《越郡書賦題解》中之禹迹。仰之來。繆子才先生來談，留飯。

振玉來。

昨日到校長處，彼謂可聘振玉爲校長室秘書，并約今早去。余往述之，振玉于今日去，乃未言及。此頗使予灰心。校長性情如此，如何可與之辦事耶？余此留職，不畏人罵，而畏人笑，畏人笑我留此而仍不能作事也。因擬作與校長書。

三月十四號星期一（二月十一）

寫林校長書，要求三事。繆子才來談，早點。亮丞先生來，商研究院改組事。采真來。

仰之來。鈔禹迹訖。澤宣來。寫語堂信，陳述不行之故。

鈔致林校長書。

采真來，謂集美國學專修科中學生知我將行，欲我前往任課。以怕上課，却之。

與亮丞先生商改組計畫，并圖書，陳列，編輯，造型，出版諸部爲事務部，僅設襄理一人，書記二人。如是，可減却許多閑人。

三月十五號星期二（二月十二）

鈔《楚辭》中之皇帝，訖。到亮丞先生處。晤夷庚。

選鈔《古史辨》卷頭語二則。到亮丞先生處。到莘田及振玉處。

鈔《詩經》中之皇帝字。

昨得孟餘先生書，謂武昌中山大學經費設備俱感缺乏，囑到廣州中山大學。

夷庚先生告我，謂校長并無誠意恢復國學院，云恢復者假話耳。聞此心頭一冷，證以不宣布停辦理由一事，似可信。

三月十六號星期三（二月十三）

校宋濂《燕書》。鈔《孟鼎》文畢。

到亮丞先生處。到莘田處。寫致林校長辭職書。

寫語堂先生信。擬電稿，致孟餘先生及孟真。

亮丞先生見語，本校因不受國民黨之調停，上半年恐不能開學。國學院改組事受此波折，勢不能進行。予前之肯留，爲作事耳。今既不能作事，而留此以供人之造謠言，殊不值得，因即作辭職書，將聘書退回。

晚接孟真信，招我赴粵。此間既辭職，決去矣。

三月十七號星期四（二月十四）

介泉來。到研究院。到莘田處。寫朱騮先先生信。

寫孟真信兩通，一可公布者，一不可者。讀《左傳》一册餘。

介泉，振玉，莘田來。

魯迅在粵，謂我自己運動留校，故有此次之事。他愈弄愈像小人了！

三月十八號星期五（二月十五）

乘舟到大北公司發電，到新馬路買物。冒大雨，頭痛甚。

因頭痛，蒙被眠。亮丞先生來。江濤來，未見。

仰之來談。

今日爲三·一八慘案及巴黎公社成功紀念，廈門店鋪多半歇業，即郵局亦停工，可見此間工人之團結。

雲滿山頭雨滿船，那堪迢遞憶西川。沈沈碧草書齋裏，對坐無言已一年。

三月十九號星期六（二月十六）

寫傅孟真，元胎，希白信。

到研究院理書。遇定謨。到澤宣處，未晤。寫父大人，魯弟，康媛，伯祥，聖陶，式湘，春臺信。莘田來。到蔣女士處。

草第二次辭職書，訖，至十二時許眠。

三月二十號星期日（二月十七）

夷庚先生來。盡日修改辭職書，凡二千六百言，即鈔寫。

仰之澤涵來。

三月廿一號星期一（二月十八）

寫孟真信。鈔寫辭職書畢。寫周辨明信。

與履安，艮男及仰之共游南普陀，觀觀音誕（十七、八、九三天），看蟒蛇。遇楊筠如，余永梁二君。到研究院。到澤宣處，并晤真如及區君。

仰之來談。莘田來。

莘田述川島之言曰：“頡剛雖由孟餘推薦至廣州，魯迅是主張黨同伐異的，看他去得成否！”

三月廿二號星期二（二月十九）

整理古史材料。看《嚮導》。

　　仰之，玉苑，苕之均允爲《古史辨》作文，論井田洪水等事，學問上的幫助者漸多，大可喜慰。

三月廿八號星期一（二月廿五）

　　到莘田，介泉，夷庚先生處。包扎未發之經學講義發與學生，凡廿四份。仰之來。

　　陳延進，陳劍鏘來。到博學樓，向毛簡取樸社書。粘若谷評《吳歌》文。爲碧虛及式湘寫對聯屏條。寫式湘信。介泉夫人來。到碧虛及莘田處。算樸社書賬，將與青年會。

　　碧虛來。粘貼孟姜女文。理抽屜。

　　近日忙于結束，欲讀書而不得。

　　林校長謂欲聘我爲學侶。如國學院能辦下去，此事自可商，現在則分明無辦國學院之誠意，未便應允也。

三月廿九號星期二（二月廿六）

　　到博學樓，包扎樸社存書。作稷王山一文訖，即鈔（凡二千字）。

　　到介泉處。到苕之處。到南普陀，佛學院餞別也。

　　到介泉處。夷庚先生來道別。

　　今晚同席：定謨　昺衡　仰之　廣□（僧）　慧莛（教唯識）　滿智（教中論）

三月三十號星期三（二月廿七）

　　鈔稷王山一文畢。寫魯弟信。振玉來道別。區兆榮先生來。

　　到川島，介泉，夷庚，振玉，莘田處送別。作《粤風》序。振玉夫人來。到夷庚莘田處送食物。

　　介泉來。夷庚先生來。澤涵，蔣女士來。粘孟姜女文。編《古史辨》。

　　履安到振玉家，爲厦門末次之打牌，至上午三時方歸。予待之，因整理《古史辨》。夜中做事，殊安定，可惜予無法久爲之。

三月卅一號星期四（二月廿八）

　　到大學碼頭送振玉，莘田，介泉，川島等行。雨中，物件多，遷延半日。

　　編《古史辨》目。鈔師友書札編入《古史辨》中。寫元胎信，寄福州書目。

　　介泉近來對于余惡感極深，到處説我壞話。凡聞人談我好的，渠均破壞之。時時疑元胎，仰之，振玉，莘田等爲我的黨羽，加以攻擊。此人與予十餘年之交，竟會如此，誠所不料。蓋彼自謂資格與予相同，且較予早畢業一年，乃到此以後，我爲教授而彼仍講師，我薪二百四十元而彼二百元，此次風潮，我被留而他被辭退，到福州演講，聽我者二百餘人而聽彼者三四十人，種種因緣，逼得他妒忌之心勃發。又不幸而我無具體罪狀可罵，益使彼積憤難消。彼嘗對仰之説：“何以你恭敬頡剛而不恭敬我？”其情急可知。予此來本只怕與校長衝突，想不到校長方面感情并不壞，而同來之魯迅，介泉，反成了刻骨深仇。以予之怕管閑事，尚遭人妒忌如此，況有才幹者如適之先生其人乎！思之嘆息，覺世路崎嶇，真不易行，而人之精神乃耗廢于此等處，爲可惜也。

一九二七年四月

四月一號星期五（二月廿九）

　　亮丞先生來。辨明來。鈔師友書札入《古史辨》。
　　仰之來。到亮丞先生處。

夷庚先生來。亮丞先生及咼衡來。寫孟真，澤宣信。十二點眠。

校長來函，勸打消辭意，詞甚懇切。予對于廈大本無惡感，留亦未始不可，但事已至此，更有何法。仍當作書辭之。

四月二號星期六（三月初一）

咼衡來。鴻基來。寫林校長信。到亮丞先生及玉苑處，均未晤。寄文稿與馮女士。

寫緝熙，父大人，魯弟，伯祥聖陶信。苹子來。粘貼孟姜女文。

到蔚深處。

四月三號星期日（三月初二）

到亮丞先生處。粘貼孟姜女一文畢。寄石遺，仲琴兩先生清宮報告。

到辨明處吃飯，餞行也。看其所編漢字索引。黃傍桂來。作《粵風》序畢，凡一千八百字。

夷庚先生來。

康有爲於上月卅一號在青島病故，年七十。

四月四號星期一（三月初三）

邵爾章，易諒坤來挽留。修改《粵風》序。粘貼《曹女士傳》。

亮丞先生來，同到南普陀，校長請吃飯。到國學院，與校長及亮丞先生商我事。改正《曹女士傳》誤字。

到蔚深處，談下半年續約事。

今日校長勸我留廈，因提出數事，（1）招萬里，丁山，肇鼎回校，（2）月薪改爲三百元，（3）春夏在京研究，秋冬到廈授課。誠能如此，則我可永久留校。加薪之求，爲要貼蘇州家用，不得不然。燕京及鄂粵兩中大聘我，皆提出此條件，不知者將疑我以退爲進矣。

四月五號星期二（三月初四）

夷庚先生來。到蔚深處。青年會來取書。到亮丞先生處，未遇。史祿國來。遇瑞釭，祖芳，立談。晤白鴻基。

擬致孟真電。澤涵，仰之來。到蔚深處，同到廈門市，到青年會，到局口街，到商務書館，晤勞纘禹。打電。到太古公司問粵船，仍走歸。途遇仰之。

寫林校長信，謂本年不回校。讀《尚書》。

　福建全省郵局罷工，迄今已四日。報紙亦停。故近數日無報無信，沈悶至極。孟真當已有信來，惜不能見。因打電問之，文曰：“廣州中歐通信社傅斯年，無函爲念，可否到粵面商，電覆。”予前數年甚鎮定，今方寸不免搖亂矣。

四月六號星期三（三月初五）

到亮丞先生處，晤定謨。作《研究國學的方法》一文，備青年會講演。

仰之來。蔚深來。剛陀來。曾日章來。仰之，澤涵，蔣女士來。

今日爲廈大六周紀念，予以已辭職，且須作文，未赴會。

明日之講演，即以福州所講增飾之。注重打倒（1）帝系，（2）道統，（3）聖經。予之破壞工作，在半年內得一統系，甚快。

四月七號星期四（三月初六）

到亮丞先生處。作演講稿畢，凡五千言。

爲曾君寫招牌。有生以來第一次作尺許書，未成。亮丞先生來談。

到青年會吃飯，演講。十點許歸。

今日聽講者只七八十人，又有二十人因無翻譯而陸續散去。予此講性質較專門，本不適于普通會所中演説也。

四月八號星期五（三月初七）

鈔"三皇五帝的系統"的材料。

爲曾君寫招牌畢。到夷庚先生處。晤蔚深。

久未讀書，今日居然鈔了一天古史。

四月九號星期六（三月初八）

鈔"三皇五帝"及"社"之材料。

到玉苑及苕之處。苹子來。鈔《白虎通》目録。

澤涵，圭貞來。

四月十號星期日（三月初九）

蔚深來。亮丞先生來。江濤等七人來，同到南普陀餞別。

到圖書館看報。到青年會問船。到廈門市購物。仰之來。林毓德來。

寫條幅二，爲早因，肇岐。到夷庚先生處。寫父大人，魯弟，希白，志希，聖陶伯祥，緝熙，紹虞，介泉，夷初先生信。托夷庚帶滬代發。

同席：鄭江濤　葉國慶（怡民）　蘇甦（警予）　陳佩真　謝雲聲　吳世杰　伍遠資（友竹）（以上主）　亮丞先生　予（以上客）

菜爲廈門市橋頭老珍源齋者，真廈門菜也。若南軒，東園，俱福州菜館。樂陶陶亦廈門菜。

四月十一號星期一（三月初十）

到夷庚處送別。晤蔚深。理行裝。到亮丞先生處。

與履安到廈門市買物，到青年會訪白君，到集通，豫豐，美豐，爲元胎取款，到郵局寄賓于款。寫賓于，稻孫信。林毓德君來。

邵爾章，易諒坤二君來。昺衡來。

報載李守常先生在俄使館被奉軍所捕，恐生命有危險。

父大人來函，謂仁和場一職爲運使慰留，并仍邀任運署産銷科長，擬復赴杭，俟道通即去。

四月十二號星期二（三月十一）

看上月下旬《時報》。寫父大人信。

與履安到廈門市，剃頭，買物，到陶園吃點，到綢緞鋪做衣。六點歸。晤和清。

林毓德來。昺衡來。

報載張挹蘭女士爲奉軍所捕，不允保。女士，國民黨也。

今日本有九江船赴粵，乃不至，只得又待數天矣。

蔣介石叛變革命，此後即大殺共産黨，我以不問政治，竟不知此事之嚴重性，可耻！　　一九六七年三月記。

四月十三號星期三（三月十二）

求《詩》《書》《禮》《樂》《易》《春秋》所以合爲經之故，檢《詩經》中材料。

偕履安到茗之處。

四月十四號星期四（三月十三）

檢《詩經》材料畢。到昺衡處。

檢《尚書》材料畢，更檢《周易》。林毓德來。仰之來。

亮丞先生來，商國學系聘人事。

四月十五號星期五（三月十四）

檢《周易》中材料。寫芝生，沅君信。昺衡來。白鴻業來。

飯後登輪。式湘來。四點半開船。吃飯後甚不適，吐。六時許即眠。

問船十一日，至今日乃有船，行旅之難如此。

海寧船新加油漆，氣味腥惡，已使人欲嘔，加以飯菜既腥且淡，又有風波，遂至忍不住矣。

四月十六號星期六（三月十五）

上午五點到汕頭。上午，大雨。下午五時開船，風浪甚大。終日未食，僅于下午五時吃了半碗粥，尚是欲嘔。終日看《神仙通鑑》，盡兩冊。寫履安片。

七點睡，十點爲同艙客談話聲所驚，遂不得眠。至上午三時許始略矇矓。

今日五點到汕，待至八點始有船來接客，未知何故。或謂係公安局查禁共產黨，工人罷工所致。（其後知即是清黨。）汕頭無貨無客，停了十一小時，真無謂。

四月十七號星期日（三月十六）

五時起。抵香港，寫履安片，看《神仙通鑑》一冊。六時下船，到海傍遠來棧，托其送至港省船，上東安輪，八點開。看《香港晨報》及《星期報》。胃極呆滯，叫了一碟蛋湯，一碟牛肉炒飯，飯僅勉盡半器而已。

二時到埠，進泰安棧。即雇車訪元胎，晤之。同往孟真處，未見。游東山公園。還，與元胎夫婦及其妹同到城隍廟福來居飯。

到大新公司看粵班女戲《呂布窺妝》。十一時，散戲，到巴黎吃粥。還棧，失眠，看《卷耳集評論》。

在港須用港銀，大銀圓只作九角。

四月十八號星期一（三月十七）

起，吃點，算賬出棧。雇車到元胎處。與其夫人步至新宅，與元胎同到孟真處，晤之。同到東山酒家吃飯。

與孟真散步，看房屋。四時，同出，予回元胎處。

晚飯後，與元胎同到第一公園，又到雙門底買書。歸，看《六經圖》。寫履安信。

今日晤孟真，始知中大聘書，去年伏園回廈時即已托彼轉交，而爲彼所吞沒。即此可證他們之反對我，早萌芽于廈大風潮之前。惟手段如此卑劣，則爲想不到者。

孟真告我，魯迅常揚言顧某必不肯到廣東來，以在廈門地位穩固也。

四月十九號星期二（三月十八）

與容媛女士談話。上樓，草買書說帖。記日記及賬。到粵後天天下雨。

與元胎同到府學東街買書，到廣東圖書館及市教育局，訪陳嘉藹。到黃花崗，游七十二烈士墓，伍廷芳墓，沙基慘案烈士墓等。

到孟真處，吃飯。到東山公園，又到孟真處，晤仙槎，談至十一時，歸。

魯迅在此，造了我許多謠言（例如說我爲研究系，稱胡適之爲世界上第一好人，陳通伯爲世界上第二好人，作北大的書記等）。孟真謂他恨我過于免他教育部僉事職之章士釗。

魯迅既絕不通融，而孟真又不欲與鬧，我事未知如何。

四月二十號星期三（三月十九）

到粵秀山及第一公園。

飯後，與元胎夫婦同到河南看電影《孟姜女》，到大新吃點。游西關，逢大雨，到梁財信堂避雨。吃飯。

坐轎到馬路，乘車回。道遇徐女士。

四月廿一號星期四（三月二十）

看中大書目。與元胎到府學東街買書。

到中大看騮先先生，未遇。途逢紹原，談半小時，回寓。與元胎同到雙門底買書。鈔周必大記鄭樵事。

到孟真處，晤騮先等。與梅心如等同車，歸。助元胎布置屋宇。寫騮先先生，履安信。

夜飯後到孟真處，悉渠已爲我事辭職。魯迅有匿名揭帖，説我爲研究系，要人簽名反對，但無一簽名者。

予此來有最幸運之一事，則清黨是也。不清黨，則魯迅必嗾使共黨學生起風潮，予必無幸理矣。

這是我的自私自利的想法，該批判。　一九七三年七月記。

四月廿二號星期五（三月廿一）

到公園。看廣大書目。

到街買《語絲》。歸，作罵魯迅文三千言。楊少勤來。鍾敬文來。

晚飯後同到徐信孚處。孟真邀到八景酒家，晤紹原。十點半歸。

罵魯迅文，大家勸我不要就發表。魯迅向學生方面説辭職，而向學校方面只請假兩天，蓋欲鼓動學生風潮，且使委員會可不辭退彼也。其巧如此！

予昨告紹原，我的聘書爲孫伏園吞没。紹原以告魯迅，魯迅遂以詰騮先，孟真。蓋他們對魯迅均説予有聘書在手者。因此，孟真大責備我。予自知無處世之才，説話太老實，而魯迅猶然誣我爲陰謀派，怪極！

四月廿三號星期六（三月廿二）

看《卷耳集評論》。

與元胎同到府學東街及雙門底書肆付款取書。到廣東圖書館參觀。陳延進來談。

晚到孟真處，晤驪先。敬文來訪，未遇。叔儻到孟真處，予與之同歸。并晤郭君，談到九時半。歸。

四月廿四號星期日（三月廿三）

到公園大便。到府學東街及雙門底書肆購書。

敬文來，同到嶺南大學參觀，容太太，容小姐同行，遇呂超如。到敬文寓，晤楊成志，成希兄弟及其父，王啓光君，留飯。

同到咖啡店談話，歸。

四月廿五號星期一（三月廿四）

看《卷耳集評論》，畢。叔儻來。

四時，與元胎同游六榕寺，看六祖銅像，游國畫研究社，到城隍廟購唱本。歸飯。

到孟真處，未遇。到雙門底買筆。到紹原處，談至十時，歸。

四月廿六號星期二（三月廿五）

芸書閣人來，寫仙槎信與之。到公園大便。記日記及賬。歸，寫父大人，賓于，嚴幼雪，聚成堂，本市聾啞學校信。

與元胎同到廣大路，寄信。到陸園品茗吃點。到大新街看象牙鋪。到城隍廟買唱本。敬文來，與之同到東嶽廟買神像神燈，到茶館吃茶點。

與元胎夫人，媛女士，及元胎之舅林先生打牌，予輸一元四角。十二時許眠，未即睡。

予寓元胎家者九日，聽廣東話多，略略有些懂。明日移寓孟真處，當無復此練習矣。

四月廿七號星期三（三月廿六）

理物。徐信孚來。遷至東山孟真處，與孟真談話。

敬文來，同游東山培正，培道數校。訪叔儻，談歌謠會事。出，敬文別去。歸，看《南雷集》及《朱文公集》。王昌濬（明東）來，勸到校。

與孟真同到東山市購物。十時眠，睡頗安。

四月廿八號星期四（三月廿七）

鈔福州所購書目。記日記及賬。與趙華煦同到中大圖書館，晤杜定友，蔣徑三，程承彝等。歸飯。

寫履安，張仁寬，適之先生，魯弟，康媛，淑蘭，敬文，莘田，崇年等信。到東山街寄信。倫學圃來。

叔儻來。十時眠。

四月廿九號星期五（三月廿八）

寫圖書館協會，紹原，仰之信。草《購求圖書計畫書》二千餘言，未畢。

四時，元胎來，與之同到府學東街及雙門底書肆，到其家吃糯米飯，又與其母妻同游東嶽廟鬧市，欲聽女伶唱書，不得。歸，與孟真談話。

失眠，看《俗話諧談》。

四月三十號星期六（三月廿九）

草《購書計畫書》畢，共四千言。敬文來，飯後同到照相館攝影。晤俞宗杰。

到元胎家，與之同到西關，買書，到茶香室吃茶點。到真衛生吃飯。

飯後到元胎處，聽盲妹雪卿歌五曲。歸，與孟真談話。寫履安信。

孟真得到消息，李守常先生，張挹蘭女士等，均爲奉軍所殺，甚惜之。

覽報，本月十一日，葉德輝爲湖南省政府所槍斃，年六十二。

入夜，惠愛路一帶站立盲妹甚多，皆帶墨晶眼鏡，依一女傭而立。今日元胎喚一盲妹名雪卿者來，年十七，唱五曲：（一）梳妝樓(小調)　（二）小青吊影(清曲)　（三）夜吊秋喜(粵謳)（四）夜吊白芙蓉(清曲)　（五）客途秋恨(南音)　三，四，五，皆粵中最流行之曲也。

一九二七年五月

五月一號星期日（四月初一）

到伍叔儻處。到元胎家，同到書肆買書，回元胎家吃飯。

訪俞宗杰，楊偉業，均未遇。與元胎同到西關，吃點，到萃古堂買書。到甜點心鋪，吃龜苓膏及杏桃粉。回其家，吃艾餃。歸東山，看所買書。

早眠，睡甚酣，因日來極勞頓也。

五月二號星期一（四月初二）

看中大書目，劃去其叢書子目。元胎來。寫聖陶，伯祥，黃仲琴信。陳延進來。

林超來。萃古堂主盧達文來。爲媛女士書扇。爲自己寫扇（鈔《尚書·多士，多方，文侯之命》）。到樓上李貫英處。

孟真來談。鈔《研究國學方法》一文。

五月三號星期二（四月初三）

俞宗杰來談話。到東山寄信，購物。寫孟鄒信。訪何思敬，未得。看中大書目第二輯，劃去其叢書子目。李貫英邀吃飯。

敬文來，同到海珠公園，到大三元聽女伶唱戲。到元胎家，與之同出，到北門外，游寶漢里，茗于西盛茶寮之綠野堂。進城，到元胎處，敬文別去。在元胎處吃飯，晤陳君。

飯後同到雙門底買書，乘汽車歸。讀《多士》，《多方》，爲之比較。一點眠。

五月四號星期三（四月初四）

劃中大書目畢。與仙槎談話。李貫英與王子敬（鴻愙）來談。理物，記賬。

開爲中大買書條件。到中大，與孟真同到八景酒家赴宴。

歸，與思敬，鴻年，孟真談話。

今晚同席：江紹原　葉良輔　傅孟真　蔣徑三　杜定友　何思敬　費鴻年　宋湘舟　徐信孚　予（以上客）　朱騮先　何仙槎（以上主）

五月五號星期四（四月初五）

與仙槎同到圖書館，與定友，徑三談，商量購書條件，畢。出，至芸書閣買書。到公園吃茶，飯。

敬文偕王，楊二君來，同到胡刻印鋪，同到西關，雇舟游荔香園，逢大雨。四時許，到西關徐錫齡君處小坐。雇車回珠光里，看敬文所作文。

在楊家吃飯，飯後與他們三人游湖，坐花艇，看老舉艇，與船娘金玉談話，又逢雨。十時許，雇車歸。失眠，至二時許始得眠。看《尚書》。

在荔香園對池聽雨，使我釋躁。王啓光，楊成志二君，皆英俊少年。

五月六號星期五（四月初六）

與仙槎同到會計部，領買書費五百元。到圖書館交發票與杜君。出，到元胎處，還四百十元。歸，寫《徵集史料議案》一千餘字，爲朱驪先作。

陳延進來借錢。鈔所作文。寫履安信，付寄。鈔《國學研究方法》一文。

仙槎在東山酒樓請吃飯。敬文來訪，未遇。歸，與孟真商量文科課程。寫亮丞信。

五月七號星期六（四月初七）

倫達如，關卓雲兩先生來談。敬文，王啓光來談。寫徐信孚，俞宗杰信。孟真邀往東山酒家吃飯。

鈔"周書中的文王武王"。貫英來談。孟真來談。

至費鴻年家吃飯。談至九時許歸。鈔《周書》中的史料。

今晚同席：胡思敬　孟真　沈近仁（？）　仙槎　予（以上客）　費鴻年夫婦（主）

五月八號星期日（四月初八）

校登雲閣送來書目。倫學圃來。俞宗杰來，爲公安局捕他，來商量。仙槎爲之到驪先先生處。下午，宗杰別去。

　　看《語絲》。到醫科，訪驪先先生，不遇。到元胎處，與之同到光孝寺（小學，法官學校，睡佛樓），六榕寺。

　　到西園，赴宴。歸，貫英來談。孟真來談。寫父大人信。一點眠。

　　　　今晚同席：黎國昌　陳宗南　陳功甫　伍叔儻　盧□□　容元胎　予（以上客）　倫達如　關卓雲（以上主）

五月九號星期一（四月初九）

　　孟真囑到紹原處。邀其到東山，在孟真室中談話。

　　到元胎處，與之同到登雲閣等書肆買書。回至元胎家吃飯。

　　爲孟真寫新聞四則。歸，與孟真談話，驪先先生來。看《白沙集》，十二點眠。

五月十號星期二（四月初十）

　　觀書目，定所購書。

　　遇敬文，同上車，遇北大同學譚震歐。到雙門底，遇大雨。譚君邀至廣州大學避雨，看陳蘭甫祠。出，與敬文到陸園吃飯。

　　審定本年考試範圍。到登雲閣商妥價錢。到中大訪驪先先生，未遇。到紹原處，略談。到元胎處，略談。歸，孟真來談，看《陶齋吉金錄》。俞宗杰來。看《語絲》。

五月十一號星期三（四月十一）

　　終日改《購書計畫書》，畢。到東山酒家吃飯。

　　敬文，王啓光來，同到其所寓之屈園。到惠愛中路吃飯。

　　鈔《周書》中的周公一册。看新買之《吕祖全書》等。

五月十二號星期四（四月十二）

終日鈔《購書計畫書》，畢，凡七千字。到東山酒家吃飯。

到思敬處，借《民族雜志》，看其所作《支那新國學運動》一文。梅心如偕王君來。到東山酒家吃飯。

與孟真商購書豫算。孟真改《計畫書》。十二點眠，失眠。

五月十三號星期五（四月十三）

寫履安信，元胎信。修改《購書計畫書》，畢。

鈔《周書》中的周公一册。驪先生來談。

因昨失眠，頗不舒服。

五月十四號星期六（四月十四）

寫履安快信，到東山寄信。乘車到中大，到圖書館訪杜定友，交發票。到敬文處，并晤成志，啓光。到惠愛路吃飯。

到元胎處，候元胎歸，與其夫婦同出，到德政街看屋，購物，到南關吃茶。到太平沙太平館，圖書館學術研究會筵宴也。席間，予演説購書計畫。出，至元胎處。

歸，與孟真，仙槎，驪先生談。心如偕王君來。到屋頂乘凉。

魯迅示意紹原，説只要孟真説一聲派顧某買書不爲了他，他即可復職。"何意百煉鋼，化爲繞指柔"，可哂也。魯迅有三個主義：（1）架子，（2）金錢，（3）黨派。

五月十五號星期日（四月十五）

元胎，敬文來。與元胎同到雙門底買物，歸其家。復出，到點心店吃飯。

與元胎雇船到芳村，詢聾啞學校，只得盲人院。見其院長西人某女士，知此院不收聾人。回至長堤，吃茶點，到雙門底及府學東街買書。到元胎處。歸，趙華煦來，談甚久。

與貫英同到喬盧看屋，到飲冰室飲汽水及雪糕，到東山公園談話。洗浴，早眠，眠頗酣。

五月十六號星期一（四月十六）

寫元胎信。登雲閣送書來。趙華煦來談。作驛密源密兩電報簿。

飯後與貫英同出看屋，在百子街十二號覓到一所，月租五十元。到飲冰室，到房東家，議定于六月一號起租。歸，理物，寫沅君，紹虞，夷庚信。寄夷庚《白沙子集》。到東山酒家吃飯。

與貫英談話，寫敬文信。趙華煦來。驅先先生來。爲孟真標點致孑民先生信。十二點半眠。

校中派我到滬寧訪孑民，稚暉兩先生，請其爲委員，如是則基礎可穩固。

五月十七號星期二（四月十七）

五點半起，結束行裝。六時半出，由雅琴送，到元胎處，與之同行，上"金山"船，購唐餐樓票。看報紙，記日記筆記。

二點半，到香港，入大東酒店，與元胎上街換票，買船票，吃飯，歸酒店，寫履安信。

上廣生船，早眠。

今日到港，本擬上美國郵船加蘭總統號，不意報載船期十八，而已于今日開去。別船無有，最早亦須廿一。不得已，上怡和公司之廣生船，其官艙才如房艙。夜中又來說，其官艙已全被包去，須遷至房艙，其房艙則下房艙也。自香港到上海，只八元。無法，應之。郵船只兩天，此船乃須四天，如有霧則更遲，聞最遲須一星期，奈何！

香港晚上極好看，滿山是燈。

五月十八號星期三（四月十八）

遷至房艙。十一時半船開。在船讀《尚書》，《字說》。

五月十九號星期四（四月十九）

上午六時到汕頭，下午四時開。讀《尚書》，《字說》。

有四客來我室，更悶熱矣。

五月二十號星期五（四月二十）

終日讀《尚書》上册。

屢有霧，晚有大雨。

五月廿一號星期六（四月廿一）

終日讀《尚書》下册。午刻前後，熱甚，予胸噁欲吐，亦以統艙氣味難聞也。至甲板上憩息數小時。

大霧，鎮日鳴汽笛，行殊緩。

五月廿二號星期日（四月廿二）

早起，理行李。九時半，船到滬埠，乘馬車到平安旅社。吃麵，剃頭。寫履安，元胎，孟真信。出，到魯弟處，午姑母處。到蔡師母處，未晤。到亞東圖書館，晤適之，慰慈，孟鄒諸先生。到伯祥處，晤其夫人。到車站，問車行時刻。

回旅館，吃飯。到蔡師母處，晤之。知蔡先生往南潯，與稚暉先生同行，送靜江先生父葬也。到法大馬路買紙筆。

回旅館，聽小鬟度曲。看報。

五月廿三號星期一（四月廿三）

在旅社中填驛密電碼。寫父大人，叔父，孟真信。看報。

到交通銀行訪魯弟。到北站寄信。到商務書館訪伯祥，聖陶，予同，石岑，雲五，柏丞等。與聖陶，伯祥同出，至大東書社訪乃乾，在四馬路品茗。出，到衣莊購嗶吱夾襖一件。

伯祥等宴我于致美齋。歸旅社，寫日記，記賬。寫莘田信。

聞北新書局以李氏三弟兄及一妹之吃用于是，有不能支持之勢。《語絲》亦無稿，但靠馮文炳（廢名）撐場面，不久將停。

聞林玉堂在武漢爲我造謠言，也説我是研究系。

五月廿四號星期二（四月廿四）

閱報，知子民先生到杭，因至師母處，她勸我再留一天，因恐先生到寧，須過滬也。歸，被車夫敲竹杠。吃早飯。寫孟真信，子師電，到閘北寄信發電。

到楊端六處，訪鯁生，并晤倪品真。到經農處，與之同到商務書館，晤伯祥，聖陶，予同，華超，陳博文，李伯嘉等。出，到大夏大學，見歐槐安，王祉偉等。

乘曹家渡無軌電車回旅館。夜飯後進城訪緯平彥長父子，談至九點別。歸後倦極，即眠。

中山大學欲在上海覓一試場，故至大夏大學接洽。由管君導觀教室及鄰潘氏家祠，足敷三千人座位。

五月廿五號星期三（四月廿五）

看報。到蔡師母處，知子師尚不即來。決今午動身。回館，整理行裝。彥長，若谷來，同吃飯，飯後送予至北火車站。十二點上車。

一點半開車，七點到杭。在車看《藝術界》雜志（彥長等所編）。下車，勵德人兄見迎，同到西湖飯店，住二層六十二號。到菩提寺路静江先生宅，晤子師及石岑，静江，夷初，程振鈞諸先生，商中大委員事。

十點半，到父大人處，悉適于今日遷往馬坡巷。尋去，已睡，晤簡香，又曾，溢如等。回旅社，理物，記日記，寫賬。十二時半睡。便秘已四天。

知莘田與川島同事，在省政府。介泉在杭州農業學校教書，校長係譚熙鴻。

五月廿六號星期四（四月廿六）

六時起，候子師，與之談。丁禪之，吳立枕來談。即理行裝，赴場署。到運署，謁父大人，談半小時。回場署，擬致驪先先生電，告蔡允就委員事，查密碼。到金芝麻巷電局發電，以密碼不應。遂到教廳訪夢廎先生，未晤。訪介石，四穆，晤之，打廳印于電碼紙上，得發出。

回署吃飯，飯後寫孟真快信，甚長。到城站，吃茶點。到抱經堂，索書目。到勵德人處，略談。到川島，莘田處，晤之。

川島留吃飯。植三，介泉來談。至十時，歸。寫紹虞信。與又曾談話。倦甚，即眠。

五月廿七號星期五（四月廿七）

六時半起，莘田，介石，孫君來談。寫履安長信。溢如來談。豫備中學講演。與父大人談。

到滄洲旅館訪乃乾，不遇。到子師處，又不遇。到旗營文寶齋，爲中大買書二百餘元。歸，途遇莘田及昂若。記日記及賬目。寫魯弟信。

到旗營吃粥，訪蔡先生，未遇。訪乃乾，并晤維經先生。歸，溢如來談。植三來，同往第一中學演講。講畢，植三及梅逸才君導往各處參觀。

五月廿八號星期六（四月廿八）

文寶齋送書來。乃乾來，開購書單。莘田來。到省政府，訪介石，幼靜，夢麐先生。寫伏園片。與乃乾同到抱經堂，小琳琅館。

到滄洲旅館，訪乃乾。訪介泉，未遇。與乃乾到古懽堂，同夜餐。飲冰。

到石渠閣。歸，失眠。

大便不通，又三日矣。

五月廿九號星期日（四月廿九）

吳希眉，陳萬里，羅莘田，張宗麟來。小琳琅館，古懽堂，石渠閣送書來。到抱經堂，晤乃乾及俞鏡清（商務分館經理）。到賴仁如，嚴既澄處。訪介泉，未遇。到五芳齋吃點當飯。

到莘田處，并晤萬里。到夷初先生處，未見。到昂若處，并晤介石，川島，德人。到幼靜處，值其晝寢。到四穆處，未找得其居處。到抱經堂，步歸，翻看書目。石渠閣送書來。翻看《詩林韶濩》。

理物。寫緝熙，適之先生，四穆，賓于信。

五月三十號星期一（四月三十）

四點醒，五點起，整理物件。六點半，辭別父大人上站。七點四十分，車到，在車看《抱經堂書目》及《山海經》表目。

脫車，三點始到上海。到伯祥處，同到雪村處，未晤。到愈之處，晤之，并晤雪村及吳覺民，談一小時許，到魯弟處，以街柵緊閉，費周折甚。到魯弟處，交存款摺，托匯款。即出，回伯祥處。

到愈之處，邀宴也。十點歸，又與伯祥談。十二時眠。

今日五卅紀念，游行隊甚多，商店完全閉門，鐵絲網門皆緊閉。

今晚同席：伯祥　聖陶　予同　雪村　予（以上客）　愈之（主）

五月卅一號星期二（五月初一）

六點起，譯索款電。寫孟真，履安，叔父信。到端六處，爲款事，彼尚未起，留條而出。回伯祥處。八點許到車站，上特別快車，八點五十分車開。在車看《吳歌乙集》及小報。

下午四時許到南京，雇人力車到四象橋文明旅館，吃麵。即到丁家花園，晤楚傖，季陶，稚暉，養甫，静江，鐵生諸先生及君武。

與稚暉先生談甚久。到君武寓，談至十時，歸。吃稀飯及茶葉蛋。

一九二七年六月

六月一號星期三（五月初二）

早起，到總政治部訪志希，彬龢，不遇。到建設廳，訪岷原，遇之。到丁園訪志希，已過會客時間，未得見。到成賢街中央黨部訪錫朋，丁鼎臣，晤之。到東南大學訪羅隱柔，到總司令部軍需處訪朱鐸民，均未晤。

歸旅館，吃飯。飯後爲季陶先生改軍人歌及布告民衆文，畢。又爲作致中大文科同學書，爲創造國民文學及國民音樂事，未畢。寫孟真，履安信。

志希來，夜飯後，同到丁園，晤鼎丞，養甫二先生。歸，記日記，登賬。

到丁園，知中山大學將用校長制而廢委員制，予接洽之任務亦遂終了。

六月二號星期四（五月初三）

草致中大文科同學書，畢，即謄清，約一千五百字。寫季陶先生信。

到奇望街寄信。到總政治部訪昆侖及思平。到市政廳教育局訪劍翛。在夫子廟一帶游玩。

六時半到萬金酒樓，赴宴。歸旅館，寫稚暉先生，乃乾，丁山信。

今晚同席：羅志希　吳倚滄　陳立夫　予（以上客）　曾養甫（主）

六月三號星期五（五月初四）

早起，理物。思平來，談一小時。到寧省車站，知客車暫停。返旅館，雇車出城。在站待一小時，上十二點卅分快車。

在車看報五分。六點三刻到蘇州，雇車歸。

與父母談話。到叔父處。看各處寄來信件。

六月四號星期六（五月初五　端午）

到後面看新造屋。到九生叔母處，叔父處。吳姑丈來。曬書畫。看父大人一年來新購書畫及圖章等。

記書畫軸目。伯南先生來。到大儒巷洗浴。

歸，與父母談話。記日記，上賬。

覽《申報》，本月二號，王靜安先生自沈于頤和園池中，聞之悲嘆。

六月五號星期日（五月初六）

早，與父大人及龍弟到平江路吃點，下船，到山東浜掃墓。舟中寫書畫軸目錄。與父大人談話。七時出發，十點許到墓。

十一時許開船歸，二時到家。整理書畫屏，橫披，及對聯，至十二時眠。

六月六號星期一（五月初七）

　　晨起理書畫。伯南先生來。包車一天，先到姑母處，初見簡香表弟婦。到紹虞處，談半小時。到子清處，未遇。到嚴衙前，晤起潛叔。到教育管理處及圖書館訪仲周，未晤，到第二中學，晤欣伯。到由巷訪吳子祥先生，已遷。路遇黃仲蘇先生。到九勝巷，晤瑞和姨母。到吳縣公署實業局，晤仲周及彭雲伯先生。留飯。

　　飯後，到毛姨母家，又强食半碗飯。談二小時。到幽蘭巷，晤琯生。到廟堂巷，晤陳彥通先生。到蒲林巷，晤癯庵先生，允就中大職。到北街，晤吳岳母，談一小時，吃點。到孟恕家，晤陳萬里夫人。到衛道觀訪子祥先生，未晤，見緝熙之弟。

　　到吳苑，見仲周，蓉初，君疇，偉士，仁侯諸同學，同到欣伯處吃夜飯，談至十一點，別。

　　今晚同席：呂玉書　吳廣涵　吳海卿　章君疇　汪仲周　顧康樂(亦愷)　予(以上客)　顧欣伯(主)

六月七號星期二（五月初八）

　　姑母及簡香弟來。父大人偕簡香到杭。丁山自和縣來。君疇來。仲周來。欣伯來。起潛叔來。竹庵叔祖來。孟恕來。丁山等看書畫碑帖。

　　二時許，丁山等去。整理書畫古物。寫子民先生快信，爲仲周長二中事。到觀前寄信，道遇子祥先生。醋坊橋郵局已取消，到護龍街寄信。到吳苑，晤丁山，孟恕，剛森，欣伯，鳳蓀，慶溙等。

　　諸同學邀宴于城中飯店，九時歸。倦極，體痿，不能作事，十時眠。

　　今午同席：丁山　孟恕　起潛叔(以上客)　予(主)
　　今晚同席：予(客)　慈存　呂玉書　汪仁侯　章君疇　陶蓉初　黃煥文(俊保)　汪仲周　趙孟頫　徐偉士(以上主)

六月八號星期三（五月初九）

記日記，登賬。理瓷器雜物終日，大致理楚，惟未悉登賬耳。

孟韶兄弟，君疇來談。

理物。洗足。

六月九號星期四（五月初十）

理古物，訖。寫仲川，緝熙，孟真，貫英，平伯，紹虞，志希，玉苑，澤宣，苕之，履安信。

三時，到護龍街寄信。到中學，訪孟韶，同到護龍街集寶齋，晤孫國棟及袁彝臺，看書賬兩篇。到彝臺家，看宋元版本書數種。出，别孟韶到子清家，談半小時。訪紹虞，未晤，道遇際唐。

歸，看報，喝酒。寫封條，封櫃箱。

六月十號星期五（五月十一）

五時起，理物，貼封條。到叔父處辭行。寫伯南先生信。十時出，在站待一小時許，吃飯，看報，十二時五十分上車。車中看《吴郡西山訪古記》。二點五十分到滬，入滙中旅館，受接客者之騙。

寫父大人，碧澄，起潛，賓于信。到交通銀行訪魯弟，未遇。到大東書局訪乃乾，遇之。同出，到伯祥處，晤君疇。到新惠中訪君疇。

到致美齋吃飯。回旅館。

今晚同席：章君疇　陳乃乾　予（以上客）　伯祥（主）

六月十一號星期六（五月十二）

早起理物，雇馬車運物到魯弟處。旋出，到商務館，向伯祥取廣東銀行信，到交行訪魯弟，與之同到廣東銀行領款。出，至亞東圖書館，問適之先生住址。到大東，訪乃乾。到大新街，吃緑豆湯，買補丸。到孟淵旅社，開大房間。

到大東訪乃乾，看日本雜志。到適之先生處，遇鄭馥如。復還大東，與乃乾同到中國書店，晤金君。又到神州國光社，晤鄧秋枚，看其所存書籍，未論價。出，到四馬路酒家。

談笑甚歡，十時始席散。歸旅社，得大便。潘箸林來談。

多日不下便，腹中悶脹甚，不思進食，因購補丸服之。上海旅館到處客滿，孟淵旅社只有大房間空，只得住入。

今晚同席：伯祥　聖陶　予同　雪村　愈之　致覺　乃乾　予

六月十二號星期日（五月十三）

早，又得便。到魯弟處，理物，算康媛等賬。到重九弟處茶話。回魯弟處吃午飯。與魯弟同出，車上遇致覺。

回孟淵，改至新旅社，開一小房間。到愈之處看碑帖，并晤春臺，雪村，倪文宙，伯祥，聖陶，予同及愈之弟兄伯鑑，仲持等。碑帖皆普通者。

歸旅社，乃乾來談，并贈書。乃乾去後，復偕胡樸安先生來談。

孟淵旅社生意太好，以我無行李，疑不來，已將房間另賃與人，遂移居新旅社。

六月十三號星期一（五月十四）

上午，因雨不出門，寫《悼王靜安先生》一文，約三千言。

飯後，冒雨訪乃乾，又同至魯弟處，論取款辦法。到商務，訪夢旦，雲五，天綬，石岑，向達，柏丞，伯祥，聖陶，徐調孚，予同，愈之等。澤宣領廈大教育科學生來商務參觀，遇之。與經農同坐汽車到東亞酒樓訪志希，未遇。到適之先生處，遇之，并晤張慰慈。冒雨乘電車到東亞，與經農同宴志希等。

飯後到志希室內談話，并晤吳倚滄。彬龢適來，同歸新旅社，談半小時去。拔可，夢旦兩先生見訪，未晤。夜記日記及賬，寫履安信。

重慶人民因英艦炮擊南京開會，漆樹芬爲主席，爲軍閥所槍斃，女學生慘死者甚衆。未知慕愚已離川否？如未離川，不知加入此次開會否？如加入此次開會，不知性命無危險否？道阻且長，我勞如何！耿耿此心，如何可已？悲哉愁哉！不知此後尚有見面之一日否？倘彼萬一不幸，我生尚有何樂趣！言念及此，心酸涕下矣。

六月十四號星期二（五月十五）

彬龢來，同到福禄壽吃點。出，到大馬路購雨衣。到新世界取印，未得。到交行訪魯弟，亦未見。到大東取書目片，亦未得。歸旅社算賬。雇車到魯弟家，與張姑丈談話，吃飯，理物。

雇車與康媛同到北車站。一點半車開，七點半到杭。車中看報及《名花劫》，《女學生秘密記》二書。到家，與父大人同食。

到西湖飯店訪蔡先生，到興武路訪夢麐先生，均未晤。訪莘田，并晤介泉，川島，與介泉同到其家，晤其夫人。歸署，十時半眠。

昨夜同席：羅志希　莊澤宣　李伯嘉（以上客）　經農　予（主）

廣東來電，推蔡先生等爲精神領袖。

六月十五號星期三（五月十六）

雇車到裏西湖春潤廬，已出。到天然飯店訪式湘，已行。到省政府訪蔡先生，晤之。具道廣州意，得其允可。到商務書館訪俞淵（鏡清）經理，晤之，悉粵款尚未來。到廣濟醫院訪陳萬里，晤之，談約一刻。歸署，看送來書籍數批。

川島來。錫侯來。鈔中山大學方志目録作索引。

與溢如同出，購綢緞作衣服，且贈魯弟。遇大雨，九時許歸。

熱甚，蚊多，睡不佳。

六月十六號星期四（五月十七）

石渠閣，古懽堂，文元堂諸估來。正甫來。審查書目，定去取。寫孟真，張寬仁信。

到郵局寄信。到小琳琅館檢買書。到省府教廳，訪介石，不遇。晤四穆及俞子夷。歸寓，理書目。寫緝熙，子夷信。王子克來。

與父大人談話。九時半眠，數旬來所未有也。

得大便，又三日矣。

六月十七號星期五（五月十八）

石渠閣送書來，點訖。到清和坊文元堂及灰團巷文元堂主人楊耀松家看書。歸，看石渠閣送來頭本。式湘來訪，未遇。

到橫河橋女子中學訪正甫，同到涌金汽車站，待車一小時，記日記及賬。坐汽車到虎跑，晤夷庚，同游寺中各處。四時許，冒大雨出，過石屋，小憩品茗。出，至赤山埠，雇划子到清波門。與正甫別，雇車到城站，待莊先生等。時尚早，茗於站旁茶樓，吃點。又到站上待。

七時半，上海快車來，晤莊先生等七人，同到永安旅館。同出，到明湖春，吃飯。回永安，別去。至大新旅館訪式湘。同出，到西湖飯店及滄洲旅館爲澤宣定房間。復到大新，與式湘談話，十二時歸眠。

虎跑茶水極清，石屋已不如之。買明前茶（清明前所采）一罐。觀石屋造像，亦吳越王時刻，然殊劣陋。今日雨大甚，雖穿雨衣，無用也。雨中游西湖，確增其美。

今夜同席：莊澤宣　黃國珍　鄭善政　邵爾章　洪學琛　黃泰枬　邱子明（以上客）　予（主）　八元和菜一桌。

六月十八號星期六（五月十九）

厦大學生邵爾章，黃泰枬二君來。莘田來。孟恕來。審查書肆送來書。

到小琳琅館論價。到復初齋挑取書籍。夷庚來。介泉來，未晤。元耿來。審查書肆送來書。不眠。

邵，黃二君告我，魯迅在漢口《民國日報》上說我反對國民黨，此真奇談！此君人格，從此破產，我何畏彼哉！

六月十九號星期日（五月二十）

石渠閣送書來。到旗下，入古懽堂，杭州書店，石渠閣，道古堂挑取書籍。歸飯。

石渠閣，古懽堂送書來。到灰團巷楊宅看書。有人家書一批，太貴，未買成。回署，杭州書店送書來。審查書籍。

到功德林赴宴。記日記。訪式湘，元耿，均不遇。歸，寫魯弟，乃乾，伯祥聖陶信。理書。失眠，至上午二時始睡。

今晚同席：莊澤宣等六人　川島　予(以上客)　萬里　莘田(主)

六月二十號星期一（五月廿一）

寫履安，瑞章，希聖，彬龢，孟真信。式湘，丹若來。審查書籍。

金元達先生來。石渠閣人來。數家送書來，即審查之。

理書。

六月廿一號星期二（五月廿二）

父大人到寧。厦大來者六人來辭別。書肆數家送書來。十時，到楊叔人家看書，到李星槎家看書。到浙局索書目。

歸，檢理書目。審查各處送來書籍。

六月廿二號星期三（五月廿三）

李星槎先生來。楊以明來，知其任浙江圖書館主任。十時，到金元達家，選購書籍，在其家留飯。至四時歸。

書肆送書來者數家，即應付之。

失眠。

此數日中，送書來者愈多。

六月廿三號星期四（五月廿四）

乃乾來。各處書肆人來。交行匯五千元來。

乃乾與其妻妹來，同出，到廣濟醫院訪萬里，不晤。到李星槎先生處，談。歸，檢理書籍，應付各家書鋪。

正甫來，同到皮市巷吳仲記書作看書。到湖濱公園小坐。到五芳齋吃綠豆湯。歸，寫乃乾片。得眠。

此間書價本廉，我初來打七折，後打六折，尚嫌貴。乃打五折，今則甚至打兩折矣。書賈不誠實，故抬其價以求矇混，對付甚不易也。

六月廿四號星期五（五月廿五）

到城站旅館訪乃乾。朱遂翔邀往五芳齋吃點。歸，莘田來，以明來。應付各書肆。

應付各書肆及金元達。與乃乾同到圖書館，赴宴。

到古懽堂，商價。到廣濟醫院訪萬里，不遇。訪乃乾，亦不遇。歸，看《讀禮叢鈔》等，倦後登床，幸得眠。

今晚同席：乃乾　予　李聚仁　館中諸人（以上客）　以明　不厂先生（主）

六月廿五號星期六（五月廿六）

對付各書肆。李素盦先生來。與乃乾同到楊見心家看書。到介泉處。歸飯。

對付各書肆。寫萬里，正甫，驤先，元胎信。

萬里來。看《春秋紀傳》等。

書送來太多，書價亦日高，只得從明日起停止送閱頭本。

聞魯迅又回中大，心頭一冷。

六月廿六號星期日（五月廿七）

寫孟真信，爲魯迅復職事。到以明處。

到功德林定菜。遇素盦，同到圖書館，晤不厂，同觀王叔魯家藏書。到功德林宴客。記日記。

飯畢，歸，道遇正甫及夷庚。寫魯弟快信。鈔清致孟真信。夷庚來，留飯。檢理頭本。

寫伯祥聖陶信，兼士先生信。夷庚留宿，正甫來。

今午同席：李素盦　楊以明　單不厂　陳萬里（以上客）予（主）　尚有羅莘田，陳仲瑜二人，以到梁漱溟（住法相寺）處，未來。

予此來對于杭州書價甚有關系，從此杭州無甚書籍，價亦日貴矣。杭州城裏，書肆都來了，再過幾天，紹興一方面也來了。

六月廿七號星期一（五月廿八）

夷庚別去。精古齋等來接洽碑帖。寫履安信。終日對付書估，至夜十二時。

不厂先生來。金元達來。萬里來。父大人由南京歸。

到延齡路春宴園應宴。十時歸。洗足。

早，牙齦出血甚多。予左足背搔破，出瘰，恐成濕瘡，囑萬里開一方。

今晚同席：陸仲襄　鄭介石　館中同人　予（以上客）　不

厂先生（主）

六月廿八號星期二（五月廿九）

洗足。檢理頭本。乃乾來。終日對付書估。

結算書賬。寫父大人及我自購之書價。乃乾來。

寫日記。看各處來信。簡香自寧波歸。元達來。

　結算書賬，六千元用盡，且不足矣。

六月廿九號星期三（六月初一）

發電致履安，請其先赴粵。寫張仁寬，志希，彬龢，賓于，式湘，中大圖書館信。乃乾偕紹虞來，賓于來，均留飯。

李素盦來。到黃自雄醫生處，不晤。到湖濱旅館，訪賓于及其新夫人張季青，談一刻即別去。歸，寫仲川，緝熙，崇年，伯祥，孟真，兼士，驤先，莘田信。爲父大人寫李素盦所藏麓臺，八大山人，洪石農畫軸題語。

正甫來。

　今日脚頗痛。

　川島爲我造謠言，謂一部普通書，值七八角者，售至十五元。賓于告我，謂川島轉述莘田之語。因函質莘田。讒人之言，吁可畏也！

六月三十號星期四（六月初二）

寫履安，適之先生，沅君，定友，玉山信。寫素庵片。對付書估及碑帖店人。夷庚來，留飯。

金元達來，乃乾來。寫良輔，起潛，欣伯，君疇，爾章，滿成及化波，張仁寬，澤涵，張媽信。

到乃乾處，看紹興終天閣送來頭本。歸，溢如來談。

一九二七年七月

七月一號星期五（六月初三）

　　毛皋坤來。莘田來。寫子民，稚暉兩先生信。終日對付書估。
　　夷庚來。寫萬里，驌先先生，川島信。

　　　下午，大雨傾盆，天氣較凉，足上敷復初齋主人顧立章君所
贈藥。

　　　莘田既來，説明謡傳，因函質川島，請其答覆。

　　　函子民先生，謂到粵後如爲魯迅所排擠，擬到中央大學院
服務。

七月二號星期六（六月初四）

　　　理書。寫書目片。素庵來。賓于來。終日對付書估，本日裝箱
六隻。

　　　續寫書目片。乃乾來。寫式湘快信。
　　　爲素庵題黄秋士等畫册。

　　　薦式湘入中大，得粵電，事成，寫快函致之，請其挈履安
以行。

　　　魯弟交行事被解職，蓋以其曾任職工會委員也。奈何！

七月三號星期日（六月初五）

　　　寫書目片。剃頭。莘田來。書估數人來。

　　　乃乾來，談樸社事甚久。脚痛甚，到樓上，坐沙發中，校目
録片。

　　　寫魯弟，夢麐先生，子民先生，賓于信。

　　　早起漱口，牙齦又出血。理髮匠告我，頭髮脱落甚多，其憂

之傷人耶？抑以用心過度耶？

七月四號星期一（六月初六）

在樓上鈔書目片。金元達來，未見。午刻，爲父大人五十八歲生辰設供，拜壽星，向父大人拜壽。

父執諸人來打牌，略與談。鈔書目片。

後腦痛甚，寫聖陶伯祥長信，得三千言，自叙身世之悲。至翌日上午二時，和局始散，即眠。

七月五號星期二（六月初七）

寫式湘信。到介泉處，以緝熙信與之覽。到黃自雄處看脚，據云易治。萬里來，未晤。

寫書目片。鈔寫《悼靜安先生》一文，未畢。孟恕來。

正甫來。四穆來。聞適之先生已到杭，住西湖飯店。

接緝熙快信，悉大石作寓所已代布置妥貼，計分配如下：

介泉　　每月六元

樸社　　每月六元

振玉　　每月三元

某君　　每月五元

予　　　每月十四元，又張媽工食七元。

聖陶轉來驪先先生一電，謂"魯復全妄，勿疑"，則魯迅竟未復職，此言何自而至乎？川島至今無覆，其承認造謠可知。

七月六號星期三（六月初八）

寫履安信，式湘信。寫賓于，適之先生，素盦信。寫書目片。修改并謄寫《悼靜安先生》文，訖，得四千數百字。覆看數遍，到眠。

七月七號星期四（六月初九）

寫魯弟，四穆，乃乾信。覆看悼王文，寄滬。寫莘田信。終日
鈔寫書目片。李素盦，邵建剛來。

介泉來談二小時許。

七月八號星期五（六月初十）

寫式湘，魯弟，乃乾，伯祥，驪先先生信。莘田來。寫書目
片，由簡香助，至夜。本日裝書三箱。

萬里來。正甫來。

適之先生與正甫同來。十一時許眠。

七月九號星期六（六月十一）

寫素盦信，緝熙快信，請運我的木器至粵。戴君任來。終日寫
書目片。本日裝書二箱。

寫聖陶，愈之，孟真，紹虞，元胎信。

今日天氣頓熱。足上漸好，髮落仍多。

看康媛所作詩。她看《紅樓夢》，亦學此中人物矣。她寫篆
字，學懸腕，又照片着色，頗好。

七月十號星期日（六月十二）

終日整理書籍，寫書目片。本日裝書三箱。李素盦來。張正
甫來。

趙丹若，顧仲平來。

寫履安，夷庚信。

天熱甚，工作力因此少遜。

七月十一號星期一（六月十三）

終日整理書籍，寫書目片。本日裝書三箱。正甫來，助編書目。

七月十二號星期二（六月十四）

終日整理書籍，寫書目片。

又曾等自裝書一箱。既澄來借錢，給以二十元，此君如此潦倒，奈何！

編目的事，我十分的趕，但終寫不快。今日上午寫三十張，下午寫五十張，夜中寫二十張，不能再趕矣。書有三千餘種，可見我即使這樣的趕，也要費一月功夫。

接式湘信，悉他尚在上海，候孟真來。接聚成堂信，悉金滿成已爲賓于付五十元。

七月十三號星期三（六月十五）

寫履安快信。莘田來。終日整理書籍，寫書目片。今日裝書四箱，共裝廿八箱矣。

青侖來。

看月，至十二點眠。

兩日來，下午均到樓上寫，取其可赤膊，且東窗，較凉也。

夜中玩月，得一絕云：“昆明隄上桃花發，太液池中碧藻浮。兩歲風流銷散盡，只今留得一生愁。”始終本末，具見於斯。月下懷人，惆悵欲絕。

七月十四號星期四（六月十六）

介泉來。正甫來。終日整理書籍，寫書目片。

寫孟真，聖陶，伯祥，魯弟，既澄信。

到沂園洗浴。到紹原處。

歸，月色甚皎，獨在廊間望至十二點。又得一絕云：“無從問訊到三巴，未敢招魂向漢涯。天上人間猜不透，躊躇苦味勝悲嗟。"

七月十五號星期五（六月十七）

賓于來。正甫來看書竟日。終日整理書籍，寫目録片。

本日裝書四箱。既澄來。

看上海錦文堂送來書。看書賬。

　夜，乘涼至十二點，又得一絶云："月色照人不忍眠，思君癡對蔚藍天。當時怎怕分離話，撇了離筵忽一年。"

七月十六號星期六（六月十八）

戴靜山（君仁）來。終日理書，寫書目片。寫金元達片。

錦文堂主人汪樹仁（玉麟）來。寫乃乾信。

點《廣仁堂叢書》及《山林經濟》。

　乘涼至十二點，又得一絶云："終日塵勞生意盡，偶逢清暇悲思多。百般偃仰都無樂，如此人生可奈何！"

七月十七號星期日（六月十九）

寫元達信。四穆來。終日理書，寫書目片。發出書十箱，裝書三箱。

洗浴。又曾，簡香來談。

　乘涼至十二點，改三月十八日詩云："海霧橫空風雨馳，小舟獨渡太凄迷。蒼茫西顧心酸絶，此是當年默對時。"

七月十八號星期一（六月二十）

介石來。碑帖店數家來。終日理書，寫書目片。

寫驪先信，元胎信，乃乾信。朱遂翔來。正甫來，邀至工業學校左右散步，到西園吃飯，他請我。談至十時而別。

久不出門，今日行步腳頗軟。

在西園得一絶云："昔年泉石好盤桓，襆被裹糧興莫殫。今日西園臨水坐，湖山滿眼怎無歡？"

七月十九號星期二（六月廿一）

戴君仁來。寫式湘快信。終日理書，寫書目片。

又寫式湘快信。

到旗下聚豐園吃飯。與介泉夫婦及川島到萬里處談半小時。

今晚同席：彞初先生　介泉夫婦　賓于妻姨張女士　川島　勵德人　予（以上客）　賓于夫婦（主）

歸，乘涼，得一絶云："抵死纏綿不肯休，泪珠咽了又重流。禱天我自無多願，不作鴛儔作雁儔。"末句，後改爲"落莫箋書許付郵"。

七月二十號星期三（六月廿二）

早，得雲五信，知廣州第二批款已到，即發快信，致雲五，伯祥，魯弟，驌先，孟真，履安。終日理書，寫書目片。

晚，到樓外樓赴宴，乘船歸。熱氣由水面而上，頗不耐。與莘田同到聚英旅館訪鄭毅生，十一點歸，即眠。

今晚同席：寅初先生　張佩璇　王桂蓀　予（以上客）　羅莘田（主）

七月廿一號星期四（六月廿三）

到靜山處。到柱中，邦華處，均未起，即歸。終日理書，寫書目片。柱中，邦華，頌禪，徐蓮蓀（驥），正甫來談。

洗浴。

今日爲入夏以來最熱之一天，不能工作，只該乘凉。

七月廿二號星期五（六月廿四）

寫莘田信。終日理書，寫書目片。

君仁來。遂翔來。寫伯祥信，式湘信，兼士先生信。

寫仲澐，澤宣，魯弟，乃乾，陳可將信。正甫來。乘凉至十二點。

下午大雨，稍凉。履安轉來漢口《民國日報》，載魯迅與伏園信，謂"想不到反對民黨，使兼士憤憤的顧頡剛到廣州來當教授了"，因去函質問兼士先生，是否有此言。

七月廿三號星期六（六月廿五）

寫希白，欣伯，侃如，適之先生，廣臺，紹虞，張仁寬，昺衡，爾章，彦堂信。鈔書目片廿餘頁。

寫碧澄，張媽，崇年，元胎，繩夫，敬軒，頌皋，仰之，式湘信。

理抽屜。文元堂，抱經堂人來。

七月廿四號星期日（六月廿六）

與康媛同到旗營天真消閑處，晤莘田，毅生，同乘汽車到靈隱，上韜光。介石，幼静來，同到靈隱山門口雅園吃飯。介石還鈔。到玉泉品茗，并照相。到岳墳，乘舟到西泠印社四照閣吃茶。到廣化寺，訪賓于夫婦。舟到旗營，各別去。予與康媛訪柱中等，不晤。到五芳齋吃點當飯。

到介泉處，晤之，談一小時。歸，乘凉。

前日得魯迅造謠證據，甚怒。以介泉助紂爲虐，太不够朋友，今日挈康媛往談，語頗嚴屬，彼夫婦亦無語也。

七月廿五號星期一（六月廿七）

寫魯迅，林玉霖，春臺信。到紹原處，不晤。歸，寫紹原信，促其來。午刻，他來。再發魯迅信。

萬里來。終日對付書估。寫書目片。

金元達來。

予既得魯迅造謠證據，不欲放過，擬起訴，早間寫魯迅信，問以何事開罪，囑其勿離粵，待對簿。又寫玉霖信問玉堂住址，寫春臺信問伏園住址，亦備起訴。既從紹原處知魯迅住址，因再鈔一函，直接寄去。（第一函由中大轉。）

七月廿六號星期二（六月廿八）

送來書甚多，終日對付書估，校浙江書局書目片。正甫來，飯後同到頌禪處，晤頌禪及柱中，邦華，談一小時。

寫史祿國，魯弟，履安信。

看《杞紀》，尋孟姜女材料。

乘涼。得一詩云："只從齒頰生歡笑，難解肝腸結怨悱。劇恨虛名招毒謗，十年心事至今違。"

履安信來，知已于十五號安抵廣州，未遇風浪。仰之事已成。報載朱騮先辭職，慰留，可見粵中之不安定。

七月廿七號星期三（六月廿九）

到春潤廬訪寅初先生，道遇之。改到圖書館訪不厂先生及戴夷乘（夏）。乘船到旗營，雇車到保佑坊購書紙。歸，書估雜集，一一應付，至夜。

寫致浙民廳長函，請令行各縣，保護拓碑人。到省政府，請寅初先生發函與交行長。訪莘田等，以開會不值。歸，寫珪孫，莘田信。

洗浴。

今日款到（五千元），故書賈麕集取款也。

魯弟事，無法可想。今日見寅初先生，請其介紹至中央銀行，彼云不易辦。囑我代彼寫一信與交行長，由彼簽名發出。"仰面求人"，一嘆。

七月廿八號星期四（六月三十）

寫驪先先生信。終日對付書估，寫書目片。

金元達來。點金氏書目，備明日送來。

七月廿九號星期五（七月初一）

陳可將來，送書目。精古齋人來，寫毅生信。令其持到民政廳接洽。終日對付書估，寫書目片不多。

二時，到陳可將處看所藏書，四時歸。樓幼靜來，贈詩詞稿。寫履安信。

今日熱度極高，總在一百度以上，夜間流汗如瀋。

七月三十號星期六（七月初二）

寫履安，驪先，魯弟，適之先生，仰之，乃乾，賓於信。終日對付書估。寫書目片甚少。

莘田來。寫履安信。

莘田見訪，謂余文燦自廣州來，謂驪先已在辦民政廳交代，即將離粵。予買書事關係款項，不得不有所豫備，故即作一書，托履安面詢。

寅初先生轉到交行長胡孟嘉書，知魯弟復職無望。

七月卅一號星期日（七月初三）

寫沅君信。看《熱風》。終日對付書估，寫片極少。

十一時，到站接繼母，與又曾等到稻香村吃冰淇淋。

十一時半車來，即歸。與繼母談話。十二時半眠。

　倦極，不得息，爲苦。

一九二七年八月

八月一號星期一（七月初四）

　與繼母談話。終日對付書估，整理王文韶家舊報（《諭摺彙存》等）。

　理書。

　　偶在《芙蓉鏡》中得李後主一絕，云："風情漸老見春羞，到處銷魂感舊游。多謝長條似相識，强垂烟態拂心頭。"正寫予情，爲之悵然。

八月二號星期二（七月初五）

　終日對付書估，整理書籍，寫片尚多。趙丹若來。

　寫魯弟，伯祥，夢麐先生（公函一，請第三次運書護照；私函一），大白，宗杰信。錢南揚來。

　懷念譚君，泪不自止，遂致遲眠。

　　與伯祥書曰："兄試思之，弟書籍器物都在北平，妻女則在廣州，弟自身又奔波四方，飽受流言，數年來情逾家人兄妹之幾個女友又離散殆盡，將何以自慰耶？所幸者，白天無片刻之暇，不許閑想，故尚不至日就憔悴耳。"又云："借購書機會，得見未見書甚多，開拓眼界，良以爲快。弟幸有此樂趣，生活之花尚得灌漑也。"

八月三號星期三（七月初六）

寫杜定友信。理書目片。終日對付書估，寫書目片。
金元達來談。

八月四號星期四（七月初七）

終日對付書估，寫書目片。裝書二箱。
溢如來談。洗浴。抱經堂人來。

得二句云：“只容一念施排解，不死終當有見期。”

八月五號星期五（七月初八）

終日對付書估，寫書目片。裝書三箱。
寫石岑，山立信。買陳友松書架書櫥十四具。
夜得眠。

上午三時醒後即不能眠，倦甚。足昨詩成一絕云：“輾轉空床
恨萬千，長宵挨盡似長年。強生一念自相慰，不死終留未了緣。”

八月六號星期六（七月初九）

終日對付書估，寫片極少。

得魯迅書，不允留粵待訟。

夜得一絕云：“早料華筵有散期，頻頻顧惜晤言時。可憐綺
夢闌珊後，想到此情只益悲。”

八月七號星期日（七月初十）

終日對付書估，寫片極少。
到灰團巷楊家，看楊見心醫書。歸後，又將頭本覆看。
牙痛甚劇，難食物。晚飯以鷄子當飯。

八月八號星期一（七月十一）

終日對付書估，寫片甚少，裝書三箱，至五十二箱矣。趙龍文，俞宗杰來。

牙痛仍劇，入夜較甚。

有包煥庭者，究研術數之書，予此次到杭，亦搜羅術數書，備民俗學之需要，因得其藏書不少。朱菊人囑其爲我批一命書。今日送來，謂予命甚好，四十三至五十二歲十年中爲全盛時代，姑記此觀之。

八月九號星期二（七月十二）

終日對付書估，寫書目片。本日裝書二箱。

莘田，毅生來。

程克猷來。看魯迅《雜感集》。

牙仍痛。便秘多日，服補丸二丸，一時欲吐，幸忍住，午刻得便。

魯迅所作，向無暇觀，今以其對我作劇烈之攻擊，因購其所有著作觀之，乃活現一尖酸刻薄，説冷話而不負責之人。

八月十號星期三（七月十三）

終日對付書估，寫書目片。

劉朝陽來。寫伯祥信。

理物。

牙仍痛。得孟真書，囑我今日到滬，然今日正購楊見心藏一大批醫書，如何可走耶？因定明日行。

八月十一號星期四（七月十四）

對付書估。寫孟槐，大白，萬里，廖茂如，莘田，敬文，貫英，四穆信。

剃頭。五時上站，十一點到滬，入蘇臺旅館，十二時許眠。車中看《華蓋集》。

八月十二號星期五（七月十五）

七時起，吃點，到伯祥處，到報名處，到工商銀行，見陳宗南，黃巽二君。爲出考題事，又到報名處，又到工商銀行。吃飯。訪乃乾不遇。

到適之先生處兩次。到魯弟處。到伯祥處，并晤聖陶，緝熙，同到味雅吃飯。

到新新旅館，訪孟真，并晤伯嘉，談至十一時許歸。看杜定友所作跋。失眠，至二時許眠。

孟真勸予不必與魯迅涉訟，因其已失敗也。

八月十三號星期六（七月十六）

七時起，到丁山處，同到孟真處。訪澤涵，不遇。訪馬太龍，遇之。回孟真處，談至十一時半。到伯祥處吃飯，同席爲聖陶，緝熙。飯後，碩民來。

到孟真處，并晤伯嘉。與孟真同出，到報名處，通伯處，史禄國處，蔡孑民先生處。又同到四馬路致美齋赴宴。

與孟真同到四馬路購書，遇乃乾。九時許歸，早眠。

今晚同席：孟真　平伯　予（以上客）　文學周報社同人（主）

八月十四號星期日（七月十七）

七時起，寫父大人信，又曾信。到丁山處，與之同到適之先生處。到魯弟，張姑丈處。到彬龢處。到致美齋赴宴。

孟真遷寓滄洲旅館，與乃乾，孟真同往。與乃乾到南洋路吳子祥先生處，未遇緝熙。又到滄洲旅館，遇張奚若。出，到魯弟處，晤之。返旅館，吃飯。

到大中旅社訪澤涵，未遇。到北新，晤小峰夫婦。到亞東圖書館，取物件。歸旅館，伯祥偕碩民來談。澤涵偕圭貞來談。理物。

今午同席：平伯　乃乾　丁山　何衍濬　予（以上客）　孟真（主）

八月十五號星期一（七月十八）

向蘇臺旅館結賬。乘車携物到彬龢處，晤莘田，早餐後同到南洋大學監試。途遇厦大陳君。予監預科試場，至十二時止。倦極，閉目即夢。

看卷約四十本。倦甚，時闔眼。四時許出，還寓，洗浴。趙龍文來。見彬龢夫人。

夜飯後到魯弟處取款。

今日早起，目模糊不能辨小物，神思又極倦怠，幾于病矣。

八月十六號星期二（七月十九）

寫孟真信。病臥。

孟真，丁山，通伯，今甫，奚若來。彬龢爲延朱仰高醫士診治。魯弟來。看《元史學》等書。

早起，骨節筋肉俱疼痛，坐立難忍，只得睡矣。略有熱。三個月中疲勞過甚，宜其病也。

八月十七號星期三（七月二十）

倦甚，仍臥，未看書。乃乾來。陶玄女士來。

緝熙來。賀嶽僧來。

彬龢請聽留聲片。

此次之病，實爲强制休息。

八月十八號星期四（七月廿一）

仍倦，午後得眠頗酣。丁山來。孟真來。

看《婦女雜志》，《黎明》等。

兩日未下便，服紅色清導丸。欲記日記，苦無氣力。

八月十九號星期五（七月廿二）

莘田赴杭。孟真，今甫來。趙龍文來。仍休息，看漢口《中央日報》副刊。

緝熙，孟真來。

補記日記五天。來青閣送書來。賀嶽僧來。

早，以昨夜服藥得便，肚中仍不鬆爽，不思飲食，每頓只淺一碗耳。體仍倦，午間亦得眠。眼腔痠痛。

今日澤涵出洋，未能送。

八月二十號星期六（七月廿三）

寫父大人，平伯，孟槐，今甫，履安，謝女士信。丁山，趙鳳喈（鳴岐）來。

來青閣送書來。彥長來。凌其翰來。

仍極疲乏，上下午均打盹。飯量不好，午刻吃飯一碗，夜只半碗粥耳。

八月廿一號星期日（七月廿四）

理物。十一時，到一枝香宴客，爲商樸社事，三時許出。

到乃乾處，看所購書。到清宇處，與孟槐同到致美齋吃飯。歸寓休息。

仍極疲乏。爲身子不好，早晚均飲白蘭地一杯，俾受刺戟。

今午同席：仲川　緝熙　乃乾　予同　伯祥　聖陶　平伯

今甫　清宇　孟槐　紹虞（以上客）　予（主）

　　今晚同席：緝熙　仲川　予（以上客）　　孟槐　清宇（主）

八月廿二號星期一（七月廿五）

到孟真處。出，遇心如。到青年會訪錫永，不遇。訪玉霖，遇之。到一家春西餐館赴宴。

歸，寫維鈞，董彥堂，仰之，愈之，元胎信。張伯苓先生來，亦寓彬龢處，晤談。來青閣楊壽祺來。

到銀行公會赴宴。遇朱鐸民。訪李星槎不遇。歸眠。

　　今午同席：華秀升（雲南東陸大學文科主任）　趙家適（述完，豫科主任）　李幹（芑均）　彬龢　張純一　予（以上客）黃警頑（主，代表商務印書館）

　　今晚同席：叔永夫婦　孟和夫婦　平伯　孟真　寅恪　乙藜今甫　端升　唐瑛　小鵝　學沛　冰心　南陔　予……（以上客）　適之　通伯　奚若　志摩　上沅　端六（以上主）

八月廿三號星期二（七月廿六）

寫碧澄，友卿，張媽，鯁生，雪艇，丁山，耀松，康媛，又曾信。與彬龢同到志摩處，與志摩同到新月書店。

秀升，述完來。平伯來。若谷，彥長來。錫永來。孟真來。乃乾來。看《贛第德》。

彬龢家宴。席散，與伯苓先生談話。

　　今晚同席：張伯苓先生　范雲六　周暟成　沈世騏（思期，世界書局交際科主任）　鄭璧光（工商銀行）　予（以上客）　陳彬龢（主）

東陸大學邀予去，月薪五百元。在那邊一樣用，只是匯出來太少耳。予甚欲游滇，惟父大人決不能見許也。因擬介紹雁晴前往。

八月廿四號星期三（七月廿七）

寫雁晴，繩夫信。寫騮先先生信（爲東陸二人介紹）。齊念衡來，同到玄伯處，又同到平伯處。念衡別去，予獨至魯弟處吃飯。

寫精古齋信。同魯弟到商務書館，取領款單。到各辦事處，與伯祥，聖陶，調孚，石岑，經宇，愈之，予同談話。逢雨，喚車到車站，寄信。與魯弟同到東新街進茶點，歸。志摩來。正甫來。嶽僧來。

孟真，緝熙來。寫魯弟信（爲緝熙借款）。洗浴。看《文學周報》悼王專號。

八月廿五號星期四（七月廿八）

訪樹平，不遇。到青年會訪東陸二君，遇之。訪錫永，不遇。無意中遇丁緒賢先生，同往餐廳吃飯，并晤莊長恭君（東北大學理科主任）。

出至尚公學校，訪勗成，良才，并不遇。到開明書店，晤雪村，景深，王燕書等。到商務書館，晤伯嘉，伯祥，愈之，叔遷等。出，到乃乾處。到滄洲旅館，晤孟真，適之先生，寅恪，平伯，玄伯及東陸二君。孟真邀茶點，平伯等別去。

孟真復邀宴于四馬路徽州館。飯後同到美的書店。與伯嘉同到魯弟處取款。歸，看舊作文，十二時眠。

今晚同席：適之先生　伯嘉　予（以上客）　孟真（主）

適之先生評予，謂予性欲強，脾氣不好，此他人所未知者也。又謂予的性格是向內發展的，彼與孟真是向外發展的。

八月廿六號星期五（七月廿九）

記日記四天。寫履安長信。丁山偕趙鳴岐來。時報館人來爲我照相。

朱鐸民來。乃乾來。看《左傳真僞考》譯本。玄伯偕叔平先生來（廿一年補記，未知確是此日否）。

魯弟來。錫永來。早眠。

日來飯量雖增，而精神仍極疲乏，昏昏沈沈，有如做夢。不知何日始可使精神恢復健康也。

八月廿七號星期六（八月初一）

與彬龢，丁山到徐家匯天主教堂參觀，見徐神父，承其導引，到圖書館，觀象臺。又到土山灣孤兒院，晤馬相伯先生。出，到徐家匯吃飯。

到蘇新書社購書。到同文書院，參觀圖書館。出，歸。到大東旅社訪叔平先生，晤之。同到適之先生處，并晤圭貞女士。出，別去。到孟真處吃飯。

寫父大人快信。

八月廿八號星期日（八月初二）

至魯弟處，寫王姨丈信，匯社款。至玄伯處，歸。朱鐸民夫人來。叔平先生來。丁緒賢先生來。上沅來。

三時，到魯弟處，到滄洲旅館，晤孟真，爲譯電文。到適之先生處，邀其赴宴，以有先約，未能去。

赴孟真宴。十時歸，洗浴。

今午同席：叔平先生　伯苓先生　君邁　予（以上客）　彬龢（主）

今晚同席：叔平　玄伯　寅恪　平伯　振東　太龍　予（以上客）　孟真（主）

八月廿九號星期一（八月初三）

到念衡處，晤之。到孟鞱處，談一小時。在安南路天津館吃飯。

到魯弟處取支票，送至朱鐸民家，晤其夫人。到蔡先生處，談半小時。到君勱先生處。到滄洲旅社，晤孟真。孟真出，童啓顏來談。在孟真處寫沈兼士，馬夷初，徐中舒，陳乃乾信。

孟真歸，同吃飯。談至十一時歸。

八月三十號星期二（八月初四）

寫乃乾，清宇信。寫伯嘉信，薦魯弟。到魯弟處，并晤秋白。同魯弟出，予到新惠中訪劉振東，付借款。出，冒雨到商務書館，訪雲五，伯嘉，伯祥，聖陶，予同，愈之等。與聖陶返其家，吃飯。

雇車到江灣立達學園，訪中舒。到商務，訪雲五，伯嘉，取匯款單。出，到總商會訪魯弟，繳匯款單。歸，易衣。出至法國公園，游覽一周。雇車到白克路，訪孟韜，晤之。

到滄洲，晤孟真，并晤金甫，仲舒，談至十二時歸。

八月卅一號星期三（八月初五）

到哈同路吃點，到魯弟處開支票，歸。叔永先生來，同到現代評論社，晤友梅，通伯，今甫。歸，補記日記五天。叔平先生偕其子彥祥，侄巽伯來。乃乾來，蔚南來，同飯。

寫莘田信。孟真來。以昨夜眠少，倦甚，睡了半天。

到新半齋赴宴。

今夜同席：顧鼎梅先生　孟真　予　彥祥　巽伯　……　叔平先生（主）

車中得詩云："誤我庚寅夢裏語，茫茫江水佛堂籤。百般悲喜憑猜測，難解疑團未死前。"

一九二七年九月

九月一號星期四（八月初六）

待孟真不至，看《左傳真偽考》。到今甫處。到一枝香赴宴。

到溫州路，訪汪孟鄒。到亞東編輯部，訪章希呂。歸。中舒來。看《左傳真偽考》，畢。到新月書店送稿。到魯弟處，重九弟留吃夜飯。看《夷堅志》。

到滄洲旅社，并晤適之先生，通伯，今甫，奚若，談至十二時，未歸，即宿旅社中。

得詩云："一從北地分飛後，別恨經年苦不支。我願見君便慟絕，不留餘命再生離。"

今午同席：鼎梅先生　叔平先生　樹平　予(以上客)　乃乾(主)

九月二號星期五（八月初七）

服避疫藥。寫徐中舒，瞿庵信。送孟真到新關碼頭，上美國郵船。予與通伯下船後，在浦東待小輪，至下午二時方得渡。

到四馬路一家春吃飯，同到外國書肆購書。歸，看所購書。洗浴。

到四馬路古益軒赴宴。出，與乃乾同訪紹虞于孟淵旅館。十時歸。

今夜同席：叔平先生　樹平　乃乾　何静山　予（以上客）
顧鼎梅先生（主）

九月三號星期六（八月初八）

經農來，寫請領護照信。訪丁緒賢（庶爲），不遇，到希曾處，晤之，同到徽館吃飯。到茗之處，未遇。

到彥長處，遇之。同出，到良友社訪張若谷，不遇，晤梁得所。出，到內山書店看日本書，甚久。出，到大東酒樓，彥長邀宴也。晤仲子通。

到大東公司購物。彥長送歸。知仲川來，寫信遣人送去。爲彬穌夫婦及常書林君寫條幅四。

九月四號星期日（八月初九）

絕早，到仲川旅館，知已返蘇。在寓待茗之，不至。濟東，知行來談。十時，到茗之處，未遇。到科學彝器館訪鼎梅先生。到中國銀行，訪寅初先生，并晤茗之。寅初先生留飯。

飯後到乃乾處，同往徐園，以大雨，僅到乃乾，緝熙，孟槐及予四人，商樸社進行事宜。六時許出，到適之先生處，吃飯，借夾衣（雨後寒甚）。

冒大雨到魯弟處。到姜立夫處，未遇。到鼎梅處，并晤戴君仁。到通伯處，并晤石蘅青，張奚若，端升，學沛等。歸後即眠。

九月五號星期一（八月初十）

理物。茗之來，同飯。

寫侃如，仲澐，崇年，予同，乃乾信。鈔致沈兼士信。三時，到魯弟處取物，吃點，與陳伯母談。四時，到北站上車。十一時半，到杭州，下榻城站旅館。

書賈朱麟伯來接，并送看頭本。吃麵，一點睡。

九月六號星期二（八月十一）

朱麟伯來。回場署，父大人已出，與繼母等略談。即到莘田處，與莘田川島同出，到三義樓吃點當飯。

與莘田同到春潤廬，訪龍紉華女士，爲茗之送寒衣，并晤吳家

明女士。訪仲逵，未遇。出，訪萬里，晤之，談一小時。到明湖浴
堂洗澡，遇毅生，出訪毅成，未得。訪介泉，晤之，談一小時。

　　歸，對付各書估，至十一時。静山偕范鼎卿先生之子侄來談。
房東子丁慕三來談。

九月七號星期三（八月十二）

　　劉朝陽來。不厂先生偕以明來。終日對付書估。

　　知行先生來，龍文來。六時，到莘田處，未遇，晤川島。出，
至清華旅館訪伯苓先生等，未遇。到協順興，定座，補記日記。

　　宴客。飯畢，到萬里處談話。十點歸，失眠。至上午一時始眠。

　　今晚同席：張伯苓　凌濟東　陶知行　查勉仲（良釗）　　譚
仲揆　陳萬里（以上客）　　予（主）

九月八號星期四（八月十三）

　　莘田來。寫魯弟，招生處，崇年，快信三封。終日對付書估，
自起至睡。

　　理《唐石經》，眠甚遲。

九月九號星期五（八月十四）

　　草鈔書簡約。寫履安快信。吳家瑞，家明兩女士來，爲家明轉
學粵中事。終日對付書估。

　　莘田來。賈景韓先生來。馬巽伯來。

　　又曾醉後來談。以明來。

九月十號星期六（八月十五　中秋）

　　理楊見心出售醫書，第一次畢。

　　從各書肆發票中理出醫書，寫入簿中。孟恕來。寫予同信。到

莘田處，但晤川島。到萬里處，晤孟恕夫婦。

到聚豐園赴宴。席散，到公共體育場望湖看月。到商品陳列所印片，遇以明夫婦。

今晚同席：譚熙鴻夫婦　莘田　吳家瑞女士　靜山　錢貞元女士　金家懋　毛又文女士　程本正　蔣夢麐先生　予 ……（以上客）　張伯苓　凌濟東　查勉仲（以上主）

九月十一號星期日（八月十六）

對付書估。仰之來。萬里來。

對付書估。鈔發票中醫書畢。毅生來。夏廷棫來。遇繆金源于馬坡巷。整理楊氏醫書。

到湖上訪仰之，不遇。訪鼎梅先生，遇之。到協順興西菜館，父大人宴全家也。飯畢，到商品陳列所購物，晤仰之。歸，寫孟真，圭貞女士信。

九月十二號星期一（八月十七）

到車站送莘田，晤萬里，介泉，川島夫婦，陶玄（孟晉），伏園，春臺，毅生等。廷棫亦在車。車開，與介泉同歸。到西湖飯店訪仰之，已出。到車站訪之，遇見，談辦史學雜志事。歸，寫碧澄，第三中大校長，不厂先生，仙槎信。

寫錫襄，伯嘉，元胎，澤宣，敬文，彥堂信。對付書估。鼎梅先生來。以明來。毅生偕劉秀生來。

對付書估。記日記。訪巽伯，未遇。古懽堂主來。

九月十三號星期二（八月十八）

終日應付書估。

安排楊氏醫書。寫乃乾，趙邦彥，中舒，瞿安，繩夫，孟真，

中山圖書館信。魯弟爲繼母壽，自滬來。晚飯後，與魯弟康媛同游
三潭印月。十點半歸。

湖上夜游，月色皎然，微聞遠笛，燈影參差，甚可懷也。

得孟真電，知中大情形更佳，可大購書，爲慰。

九月十四號星期三（八月十九）

寫沅君女士，彬龢，愈之，艮男，賓于，經農，伯祥，履安，
張仁寬，元胎，名達，亮塵信，鼎梅先生片。

書估來者不多。四時，到第一中學訪四穆，貞元，未遇。訪金
源，遇之，并晤趙龍文。

龍文留飯。晤劉朝陽。歸，記賬。

今日頗倦，以昨夜眠少也。

九月十五號星期四（八月二十）

到西湖圖書館，不厂先生邀商編目辦法也。晤陸祖建，曹聚仁
等七八人。議畢，參觀四庫全書。吃飯。

參觀王叔魯藏書。與不厂先生商鈔書事。出，到鼎梅先生處，
旋歸。精古齋人來。

寫碧澄，貞元，予同，仰之，孟真，乃乾，亦審，若谷信。

今日重鈔日記，乃見有寄亦審書，想不出寄哪裏。此時彼已
離重慶女師，此書必不達彼之目矣。更想不起書中作何語。日記
中忽有此一事，奇甚。大約彼時思不可禁，聊一試耳。

廿一，七，十五，頡剛記。

九月十六號星期五（八月廿一）

終日理碑帖。寫仲澐信。

金源來。

終日雨，甚寒，可穿重袷矣。

九月十七號星期六（八月廿二）

錢南揚來。張印通來。寫蔣希曾，乃乾，碧澄（匯款），朱鐸民（厦款）信。

錢貞元女士來。算賬。到道古堂，石渠閣二處，略購書籍。

到聚豐園赴宴。八點歸，又預家宴。十一時眠。

本日爲繼母五十生辰（？），由我齋星官，備菜。來客奉父命却絕，僅場中人同餐耳。朝晚各一桌。夜，演戲法。天突凉，傷風矣。

今晚同席：龍文　四穆　周命新　陳仲明　劉奇（子行）
馮炳奎（楚碧）　予（以上客）　繆金源（主）

九月十八號星期日（八月廿三）

六時起，送魯弟。張印通來。理碑帖，畢。

到鼎梅先生處，看藏書。到星槎處，未遇。到萬里處，晤孟恕。到劉秀生處，晤之。到劉大白處，晤之。到介泉處，晤之。到川島處，路遇蘇演存，仲瑜，介石。萬里亦來。偕萬里同往星槎處，晤之。

到萬里家，吃夜飯。歸已近十時，即睡。

今日舌上枯燥，精神甚憊。

九月十九號星期一（八月廿四）

到車站送星槎，未得，晤徐欲唐及潘錫侯。出到五芳齋吃點。到文藝書局，抱經堂，經香樓，選購書籍。歸，不厂先生來。茗之來，留飯。

顧忏鰲來，送書。算賬。抱經堂人來。

算賬。

今晨不知何故，左鼻出血甚多，漱口時痰中亦有血。終日心臟萎弱。此新病也。左牙齦亦腫。近日常未明即醒。

九月二十號星期二（八月廿五）

整理自己所購書，并算賬。裕和送衣服來，選購數件。介泉來談。

不厂先生偕郁次青來。孟恕來。書肆來者數家。巽伯來。

應付抱經堂，看所購書。

九月廿一號星期三（八月廿六）

算賬。抱經堂人來。

到萬里處，參觀廣濟醫院，并晤葛竹書。到楊以明處，未遇。到錫侯處，未遇。到介石處，晤之，歸。孟恕來。

理所購書。

九月廿二號星期四（八月廿七）

終日對付書估，算賬。

不厂先生來。馬巽伯來。萬里來。陸桐生來（爲越縵堂藏書事）。巽伯邀宴於旗下三義樓，介石同座。歸，寫履安信。

九月廿三號星期五（八月廿八）

到鼎梅先生家，付款。到商品陳列所，購物。歸，對付書估，理書。

對付書估，理書。

到川島處，取莘田衣，未遇。到三義樓，介石邀宴也。同座爲巽伯。歸，與父母談話。看《性史》。十二時許眠。

九月廿四號星期六（八月廿九）

寫萬里，鼎梅信。算賬，對付書估。

孟恕來。介石來。巽伯來。萬里來。寫鼎梅，伯祥信。溢如返杭。

理物。

九月廿五號星期日（八月三十）

南揚來，同訪萬里，未遇。到三義樓吃飯，南揚還鈔。

與南揚同到文寶齋購書。歸，理物。爲周賚善等寫字。寫崇年，乃乾信。

晚，到三義樓赴宴。歸，與繼母談話。

　今晚同席：四穆　萬里　劉奇　予（以上客）　南揚（主）

九月廿六號星期一（九月初一）

六時起，七時辭別父母，挈康媛到站，又曾等，馬巽伯，孟恕來送。晤幼靜。車中與程叕甫先生同座，同飯。看《理窟》。

十二時許，到滬，雇馬車送康媛到魯弟處。予寓孟淵旅社，理物甚久。到魯弟處，到重九弟處，到午姑母處，在魯弟處吃夜飯。

代陳伯母打牌一圈。回旅社即眠。

全喜弟病傷寒已久，住重九弟處，故姑母亦在滬。

九月廿七號星期二（九月初二）

寫履安信。到伯祥處，到商務書館，晤伯祥，緯平，伯嘉，予同，聖陶，愈之，石岑，致覺等。到良才處，晤之。到端六處，亦晤之。到新有天閩菜館赴宴。

到雪村處小坐。到惠商旅館，訪錢卓升女士，未晤，見其兄錢昌穀。歸旅社，寫伯嘉，端六兩函，爲魯弟謀事。錢女士來談赴粵事。到有正書局買書。寫父大人信。

歸社，吃飯。訪乃乾，不遇。算賬，記日記，登賬，理雜紙。十二時眠。

我總算在場面上人，今日訪楊端六，爲魯弟事乞其援手，渠甚表拒絕之意。在他的地位或不得不爾，但不好看的面孔使我心中難過。因想我一生未托人薦事，故未嘗此風味。不然，則恨欲死矣。即此想見窮人之苦。

今午同席：予（客）　致覺　愈之　予同　聖陶　伯祥（主）

九月廿八號星期三（九月初三）

包車一輛，上午，到乃乾處，晤之。到適之先生處，晤仰之，悉圭貞女士已到大同大學。到陶爾斐斯路訪彬龢，未遇，見蔣國珍等，取寄存行李。歸旅社，吃飯。

飯後到彥長處，未遇。到若谷處，亦未遇。到鼎梅處，尚未回滬。到亞東圖書館，寫致汪乃剛函。到新新旅館，訪振玉，并晤玉堂，伏園，到雲裳公司，晤小鶼，并邂逅叔存。歸，理書物。仰之來，同飯。

毛以亨偕其兄來。彬龢來。伯嘉來。魯弟偕吳君來告被搶。甲榮來。寫精古齋信。一時始眠。

今日魯弟將經手款項結算送來，夜中過一小弄，竟被盜劫，搶去中大存款一百八十七元餘，自己款卅餘元，又手錶一只。渠正失業，今又逢此，可謂倒霉事一齊來。無法，只得慢慢替他彌補，并囑其勿急。

伏園今日見我，大有忸怩之色。此人若尚有天良，直當愧死！

九月廿九號星期四（九月初四）

彬龢來。若谷來。志希來。寫芝生，馮孟顒，中舒，孟槐，賓于信。崇年自蘇州來，談樸社事。叔存來，留飯。

振玉來。陸潤祺來。杜太爲來。與叔存同到周梅生（炳琳）
處。訪志希，未遇。與叔存同到適之先生處，談甚久。叔存別去，
今晚上船赴廈門大學。到魯弟處。到通伯處，晤鯁生，西林，蘅
青，有壬，鯁生夫人等。

到都益處川菜館赴宴。歸，與崇年談社事。一時眠。

今晚同席：志希　伯嘉　以亨　良釗　予　鄭通和（以上
客）　彬龢　凌濟東（以上主）

九月三十號星期五（九月初五）

到魯弟處看文寶齋送來書，重定價。到以亨處，談甚久。歸，
記日記及賬目。寫文元堂，愈之，和豐銀行黃君，履安，碧澄，隅
卿，萬里，卓升，谷葦，希白，錫襄等，孟韜，緝熙，雁晴，震歐
信。伯祥來，同到來青閣看乃乾，遇之。到海樓夜餐，崇年還鈔。

四人同到旅館，談話。

一九二七年十月

十月一號星期六（九月初六）

與崇年同出吃點，到車站寄信。到良才處，接洽創造社銷書
事。到開明書店，商契約。到中國書店，論樸社賬。到廣東路，吃
麵當飯。

歸，仰之來。叔父來。衛西琴偕杜太爲來。中舒來。乃乾來。
伯祥來。

六時半，到銀行公會赴宴。飯畢，商《現代評論》編輯辦法。

今晚同席：適之先生　鯁生　雪艇　西林　通伯　端六　有
壬　奚若　端升　蘅青　浩徐　梁龍　慰慈　予

此日一席，皆所謂"現代評論派"也。二十年後，遂爾分化，周鯁生，丁西林，張奚若，錢端升皆入人民政府工作。若胡適，王世傑則列入戰犯名單，逃遁國外。陳源則爲蔣幫派至聯合國教科文組辦事，惜無勇氣起義返國。唐有壬在任蔣幫外交部次長時，不知何故被人暗殺。石蘅青年老，度已亡逝。至楊端六，張慰慈則已不知去向矣。　　　一九七三年七月記。

十月二號星期日（九月初七）

到魯弟處，即歸。良才來。孟槐來。惠璋來。彬龢來。魯弟來。適之先生偕兩子來。留魯弟及適之先生等飯。

沈丹泥來。中舒，余永梁，仰之，王、方二君來。乃乾來。理物。寫敬軒，碧澄，精古齋，萃文書局，陳彥通信。

彬龢來。玄伯來。魯弟歸，余到振華旅館訪叔父。歸，看《脂硯齋批本紅樓夢》。

適之先生持《脂硯齋批本紅樓夢》，爲是書鈔本之最古者，其中有曹雪芹之事實焉。

十月三號星期一（九月初八）

鎮日在寓算賬，午飯不覺已二時矣。太爲來。王子克來。

玄伯來。崇年來。謝君來。

八時，到海軍青年會赴宴。十一時歸。

今晚同席：李石岑　杜太爲　予　清華李君（以上客）　衛中（西琴）（主）

十月四號星期二（九月初九）

與崇年同到秦宅取款。出，到申報社付廣告費。到安樂宮，賀常書林結婚，客尚未至。到民國日報社付廣告費。到商務書館購書物，遇王珪孫，立談。歸，紹孟已遷來。問船期，知新寧明日開，定座餐樓。乃乾來，到安樂宮吃飯，晤濟東及王世朝。

出，到平安旅社問船期，所答與孟淵同。往鼎梅先生處，請其爲船票作保證人。到亞東圖書館。歸，理物，算賬。

到魯弟處告行期。寫適之先生信，文寶齋信。到伯祥處，告行期。寫王雲五，李伯嘉二片。歸途，購食物。胡鑑初來。

十月五號星期三（九月初十）

整理行李，畢。寫父大人信。魯弟送康媛來。詢問賬房，乃知新寧船須八號開。乃乾來，留飯。

偕乃乾到中國旅行社，問船，道遇陳昌標。歸，胡鑑初來。算書賬。適之先生來。彬龢來。黃漢陽來。

適之先生邀宴于第一春。出，與自明紹孟同游神仙世界及天韵樓，看電影《可憐天下父母心》。

今晚同席：彬龢　紹孟　予　自明（以上客）　適之先生（主）

十月六號星期四（九月十一）

看報，記日記。仰之來。沈端方來。終日算賬。

乃乾來。寫簡香信。

與康媛同到先施公司樂園，看揚州戲《孟姜女》。

揚州戲之《孟姜女》，情節與江蘇唱本相同，演至長亭止。

十月七號星期五（九月十二）

魯弟來。仲舒來，留飯。理物。

伯祥來。與中舒伯祥談至四時，同上新寧船。旋登岸，散步。

在法界青萍園吃飯，中舒所請也。飯畢，作別，與康媛到大世界，以天雨，即歸新寧，理物。

新寧船到粵後，無論有貨無貨，均停十二小時。茶房名張阿六，識予，知余在廈大者。

十月八號星期六（九月十三）

早，彬龢來送別。理物。九點，船開。看書賬，鈔出其各類書總數。以頭暈欲嘔而罷。

看《世界史綱》，彬龢所贈也。

十月九號星期日（九月十四）

到紹孟室談。終日看《世界史綱》。

天氣熱甚。舟行平穩，惟飯菜惡劣，難下咽，故啜粥。

十月十號星期一（九月十五）

終日看《世界史綱》，頗得新見。

紹孟來談。

熱甚，汗如雨下。舟行仍平穩，仍啜粥。夜，月色甚皎。

十月十一號星期二（九月十六）

七時到汕頭，驗疫。看《世界史綱》，鈔分類書賬。計畫到粵後應辦事及日常生活。

四時，船開，風浪頗大。

天熱甚，艙外羊闌中有斃羊矣。哀吟聲不絕。

十月十二號星期三（九月十七）

八時許到香港，又驗疫。紹孟來談。鈔分類書賬。

看《梁祝姻緣》彈詞，畢。

下雨，稍涼爽，羊遂不鳴矣。

去年到廈門時，亦乘新寧船，別人均吃不下飯，惟予飯量依舊。此次上船，不知何故，只是怕吃飯，聞到廣東菜的氣味就作嘔，故不吃粥，即吃蛋炒飯。此緣予之胃弱耶？抑漸漸養尊處優耶？

十月十三號星期四（九月十八）

五點許船開。

下午三時到廣州，元胎偕履安來迎，即雇舟登岸。元胎送至雙門底，履安伴予歸，到新屋（開明二馬路）。計予與履安不相見者已一百八十三日矣。

由履安伴至彥堂，丁山，莘田，式湘處，九時歸，早眠。

十月十四號星期五（九月十九）

與履安同到泰安棧提取行李，與永梁同歸。理物。

與元胎，永梁同到中大，在文科辦公處待孟真不至，到圖書館。到元胎家談話。與永梁同歸。晤緝齋及叔儻等。

敬文，太玄來。張之邁來。

十月十五號星期六（九月二十）

莘田來。寫父大人信。到孟真處。剃頭。到騮先先生處。

彥堂，景蘭來。式湘來。敬文來。理物。

晚飯後，到孟真處談話，又到龜岡寓中。

十月十六號星期日（九月廿一）

到龜岡寓中。與莘田同到金甫處，并晤奇峰，緝齋等，到澤宣處。出，莘田宴於東方酒樓。

與莘田到敬文處，但晤太玄。同到孟真處，開會商量出刊物事。振東來。歸，理信札。與張道藩談保存美術品事。

敬文，楊成志，蔣徑三來。陳延進來。理信札。

今日議定刊物四種：

（1）文史叢刊　由文科主任及各系主任編之。

（2）語言歷史學研究所周刊　余永梁，羅常培，商承祚，顧頡剛
　　　等編。

（3）歌謠周刊　鍾敬文，董作賓編。

（4）圖書館周刊　楊振聲，顧頡剛，杜定友編。

十月十七號星期一（九月廿二）

理信札，什物。記住址錄。記日記。彥堂來。

到醫科訪驪先，未遇，晤緝齋。到文科，晤孟真等，與叔儻
談。到圖書館，計畫一切。訪沈鵬飛，看房子。與金甫同歸。

到龜岡三馬路寓中吃飯。歸，敬文，太玄等來。

十月十八號星期二（九月廿三）

到劉振東處取款。豫備"書目指南"課，編講義一頁許。

元胎夫婦來。張之邁偕劉朝陽來。

到瞿安處。敬文來。到孟真處長談。

倦甚，編講義竟寫不下。甚矣放心之難收也。

今晨出鼻血甚多，仍係左鼻。

十月十九號星期三（九月廿四）

到丁山處，未遇。履安代寫伯祥，魯弟，夏廷棫信。理物，理
講義。

振東來。太玄，敬文，永梁來。莊君來。

孟真與辛樹幟來。

今日倦甚。

予於今日始識樹幟，中大生物系主任也。渠在德留學時，始讀予辨古史文，曾大罵予，後乃浸對予表同情，遂爲五十年來不變之好友，此予在中大時僅存之碩果也。其故，惟緣識得予學術宗旨，能對予不妒忌耳。一九七三年七月記。

十月二十號星期四（九月廿五）

彥堂來。到校，上"書目指南"課。訪景蘭，左之，鴻年，未晤。到思敬處，晤之，并其弟左佩。

理書物。

到校，文科開會也。十點許歸。

十月廿一號星期五（九月廿六）

到孟真處。寫仲川，辛揆信。作《研究所周刊》發刊詞。理物。永梁來。

鈔《五帝本紀》。豫備明日課。宋湘舟來。

延進，敬文，彥堂，孟真來。記日記。

兩天未大便，服瀉藥，有效。

來此八日，始將書籍理訖，眼前一清，可上軌道辦事矣。

十月廿二號星期六（九月廿七）

到校，上"上古史"課兩小時。與孟真，澤宣，沈鵬飛等同到研究所看屋，又到東山看屋。孟真請吃飯。

到校，參加教務會議及國文史學兩系會議。在校吃飯。到圖書館，晤定友。與敬文同步歸。

會議結果，予擔任導課如下：

史料問題　整理民間傳說方法　中國神祇史　《詩經》　崔東壁

閻若璩　康有爲

十月廿三號星期日（九月廿八）

寫朱菊人，古懽堂，精古齋信。彦堂來。與履安及兩女同到元胎處，又與元胎同到林惠貞女士處，又同到第一公園吃茶點。林女士別去，與履安等雇汽車游黃花岡及沙河，歸。

與元胎到東山一帶看屋，訪房東梁君。遇達材。到孟真處談話。

到妙奇香，譚震歐邀宴也。鈔筆記數則。

林惠貞女士甚篤學，今夏投考中山大學未取，覓落卷觀之，國文僅二十分，蓋閱卷者太不經心也。昨孟真在教務會議提出，謂不當使她受屈抑，因托我訪之。然彼以受刺激過深，已皈依基督教矣。今日晤之，渠謂明日答覆。

十月廿四號星期一（九月廿九）

整理仰之在廈門大學所編上古史及《尚書》講義。林惠貞女士來，飯後與康媛俱去。

豫備功課。

孟真來。元胎來。敬文，太玄來。定導課次序。

林女士來，謂無志入中大，因將康媛托她領去。康媛在家苦于無事做，而殘廢之人實以信教爲宜，且彼在北京聾啞學校中聽耶穌故事甚感興味，其信基督教乃極易也。

十月廿五號星期二（十月初一）

豫備功課。

到校，上"上古史"一課。遇吳瞿安先生及其子汸玉。讀《詩經》，摘録其起興之句。與艮男到龜岡寓中。

十月廿六號星期三（十月初二）

修改《周刊》發刊詞畢。豫備功課及講義。林女士偕康媛歸，即去。

到校，上"尚書研究"兩課，文史導課（《詩經》）一課。點讀《帝系》篇并列表。

延進來。太玄，永梁來。莘田來。

今日連上三課，喉嚨喊啞矣。近日又傷風鼻塞，因之説話甚苦。

十月廿七號星期四（十月初三）

敬文來。記日記四天。看《新生周刊》。寫《二十四孝》一文，入《新生周刊》。豫備功課。

到校，上"上古史"一課。訪定友，遇許德弼夫婦，叔儻，緝齋。

定友來。寫《二十四孝》一文畢。

十月廿八號星期五（十月初四）

鈔《史記·五帝本紀》，未畢。丁山來。

豫備功課。寫陳達材信。到校，上《詩經》一課。

豫備明早功課。莘田來。

夜中失眠，二時許醒後直至五時許方眠。起看《全後漢文》。

十月廿九號星期六（十月初五）

到學校，上"上古史"兩課。元胎來。寫碧澄，沈丹泥信。

豫備功課。到校，上《詩經》一課。歸，貫因來，與之散步東山一帶，到式湘處問疾。留其夜餐，談久始別。

今日汪精衛返粵。

十月三十號星期日（十月初六）

瞿安先生來，看所購書單。張兆瑾來。與履安同到屈園。

與履安同到龜岡寓中，晤莘田，彥堂，式湘。訪孟真未晤。鈔數年來所作文字目錄，備刊雜文。

永梁，太玄來。敬文，劉朝陽來。

夜中又失眠，一時許醒後五點許方眠，起看《全漢文》。

予近日發病頗多，失眠，便秘，傷風咳嗽，甚憊矣。履安爲我備牛奶，杏仁湯，冬瓜子湯等。

十月卅一號星期一（十月初七）

記日記四天。鈔《五帝本紀》畢。

與履安同到長堤郵局取包裹，到雙門底取錢買物，到康媛處談話，歸。遇關應麟先生。遇定友。

豫備功課。

一九二七年十一月

十一月一號星期二（十月初八）

［周刊 1 期（1—26 頁）］敬文與羅幹青來長談。張兆瑾來。豫備功課。

到校，上“上古史”一課。

粘貼五個月中辦公用費發票。

十一月二號星期三（十月初九）

豫備《尚書》功課。

到校，上“尚書研究”兩課。到圖書館，與金甫，定友談。圖書館委員會開會，出席，至七時半始歸。

彦堂，莘田來談。

十一月三號星期四（十月初十）

到校，上"書目指南"一課。到延進處。

鈔《尚書》篇目七篇説，及《尚書》篇目異同真偽表。貫因，式湘來。履安代寫紹虞，伯祥，雪村函。

與履安艮男到孟真處，與孟真同歸飯。談至九時許別。

十一月四號星期五（十月十一）

鈔《尚書》篇目異同真偽表畢。履安代寫乃乾，魯弟信。

豫備明日功課。元胎來談。寫隅卿，一山信。

太玄，永梁來，敬文，劉萬章來。同到彦堂處。看《東方雜志》王靜安先生傳。

十一月五號星期六（十月十二）

到校，上"上古史"一課，以講義未印，故停一課。到元胎處，履安亦來，遂留飯。

訪葉左之，未遇。寫定友信，送彌月禮。與瞿安，太玄，元胎，劉萬章，敬文，永梁，履安，元胎夫人及母，游九曜石及五羊石。

與康媛筆談。看《潛丘劄記》。

十一月六號星期日（十月十三）

瞿安先生來。兆瑾來。永梁來。記日記六天。

寫沅君，蔣希曾信。寫謝女士信未畢。

到大新公司，定友邀宴也。緝齋邀至咖啡館，歸。

近日倦甚，頗不易聚精會神作事，實因事務種類太多之故。

今夜失眠，以夜飲咖啡之故。

十一月七號星期一（十月十四）

鈔《史記·夏本紀》畢。

與履安同到地質調查所訪景蘭，看中歐通信社所存木器。

從艮男處鈔阿小所唱歌謠。

十一月八號星期二（十月十五）

［周2（27—50）］豫備功課，讀《禹貢》，記筆記。

到校，上"上古史"一課。到史學系辦公室，布置一切，開取物單。兆瑾來。

莘田偕叔儻來。孟真，錫永，元胎，瞿庵，丁山，彥堂，鑑清來，商議聚餐事。

十一月九號星期三（十月十六）

整理《尚書》講義。

到孟真處。與履安，林女士，二女到東山教堂聽焦維真女士演講。到龜岡寓中。

　　今日爲廣州光復紀念，各機關均放假，予遂未到校。不意校中并未放假，《尚書》課兩小時遂停課矣。

十一月十號星期四（十月十七）

與履安同到校，整理史學系室。同出，到芸書閣。予回校，上"書目指南"一課。到元胎處，與履安，元胎夫婦，丁山同到西關東亞銀行取正甫寄弟款，到在山泉吃飯。

與元胎丁山到石經閣購書，予先回校。上"上古史"一課，《五帝本紀》講畢。自越秀南路步歸。

敬文，太玄，永梁來。看本日所購各書。

十一月十一號星期五（十月十八）

鈔《孟子》上之舜作《上古史講義》，未畢。向地質調查所借木器。略理書。

容太太來，與履安同到中大看紀念總理誕生會。翻看卷子。寫出版部信。林女士來。

與艮男同到東山公園散步，遇敬文等。莘田，丁山來。

十一月十二號星期六（十月十九）

搜集古代地理材料，備答孟真。

貫因來，同到莘田處，晤滄萍。與莘田貫因同訪孟餘先生，未遇。與貫因同訪孟真，晤之。與孟真同到東山酒樓吃點，同到屈園，入各人室談話。

與孟真歸予家吃飯。與孟真談至十點。

今日以總理誕生紀念放假。

十一月十三號星期日（十月二十）

搜集古代地理一整天。鈔《孟子》上之舜畢。瞿安先生來。

立《東山筆乘》第二冊。敬文來。

與履安到龜岡，買物。搜集材料。

十一月十四號星期一（十月廿一）

搜集古代地理材料。記日記七天。到東山剃頭。

緝齋來談。

一星期一記日記，若一瞬耳。甚矣我之忙也。

十一月十五號星期二（十月廿二）

〔周3（51—72）。〕豫備功課。到顧夢餘先生處。

到校，上"上古史"一課。看《左傳真偽考》。

十一月十六號星期三（十月廿三）

鈔《禹貢》付印。

到校，上"尚書研究"兩課（《尚書》篇目）。圈點《尚書》講義。

太玄，敬文來。黎光明來。莘田，李滄萍來。

十一月十七號星期四（十月廿四）

到校，上"書目指南"課（類書）。寫信五六封。履安來，同到茶樓吃飯。

與履安到觀音山游覽。到校，上"上古史"一課（《孟子》中之舜）。與澤宣鴻年步歸。

到孟真處，未遇，遇緝齋。

昨夜張發奎軍隊將黃紹雄軍隊之在粵城者繳械，今日警察臂纏白布。

十一月十八號星期五（十月廿五）

到孟真處，未晤。豫備功課（《禹貢》）。夏樸山自滬來，留飯。

偕樸山同到中山大學。到孟真處，未遇。到叔儻處。豫備功課。寫孟真信。

孟真來，同到其家，晤周炳琳等。

戴，朱兩校長又到香港矣。午刻有救傷隊人來募捐，勒派十元，謂是總司令部派出者，有巡警跟隨。

十一月十九號星期六（十月廿六）

到校，上"上古史"兩課。王啓光來。與樸山孟真同飯於東方酒樓。

到龜岡，到校，與孟真商辦一切事務。改正講義譌字。

到孟真處，與丁山等同歸。瞿安先生來談。

十一月二十號星期日（十月廿七）

算書賬。丁山來，與之同出，訪孟真，同往東方酒樓。爲瞿安先生父子及孟真餞行。

飯後與孟真同歸。算賬。

元胎來。記日記六天。修改孔子一文。

今日同席：瞿安　練青　孟真(客)　莘田　丁山　彥堂(主)

午間大雨，衣履盡濕。

近日晚飯後必甚倦，若將闔眼者。醒則甚早，往往中宵忽覺，輾轉達旦。學問之基未立，而老境已臻，悲哉！

十一月廿一號星期一 （十月廿八）

永梁來。與履安同出，予到校領薪，遇瞿安，同歸，到他寓中小坐。

鈔寫《皋陶謨》。瞿安先生來。永梁來。到瞿安先生處，到孟真處。

敬文，永梁，太玄來。孟真來，留飯。

十一月廿二號星期二 （十月廿九）

［周4（73—100）］豫備功課（讀《禹貢》）。

上“上古史”一課（《禹貢》）。算書賬。

豫備明日功課。

十一月廿三號星期三 （十月三十）

算書賬。

上"尚書研究"兩課（《堯典》,《皋陶謨》）。訪沈鵬飛主任。算書賬。

孟真來,留飯。寫元胎信。太玄,敬文來。

十一月廿四號星期四（十一月初一）

豫備功課。訪沈主任,不遇,訪宋香舟。到校,上"書目指南"課（經）。

理賬目,書記譚君來助鈔寫,履安助算賬。貫因來。

下午"上古史"課,以理賬故請假。

十一月廿五號星期五（十一月初二）

終日理賬目,大略畢。寫會計部信。

譚君與士楨同來理賬。

豫備明日上午功課。

賬至今日結清:收大洋五萬五千元,毫洋六百元。付大洋五萬六千八百七十九元六角零一厘,毫洋七百廿二元。虧大洋一千八百七十九元六角零一厘,毫洋百廿二元。

十一月廿六號星期六（十一月初三）

到校,上"上古史"兩課（《禹貢》講畢）。與金甫談話。在校吃飯。

理賬目（打印）,畢,即到會計課交賬。啓鑅邀予及孟真到玉醪春吃飯。功甫來,未晤。

到孟真處談話。貫因,鵬飛來。歸,讀《禹貢》。

今夕同座:齊鴻福　傅福瑠　陳永堯　陳啓鑅（以上主）

孟真（客）

十一月廿七號星期日（十一月初四）

理書物。莘田，緝齋，劉□珊來。補記日記一星期。

與履安，艮男同到元胎處，邀元胎同到大新公司觀《十三歲封王》粵劇。出，與履安買物，游城隍廟。

緝齋邀宴於南園，與緝齋金甫吃咖啡，談話。

今晚同席：孟真　今甫　予（客）　緝齋（主）

《十三歲封王》劇大意：一幼孩之父母，爲人離間，此孩爲奸人所撫育，力大無朋。一日，國王打獵遇虎，驚絶，此孩出而救之，遂封王，一家圑圖，奸人雷震死。

十一月廿八號星期一（十一月初五）

看周佛海《逃出赤都武漢》一小冊。豫備功課（《皋陶謨》）。

修正《夏本紀》及《尚書》經師系表標點，即送校鈔寫。到校，即歸。

看《語絲》上魯迅文字。

十一月廿九號星期二（十一月初六）

［周5（101—124）］豫備功課。校購書賬。

到校，上"上古史"一課（《皋陶謨》）。看學生課卷。豫備功課。

式湘來，同到孟真處。九時許歸。

十一月三十號星期三（十一月初七）

到孟真處。豫備功課。寫乃乾，父大人，繆子才信。

到校，上"尚書研究"二課（《堯典》——《皋陶謨》）。寫援庵，文元堂，錢少華，芝生，伯祥，文寶齋信。

看《四庫總目》，豫備功課。延進來。鈔《三次作僞的泰誓》。

今日自小東門街步歸，在小巷中尋得一新道。自東山到校，得三道矣。

一九二七年十二月

十二月一號星期四（十一月初八）

到孟真處。到校，上"書目指南"一課（史）。與孟真同到鵬飛處，談旅費事，同到玉醪春午飯。

到校，寫沈鵬飛信。歸家。鈔《殷本紀》，未畢。彥堂來。

彥堂，莘田，丁山，敬文來。孟真來，留飯。

彥堂以母病偏中，急欲假歸，見贈《明史竊》一部。

今日下午，以護黨運動放假。

十二月二號星期五（十一月初九）

鈔《殷本紀》畢。讀《史記》等，記筆記十頁。

讀書。元胎來。彥堂來。

寫沈代校長信，爲請旅費事。記日記五天。

今日居然得讀一天書，甚快。

十二月三號星期六（十一月初十）

上"上古史"兩課（《皋陶謨》，《甘誓》，《夏本紀》）。看課卷。

貫英來。敬文，太玄來，同到龜岡，送彥堂行。同到金甫，澤宣，孟真處，勸孟真勿行。

留敬文，太玄，元胎飯。飯後雜談至九點。

孟真以戴朱兩校長均行，急欲行。我等以彼行後恐團體鬆散，尼之。彼謂中大必有變故，與其新校長來後再走，不如先走之爲佳。故他的房子已退租，住緝齋處，書已裝箱。

十二月四號星期日（十一月十一）

看《公羊》，《穀梁》傳。莘田，丁山來。夏廷棫來。寫邵爾章，殷介夫，韓培生，郝昺衡，陳苕之，乃乾，杜同力，谷中龍，陳佩真，李伯嘉，聖陶，章希呂信。

到功甫處，未遇。

到南園，應杭甫等邀宴，爲孟真餞行也。乘汽車歸，與思敬到孟真處談至十時。

以昨夜失眠，今日足冷，乃就日曬之。

今晚同席：孟真　思敬　緝齋　予（客）　　杭甫　信甫　達如　太冲　載陽　偉業（主）

十二月五號星期一（十一月十二）

寫適之先生，仰之，碧澄，抱經堂，謝雲聲，精古齋，海珊仙館，仲澐，崇年，逮曾，沅君，殷壽光，子震，又曾信。

太玄，永梁來。莘田來。校孟真論孔子一信稿。

今日又便秘，服藥而下。予近日屢發病：便秘，失眠，頭痛，予不耐繁劇如此。

久不寫信，積信殆百餘封矣。今昨二日寫廿餘封答信，信債稍清。

十二月六號星期二（十一月十三）

［周6（125—148）］到孟真處。校孟真論孔子一信稿。

上"上古史"一課（《夏本紀》畢）。到會計課領薪。與金甫談點書事。到教務會議，五點許歸，與澤宣同步行。

太玄來。鈔《周本紀》。記日記。

予性不耐作事，今日出席教務會議兩小時，既未發一言，而所聽之話亦不能入耳。辦事與爲學畢竟兩途，予爲生計所迫竟兼而有之，奈何！

乃乾爲中大買書，久無信息，而中大屢催報賬，此人恐不可信，後當慎之。

十二月七號星期三（十一月十四）

到校，招呼布置書箱。到元胎處，吃飯。到良輔處。

上"書經研究"兩課（三種《泰誓》）。與敬文到羅幹青處。豫備功課。

十二月八號星期四（十一月十五）

豫備功課。上"書目指南"課（政書）。與敬文式湘到財廳前吃飯。

豫備功課。上"上古史"一課（《殷本紀》）。幹青來談。與敬文步歸。

看學生課卷。

式湘評予文，謂甚流利，可自成一派。

十二月九號星期五（十一月十六）

終日鈔《周本紀》，未畢。寫叔父信。

孟真來談。

港報載梧州槍斃共產黨十數人，劉策奇君居首，謂其春間在梧州主張打破舊道德，非薄孝悌，一般人敢怒而不敢言。今聞其死，莫不稱快。又謂其臨死口唱共產歌。劉君于民間文藝甚有貢獻，予甚惜之。

十二月十號星期六（十一月十七）

到校，上"上古史"兩課（《殷本紀》）。

陳鈍來。莘田來。延進來。朝陽，廷棫來。寫圖書館信。鈔《周本紀》。

到孟真處，談至十時，與莘田丁山同歸。

十二月十一號星期日（十一月十八）

鈔《史記·周本紀》畢。

林女士來。林超來。丁山來。貫英來。與貫英丁山同到春園，又到貫英處。（孟真本于今日到港，以共產黨起事，先赴嶺南大學。）

鈔《逸周書·度邑解》。

　　昨夜廣州共產黨起事，今日四處縱火。城中與國民黨軍格鬥，東山警署由工人繳械。屈園被搶，紹孟等損失均大。夜中長堤火光燭天，終夜槍炮聲不絕。予與履安均徹夜不眠，真有"不知命在何時"之感。

十二月十二號星期一（十一月十九）

　　莘田，敬文，丁山，式湘，太玄，紹孟來。記日記。

　　貫英來，邀去嶺南大學暫避，即雇舟往，由教授 Brindly 導覓孟真住所。履安及二女由林建中先生伴來。

　　與孟真，成志，林超到麵店吃麵。周鍾岐先生來談。

　　今日形勢更嚴重，火勢更大。貫英以彼黨主打倒智識階級，恐予被難，力邀到河南嶺南大學暫避。履安亦勸予，遂子身行，置書籍稿本不顧。臨行時，想此後不知能平安歸來否，幾泣下。

　　到嶺南不久，履安等亦來，出于意外，甚慰。

十二月十三號星期二（十一月二十）

［周7（149—172）］剃頭。與履安，二女，林女士，林超游覽嶺南大學，又至改良蠶種局參觀，與履安同飯。

林建中先生，孟真，劉振東來談。訪蔣蔭樓，并晤何廣華，談話。訪呂君，未遇。與建中同飯。

到廣華處談話。蔣，呂二君來。歸宿舍，振東來談。

今日李福林軍隊渡河，共產黨即渙散，四時許即有返省城者。聞死者極多，火勢已熄。

此次事變，交通阻絕，而予居東山，可到嶺南，一幸也。康媛適于星期六歸，林女士于星期日至，遂得同行，二幸也。否則坐聽炮聲，欲逃不得，一家離散，驚惶欲絕矣。

十二月十四號星期三（十一月廿一）

在同學會早點後，與履安，林氏昆仲等同歸。到龜岡談話。到貫英，思敬處，均未遇。丁山，太玄，紹孟，陳鈍，莘田，敬文來。

與丁山莘田到元胎處，路見死尸甚多。與元胎，太玄，敬文，紹孟到學校，到永漢南路看火場。步歸。

鈔《白虎通・聖人篇》。

夜中戒嚴，道絕行人。今晚聞東山方面鳴笛打鑼，人聲洶涌，蓋福軍搶劫人家，共產黨又欲在火柴公司縱火，保衛團追捕之也。有此保衛團，膽較壯矣。

十二月十五號星期四（十一月廿二）

貫英來。黎光明來。鈔《白虎通・封禪篇》畢。

與履安步行至元胎處。到大東路寄快信。到延進處，未遇。看香港報。到校，開校務會議。到元胎處，與履安同歸。到龜岡談話。

鈔《白虎通・巡狩篇》。

校中定于下星期一上課，然教員學生離粵者已多，未知能恢復原狀否。

元胎全家明日赴港，蓋共黨依然四出縱火，而寧粵軍隊或將衝突，驚弓之鳥，不敢不避也。

十二月十六號星期五（十一月廿三）

陳延進來。竟日鈔《春秋繁露·三代改制質文篇》及《白虎通·三正篇》。張兆瑾，夏廷棫來。

看香港報。

夜中足腫，左足尤甚，恐是多坐之故。如是脚氣，則頗可慮矣。

夜中寂靜無聲，如居深山矣。

十二月十七號星期六（十一月廿四）

羅幹青來。鈔改制材料。釘《漢書人表考》。記日記五天。

與履安到貫英家，但晤振東。到春園各家，但晤緝齋，金甫。到龜岡，看報。延進來。敬文來。與莘田等到滄萍家。

開此次滬杭寧等處旅費賬。

延進來，謂共產黨避入沙河白雲山者有二千人，尚欲襲擊廣州，他明日跑了。履安聞之，恐甚，亦欲行。因知滄萍夫人要回澳門，擬與同去。然予以下星期學校開課，說不出請假，不欲同行，履安遂打消逃意。

十二月十八號星期日（十一月廿五）

到滄萍處，并晤黃延凱。履安代寫緝熙，魯弟信。寫伯祥信。鈔旅費賬。

鈔《尚書·湯誓，盤庚，高宗肜日，西伯戡黎，微子》等篇。

到龜岡。

十二月十九號星期一（十一月廿六）

整理《周本紀》標點本。

到校，看學校情形，知孟真已于今午行。良輔夫婦來。貫英來。

鈔《洪範》。

十二月二十號星期二（十一月廿七）

［周8（173—196）］豫備下午功課。莘田，丁山，滄萍來。

上"上古史"一課（《殷，周本紀》）。與朝陽談話。到會計課看賬。

太玄來。敬文來。鈔《春秋黃氏學》目錄。

"上古史"本八十人，今日六十一人。莘田到校而無上課者，蓋學生大部分歸家，其家廣州者又赴港避難也。

十二月廿一號星期三（十一月廿八）

豫備下午功課。紹孟，敬文來。鈔《牧誓》。紹孟來。

上"尚書學"兩課（漢經師系表及《古文尚書》考）。

點讀《尚書古文疏證》一卷。

《尚書》課本二十人，今日七人。

十二月廿二號星期四（十一月廿九）

到紹孟處送別，未遇。見達夫。到校，上"書目指南"課（在書庫指點）。

歸飯，豫備功課。到校，上"上古史"一課（《周本紀》）。

點讀《尚書古文疏證》一卷。

"書目指南"課十二人。

十二月廿三號星期五（十一月三十）

終日讀《尚書古文疏證》，看閻潛邱年譜。備明日課。

豫備明日"上古史"課。

讀書終日，背痛神疲，甚矣吾衰矣！前在北京，往往伏案數日而不覺倦也。

十二月廿四號星期六（十二月初一）

上"上古史"兩課（《周本紀》）。到圖書館。與緝齋金甫到越香村吃飯，予作東。

上"三百年來思想史"兩課（閻若璩）。步歸。鈔《孔子家語》王肅兩序。

讀《漱玉集》。

"上古史"十四人，"思想史"十八人。澤宣，緝齋詫予學生多，蓋澤宣課無人，緝齋課只二人也。今日教務會議議決上課到一月十號止。

夜中爲蚊蟲所擾，醒甚久。元胎今日歸。

十二月廿五號星期日（十二月初二）

記筆記三頁。寫萬里，朱葆元信。記日記八天。

太玄來。林女士姊弟來。貫英，式湘來。寫巽伯，紹虞，叔平先生信。金甫來。叔儻來。

寫《漢書人表考》目録。寫朱菊人，陳繩夫，魯弟，孟恕，起潛叔信。

日來店鋪漸全開門，中央銀行票亦漲至八五折。然仍有人慮東江戰事耳。

十二月廿六號星期一（十二月初三）

寫祚苣，乃乾，崇年，父大人，又曾，伯祥信。元胎來。

寫毛贊乾，驪先，芝生，紹虞，希白，精古齋，海珊仙館，碧澄，隅卿，彜初，君疇，信甫，沅君，崇年信。

　　寫黃仲琴信，楊耀松信。

　　兩日又寫信卅餘通，信債尚未清也。

十二月廿七號星期二（十二月初四）

　　［周9（197—220）］豫備功課。鈔《金縢》，《大誥》。

　　到校，上"上古史"一課（《周本紀》）。出版部周，李兩君來談。與元胎商《周刊》事。

　　看黎光明君倭寇，穆天子傳二文。

　　父大人來信，鑑于廣州之亂，命我歸家，以編書爲活。如予性質，編書實難營生，且年來出版界蕭條如此，亦安能助我耶？且余對于叔父及繼母恩義俱絕，家居一事又何從説起耶？

十二月廿八號星期三（十二月初五）

　　計畫《周刊》編輯事。編第九號《周刊》。太玄來。

　　上"尚書研究"二課（《僞孔》及王肅序四篇）。到莘田處，商《周刊》事。看《梵天廬叢録》。

　　豫備明日功課。

　　張發奎軍之行，在中央銀行提去現洋四百餘萬。鈔票基金既去，價值因之大跌，只五折左右耳。

　　久不得雨。今日熱甚，可穿單衣。夜乃大雨，驟涼矣。

十二月廿九號星期四（十二月初六）

　　式湘來，計畫編風俗專號事。到校，整理廈門朱君寄來書籍。助我者有光明，君樸，兆瑾，廷械等。在研究所吃飯，廷械所留。

　　上"上古史"一課（《周本紀》）。太玄來。

　　看《太誓答問》。

今日陳濟棠兵進城，街上遂有“張逆發奎，黄逆琪祥，勾結共黨，擾害粵省”之告示貼出矣。

一月來寄快信五六通與乃乾，乃彼迄不復。設使予有怨家在校，將無誣予吞没款項耶？此人之不可恃如此，後必不信之矣。

十二月三十號星期五（十二月初七）

敬文來。豫備明日功課。

到研究所，打開木箱，整理書籍。估厦門書價。到莘田處談話。豫備明日功課。

十二月卅一號星期六（十二月初八）

上“上古史”兩課（《周本紀》，《盤庚》篇）。與丁山，驥塵到樂園吃飯，丁山還鈔。到芸書閣看書。

到研究所整理書籍，助我者丁山，光明，驥塵，之邁，元胎，君樸，廷棫等。金甫來商館事。與丁山等步歸。

頭痛，休息。記日記五天。

今日到樂園，岩茶每碗三角，鷄絲麵一碟七角，饅頭兩個一角，粽子一隻一角。三人茶點，乃至四元許。以票與找，乃以“找續票”找出，此票該肆自發，仍須持至該肆吃茶點也。本來茶客滿座者，今寥寥無幾人矣。

閑中自度，予之性質可析爲三事，好學，愛才，急功。予之不能任事，即以予太急切，在予眼中，他人總不能十分努力也。

自去年八月出京，到今年之末，十七個月矣，所作文字絶少，記其目如下：

一、曹國瑞女士傳（八—九）

二、講授《尚書》學計畫書（九）

常惺（乙一）

（與尹默先生書）

書價共六百卅元，最好加寄四五十元，請錫襄覓轉運公司運京。

剛在福州，業已付定金七十五元，此係剛與元胎二人自買之書價，書籍仍留福州，藉代抵押，如運京，請將該項書籍放開。（剛當將書名寄上）

十六，二，二十。

履安——年廿八，十一月廿七日午時生。
康媛——年十五，正月十七日寅時生。
艮男——年十一，正月廿五日午時生。

一九二八年

（民國十七年）

一九二八年一月

一月一日星期日（十二月初九）

莘田，丁山來。晤滄萍，翼塈。與履安，莘田，丁山，錫永，式湘在元胎家吃飯。同席有元胎之伯父。

歸，排十七年《周刊》擬目（其中多出專號）。校孟真長信。

一月二號星期一（十二月初十）

滄萍，丁山，莘田來。記筆記五頁。啓鑅來。校孟真長信，未畢。

孟真去年給予之長信，約有三萬言，字極難認，且多譌字。以擬刊入《周刊》，故爲校正。

一月三號星期二（十二月十一）

[周10（221—244）]太玄，達夫來。校孟真長信竟日，畢。

蔣徑三來。

一月四號星期三（十二月十二）

豫備下午功課。太玄來，借錢。

上"尚書學"兩課（丁晏《尚書餘論》）。校《周刊》文。理書。到圖書館，商量事務。

豫備明日功課。寫適之先生，孟真信。

一月五號星期四（十二月十三）

寫希白信，爲莘田賣稿。到校，處置理書事務。到鳳文樓，晤徐信甫。與元胎到陸園吃飯。

邀陳功甫到所看書。寫沈鵬飛信，爲研究職員事。到拾桂坊訪翼墀。上"上古史"一課（《高宗肜日》——《微子》三篇）。寫澤宣信。到動植物系及地質系參觀，樹幟爲導。到莘田處。

豫備後日功課。寫式湘，聚成堂信。

　　圖書館派職員侯晴嵐女士到所，助我理書，更邀文科事務員黎翼墀君襄理。蔣徑三君亦住入所中。

一月六號星期五（十二月十四）

到式湘處話別。與澤宣談。到校，處置理書事務終日。邀樹幟到研究所參觀書籍。到陸園吃飯，看程乙本《紅樓》首册。

到教務會議。領薪。寫沈鵬飛信。

豫備明日功課。

　　一人吃些點心，也費去一元二角半，蓋毫洋票跌，物價益昂，一碗肉絲麵價至七角也。

一月七號星期六（十二月十五）

莘田來。到校，上"上古史"兩課（《克殷，世俘解》）。到元胎處。歸飯。

到校，處置理書事，擬規則及布告（理書程序）。布置辦公室。

步歸。

校仰之論孔子書。讀《楚詞》。

終日未坐，倦甚。

一月八號星期日（十二月十六）

到滄萍處，未遇。到太玄，達夫處，晤之。到思敬處，亦晤。歸，道遇建中。寫莘田信。

建中，林超來。式湘來。倦甚，臥看《孔子改制考》。

記日記八天。

終日下雨，困甚。四肢全無力氣。

一月九號星期一（十二月十七）

到校，理新購書籍。

校《東壁遺書》細目。

編目，必于年假內完工。《東壁遺書》序及目錄等，亦必于年假內完工。故此年假中，予之忙反較常日爲甚矣。

一月十號星期二（十二月十八）

［周11（245—268）］終日理書。思敬來。發《風俗專號》。

到龜岡，催《切韵專號》稿。

校《東壁遺書》細目。

一月十一號星期三（十二月十九）

鈔《尚書》逸文。終日理書。

校《周刊》。貫英，斯君來，未晤。步歸。元胎夫婦，莘田來。

校《東壁遺書》細目。

一月十二號星期四（十二月二十）

到校，終日理書。定友邀至其家吃飯。同座有金甫，緝齋。

樹幟，思敬，貫英，斯行健來談。寫出版部信。莘田，丁山來。

校《東壁遺書》目粗畢。

一月十三號星期五（十二月廿一）

到校，理書。澤宣來談。

到敬文處。寫莟之，伯祥，亮丞，山立，建功，延進，名達信。又賀年片十三紙。貫英來。

記日記。

今日以開歡迎李濟深主席大會，停工半天。

一月十四號星期六（十二月廿二）

到校，理書終日。思敬來。

葛毅卿，金甫來談。爲史尚寬作保信。到元胎處，與元胎到陳啓鑠處。

倦甚，休息。寫長輩賀年片。

元胎，侯晴嵐，耀墀，驥塵，黃昌祚，鍾國樓，葛毅卿諸人，此次理書皆極出力，可愛也。

一月十五號星期日（十二月廿三）

莘田來。寫謝光漢，紹孟，陳劍鏚，錢卓升，仲琴，聖陶，侃如，緝熙，楊耀松，吳秋白，朱鐸民，翟覺群，抱經堂，仲澐，彥長，賓于，錢少華，江濤，傍桂信，又賀年片八紙。與履安同到田間散步。

澤宣來。

一月十六號星期一（十二月廿四）

到校，理書竟日。與丁山驥塵步歸。

謝光漢始到。審視《東壁遺書》細目畢，付寄。

孟真來電，謂"語史、心理二研究所可改屬大學院，教育另得津貼"，意者驌先竟不作返粵計耶？我等此後行踪，在粵在寧，不可知。孟真謂一周内返粵，須俟其到後方可揭曉耳。

一月十七號星期二（十二月廿五）

［周12（269—292）］到校，理書竟日。與金甫等同到美珍居吃飯。

爲編目事，與丁山，元胎，徑三討論。寫沈主任兩信，爲聽差及書記。訓育部孫君來參觀。

理稿件。校討論《靜女》兩文。

庶務處以今日起放年假，不開飯到所。然大家來所理書終日，若不供給一頓飲食，如何説得過去，故仍促庶務處照開，每日兩桌。

一月十八號星期三（十二月廿六）

到校，理書。定友來談。

讀《上古，唐虞，夏考信録》正文。寫叔父，澤涵，魯弟，適之先生，乃乾，伯祥，父大人，朱菊人，朱葆元，李一非，黄俊保，伍瑞鍇，夏德儀信。

初次在粵過年，蚊聲如雷，蟲聲如織，不知有冬也。

一月十九號星期四（十二月廿七）

到校，理書。讀《商考信録》正文。金甫，緝齋來。

校《補上古考信録》一過。與啓鑅看碑帖。滄萍兄弟，丁山，莘田來。

理孟姜女材料。記日記。

自大學後門步至公醫，凡一千四百五十步。自公醫至署前街鐵軌，凡一千步。自鐵軌至家凡七百步。自校歸家共約四里，較大石作至譯學館遠一里半。

自公醫前經長庚門西歸，凡一千二百步，較走馬路少五百步。自菜園北歸，較走署前街少三百步。

一月二十號星期五（十二月廿八）

遇滄萍之弟。到校，理書。金甫來。錢少華來。

校《三正》，《禘祀》兩考。李一非來。

寫《吳歌丙集》，應敬文之徵。

一月廿一號星期六（十二月廿九）

終日校《洙泗考信録》五卷。

宋香舟來。林女士來。

履安以乘公共汽車，未得坐位，受顛動致頭痛，歸而嘔吐，未吃夜飯而眠。

一月廿二號星期日（十二月三十）

莘田來。校《洙泗考信録》畢。

與林女士父弟參觀東山浸會諸事業，曾郁根先生導觀。到東山吃茶點。鈔校勘記。

宴客（菜皆履安手煮）。

　　今晚所宴客：莘田　丁山　驥塵　貫英　惠貞

　　今日所參觀者：培正女學　培正國民　高小　中學　孤兒院盲人院　青年會　培賢學校　聖道學校　浸會醫院

一月廿三號星期一（戊辰正月初一）

莘田，丁山，驥塵來。終日鈔《洙泗考信錄》校勘記，未畢。黎翼墀來。

與履安到龜岡賀年。

除夕，共產黨又起事，聞有敢死隊一千人。幸有戒備，捕得數十人。

一月廿四號星期二（正月初二）

［周13（293—316）］莘田來。終日鈔《洙泗考信錄》校勘記，未畢。

元胎夫婦來，偕之到太玄處，道遇思敬。履安與二女，阿小到大新公司看戲，予守門。敬文來。

與履安及二女擲狀元籌。

一月廿五號星期三（正月初三）

鈔《洙泗考信錄》校勘記畢。太玄，達夫來。廷棫，兆瑾來。

往仲丹，元胎家。訪霍儷白，未晤。到長堤看火燒殘迹，沿東堤歸。

看《字說》及《尚書》學各書。擲骰。

自共產黨亂後，即欲到長堤一看焚燒景象，迄無暇時，至今日乃得見，殊不如永漢南路之慘。

一月廿六號星期四（正月初四）

到大巷。到校，整理圖書。錄《三代正朔通考》校記，畢。

到成志處，到元胎處。到雙門底購物。寫鍾國樓信。

宴客。

今晚所宴客：元胎夫婦，金甫，緝齋，凌霄，成志。

毫洋票晨間四折，下午三折。蓋政府徵收所入，定毫洋收八成而票僅收二成也。予家有七八百元，自此已矣?！

一月廿七號星期五（正月初五）

伴陳可忠及某君參觀。録《補上古考信録》校記，未畢。俊千來，同到元胎處談話，又參觀圖書。

王啓光來。到思敬處，到金甫處，到澤宣處。

俊千自法國歸，任職上海暨南大學政治學系主任，與校長鄭洪年商，欲邀我爲史學系主任。予在粵固無甚意味，但爲驪先、孟真友誼所困，無法決絶，非至萬不得已不便易地耳。

一月廿八號星期六（正月初六）

關文淵來。到校，寫《補上古考信録》校勘記，未畢。金甫來。寫援庵，希白，通伯信。

元胎來。到雙門底購物。

宴俊千，張雲，思敬。敬文，成志，啓光來。

希白來信，謂燕京大學司徒校長往美國捐款，得二百萬元，與哈佛大學合辦中國學研究院，因招我去。此事我極願就，在北京，一也。生活安定，二也。

芝生來信，謂恒慕義君回美國後，擬將《古史辨》譯爲英文，在美國出版。

一月廿九號星期日（正月初七）

寫式湘信。作《民俗學小叢書》弁言，六百餘字。與履安同到貫英處，未遇。

定友來。貫英來，同到曾濟寬處晤四穆。邀貫英歸飯。

寫黃仲琴信。寫日記。

今日起風，天氣甚寒。四穆以弟南村受縶，携妻來訪。

昨夜以飲咖啡致失眠。

一月三十號星期一（正月初八）

到校，鈔《上古考信録》校勘記畢，鈔《禘祀通考》校勘記畢。王啓光來。訪元胎。

貫英來。訪莘田。

寫崇年，永梁，雲聲，遠翔信。

毫洋票高至四折。

近日以常進油膩食物，又致便秘。

一月卅一號星期二（正月初九）

［周14（317—340）］到曾濟寬家訪楊四穆，與四穆夫婦同到莘田處，又到孟雄處，又到元胎處，又到中大參觀書籍。

與四穆夫婦，元胎，莘田，斯行健，孟雄同到西濠口，游沙面，到十八甫在山茶室吃點當飯。到第一中學參觀，到六榕寺，到美珍居吃夜飯。歸。

理文稿。點伯祥評《古史辨》文。

第一中學爲廣雅書院舊址，地極宏敞，廣池喬木，甚可愛。廣州難得見此種含有文化意味的地方，惜其太不修理，傾圯不問也。無邪堂廣五楹，想見朱一新長院時優游之况。

一九二八年二月

二月一號星期三（正月初十）

寫陳啓鑠，葛毅卿信。到校，校《東壁遺書》。叔儻來。

莘田來。寫"上古史"課旨趣書，未畢。歸，寫恒慕義信，作

《東壁傳狀》小序。

　　寫予同信，又章希呂信。

　　　與恒慕義書，勸其節譯《古史辨》，因零碎材料或爲歐美人士所不易理解也。

　　　中大的工人，真使人生氣。此等"神聖"而不"勞工"之人，早晚當與貴族同其運命矣。不先教育而先解放，其弊皆如此。

二月二號星期四（正月十一）

　　到校，打開杭滬寄來書十五箱。寫叔儻信。

　　金甫來，導達如，文淵，香舟看書庫。莘田來，同往四穆處，未晤。

　　寫伯祥，思平信。點思平《春秋時代政治》一文。

　　　伯祥來書云："兄之忙一半由於職責的督率，一半亦實由於太過負責。"答之曰："弟自知我的野心從無始來，所以太過負責者正因太過有野心，無論什麽事，一着手就有計畫，而且是最大最好之計畫，於是永永不能有滿足之時而事情亦永永做不完矣。故弟爲自身計，實在只有息影衡門，不負公家職責的一法。然此何易言也！"

二月三號星期五（正月十二）

　　到莘田處，與之到敬文處，又同到校，商排課程表事。

　　看元胎《周易》一文。理上海運來書籍。寫校長，三友社，張子春信。金甫來。剃頭。

　　莘田，丁山來。四穆夫婦來。點《惑經》篇。

二月四號星期六（正月十三）

　　到校，審覽《東壁遺書》校勘記。到湘舟處。

寫鍾國樓，葉國慶，欣伯信。李一非來談。理上海寄來書。

點予同評《古史辨》文。

　近以擬刊《古史辨》第二、三冊，故每夜做些工作。如能間續不斷，則暑假時兩冊悉可付印矣。

二月五號星期日（正月十四）

　理書及《古史辨》稿。

　太玄，少華，莘田，驥塵，貫英，林女士來。整理《東壁遺書》校勘記。

　點《春秋時政治》一文。

二月六號星期一（正月十五）

　作《東壁遺書》校勘記序。滄萍來。孟真自滬歸，來談，留飯。

　到校，與澤宣同到校長室，晤驪先先生并諸主任。與思敬談民俗學刊。計畫研究所事務。導孟真看藏書室。

　莘田，丁山，孟真，金甫，太玄，達夫，元胎，敬文來。孟真留飯。

　今夜爲商研究所事（在中大語史研究所外另立大學院之語史研究所於廣州），邀莘田等來吾家商量，而太玄乃引理科之陳達夫同來，因此不克開議，甚矣太玄之顢頇而愚騃也！予爲之怒甚。

二月七號星期二（正月十六）

　［周15（341—364）］作《東壁遺書》校勘記序，未畢。莘田來。

　與履安，莘田步行到中大。與孟真，莘田，元胎商研究所事。兆瑾來。校《春秋經》。

　莘田，丁山來。理《周易中的古史》一文稿。

　孟真到杭，晤介泉。介泉言及我，謂"他一本一本的書出來，人家知道得多了，氣焰也大了"。這句話實介泉自吐其嫉妒我之心理。彼好擺架子，苦於無法在我面前擺，遂疑我氣焰大耳。

介泉在廈門時，曾云："把我的談話記出來，不知有幾本《古史辨》矣。"即是此心理。

二月八號星期三 （正月十七）

校《春秋經》。元胎來。

到校，開教務會議，議開學事。偕孟真，金甫到聚豐園吃飯，商量研究所事。

看孟真所寫計畫文。校《春秋》。

孟真離滬前，乃乾謂賬已寄出。然孟真到此三日矣，賬猶不至，何其誑言之多也。

二月九號星期四 （正月十八）

莘田來。到校，思敬，元胎，敬文來談。延進，緝齋來。校《春秋》。

歸，校《春秋》。看《貢獻》。太玄來。啓鑅來。彭煒棠來。寫惠貞，注册部信。翼墀來。

到思敬處吃夜飯，談至十點歸。校《春秋》。

區區二十四頁之《春秋經》（自隱迄閔）竟校了三天，我生爲事務所困如此。

今夜同席：傅孟真　湘舟　楊居　崔君(均醫科)　思敬　予

二月十號星期五 （正月十九）

寫崇年，菊人，鐸民，式湘信。

與履安到校。與金甫，思敬，太玄，敬文，達夫夫婦，物華，履安，啓鑅同游光塔，光孝寺，六榕寺。

理賬目。

乃乾賬至今日始寄來，頗有不盡不實之處。

光塔與光孝寺，同爲唐代建築，柱子中粗而下端細，柱座亦高，屋檐頗低。

二月十一號星期六（正月二十）

理乃乾寄來賬。

到校，開文科教授會議，重排課程表。到定友處，談《圖書周刊》事。與孟真同到雙門底吃飯。

康媛不信基督教，其存在福音堂之物件于今日取歸。渠雖犯廢疾，無可安慰，而仍不能信宗教，寧歸家習藝術工作。此兒如不聾，故不凡也。

二月十二號星期日（正月廿一）

寫廷棫，翼墀信。校《春秋經》文，自僖至成。以終日雨，無人來，遂得終日工作。

二月十三號星期一（正月廿二）

輯《尚書》逸文，并模仿《尚書》而作之文字。

貫英來。敬文與成志來。與履安到敬文處。到醫科。

鈔《金瓶梅》中小曲。林超來。點《魏公九錫》文。

近日天氣驟寒，予與履安足上均生凍瘡，甚癢。蚊蟲較少，然仍未盡也。

二月十四號星期二（正月廿三）

［周16（365—388）］輯《尚書》逸文。

元胎來，同到校。到文科辦公處看選科。改梁勁一文。編十六期《周刊》。張子春來，導其參觀。延進來。澤宣來。

到龜岡，丁山同歸。點王莽《大誥》。

二月十五號星期三（正月廿四）

寫吳研因信。記日記。輯《尚書》逸文。

到校，上《尚書》兩課（《偽古文尚書》正文）。永梁自滬歸，來談，留飯。

理上學期講義。

二月十六號星期四（正月廿五）

豫備本日功課。點《燕召公世家》。

到校，上"上古史"兩課（《春秋·隱，桓，莊》）。莘田來。

編《妙峰山》畢。

二月十七號星期五（正月廿六）

點孟姜女二長文，訖。作《孟姜女研究集》第一册序一千六百言。

太玄來。

豫備明日功課。

二月十八號星期六（正月廿七）

莘田來。到校，上"上古史"兩課（《春秋·閔，僖》）。爲考事，寫孟真信。

點《春秋復始序證》。作《模仿尚書文字一斑》序五百言。

二月十九號星期日（正月廿八）

煒棠來。莘田來。點《疑古，惑經》篇。

太玄來。君樸來。鈔《僞經考》。朝陽來。莘田，丁山，太玄，思敬，達夫來。同到西堤大新公司，驪先先生邀宴也。

點《申左》篇。

今晚宴全校教授于大新公司，凡七十餘人。

二月二十號星期一（正月廿九）

校點《惑經》，《申左》，及《模仿尚書文字》，畢工。

到校，上"編目實習"課三小時。金甫定友來商《圖書館周刊》事。君樸來。到孟真處。

改《孟姜女集》序。記日記。

二月廿一號星期二（二月初一）

[周17（389—412）] 終日校點《春秋經》文，自襄至哀，《公羊》及《穀梁》俱畢。

君樸來兩次。寫宋湘舟信。太玄來。寫徑三信。

邵君樸以與張雲之妹戀愛，而爲張雲所阻，其妹逃出，邵君亦擬轉學寧滬，來商進行。

二月廿二號星期三（二月初二）

豫備功課。校點《春秋經》（左氏）。

到校，上《尚書》兩堂（《僞古文尚書》正文，完）。君樸，敬文，朝陽，鵬飛來。校點《春秋經》，略畢。元胎來。到思敬處。

近日收到贈書頗多，史襄哉贈《中華諺海》，緝熙贈《光社年鑑》，彥長等贈《藝術三家言》，予同贈《民鐸》及《一般》。

二月廿三號星期四（二月初三）

校點《春秋經》，訖。豫備功課。式湘來。

爲君樸寫瞿安，歆海，旭初三信。到校，上"上古史"兩課（《春秋·僖，文，宣，成》）。金甫，叔儻來談。

敬文來。校點《疑古》篇訖。

希白來書，謂燕京研究中國學經費，年定十萬元，予心頗動，欲往。蓋（一）予尚未經過正式之研究生活，日夕盼望達到，（二）予書籍器物俱置京中，兩年在外，總難寧定，（三）康媛不入北京聾啞校，無其安心立命之所也。

二月廿四號星期五（二月初四）

出"上古史"考題十條。陳麗華女士來。以陳濟棠等將于星期日到校參觀，金甫囑整理研究所書籍，遂以今日提出善本書成一庫。晤孟真。

寫謝光漢信。到圖書館提書。

豫備明日功課。

二月廿五號星期六（二月初五）

遇盧瑞支。到校，上"上古史"兩課（成，襄，春秋國名）。冒雨歸。

鈔劉逢祿論《續經》之謬。讀《魯世家》。點校《春秋復始序證》，畢。

延進來。

二月廿六號星期日（二月初六）

到校，以宴會改期，即歸。寫希白信。點校《僞經考·春秋類》畢。

點校梅思平《春秋時代之政治》一文，未畢。何子明來。與履安到莘田處談話。

何融（原名庸），號子明，廣東大埔人，北師大專修科畢業，介徐信甫來見。

截至現在，欠適之先生卅三元零二分六厘。

二月廿七號星期一（二月初七）

寫又曾，適之先生，希白，碧澄，萬里信。看《警世通言》。

到校，加入宴會，伴貴客參觀。與思敬等談話。

寫彬龢，星槎，父大人，莘田信。

昨以宴會改遲一日，致白走一次，歸時頗怒，決今日不往。今日已吃飯矣，仲丹以汽車來迎，乃知陳銘樞，陳濟棠來後詢及我，故孟真囑其來迎也，只得前去，再吃一頓。

今日同席：李濟深　陳濟棠　徐景唐　馮祝萬　陳銘樞　梁漱冥　黃紹雄　朱騮先　孟真　宗南　鵬飛　思敬　澤宣　金甫　嵩齡

二月廿八號星期二（二月初八）

〔周18（413—436）〕出《尚書》試題六條。以眼紅，吃黃連。寫彥堂，昌之信。

到校，考"上古史"，應試者六十九人。歸，閱卷畢。

二月廿九號星期三（二月初九）

仲琴與林遂奇君來，同出，到元胎處，未晤，遂奇別去。余與仲琴訪孟真及騮先，到研究所看書。元胎來，同到惠愛路吃飯。元胎還鈔。

考"書經研究"。到會計部算賬。到孟真處，鈔錄中央研究院之語言歷史學研究所之説帖。元胎來談。

看"書經研究"考卷。

在名字上方標"×"者爲第一學期來者；標"○"者爲第二學期來者。

在名字下方標"×"者爲"上古史"，記分用阿拉伯數字；標"○"者爲"尚書研究"，記分用號碼；標"△"者爲"書目編纂法"，記分用漢字。

○×黎光明	男	×95	○対			史學系四年 四川成都
○×葛毅卿	男	×95			△	史學系一年 江蘇無錫
○×陳槃	男	×95			△	中文系一年 廣東五華
○×鄭澤	男	×90	○対		△	中文系二年 廣東中山
○×伍瑞鍇	男	×90				教育系二年 廣東合浦
○×彭煒棠	男	×90	○			中文系一年 廣東高要
○×陳黃榮	男	×90	○計		△	中文系二年 廣東東莞
○×孔繁枝	男	×90	○		△	中文系二年 廣東高要
○×林乾祐	男	×90				教育系二年 廣東平遠
○×姚聯祥	男	×90			△	中文系一年 浙江餘杭
○×汪彥斌	女	×85				中文系一年 廣東番禺
○×鍾澤保	男	×85	○計			史學系一年 廣西鬱林
○×王紹東	男	×85	○± 夕			中文系二年
○×張培椒	男	×85				中文系一年 廣東廉江
○×何大定	男	×85	○		△	中文系一年 廣東揭陽
○×張冠英	男	×85	○		△	中文系一年 廣東
○×李克弘	男	×85	○計		△	廣東花縣
○×陳人鴻	男	×85				史學系二年 廣西博白
○×黃昌祚	男	×85	○		△	中文系一年 廣東揭陽
○×方卓然	男	×85				史學系二年 廣東惠來
○×林家欽	男	×85			△	中文系一年 廣東合浦
○×方書林	男	×85	○		△	中文系一年 廣東惠來

	姓名	性别	分数			备注
○×	鍾國樓	男	×85	○	△	中文系一年 廣東五華
○×	陳延進	男	×85		△	哲學系三年 福建同安
○×	張開照	男	×80			教育系二年 廣東
○×	謝彥華	男	×80	○		史學系二年 廣東陽江
○×	姚士金	男	×80			教育系三年 廣東平遠
○×	李晉華	男	×80			中文系三年 廣東梅縣
○×	朱伯英	男	×80			中文系一年 廣東番禺
○×	吳友德	男	×80			中文系一年 廣東番禺
○×	李光信	男	×80			中文系一年 廣東潮陽
○×	易際良	男	×80			中文系一年 廣東
○×	梁勁	男	×80		△	中文系一年 廣東清遠
○×	章蔚倫	男	×80			中文系一年 廣東欽縣
○×	何德讓	男	×80	○⊥ℓ		中文系 廣東大埔
×	黎開雲	男	×75	○⊥		
○×	邵君樸	男	×75	○	△	中文系一年 廣東番禺
○×	李松源	男	×75			中文系一年 廣東
○×	王萃賢	男	×75			中文系一年 廣東東莞
○×	馮玉巧	女	×75			中文系一年 廣東番禺
○×	陳瓊	男	×75		△	廣東瓊山 中文系二年
×	簡靜遠	女	×75			
○×	劉啓賢	男	×70		△	哲學系二年 廣東
○×	鄧光曦	男	×70			教育系二年 廣東龍川
○×	簡倬廣	女	×70			中文系三年 廣東中山
○×	李紹堅	男	×70			中文系一年 廣東汕頭
○×	王紹章	男	×70			教育系二年 廣東樂會
○×	徐大體	男	×70	○⊥ℓ	△	中文系一年 四川大竹
○×	潘駿	男	×70			中文系二年 廣東

○×	盧茂松	男	×70	△	中文系二年 廣東東莞
×	梁廮	男	×70		
○×	劉君葵	男	×70		中文系一年 廣西
○×	張宗潞	男	×70	△	中文系二年 廣東東莞
○×	張茂上	男	×70		
○×	蔡誕暄	男	×70		中文系一年 廣東順德
○×	謝彥談	男	×70		中文系二年 廣東陽江
○×	吳仲如	女	×65		中文系一年 廣東順德
×	何志榮	女	×65		
○×	羅熾培	男	×65		中文系一年 廣東順德
○×	楊承瓊	女	×65		中文系一年 廣東茂名
○×	楊承瑟	男	×65		中文系一年
○×	劉冷如	女	×65	△	中文系二年
○×	劉麗則	女	×60	△	中文系二年
○×	李鑑周	男	×60		教育系二年 廣東平遠
×	林英麗	男	×60		
×	呂謙	女	×60	△	教育系二年
×	李明	女	×60	△	教育系二年
×	梁偉健	男	×60	△	
○×	王煜高	男	×60		中文系一年 廣東東莞
○×	余日焜	男	×60		廣東英德
○×	王斌	男	×		中文系一年 廣東豐順
○×	李蔭光	男	×	△	中文系三年 廣東東莞
○	孫恩沛	男	×		中文系二年 廣東中山
○	高大光	男	×		中文系二年 廣西岑溪
○	畢承英	男	×		教育系二年 廣東番禺
○	江廣材	男		○	哲學系一年 廣東番禺

姓名	性別				備註
○×黃之煌	男		○廾		中文系二年 番禺
○×陳思虞	男		○	△	哲學系二年 廣東
○×鍾貢勛	男		○卅	△	中文系二年 湖南
○×張念訓	男		○	△	哲學系二年 廣東
○×馮鑣貴	男		○	△	哲學系二年 廣東
○×蔡振瑋	男		○三乂		國文系三年 廣東合浦
○×賀祖箋	男		○丄乂	△	中文系三年 湖南攸縣
○×何定生	男		○三乂	△	中文系二年 廣東揭陽
○ 方規	男		○		中文系二年 廣西橫縣
○×黃善聲	男		○	△	史學系三年 瓊山
○ 郭篤士	男			△	中文系三年 廣東揭陽
○ 楊岳	男			△	哲學系二年 廣東揭陽
○ 林超	男			△	哲學系二年 廣東揭陽
×鍾自新	×				
×鄺占熊	×				
×張名彥	×				
×龍應科	×				
×彭成裕	×				
×陳三才	×				
×李星川	×			△	
×汪遠涵	×				
×李繼堅	×				
×張志遠	×		○	△	
×劉煥堃	×				
×張國雄	×				
×陳啓鑠	×		○		（旁聽）
○×陳鈍	×		○		（旁聽）

✕余世芬　女　✕			（旁聽）
✕劉策勛	○屮	△	
✕陳鑾佳		△	
○✕周元吉　男		△	教育系四年 安徽桐城
✕周勝臯		△	
✕彭翠梧		△	
✕方望塵		△	
✕羅沛霖		△	

一九二八年三月

三月一號星期四（二月初十）

終日理購書賬日，至夜清訖。

與履安到元胎處。到校，導仲琴參觀圖書，到會計部交賬。

三月二號星期五（二月十一）

點《三代改制質文》篇，畢。徑三來。寫校長信。

寫樸山，徑三，敬文信。鈔《楚莊王》篇，畢。作《上古史講義》丙種之一按語，凡千餘言。到莘田處。到思敬處。

三月三號星期六（二月十二）

鈔按語畢。校對賬目，寫騮先先生信。

莘田來。到校，交賬與校長。到研究所，打開景山書社寄來書卅九包。寫校長信。

理釘講義稿十册。

三月四號星期日（二月十三）

理《皇清經解》正續編。蔣蔭樓，霍廣華來，留飯，同到中大參觀。

王永泉來。到今甫處，談王永泉事。遇行健，參觀中大農科。晤敬文，仲琴，永梁。

寫《皇清經解》封面。點思平《春秋政治》一文。以艮男説謊話，打之。

三月五號星期一（二月十四）

覆看《東壁遺書》校勘記，未畢。

到校，上"書目編纂法實習"三小時，搬移書籍。到孟真處。釘講義稿成八册。

三月六號星期二（二月十五）

寫驪先信，勸其勿走。作《東壁遺書》校勘記序畢，將校勘記初稿讀畢，寫余昌之信，即寄出。

讀《書古文訓中之尚書》，未畢。

三月七號星期三（二月十六）

敬文偕林樹槐來。看《禮記》，尋講義材料。豫備本日功課。

到校，上"尚書研究"兩課（《模仿尚書文字一斑》）。寫驪先信，孟真信。

作《民俗》發刊詞六百字。式湘來。豫備明日功課。

三月八號星期四（二月十七）

點《書古微書序》及《尚書補疏序》。鈔《民俗》發刊詞。

到校，上"上古史"一課（《春秋》）。寫文科信。今甫，孟真，敬文，仲琴等來。到元胎處，與履安同歸。

編《蘇粵的婚喪》。

三月九號星期五（二月十八）

點思平一文畢，點《明堂位》，爲作一序，約千字。

太玄來。

豫備明晨功課。寫錢少華信。

三月十號星期六（二月十九）

到校，寫日刊處信。至孟真處，高卧未起。寫錢少華信。上"上古史"兩課（《春秋》畢）。

貫英來。彭煒棠來。丁山莘田來。記筆記二則。與履安到式湘處，并晤張德良。

延進來。君樸偕其未婚妻張女士來。

　　客來甚多，使予廢半日時間，心中一恨，頭又痛矣。

三月十一號星期日（二月二十）

敬文，徑三來。記日記七天。仲琴，鄭德祥來。與履安，兩女，仲琴，鄭德祥，元胎及其母妻游北園，飯於北郭茶寮，沿北城墻到觀音山，公園，懷聖寺，光孝寺。

到學校，晤紹孟等。又晤孟真。

看《書古微》。

　　北園每值星期，游人頗多，良以廣州市中太乾燥，借此得與野趣一接近也。今日吃飯，以飯館在菜田中，任何羹湯都以油菜作底，清鮮得很。予向不愛吃青菜，今日竟飽啖之。

三月十二號星期一（二月廿一）

從《尚書後案》中鈔出馬鄭王《僞孔注・堯典》，寫二十餘頁，未畢。

寫廷栻，蔭樓，張亦文信，托驥塵帶去。

今日以總理逝世三周年放假。

三月十三號星期二（二月廿二）

續鈔馬鄭王《注》十餘頁。

到會計部算賬。到校，上"上古史"一課（《繁露·楚莊王》篇）。啓鑠邀至聚豐園吃飯。到丁山處。

豫備明日功課。作《清代著述考》小引。

今日同席：信甫　予（客）　啓鑠　鴻福　福瑠（主）

三月十四號星期三（二月廿三）

看《東方雜志》中《滿天星》小説。豫備功課。

到校，上《尚書》兩課（《僞孔書傳》結束）。開擬印書名單。寫朱校長信四封。到會計部領一月分薪。

到南園，戴，朱二校長設宴也，九時許歸。

今日同席：校長　各科系主任　事務部各部主任　凡三桌。

驪先生明日赴滬，謂兩月內可來。戴先生則留粵兩月。不識暑假前能平安度過否。

三月十五號星期四（二月廿四）

與履安，自珍，金甫，緝齋，凌霄，譚女士及其弟坐汽車往植樹，道濘不可行，乃赴觀音山，至西關謨觴館吃飯，到明珠看電影，歸。

到莘田處。點《尚書大傳》，看《惑經》篇。

今日以植樹節放假。

三月十六號星期五（二月廿五）

鈔馬鄭王《僞孔注・堯典》畢，共六十頁。

馮景蘭來。

點蔡沈《書序辨説》。

三月十七號星期六（二月廿六）

終日理《尚書講義》。作蔡沈《書序辨説》及馬鄭王《僞孔注・堯典》序二篇，約二千餘言，各重鈔一遍。

（今日以開會追悼共黨暴動時殉難學生而放假。）

三月十八號星期日（二月廿七）

到東山理髮。到煒棠處，晤之。到景蘭，樹幟處，未晤。道遇行健。元胎來。太玄來。留飯。

整理講義訖，寫廷棫信。林惠貞來。黃昌祚，楊岳來。延進，周元吉來。

齊鴻福來。點簡朝亮文二篇。

三月十九號星期一（二月廿八）

記日記七天。批陳槃文卷。答何定生論《山海經》信。

到校，上"書目編纂法"三堂。寫文書部，出版部，宋秘書信。孟真來商研究所事務。

孟真邀至南園吃飯。金甫同席，談至九時許歸。

大學院中發表古物保管委員會名單，凡二十人，其一爲予。予不料竟得考古之名。（二十人爲蔡元培，張繼，張靜江，李石曾，李宗侗，徐炳昶，傅斯年，胡適，沈兼士，劉復，朱家驊，翁文灝，李四光，袁復禮，馬衡等。）

三月二十號星期二（二月廿九）

點《太誓答問》，未畢。彭煒棠來。

與履安步行到校，上"上古史"一課（《三代改制質文》）。與敬文永梁到嶺南大學，演講。

在大學門口吃飯。歸，點《太誓答問》，略畢。

今日到嶺南大學講題爲《聖賢文化與民衆文化》，爲民俗學會作鼓吹。聽者六七十人。

蔡先生有電來，中央研究院語言歷史學研究所款照匯，籌備委員照派。此事可進行矣。

三月廿一號星期三（二月三十）

豫備功課。理抽屜。

到校，上"尚書研究"（《書古微》序例及馬鄭王《注》舉例）。寫武曙暉，南揚，雲聲信。到叔儻處。邵元冲偕戴校長來參觀。

看《王莽傳》。寫詩文送《木棉集》。理信札。

彬龢來信，謂滬江大學劉湛恩先生擬聘我爲國文系主任，囑其先容。我尚不欲住粵，況滬乎！

三月廿二號星期四（閏二月初一）

寫父大人，適之先生，孟恕，名達，沅君信。莘田來。驥塵來。

寫衛聚賢，賓于，徐實君，周振鶴，史襄哉，余上沅，陳繩夫，李雁晴信。鈔王引之《尚書二十九篇考》，未畢。澤宣來。

今日以開會追悼討共陣亡將士而放假。

三月廿三號星期五（閏二月初二）

寫江濤，彬龢，仙槎，崇年，仲澐，芝生，紹虞信。

鈔《尚書二十九篇考》，未畢。

豫備明日功課。辛樹幟，石聲漢兩君來談。

三月廿四號星期六（閏二月初三）

上"上古史"兩課（《三代改制質文》，《明堂位》，《惑經》）。

點龔定盦《中古文説》，校《太誓答問》。到達夫處，交左之禮。到太玄處。

鈔劉申叔《中古文考》。

三月廿五號星期日（閏二月初四）

到校，監圖書館舊書整理部書記考。午後，看作文卷二百餘本，歸。

今甫，叔儻，緝齋，丁山，莘田來，同到孟真處。

孟真明日生日，宴于西關十一甫頤苑，艮男同往。

希白來書，謂燕京大學設立之研究院，其研究員仍須兼大學本科課，并須辦事，聞此使我心冷。

今晚同席：今甫　澤宣　緝齋　叔儻　凌霄　莘田　丁山　予　澤宣夫人　艮男（客）　孟真（主）

三月廿六號星期一（閏二月初五）

寫致希白書，詳説近年所感痛苦，求去粵之意，并説不就燕大本科教授之故。寫陳槃書，論黃帝史迹。

到校，上"書目編纂法"三堂。看書法卷二百餘本，批分。到孟真處，商量研究所進行事務。寫樹幟，叔儻，湘舟，齊鴻福信。

點致希白書。

三月廿七號星期二（閏二月初六）

點《書序辨偽》（《新學偽經考》）。澤宣來。

到校，上"上古史"一課（《惑經》篇）。到會議室，開研究所會議，到者三十人。到校長處，商量民俗學傳習班事，冒雨歸。

點《書序辨僞》，畢。

三月廿八號星期三（閏二月初七）

重點《書序辨僞》。

到校，上《尚書》兩課（馬鄭王《孔注》舉例）。與孟真等談話，決定所取書記。校點《書序辨僞》。

編《孟姜女》討論信札。校講義。

三月廿九號星期四（閏二月初八）

終日點讀《王莽傳》，畢。

貫英來。

今日以黃花岡七十二烈士殉國紀念放假。

三月三十號星期五（閏二月初九）

點校《書序辨僞》。豫備明日功課，作筆記五頁。

寫王永泉，戴校長，石聲漢信。到校，陪宴。寫彬龢，蔭樓，夏卓如，李伯嘉信。

宴畢，聽長壽吉演説。歸，失眠。

今晚同席：長壽吉（九州大學教授）　日本領事　黃紹雄　吳鐵城　邵元冲　思敬　心崧　鴻年　鵬飛　宗南　季陶等凡三桌。

倚樓

綠到樓前草色新，憑欄西顧黯雲屯。不知細雨冥蒙裏，可有天涯相望人？

三月卅一號星期六（閏二月初十）

上“上古史”兩課（《惑經》畢）。（史學系并入國文系辦公室，將史學系室改爲民俗學會陳列室。）改黃昌祚文。

歸飯後又到校，校《書序辨僞》畢。寫陳槃信，錢少華信。伴長壽吉，周鍾岐參觀。批《尚書》試卷分數。

校《春秋時代之政治》一文數頁。以昨晚失眠今日甚倦，早眠。

今晚歸途遇槍斃犯人（當是共黨），其人坐手車中態至閑適，時時作左右顧。予車適在其後，直送至省議會而別，意甚悲之。

一九二八年四月

四月一號星期日 （閏二月十一）

與艮男到斯行健君處，同到第一農場采桑。訪槐西，不遇。晤孟真，到今甫處與孟真談研究所（中央）事。偕孟真歸飯。何庸偕劉君實來。

與孟真復到今甫處商議。四時，偕緝齋，今甫，叔儻，心崧同到郊外散步，到農科學院休息。晚歸。

校《春秋時代之政治》一文。

四月二號星期一 （閏二月十二）

定“上古史”試卷分數，記我的學生姓名籍貫等。

思敬送來《妙峰山》序。錢少華來。到校，上“書目編纂法”課。何庸，劉君實來參觀。修改嶺南大學演講詞，由履安重謄。

四月三號星期二 （閏二月十三）

記日記五天。豫備本日功課。

重改講稿。到校，上“上古史”一課（《申左》）。寫何時雨信，囑調查風俗。

豫備明日功課。校講義。

四月四號星期三（閏二月十四）

元胎夫人來，做衣。鈔《漢書·劉歆傳》，畢。元胎來。

到校，上《尚書》兩課（蔡沈辨《書序》，康有爲《書序辨僞》）。寫致各教員請編目書。李洸來。與孟真金甫商量研究所事，同到東方酒樓吃飯，金甫還賬。

校講義。

四月五號星期四（閏二月十五　清明）

莘田，丁山來。林超偕嶺南大學學生陳玉符，劉選萃來。太玄來。

偕履安到神道學校，與林超，陳劉二君，太玄，式湘同游白雲山，看掃墓。到張良廟，安期子廟等處。又跋涉到山頂。下，憩息于張良廟一小時，步至沙河乘車歸。訪孟真，未遇。

孟真偕史禄國來，留飯。與孟真，履安，二女，到培正學校看瑤民跳舞。

史禄國先生于昨日偕夫人到粤，今日見訪。惜予未能英語，無由達其款曲也。

瑤民跳舞過于簡單，二人歌，二人舞。歌調，音樂，舞式，永遠如此。秩序單中所寫"天魔舞"，"花鼓舞"等名，皆漢人所代加也。

四月六號星期五（閏二月十六）

摘録《王莽傳》一卷。豫備明日功課。澤宣來。

四月七號星期六（閏二月十七）

萬章來。到校，上"上古史"兩課（《申左》，證《續經》之謬，《漢書藝文志辨僞》）。到會計課領薪。遇謝無涯。到孟真處，待鍾岐，張亦文來，偕孟真到南園吃飯。

還家後，到莘田處，未遇。到孟真處，待思敬史禄國來，同到百子路訪瑶民及化瑶局長莫輝榮君，問俗問字，至晚出。看陳槃《黄帝故事演變考》。

邀孟真回家吃飯，談話。看迁客公《依園詩集》。

此次來省瑶民約七八人，其領袖曰"盤（姓）禾生（名）二（排行）"。識漢字，唯讀音與漢人不同耳。

四月八號星期日（閏二月十八）

與履安到春園。十時許，與金甫，凌霄，緝齋，石坦安，叔儻，澤宣夫婦及其二女乘舟到嶺南大學。鍾岐導至其寓，少憩，冼女士來，同到漱珠岡景園野食（飯菜皆澤宣夫婦所備），攝影。到純陽殿看燒香。回嶺南，鍾岐又請吃飯。到蔭樓處稍憩，歸。

與履安到振東，物華，孟雄處。

看講義，寫廷械信。

漱珠岡原名瘦猪岡，以小岡上石似瘦猪之首也。純陽殿額爲阮元所書。拜斗臺頗高，殿宇不廣，景園爲林氏私産。其地曰五村。

今日熱甚，汗出不止，飲茶雖多而不能解渴。

四月九號星期一（閏二月十九）

以連日出游，倦極。記日記五天。點《考信録提要》，未畢。

到校，上"書目編纂法"三課，看學生稿子數篇。與思敬談話，看其讀《妙峰山專號》一文。

點《考信録提要》。

四月十號星期二（閏二月二十）

點《考信録提要》畢。

到校，上"上古史"一課（《漢書藝文志辨偽·春秋類》，畢）。圖書館爲編目開會，到者十餘人。

宴史禄國于大新公司，請金甫孟真作陪。

今夜以請客，精神興奮，遂不成眠，至上午三時始得睡。

四月十一號星期三（閏二月廿一）

豫備下午功課，覆看《魯世家》標點。

到校，上"尚書研究"兩課（《書序辨偽》，畢），"近三百年思想史"一課（崔述傳）。樹幟，聲漢來。

晚飯後即眠。

今日下午甚熱，連上三小時，倦極矣。昨夜又失眠，更倦，遂早眠。

四月十二號星期四（閏二月廿二）

算書賬。寫父大人，又曾，朱葆元，聚成堂，緝熙信。（學校中昨日匯杭千元，故作此分配。）萬章來。

到校，上"上古史"一課（《春秋復始序證》）。到莘田，丁山處。寫廷棫信，寫玄同先生信。

孟真來，李洸來。與孟真同到槐西處。

懷瑾先生卒後，無人爲之傳，茲擬于"近三百年思想史"講之，因請玄同先生作傳見寄，未知能得其允可否。

四月十三號星期五（閏二月廿三）

排暑假前上課豫計表。點《漢書藝文志辨偽》（《書》），《古文尚書》（《史記探源》），《百兩篇》，畢。寫敬文信，杭甫信。槐西來。

孟真來。豫備明日功課。

石排發見晋太康間古墓，明日孟真及戴校長等往觀，邀予同去。以有課四小時，不能應也。予決意在此兩月中盡力教書，以下半年決作不教書之計，故急欲使課業得一結束也。

四月十四號星期六（閏二月廿四）

到校，上"上古史"兩課（《春秋復始序證》畢，《春秋時代的政治》）。在校吃飯。元胎來。

上"三百年思想史"兩課（《考信録提要》）。定生來。蔭樓，吕君來。與元胎仲琴同到志讀書社買書。

點講義稿。

四月十五號星期日（閏二月廿五）

理講義。到思敬處，未遇。到元胎處，與他及仲琴式湘同到新北園吃飯。

飯後，同到寶漢里外小山竹樹間憩息。雇汽車到觀音山，到西關謨觴館吃飯。予與元胎仲琴紹孟到萃古堂購書。

坐汽車歸，與履安談游事。點《妙峰山專號》。

今日上午爲金甫請，下午爲孟真請。同席如下：金甫　孟真　緝齋　凌霄　叔儻　元胎　仲琴　式湘　徑三　麗華　敬文　紹孟　功甫　予

春游

春游最易苦興嗟，滿樹穠桃又發華。等是一彎芳草路，更從何處覓香車！

四月十六號星期一（閏二月廿六）

記日記七天。點校《妙峰山》稿。

到校，上"書目編纂法"三課。邵元冲來。校夏德儀《西洋史》序。寫孟真信。

孟真來。編"崔述"講義。

四月十七號星期二（閏二月廿七）

鈔《尚書緯》，未畢。丁山來。

到校，與孟真商兩研究所事務。上"上古史"一課（《春秋時代的政治》，畢）。

續鈔《尚書緯》，未畢。李洸來。

四月十八號星期三（閏二月廿八）

豫備《尚書》功課。太玄來。

校《漢書·郊祀志》，畢。林女士來。莘田來。與莘田丁山到滄萍處，未晤。

校《孔子之政治思想》一文，畢。記日記三天。

今日以國民政府遷寧周年紀念，下午放假。

四月十九號星期四（閏二月廿九）

鈔《無逸》篇。豫備下午功課。

與履安從小東門步行到校，上"上古史"一課（《孔子之政治思想》）。寫元胎信。到孟真處，談研究所事務。

孟真來吃飯。元胎來。

四月二十號星期五（三月初一）

看志讀書社送來之《讀禮通考》等。鈔《尚書》數篇。金甫偕李仲揆來。

豫備明晨功課。

予足上凍瘡，到今始瘥。今年伏間，必以薑及火酒擦之。勿忘！

四月廿一號星期六（三月初二）

到校，上"上古史"兩課（《燕召公世家》）。到校長室，晤仲揆，樹幟等，同到六榕寺吃飯。

到元胎處，到校晤仲丹。寫錫永信。與孟真商研究所事。洗浴。校《魯周公世家》。

今日同席：仲揆　樹幟　金甫　予　孟真（主）

今日天氣鬱熱萬分，汗如雨下。洗浴後，大雨傾盆，胸懷一滌。廣州蚊子太多，夜中足上奇癢，致無法作事。

四月廿二號星期日（三月初三）

到式湘處，莘田處。到校，招待諸人。十一時，包公共汽車到海珠，上晚香舫。

飯後諧謔談話。三時，上岸，到海珠公園散步。步到西關，乘車歸。

校《郊祀志》。身倦，蚊多，遂早眠。

今日同席：李仲揆　太玄　金甫　緝齋　錫永　丁山　莘田　陳虞　敬文　徑三　元胎夫婦　麗華　紹孟　叔儻　功甫　仲丹　式湘　予夫婦及二女

包紫洞艇半日，價只四元。飯菜兩桌，只二十二元。價原不貴。但今日總結用途，乃至五十六元，雜費占三十元（賞錢二元，素菜二元，酒三元六角，水果糖食八元三角，烟一元六角，茶水二元六角，筵席捐兩元七角，酒牌五角，粥菜二元二角，包車二元，小船八角），此請客之所以難也。

四月廿三號星期一（三月初四）

何子恒來。莘田來。起"歷史語言研究所組織大綱"草。記日記五天。晦聞先生，蒼萍，丁山，莘田來。

到校，上"書目編纂法"三小時。點《天龍游記》。到孟真室商量研究所進行事，晤仲揆金甫。

孟真來談。

四月廿四號星期二（三月初五）

點《衛世家》，《洛誥》畢。

到校，上"上古史"一課（《魯世家》）。到孟真室商量研究所進行事。

校《尚書講義》。

今晨五時即起，爲點《洛誥》也。點了半天，始就緒。

四月廿五號星期三（三月初六）

豫備下午功課。點《洪範五行傳》，畢。寫元胎信。

到校，上"尚書研究"兩課（崔適辨《書序》，龔氏《説中古文》，劉師培《中古文考》，康有爲《古文尚書辨僞》），上"近三百年思想史"一課（《考信録》釋例），"文史學導課"一課（《漢書·郊祀志》）。孟真來，同到金甫處。

看新出版之《孟姜女故事研究集》第一册，校勘一過，十二時睡。

《孟姜女研究集》，夏君所校，誤字百出。

四月廿六號星期四（三月初七）

鈔《孟姜女故事研究集》勘誤表，畢。整理《尚書緯》畢，作一案語，約千言。

　　到校，上"上古史"一課（《魯世家》）。寫樸社信。到元胎處。到莘田處。與澤宣同歸。看張挹蘭女士傳。

　　叔儻來。整理講義稿。

　　近日北伐軍破魯軍，兗州，泰安，濟南，勢如破竹。讀張友松爲其姊所作傳，甚悲之。

　　乃乾來信。予于人之有才者常想用之，非欲利用之以增高吾之地位，乃欲使之自己發展其創造才能也。乃乾爲人，予豈不知之，總想以誠相感，使之在學術界中得一地位耳。

四月廿七號星期五（三月初八）

　　記日記四天。點《晋世家》，未畢。豫備功課。到東山剃頭。

　　到校，看紹孟文。上"文史導課"一堂（《郊祀志》），民俗學講習一課（孟姜女）。

　　到南園吃飯，十時歸。

　　今日同席：孟真　凌霄　予　金甫（主）

四月廿八號星期六（三月初九）

　　到校，上"上古史"兩課（《魯世家》，《管蔡世家》）。

　　上"三百年思想史"二課（崔述），"文史學導課"一課（《郊祀志》）。孟真來談。

　　休息，早眠。

　　今日一天上五課，疲甚矣。

四月廿九號星期日（三月初十）

　　點《晋世家》，略畢。到莘田處，同到晦聞先生處，出，到孟真處，到北園吃飯，二時許歸。

　　元胎來，留飯。

與元胎到孟真處，論研究所事，與孟真口角。

予之性情有極矛盾者，極怕辦事，而又極肯辦事。孟真不願我不辦事，又不願我太管事，故意見遂相左，今晚遂至破口大罵。賴金甫，元胎解勸而止。

今午同席：黃晦聞　梁漱溟　李滄萍　李□□　王□□　馬太玄（以上客）　莘田　丁山　元胎　予（以上主）

四月三十號星期一（三月十一）

點好《晋世家》十頁。看紹孟《易與卜辭》文畢。看夏廷棫《莊史案新論》標點畢。

到校，上"書目編纂法"課。寫父大人，黃覺民等，黃友圃，起潛叔，金甫，翼之，陳繩夫，林樹槐信。又孟真二函，叔儻二函。

上民俗學講習班課。八時回家吃飯，休息。

今日下午熱極，只是想睡，但又不能睡。

　　記本月二十九日晚事

一九一三年，我與傅斯年（孟真）同試入北京大學預科，同住北河沿譯學館舊址工字樓。會晤既頻，各言其志，或批判當代人物，常相契合。其時學生辦一刊物，名曰《勸學》。予承章太炎風，評罵當時學術界，而不滿處多，題曰《喪文論》，他人訝其激昂，擯不欲登，而孟真爭之烈，此刊遂停，予遂更以彼爲知己。及五四前夕，孟真與羅家倫等迎接潮流，編雜志曰《新潮》，予時以喪偶家居，爲主要投稿人。一九一九年冬，孟真出洋，交予續編，惜校中款絀，曾未數期而停。當孟真在校日，與予談欲望，予自謂最强者知識欲，次則性欲，彼則云"予惟有政治欲耳"。然觀其成績斐然，下筆立成千言，知其知識欲不爲不强也。孟真游學，先至英，後至德，以其數學程度高于儕輩，故尤長于統計。一九二七年，予自北大至廈大，而彼歸國後徑至廣州，入中山大學，任文學院長。以其縱橫揮闔之才，韓潮蘇海之口，有所憑藉，遽成一校領袖，雖魯迅不能勝也。予既與同事，甚願其重辦《新潮》，爲青年引導，而彼曾不措意。自蔡元培先生任中央研究院長，以傅與我及楊振聲三人，籌備"歷史語言學研究所"，我三人即在粵商量籌備事宜。楊好文學，對此不加可否，而我與孟真胸中皆有一幅藍圖在。傅在歐久，甚欲步法國漢學之後塵，且與之角勝，故其旨在提高。我意不同，以爲欲與人爭勝，非一二人獨特之鑽研所可爲功，必先培育一批班子，積疊無數資料而加以整理，然後此一二人者方有所憑藉，以一日抵十日之用，故首須注意普及。普及者，非將學術淺化也，乃以作提高者之基礎也。此意本極顯明，而孟真乃以家長作風凌我，復疑我欲培養一班青年以奪其所長之權。予性本倔強，不能受其壓服，于是遂與彼破口，十五年之交誼臻于破滅。予因函蔡先生，乞聘我爲通信研究員，從此不預史語所事。然自此孟真之政治欲日益發展，玩弄所識之貴官達人，操縱各文化機關事，知之者皆以"曹大丞相"稱之，謂其善挾天子以令諸侯也。蔣政權退出大陸，渠亦以戰犯名逃臺灣，越年而死。思至此，殊自幸我之不就範于彼也！　一九七三年七月記。

一九二八年五月

五月一號星期二（三月十二）

寫孟真長函，記日記三天。作史襄哉《紀元通譜》序。理書。作劉萬章《廣州兒歌集》序，未修改。式湘來談。

五月二號星期三（三月十三）

覆核《晋世家》點文，豫備下午功課。

到校，上"尚書研究"二課（《尚書緯》，《百兩篇》，崔適辨《古文尚書》）。鈔中央的研究所組織大綱。到莘田處，晤毅生，叔儻。

點《尚書大傳》。元胎來談。

五月三號星期四（三月十四）

覆核《晋世家》點文，豫備下午功課。

到雙門底照相。到校，上"上古史"兩課（《衛世家》）。與孟真討論中央的研究所事。毅生來參觀。

點《尚書大傳》。

五月四號星期五（三月十五）

校點《晋世家》畢。點《尚書大傳》，未畢。太玄來。

作中央的研究所之豫算表，集刊目，計畫書等，略畢。彭煒棠來長談。寫謝扶雅信。寫莘田等信。

到天臺望月。

五月五號星期六（三月十六）

到校，上"上古史"兩課（《晋世家》，《金縢》）。李履庵來談。在校吃飯，寫蔭樓，亦文，家欽，福蔭，校長諸函。

謝扶雅偕徐慶□夫婦來參觀。今日下午，以孫中山就職非常總統紀念，放假。與孟真，金甫討論中央研究所事。到元胎處，未遇。

歸，休息。記日記五天。

今日覽報，日本兵在濟南開炮打中國官廳，殺外交處長蔡公時等，彼輩真"圖窮而匕首見"矣。北伐前途，經此打擊，恐生影響。予北行之志能遂耶？事情擴大，或致引起全世界第二次大戰，則人民之痛苦更甚矣。"我生之後，逢此百罹！"

五月六號星期日（三月十七）

作泉州調查豫算，改作造像等藝術調查計畫書。

到校，商中央研究所事，作工作計畫書。元胎來。到式湘處，未遇。

到莘田處。請天挺等吃飯。校"歷史語言研究所之工作"等。

今晚同席：天挺　莘田　丁山（客）　予（主）

五月七號星期一（三月十八）

到校，校中央研究所發出公文，草呈文二，公函一。歸。

點《尚書大傳》，略畢，作一案語，未畢。看式湘論民俗學運動文。君樸來長談，留飯。

今日以五七紀念放假。

五月八號星期二（三月十九）

早起作案語畢，送驥塵處則已行。歸，由履安送校。鈔《文侯之命》。點《鄭世家》，略畢。

到校，上"上古史"一課（《晉世家》）。到孟真處。

五月九號星期三（三月二十）

點《尚書大傳》畢。豫備下午功課。讀《洪範五行傳》。何融來。

到校，上《尚書》課，乃知臨時以五九紀念放假。與式湘談。到叔儻處。寫孟真信兩函，以研究所出版事。點《殷周制度論》，未畢。冒雨歸。

五月十號星期四（三月廿一）

點《殷周制度論》，略畢。點《鄭世家》畢。點《齊世家》，未畢。

到校，上"上古史"兩課（《晋世家》畢）。到會計部。點《春秋大事表》序。叔儻來。履安來，同歸。

點《陳杞世家》，未畢。

履安于今日剪髮，予妻女三人皆剪矣。

五月十一號星期五（三月廿二）

點《陳杞世家》畢，寫夏君函，托驥塵帶去。記日記六天。寫父大人，又曾，精古齋，海珊仙館，朱鐸民，崇年，碧澄，景山書社信。

豫備功課。到校，上"文史導課"一課（《郊祀志》）。寫孟真，李洸信。

豫備明日功課。

日軍占據濟南，及膠濟路全部。

昨日會計部已將書款全數寄杭，故今日作諸函爲結束。

五月十二號星期六（三月廿三）

到校，上"上古史"兩堂（《鄭世家》）。

點《宋世家》，略畢。點抗父《論中國廿年間學問進步》一文。

豫備明日功課。

五月十三號星期日（三月廿四）

到校，上"上古史"兩課（《洛誥》）。到元胎處，取夏布衫。歸，看紹孟論文。

點《宋世家》畢。貫英來。寫孟真信。鈔吳大澂《大誥時代》

二篇。點《殷周制度論》。

翻《禮記》，盡四册。

"上古史"到暑假尚不能結束，只得于星期日添兩堂。承學生答應，今日到者頗多，甚高興。

五月十四號星期一（三月廿五）

記日記三天。到驥塵處送講義。點《齊世家》，未畢。

到校，上"書目編纂法"實習三小時。整理信札。寫元胎，莘田，紹孟，蔭樓信。點《春秋大事表》。與錫永談。

豫備功課。

五月十五號星期二（三月廿六）

點《近十年中中國史前文化之新發現》一文，未畢。疲甚，看書。

齊鴻福來。到校，上"上古史"一課（《孟姜女》每人送一本，《陳杞世家》）。與履安同游中央公園，買物。

休息。

今日晨起，陡覺身體疲軟無力，心悸不止，蓋予太不休息，心臟病又作矣。予作事太賣力，現在每星期須發八十頁講義，連鈔點帶豫備，費時既多，上課又增至十八小時，宜其然也。夜中頸間出汗甚多，醒來領背皆濕，白日則兩腋又出汗不止，體衰如此，奈何！

五月十六號星期三（三月廿七）

到驥塵處，與莘田談。點《齊世家》，畢。豫備功課。

到校，上"尚書研究"兩課（《洪範五行傳》，《尚書大傳》），"三百年思想史"一課（卅年中新發見之學問），"文史導課"一課

（《郊祀志》）。到研究所開會，商所中進行各事。

整理講義。

五月十七號星期四（三月廿八）

點《近十年來中國史前文化之新發見》，畢。出"上古史"平時成績題目二十餘條。

寫李洸信。開研究所出版特單。到校，上"上古史"一課（《陳杞世家》畢）。

鈔《尚書故言》，未畢。

五月十八號星期五（三月廿九）

鈔《尚書故言》畢，并加一按語。整理《太誓答問》，未畢。

豫備明日功課。到行健處借書。

看地質調查所出版書籍。

今日本欲點畢《太誓答問》，以心悸而止。

五月十九號星期六（四月初一）

爲仲琴寫扇。到校，上"上古史"兩課（《宋世家》）。點羅振玉《貞卜文字考史》。

上"三百年思想史"兩堂（卅年中新發見之學問），"文史導課"一堂（《郊祀志》）。蔭樓來。延進來。

元胎來。豫備明日功課。編孟姜女故事材料。

五月二十號星期日（四月初二）

到校，上"上古史"兩課（《牧誓》，《洪範》，《無逸》）。與錫永，孟真等到懷聖寺，濠畔寺。到萬棧（西關十八甫回教館）吃飯。到北門外看回教冢。六時許歸。在濠畔寺訪廣東全省回教主教馬瑞圖。

疲甚，休息。

今日同游者：孟真，錫永，紹孟，光明，張理覺及其弟，馬仰芝。午飯孟真請。

黎張君均回教徒，故今日由其導觀回教廟墓。濠畔寺係清代立者。北門外回教冢墓凡四處，傳說一爲最先來華傳教之人，一爲其弟子（二），一爲其衛隊（四十），一爲築墳之工人（七），未必可信。

五月廿一號星期一（四月初三）

記日記七天。鈔《五經異義》中之《尚書》説，加一按語。點錢大昕論《太誓》文付印。

到校，上"書目編纂法"三小時。到會計部領薪。

整理講義。

五月廿二號星期二（四月初四）

點《古史新證》，未畢。編《孟姜女故事》第三册。豫備功課。

到校，上"上古史"一小時（《宋世家》，畢）。孟真來談。與陳槃，鍾國樓同歸。

寫伯祥信。何融及劉君來。

孟真見告，謂昨日校中出版審查委員會開會，將研究所已審查之書重行審查，叔儻不肯以《民俗叢書》付議決，思敬至有"《民俗叢書》將成顧頡剛叢書"之語。予作事太鋭，招人之忌，自在意內，且"憂人發迹自怕窮"，亦一極普遍之心理也。人之好善，誰如我乎！

五月廿三號星期三（四月初五）

寫朱騮先信，約二千言，論叔儻阻止出版書籍事，謄兩分，分寄寧杭。豫備功課。

到校，上"尚書研究"二小時（《尚書大傳》，《尚書故言》）。寫戴季陶信，未畢。

點《秦本紀》，粗畢。

五月廿四號星期四（四月初六）

豫備功課。重點《秦本紀》十頁。審核《多士》《多方》句讀。寫李蔭光信。

到校，上"上古史"兩課（《齊世家》）。煒棠來。

元胎來，同到孟真處。審《召誥》句讀。

五月廿五號星期五（四月初七）

審《立政》句讀，到驥塵處。重點《秦本紀》十一頁。寫超如，崇年，芝生，紹虞，緝熙，希白信。

敬文，仲琴，元胎，紹孟來。

豫備明日功課。到式湘處還債。李履盫來。

五月廿六號星期六（四月初八）

到校，上"上古史"兩課（《齊世家》）。到會計部。冒大雨歸，開下午演講會節目。

到知用中學演講（何謂學問），并參觀其教室工場。到校，看《周刊》投稿數文。孟真來談。

豫備明日功課。

五月廿七號星期日（四月初九）

到校，上"上古史"兩課（《召誥》，《多士》，《多方》）。太玄邀游荔枝灣，先到樂園，坐艇游陳廉伯住宅，吃魚生粥。返樂園，閑談。至五時許吃飯，六時許歸。

貫英來談。理書桌。

今日同席：太玄（主）　金甫　紹孟　元胎夫婦　敬文　成志　式湘　林超　帥華浦　黄□□　予夫婦及艮男

五月廿八號星期一（四月初十）

記日記七天。編《孟姜女研究集》。

到校，上"書目編纂法"三小時。開研究所出版審查委員會。校《孟姜女》第三册。

點《太誓答問》。

五月廿九號星期二（四月十一）

點《太誓答問評》，畢。豫備功課。

冼玉清女士率嶺南大學學生七人來參觀，伴之至圖書館及研究所。到校，上"上古史"一課（《齊世家》及崔述二文）。作《太誓答問評》按，夜乃畢。與履安，仲琴同到陳嘉庚公司買皮鞋等。

五月三十號星期三（四月十二）

到驥塵處送講義。豫備功課。

到校，上"尚書研究"二課（《五經異義》，《太誓》），"文史導課"一課（《郊祀志》）。寫吳文甲壽屏畢。

點《逸周書》數文，作《武成》篇案語千言。校《秦本紀》，點《尚書》。夜以作文，失眠。

五月卅一號星期四（四月十三）

讀《唐石經》二册，爲付印《尚書廿八篇》也。鈔《秦誓》。

豫備功課。

到校，上"上古史"兩課（《秦本紀》）。文科開會，討論考試事。

以昨夜失眠，今夕早眠。

今日驪先生來兩電，一致予，一致叔儻，允可印書，叔儻因此辭職。

我主編之《民俗叢書》，已在出版會議上爲伍叔儻、何思敬等所否決矣，及我致朱家驊函，寧、杭各一通爭之，朱遂來兩電，一致伍，一致予，而遂復刊。又助予編輯《民俗》周刊之鍾敬文，爲戴季陶所開除，亦仗朱之力，得繼續出版。此兩事予頗感朱，以爲彼知予，許我發展學術工作，故當時樂受其用；但爲自己學業計，不能不離粵耳。孟真告予："汝勿誤認，知汝者戴也，非朱也。當《古史辨》出版後，爲戴所見，彼曾告我曰：'此人筆力可以開風氣！'朱則但聞他人譽汝遂信汝耳，非真知汝者也。"我當時認傅之此言爲挑撥，自抗戰中朱招我到重慶，在他手下做事，方深識其反動面目，急謀脫離。彼何嘗識我之心與我之學乎！　一九七三年七月記。

一九二八年六月

六月一號星期五（四月十四）

讀《唐石經》一册。點《楚世家》十頁。寫蔣蔭樓，黃覺民信。

豫備功課。到校，上"文史導課"一課（《郊祀志》），又上民俗學講習班一課（古代民族宗教）。孟真來。

編《孟姜女故事》第四册。

六月二號星期六（四月十五）

冒大雨到校，晤林超。上"上古史"兩小時（《秦本紀》）。在校吃飯。

豫備功課。出考試題及布告。上"導課"一課（《郊祀志》）。

豫備明日功課。

六月三號星期日（四月十六）

到校，上"上古史"兩小時半（《立政》，《文侯之命》，《費誓》）。

讀《唐石經》一冊。林建中先生來。校《孟姜女》稿。毅生來。重草《廣州兒歌甲集》序，凡三千餘言。

元胎來。記日記七天。

連日下雨，今日又起風，甚凉。

六月四號星期一（四月十七）

修改"上古史"平時成績題目。寫李鳴奎，子民先生信。

到校，上"書目編纂法"三小時。修改《廣州兒歌甲集》序，凡三千言。與孟真商研究院事。

上民俗學講習班（《山海經》）。修改"上古史"考試題目。吃夜飯已九時半矣。

張作霖于昨晨退出北京矣。北京政治分會由閻錫山主席。

六月五號星期二（四月十八）

作《何謂學問》，知行中學講演稿也。成四千言，未畢。

豫備功課。到校，上"上古史"一小時（《秦本紀》畢）。與履安康媛看東山華陀廟香會（今日爲誕辰）。

莘田來，何子明來。校《尚書講義》。

張作霖出關遇炸，蓋日人所爲。可爲賣國者殷鑑。又報載溥儀到大連，疑日人將擁之爲滿洲皇帝，以滅朝鮮之法滅滿洲。

　　黎元洪卒，年六十五。

六月六號星期三（四月十九）

　　寫張仁寬，南揚，雁晴，雲聲信。點《楚世家》。

　　到校，上"尚書研究"兩小時（《逸周書》），"文史導課"一小時（《郊祀志》）。校《孟姜女》印刷稿。

　　校《尚書講義》。

六月七號星期四（四月二十）

　　點《楚世家》，畢。校《唐石經》一册。豫備下午課。

　　到校，"上古史"兩課（《楚世家》，《從古書上推測殷周民族》）。看何時雨買來《廣西風俗志》。

　　校《殷周民族》文。

六月八號星期五（四月廿一）

　　到驥塵處送講義。鈔《大誥》一篇，《康誥》一篇，并豫備。

　　豫備《楚世家》課。元胎夫人來。

六月九號星期六（四月廿二）

　　寫陳槃信。到校，上"上古史"兩課（《楚世家》，未畢）。

　　作研究所及史學系豫算。研究所照相，招待戴校長等。點《尚書逸文》，并作一序，未畢。

　　史禄國設宴于南園，十時歸。

　　　今夜同席：孟真　金甫　丁山　予(客)　史禄國夫婦(主)

六月十號星期日（四月廿三）

到校，上"上古史"兩小時半（《大誥》）。點段阮兩篇《尚書》文字。

與元胎成志到西關辛家看書，到華林寺看五百羅漢。到萃古堂，石經堂買書。歸，浴。

校《唐石經》一册。林超來。

華林寺五百羅漢，與他處多不同，有似女子者，有抱小孩者，并有馬哥波羅，達磨，地藏王，亦在五百之内。

天熱如焚，歸家幾暈矣。

六月十一號星期一（四月廿四）

記日記六天。杜太爲來，導游農科，東山，到東方酒樓吃飯。飯後同到中大。

上"書目編纂法"三課。校《孟姜女》稿及《尚書》。研究所開事務委員會。作《尚書逸文》按語畢，千言。

校《逸周書》一卷。

研究所開會，予主張三周刊均不停，以暑中不停，下學年省却許多麻煩也。通過。

衛中派太爲來，衛擬于下月來。

六月十二號星期二（四月廿五）

豫備下午功課。點《吳世家》，畢。徑三來。

校《尚書》排樣。到校，上"上古史"一課（《楚世家》，畢）。與履安同到雅園剪髮，與履安同到青年會訪太爲。

校《逸周書》一卷。校《尚書講義》。

六月十三號星期三（四月廿六）

校《尚書》排稿。豫備下午功課。點《越世家》，未畢。

到校，上"尚書研究"兩課（校勘記序，逸文）。與太爲參觀理科標本室等，上"文史導課"一課（《郊祀志》，畢）。

校《逸周書》一卷。爲仲琴子侄寫扇三柄。

六月十四號星期四（四月廿七）

寫彭煒棠信，論巡狩封禪。豫備下午功課。點《越世家》，畢。

到校，上"上古史"兩課（《吳世家》）。到元胎處取書。延進來。

校《逸周書》一卷。

學生聞余將北歸，多來挽留，他們對予感情甚好，自可感，惟予北京有家，實不能不去耳。

六月十五號星期五（四月廿八）

寫太玄信。看《上古史講義》，出考試題。校《尚書》及《逸周書》排樣。到校，領薪。到元胎家取書。爲王萃賢書條幅。

太玄來。豫備明日功課。

校《上古茫昧無稽考》。莘田，丁山來。周元吉來。

六月十六號星期六（四月廿九）

到校，上"上古史"兩課（《越世家》）。到文史科，與孟真商。

謄清"上古史"題目，凡五十個。君樸來。寫校長二函，文史科，鍾國樓，出版部各一函。

到元胎處，與元胎夫人，履安同到頤苑，應丁山，莘田之約。十時歸。

陳槃昨日爲公安局捕去，爲有共產嫌疑。此事甚怪，因與孟真謀保。

今晚同席：金甫　叔儻　緝齋　奇峰　心崧　予夫婦　元胎

　　夫人　　毅生　　丁山　　莘田

六月十七號星期日（四月三十）

　　爲倬廣女士，液秋寫紀念册。點《越世家》。何融來，朝陽來。陳槃同鄉二人來。

　　到西園，蔭樓超如設別宴，飯畢到艷芳照相。廷棫來。

　　看《殷周制度論》，作一按語。

六月十八號星期一（五月初一）

　　到校，訪驪先先生，晤澤宣，載陽。看《尚書講義》，出試題。

　　與澤宣夫婦，許雨階，華祖芳同到陸園吃點，又到光塔寺。溫錫銳來，君樸來。出《尚書》試題畢，即寫清，凡四十題。

　　理書桌。記日記八天。爲惠貞女士寫扇。

　　許雨階由廈門來，明日即赴新加坡，八月到北京協和醫院。

　　驪先澤宣兩先生勸予留粵，把他們的話歸納起來，（1）國内各大學以中山爲最穩固，（2）中央研究院經費拿一月算一月，（3）北大依然浙江派得意。

六月十九號星期二（五月初二）

　　點《韓世家》，畢。點《伊雒字古不作洛考》。

　　到校，試"上古史"。歸，翻看試卷。看仰之《商民族的氏族社會》畢。

　　點《魏世家》，未畢。

六月二十號星期三（五月初三）

　　點《魏世家》，畢。爲仰之《商民族》一文作一案語，五百言，即送印。

到校，試“書經研究”。到孟真處，接洽所中事務。到元胎處。元胎夫婦，容媛，仲琴來。

陳槃昨日釋出。

今日下午十一時，慕愚爲南京公安局所捕，以她在女子第一中學中立迫社，提倡國家主義，詆毀國民黨，爲市黨部政治訓育部檢舉，交公安局逮捕，并謂無論何人不得保出，將以反革命治罪。七月二日，見此新聞于《中央日報》，意甚憐之。嗟乎，慕愚一腔熱血，不幸爲曾琦所用，作此無病呻吟，致陷刑獄，有野心之人以他人爲犧牲，真可恨也！

六月廿一號星期四（五月初四）

寫光明，樸山，朝陽，元吉，徑三，校長信。校《新學僞經考》序目。莘田來。

點《田敬仲世家》，略畢。元胎來，邀我一家同到其家，吃荷葉飯，東莞端午風俗也。十時，歸。

歸，摺近日所印講義。

六月廿二號星期五（五月初五）

點康氏辨少皞文，作案語千言。點《田敬仲世家》，畢。爲人寫兩扇。

元胎，錫永來。廷械來。紹孟，北明來。點《井田辨》，作案語千言。

修改今日所作兩案語。

今日爲端午，東山游泳池有龍舟，予爲編講義未能往觀。聞紹孟言，船頗小。

六月廿三號星期六（五月初六）

到驥塵處。到校，爲陳槃補試。點《新學僞經考》序目，畢。點《中華遠古之文化》，略畢。

點《趙世家》，略畢。

六月廿四號星期日（五月初七）

記日記五天。寫父大人信。毅卿，國樓，庭英來。

點《趙世家》，畢。蔭樓，超如來。何庸及劉君來。貫英來。

點《釋棐》《釋翼》兩篇。

近日夜眠不佳，未曉即醒。

六月廿五號星期一（五月初八）

到校，爲"三民主義"考試監卷。寫《孟姜女研究》第三册小序。作《民俗學問題格》序二千餘言。在校吃飯。

到校長處。寫出版部信，劉萬章信，又寫補課告白。歸後倦極，四肢酸痛異常，微有熱，蓋重傷風與發勞傷并發矣。遂卧，天明時出汗極多，終夜未眠。

今日爲予到粤後第一次生病。粤中夏季天氣最劣，極熱，極多雨。寒暑屢變，易傷風。濕氣重，易致骨痛。

六月廿六號星期二（五月初九）

口授履安，寫孟真，廷楝，翼墀，光明，紹孟，成志，本課學生信。廷楝來。終日卧床，以眼睛酸痕，不能看書，僵卧而已。

口授履安寫伯祥信二千餘言。

今日熱度雖退，而牙痛，手足酸痛，頭痕，背酸迄未愈。大便服藥後仍不暢。夜中得眠四小時。

六月廿七號星期三（五月初十）

驥塵來。鎮日在臥榻看《梵天廬叢錄》。徑三來。廷棫來。莘田，丁山來。朝陽來。

夜中得眠矣，而胃甚呆，不思食。

六月廿八號星期四（五月十一）

式湘來。太玄來。鎮日看《梵天廬叢錄》。驪先，澤宣兩先生來。定生來。韋承祖來。

黃昌祚來。光明，毅卿，聯祥，延進代表學生來挽留。君樸來。點錢大昕論《尚書》兩文。林女士來。寫孟真信。陳槃來。

理講義。

予回京之計早決，而今日驪先先生苦爲挽留，學生代表亦然。人情難却，因提出不上課，不辦事之要求。

六月廿九號星期五（五月十二）

寫驪先信，退還聘書。寫倬廣信。成志來，寫孟真信。敬文來，長談，留飯。

辛守基來。寫校長信。作《新學僞經考》案語千餘言。紹孟來。孟真來。

覽報，悉慕愚在南京第一女子中學任課，立迫社，鼓吹國家主義，抨擊國民黨，爲學生會所揭攻。此君何不曉事乃爾。

接父大人書，悉兩臂依然有不仁之象，得無將與祖母同病耶？父大人亦要我到北京，可惜此信遲一天到。

六月三十號星期六（五月十三）

廷棫來。毅生來。成志來。元胎來。作《新學僞經考》序，畢。寫校長信。

煒棠，繁枝來。韋丞祖來。寫廷棫信。點《路史》目。林女士來，同到東方酒樓，建中先生邀宴也。飯後同到陳虞家小坐，歸。
　　延進來。記日記。

　　　今晚同席：陳虞　予夫婦　自珍（以上客）　　建中　惠貞
林超（以上主）

　　　今日甚倦怠，胃納極弱。下午赴宴後，較強健。此一星期
中，因病未嘗食飯，今夕乃進少許。

民國　7　　徵蘭卒

　　　8　　娶履安　吳歌　　　《舊家庭的感想》

　　　9　　北京大學畢業

　　10　　在北京大學任職。秋冬間以祖母病，假歸兩次。《紅樓
　　　　　夢》《辨偽叢刊》

　　11　　春間在京。後以祖母病歸家，值祖母没。冬間到滬，就
　　　　　書館職。《鄭樵傳》《著述考》《中學歷史教科》

　　12　　上半年在滬。夏間因病假歸。冬間到京，又到晉豫游
　　　　　歷。《詩經的厄運與幸運》論古史《東壁遺書》

　　13　　終年在京，惟八月中回家接眷，出京一月。《東壁遺書》
　　　　　《孟姜女故事轉變》

　　14　　終年在京。《孟姜女故事轉變》　妙峰山的調查　《救
　　　　　國特刊》《國史講話》《東壁遺書》

　　15　　上半年在京，下半年在廈。《古史辨自序》《東壁遺書》

　　16　　春間在廈，四月到粵，五月到滬寧蘇杭各地。六月後在
　　　　　杭買書，八月中到滬招考，十月中回粵。

[剪報]　　　廣州民國日報　夏曆戊辰年五月十二日

國家主義派之反響日烈

學總會願率全國學生與之拼命

南京市學聯會以南京女中學生會主席徐榮。及執行委員蔣蓁唐淑貞。私刻圖章。以少數名義。召集大會。意在誘致同學。挽留校長。并有受國家主義派反動教職員指使之情形。將徐榮等三人停止職權。并向學總會呈報處理經過。學總會以其處理甚當。并令其積極肅清反動勢力。茲錄原批于下。爲批復事。案據南京市學聯會呈稱。南京女子中學學生會。職員徐榮。蔣蓁。唐淑貞等。種種逾軌違法。并勾結國家主義派。意圖反動情形。經常務會議議決。將徐榮三人停止職權。以後學生會事宜。由沈逸森等負責辦理。并指定沈逸森爲臨時主席。理合呈報鈞會備案。以免反動份子四出謠惑。并懇鈞會。嚴行取銷南京女中國家主義派□活動等情。據此。查該會對南京女中學生會之處置。極爲合當。該會員有領導全市學生參加革命之責。對于國家主義派。在南京女中之活動。應積極加以防止。并澈底肅清其勢力。更應對反動派頭目。切實偵查。以便呈請政府。依法嚴懲。除函請中央大學。注意南京女中國家主義派之活動。并請速派明瞭黨義。而有革命性之黨員。爲該校校長外。特此批復。希即知照。附該會致中央大學函云。徑啓者。查南京女中教員譚慕愚。教務主任何仲愚。向爲國家主義派著名份子。竟在校內組織迫社。鼓吹國家主義。麻醉青年。受其惑者。不下百餘人之多。歷次發散毀謗國民黨之傳單。濟案發生。迫社于五月五日發出之告民衆書。肆意詆毀國民黨。如云"當南北軍閥。在山東鷸蚌相爭的時候。""國民黨擱開外侮。只競內戰"等語。似此公然反動。實于革命有妨。貴校爲江浙全省教育最高機關。亟應負迅予制止之責。對迫社首從。分別治罪。余蕙傳昏憒懦弱。甘心作國家主義派之護符。實應有相當之咎。現已去矣。貴校復慰留之。并云繼任聘書。業已準備。不知貴校是何居心。豈甘心爲國家主義的反動作倀耶。即據南京女子中學校對迫社事之聲明而言。已承認案内有迫社之組織與活動。事實昭彰。不容絲毫掩飾。貴校豈欲故作癡聾耶。務祈貴校。本以黨治國之旨。速將余蕙傳免職。另委明瞭黨義而有革命性之黨員繼任。以便肅清反動。鞏固黨基。敝會謹率領全國學生竚立以俟。如其不然。敝會惟有協同全國青年。與勾結國家主義派者。以頸血相濺也。言盡于此。諸維鑑察。此致中央大學。

希白要潘伯寅藏器拓本。

仲澐《文心雕龍講説》應由樸社出。

隅卿要馮夢龍《甲申紀事》首數頁。

劉萬章要買《開明活葉文選》合訂本（新聞紙印），又要獨家經理。

劉萬章要請適之先生題《廣州民間故事》及《喊歌》籤。

向適之先生取出《公孫龍子注》稿，又《粤謳》稿（或在新月出版）。

嚴芳名要我寫琴條。

仲琴要《唐人寫經》（20元），香冢英武冢拓片。

萬章要我薦事。

房金付至六月廿八日止

潘扣茶儀十四元　我們應扣廿元

電表

一九二八年七月

七月一號星期日（五月十四）

點《論詩書中成語書》。成志來。敬文，紹孟來。元胎，仲琴來。

點《散氏盤考釋》，《盂鼎銘》，《克鼎銘》及金文數篇。何庸及劉君來。

七月二號星期一（五月十五）

到校，與仲琴訪校長，不遇。到文史科出補考題目，與孟真談。寫成志信。到莘田處，托丁山點《毛公鼎釋文》。

點《祭法》，鈔《國語》一則作附錄。點《月令》。貫英來。姚聯祥，陳延進來。

太玄來。沈鵬飛來，承朱先生命來挽留。

七月三號星期二（五月十六）

點《劉向傳》，未畢。韋承祖來。煒棠來。爲煒棠題其先人詩稿。

點《顧命》，《呂刑》，畢。《山海經》，未畢。萬章來。史禄國來。

定生來，長談。

近日熱甚，下午二時許只得晝寢矣。

七月四號星期三（五月十七）

寫廷棫，光明信。到煒棠處。點《劉向傳》畢，鈔《五行志》一條作附錄。金甫來。敬文來。

寫驪先信，提出四條件。作《劉向傳》案語，未畢。延進來。
廷棫來。

洗浴。莘田，丁山，毅生來。元胎來。紹孟來。

敬文爲學校所辭，謂是因《吳歌乙集》有穢褻歌謠之故，爲
戴季陶大不滿意。然此等事由我主持，何不辭我耶？

此是戴季陶對我直接開炮的第一聲。在他作校長時，我尚能
作教授否？　　一九七三年七月記。

七月五號星期四（五月十八）

點《補三皇本紀》，作案語五百言。作《劉向傳》案語畢。寫
朱校長信。

粗點《秦始皇本紀》一過。點《律曆志》，未畢。君樸來。太
玄，徑三來。

延進來。叔儻來。

七月六號星期五（五月十九）

爲學生寫條幅扇子十餘件。點《律曆志》，未畢。點《秦始皇
本紀》，畢。

定生來。

與履安同到東山游泳池，澤宣邀宴也。十一時歸，失眠，至上
午四時許始得睡。

今夜同席：朱驪先夫婦　金甫　緝齋　孟真　叔儻　心崧
凌霄　予夫婦（客）　　澤宣夫婦（主）

驪先先生邀我再留半年，臘底返北平。擬允之。

七月七號星期六（五月二十）

到校，上課，發講義兩小時。到孟真處，商下半年事，并晤史

禄國。

釘暑假中講義六冊。小眠。理信札。爲驥塵寫扇。

元胎來，同到莘田處，又同到孟真處。十點歸。

七月八號星期日（五月廿一）

陳槃來。理課卷。記日記七天。

與履安到元胎處，并晤敬文，與元胎夫婦同到南城買海味等物寄父大人。到多拿剪髮，六時歸。到商務書館購叔儻禮物。

與履安同到游泳池，驪先先生邀宴也，十時歸，遇雨。

上午忽然眼酸，幾不能張，遂小睡。廣東的七月，真不好過，無法努力工作。

今晚同席：孟真　思敬夫婦　澤宣夫婦　緝齋　鵬飛　嵩齡　心崧　翁之龍　趙吉卿　德人　予夫婦（以上客）　朱驪先夫婦（主）

七月九號星期一（五月廿二）

王永泉，茹四發來。寫朱校長信。點《毛公鼎銘考釋》。點《漢書·律曆志》畢，作一案語，未畢。編《周刊》。爲黃錫廷，定生寫扇。

小眠。徑三，亞農來，寫朱校長信。寫慕愚信，欲勸之，未能成。

君樸夫婦來。理信札。

七月十號星期二（五月廿三）

成志來。作《漢書·律曆志》按語，畢。發《周刊》稿。到叔儻處，送賀禮。到校，寫光明信，爲營救慕愚事。到徑三處，晤行健等。

到南園，爲餞別赴滇調查諸君也。與莘田到建設委員會，游平南王府舊址。訪衛西琴，未遇。與莘田，毅生到西關買父大人藥物。歸，浴。

振東來道別。貫英來。

今午同席：史禄國夫婦　元胎　成志（以上赴滇者）　孟真　嵩齡　定友　莘田　予（中央研究院請）

此爲我主持中大研究所時，作到組織一團體以考查彝族生活的唯一事件，結果史禄國又出了岔，惟容肇祖、楊成志寫出一册報告耳。　一九七三年七月記。

七月十一號星期三 （五月廿四）

胡吉甫來，寫注册部信。檢送父大人物，托叔儻帶。寫父大人兩函，又寫式湘信。莘田來。

到叔儻處送帶杭物。到貫英處。寫名達，希白，碧澄，仲澐，崇年信。貫英來，林超，定生來，均留飯。

光明來，長談。成志來。

光明爲慕愚南京一中同班同學，于南京市黨部中亦有熟人，因托其營救。

七月十二號星期四 （五月廿五）

衛西琴與莘田，毅生來。韋承祖來。點《古書疑義舉例》中所考正之《尚書》及《逸周書》。作《蘇州風俗》序，千餘言。

到校，晤光明，與孟真商議事件。點《古書疑義舉例》畢。到徑三處。到永漢路買書。

到太平館支店，黄晦聞先生邀宴也。歸，浴。

今夜同席：梁漱溟　葉家俊（工專校長）　李錦銘（二中校長）滄萍　少青　教育廳職員十餘人　予（以上客）　晦聞（主）

七月十三號星期五（五月廿六）

理書桌。周元吉來。貫英來，留飯。何子明來。點《山海經·大荒經》，畢。

小眠。記日記六天。

作《大荒經》案語一千言。

　今日熱極矣，住屋如在火炕中。

七月十四號星期六（五月廿七）

到校，上課。黃昌祚，邵君樸來談。到孟真處，與莘田同歸。到會計部領薪。

作《書序》按語六百言。點《春秋大事表序》。

點《詩序》。思敬來。

七月十五號星期日（五月廿八）

寫孟真信七件，爲學校及研究院事。寫子民先生信，爲營救慕愚事。

圈點《詩序》，畢，作一案語七百言。重鈔《關雎序》。蔭樓偕其子來。

孟真，莘田來，飯後談研究所及文科事。

七月十六號星期一（五月廿九）

編《書序》，《逸周書序》，《詩序》入《上古史講義》。又作舊作《周民族發展》一文之案語。容太太，容媛女士來，飯後與履安等同出。

到校，考試應留法試之學生，四時半畢，看卷。到校長室。編《周刊》第四十期。孟真來。看《中央日報》，尋慕愚事無所見。與曾濟寬同到研究所，同歸。

履安購留聲機歸，一一開之。

久不聞香水歌聲，今日履安購《拾萬金》歸，乃得重聆，慰我積年之思。

小香水爲在民國初年我極欣賞之秦腔悲劇演員，她最能表現劇中人之一腔悲憤，仿佛讀屈原《離騷》，常伴之下泪。最後一次爲一九三六年之《孟姜女》，則已入老年，唱做失去力量，只能作金綱鑽之配角矣。渠名趙珮雲，遼寧義縣人也。我所贈詩，抗戰中已失，聊記于此，知我在廿餘年（一九一二—三六）中精神之所繫。　　一九七三年七月記。

七月十七號星期二（六月初一）

點《中華遠古之文化》畢，作一按語六百言。寫容媛女士及魏應麒快信。

何子明來。

定生來，長談。

七月十八號星期三（六月初二）

〔第三十八期。〕寫永泉，樹槐信。李韶清來。寫注冊部信，爲譚蘊真報名事。點《説文中所引尚書》畢，作一按語，七百言。

小眠。容媛女士來，爲到曾濟寬處。敬文，萬章來。容女士又來，告已得職業。留聲機壞。

到莘田處，與同到孟真處，未晤，莘田邀飲雪糕。

羅莘田，名常培，滿族人，畢業于北大中文系，與傅斯年同班。而傅辦《新潮》，渠入《國故》，思想適反。一九二七年，余將赴厦門，彼自西北大學來，乞予介紹入厦大，予以彼于音韵學有專長，遂言之于林玉堂，聘爲講師。是時潘家洵妒予，在同人間散布流言蜚語，孫伏園，章川島更站在魯迅方面詈予，渠對我亦遂改變態度，時加諷刺。及予入中大，彼見我又得勢，頻來訪予，要我把他介紹。予向傅言之，傅曰："他是國故派，怎麼可以相容？"予曰："他究竟對音韵學有研究，在大學教書是可以的。"傅聽予言，聘爲教授。彼又向傅介紹其同族羅庸（膺中）任教中文。自此，彼儘量靠近傅，傅愛聞諛言，遂信任之。彼媒蘖我之短于傅，傅亦信，故我與傅多年交誼遂告破裂。二羅皆善言談，交口譖予于講臺，學生亦遂分爲二派，厦大之禍復作矣。趙元任專治語言學，傅聘爲中央研究院歷史語言研究所語言組主任，渠亦賞羅之聽力，遂聘爲該組之研究員。以所址尚未定，任中大課如故，亦日在挑撥中也。及到北京，又在中央研究院中肆讒言，致丁山、趙元任、李芳桂、黎光明等先後離去。傅雖亦知其搬弄是非，而無如甜言蜜語，沁人肺肝，亦惟有甘受其播弄耳。予雖與彼職務無關，而三十年中永爲彼攻擊之對象，予于解放後到北京，任職歷史所，彼謂我"討價還價"，譖于尹達，尹遂藉所長權力壓我。彼于一九五八年死亡，使我釋一重負，讒人之可畏如此。　　　一九七三年七月記。

七月十九號星期四（六月初三）

作《閩歌甲集》序四千言。孟真來道别，交賬，莘田同來。履安購新片歸，機仍壞。太玄來，留飯。

韋承祖來。點《春秋大事表序》。定生來，留飯。

七月二十號星期五（六月初四）

胡吉甫來。作《謎史》序二千言。

小眠。萬章，太玄來。修改《謎史》序及《閩歌甲集》序畢。敬文，樹槐來。

摺講義。静修來道别。

七月廿一號星期六（六月初五）

寫君葵橫幅。到校，上課。黃昌祚來談。送靜修行。與李一非談話，歸。履安修留聲機歸，開兩次。

莘田來。韋承祖來。點《海內經》，畢。《春秋大事表》，粗畢。

何子明來。

七月廿二號星期日（六月初六）

寫日記八天。到莘田處，與莘田，毅生，韶清同到晦聞先生處，到李滄萍處，到葉家俊處，到古層冰處。

點《天問》篇，粗畢。與莘田，毅生同宴衛西琴于東方酒樓。

作《天問》案語，約千言。

今晚同席：衛西琴　梁漱溟　杜太爲　林□□（以上客）

莘田　毅生　予（以上主）

七月廿三號星期一（六月初七）

到地質調查所，晤樂君，到鄺嵩齡處，未遇。作《天問》案語畢。作下半年三種講義擬目。

點《春秋大事表》。韋承祖來。編《周刊》四十二期。梁勁，邵君樸來。

點《明堂論》。

七月廿四號星期二（六月初八）

到校，辦理各事。訪朱校長，未遇。到容太太處，亦未遇。

點《明堂論》畢。

貫英來談。聽留聲片。

七月廿五號星期三（六月初九）

　　［第三十九期。］到莘田處。重看《明堂論》點句。點《春秋緯》。
點《經傳釋詞》。貫英來，留飯。徑三來。洗浴。

　　與貫英，徑三，履安，康媛同游游泳場，吃冰淇淋。行健來。
與履安到莘田處。

　　到東山一年，游泳還是第一次看見。

七月廿六號星期四（六月初十）

　　作《春秋緯》案語一千言。點《春秋緯》訖。韋承祖來。爲
繁枝寫屏條。

　　點《經傳釋詞》，未畢。元胎夫人來。

　　古層冰偕莘田來。

　　近日熱極矣，滿身是痱，夜中枕席皆濕。予大便又秘，兩眼
時有眼泚，當以內熱過重之故。服通便丸及藥茶。

七月廿七號星期五（六月十一）

　　作《明堂論》案語千餘言。

　　點《經傳釋詞》畢。太玄來。徑三來。洗浴。

　　記日記六天。寫許流芬、李繼梅信。行健來。

七月廿八號星期六（六月十二）

　　到校，上課一小時。訪校長，未見。到舊書整理部，認識職
員。到定友處。到莘田處。緝齋來。

　　莘田來。寫朱校長四函（研究所經費，設備，招生，圖書館鈔
書），紹虞，芝生，緝熙，魯弟信。寫王雲五信。

　　到校，看朱校長，商研究所招生，設備，印刷費事。到行健
處，未遇，歸。

芝生有信來，謂我下半年不到北平，樸社將無辦法。崇年又有信來，謂決在南京做官，不回樸社矣。讀此，使人急煞！

七月廿九號星期日（六月十三）

君樸夫人來。敬文來。層冰來。點《經義述聞》。

何子明及劉君來。行健來。定生來，留飯。

七月三十號星期一（六月十四）

到層冰處，與之同到大學，參觀研究所所藏書籍。何子明來。

到朱校長處，已行。到貫英處談話。與履安二女同到校，晤定生，同到維新路民生公司買夏布。到中央公園，到六榕寺吃夜飯。到美利權吃橙汁，歸。

歸後，太玄來條，謂今日在湖南會館訪友被捕至禁烟局，罰金二百七十五元，囑籌。遂同送信人前往，囑尋鋪保，遂至登雲閣，又到禁烟局，至十二時許，始同出。

太玄在京素有烟癖，予乃未知，去年薦之南來，彥堂與之同舟，尚見其吞烟泡。今日之事，彼雖謂訪友連累，我不敢信也。

今日第一次見監獄的樣子，一間小房子，鐵柵內滿站着人，氣味難受。禁烟處直是一敲竹杠的機關，以太玄穿洋裝，罰特重。然不公布也。

七月卅一號星期二（六月十五）

與履安同到太玄處，未遇。十一時許，太玄，唐培之來，取贖金。

睡眠。點《字説》，入講義。

昨夜以受刺戟，致失眠（近四時方得眠），今日精神困倦異常，予不能辦事如此。

[剪報]　　　　　　　**寧被捕女職員**

　　　　　　　　　　仍押公安局

　　　　　　　　大學院已將其革職

二十三日南京電、南京女中國宣傳主義者譚（慕愚）等、被公安局捕獲後、現仍留優待室候偵察完畢後、始送特種法庭、譚在獄中索閱兵書、已由其友送去、聞譚曾兼任大學院文化事業處科員職務、現大學院已將其革職

上見六月二十六日《順天時報》。

一九二八年八月

八月一號星期三（六月十六）

[第四十期。]點《字説》，訖。鈔《詩經》作上古史乙種講義。

定生來，鵬飛來。貫英來，留飯。

飯後，貫英請我家三人及定生到大新公司看京戲，予留家。

八月二號星期四（六月十七）

韋承祖來。到校，送講義及《周刊》稿。寫式湘，鵬飛，定友信，歸，鈔《詩經》。

援庵先生來談。與他同到太玄處，談久，又同到晦聞處，未遇，別歸。鈔《詩經》作講義，畢。

陳槃及其同鄉二人來。鈔金文三篇。

援庵先生之來，出于不意。渠七年未歸，其母妹住河南，趁暑假中來一省。昨日到粵，大後天即北返。

八月三號星期五（六月十八）

到定友處。到校，伴援庵先生及其弟子參觀圖書館及研究所。

到太平館吃飯。

飯後到雙門底書鋪看書。歸，理《路史》講義，作一案語六百言。

今日同席：援庵先生　定友　太玄（以上客）　予（主）

四日同席：陳德芸　陳□□　太玄　予（以上客）　定友（主）

八月四號星期六（六月十九）

到校上課。昌祚，楊岳來談。寫鵬飛，廷梓，宗南，校長信。擬研究所招生廣告。覆看《路史》講義訖。

與太玄同到陸園，定友設宴也。歸，理放假後講義，訖。送晉磚來。洗浴。

寫慕愚信，寫適之先生信。失眠，起擬致子民，季陶兩先生電稿，爲保慕愚事。

接適之先生快信，轉來高君珊女士信及慕愚致高女士信，悉無大力者之援救，至今仍繫南京地方特別法庭。本有咯血症，至今發更劇，兼發胃病，思及我，囑高女士由適之先生處轉詢能否設法。予甚悲之，遂致失眠。得眠時已近上午四時矣。

八月五號星期日（六月二十）

到毅生處借錢，晤朱謙之。到惠愛路打電。到古層冰處。歸，寫蔡子民先生及孟真信。

睡眠。寫日記八天，寫君珊女士，季陶先生，靜修信，均爲慕愚事。北明來。

整理營救譚君之七封信。

久不雨矣，今日得雨，如入清涼世界。

廣州電局真壞。中國的商店不許收港紙，中國的電報局必須收港紙。無他，有錢可賺耳。

八月六號星期一（六月廿一）

到東山寄昨所寫信。德芸來。點《齊侯鎛鐘》孫詒讓《考釋》。太玄來，同到福來局。

與援庵先生別。與太玄同到登雲閣，買書，同到研究所，又同到元胎家借書，又同歸。邀毅生謙之來吃飯。君樸來。

鈔《齊侯鎛鐘》及他金文數篇。

今日同席：援庵先生　太玄　定友　予（以上客）　德芸（主）

今晚同席：毅生　謙之（以上客）　予（主）

八月七號星期二（六月廿二）

鈔《嶧山刻石》，《石鼓文》，《石鼓章句》（吳東發），《石鼓爲秦刻石考》（未畢），及金文數篇。看《追求》。

看《追求》。

聞作《追求》之茅盾即玄珠，真想不到。篇中寫人情，寫個性，寫時代，均極親切。他第一次創作而有此，足壓倒現代一切作家矣。

八月八號星期三（六月廿三）

［第四十一期（羅）。］王永泉來。到校，鈔劉心源《匋鼎考釋》。達如來。看《陸雲士集》。睡眠。

續鈔《石鼓爲秦刻石考》。容太太來。

作《周易中的故事》，略畢。

慕愚有電來，囑營救。

八月九號星期四（六月廿四）

修改《周易中的故事》。出預科，本科（二組）國文試題。魏應麒來，留飯。

到校，到雲程處，寫信四封。鈔《師袁鼎考釋》。

鈔《車攻》《吉日》二詩。

八月十號星期五（六月廿五）

鈔《石鼓爲秦刻石考》，畢。達夫來。鈔《墨子·尚賢，尚同》篇。

與履安訪孟雄，不遇。

八月十一號星期六（六月廿六）

到校，發講義。楊偉業來，談民廳檔案事，伴其參觀。歸，釘講義。

鈔《胠篋》篇畢。睡眠。鈔《五蠹》篇未畢。

近日又傷風，涕吐甚多，頗不舒服。履安亦然。便又秘矣。

八月十二號星期日（六月廿七）

與履安同到先施公司，門閉，到雙門底修留聲機，到多拿剪髮。歸，李一非君同行。

鈔《孟子》中材料。睡眠。敬文來，留飯。

看《動搖》。

《動搖》比《追求》寫得更好。

八月十三號星期一（六月廿八）

到校，編《周刊》四十三期。辦事十餘件，寫信七封。到宗南處論試題事。到大新公司購石針。

寫伯祥信，紹孟信。鈔《孟子》中材料。明星印刷局人來。莘田及其夫人來。

開新購十片。君樸來。

連日有雨，較涼。

八月十四號星期二（六月廿九）

校《五蠹》《顯學》篇。看《戰國策》。記日記八天。君樸來，與同到校。

到校，寫國文試題上蠟紙，凡五頁。久不執鋼筆，腕欲脫矣。胡吉甫來。

辛樹幟，石聲漢來。開留聲機。

八月十五號星期三（七月初一）

［第四十二期（發）。］到校，監國文試。與廷梓同到研究所，商裝窗。履安來領薪。

監“三民主義”試。參觀辛先生等在瑤山成績。歸，洗浴。與履安訪貫英，問疾。

開留聲機。擬閱卷表。

日來辦事較忙，神疲力倦，夜中只得開留聲機自遣，不能工作矣。

此次考生一千一百餘人，予與徐信甫彭家元同監第七室，約八十人。

八月十六號星期四（七月初二）

到樹幟處。到校，監算學試。與莘田，仕卿談話。

監英文試。歸，洗浴。到莘田處。

開留聲機。

樹幟等五人到廣西瑤山三月，採集成績極好，鳥類昆蟲類至數千頭，植物標本至數萬種，風俗歌謠亦得若干，將移置風俗物品陳列室。

八月十七號星期五（七月初三）

到校，閱本屆國文試卷及上海史地試卷。

歸，洗浴。

開留聲機。陳槃偕其弟來。

閱國文試卷者六人，信甫，太玄，杭甫，莘田，澤宣（第二日請緝齋代），予；予爲主任。每卷上下題分閱，試卷 1200 本，分爲 24 扎。

八月十八號星期六（七月初四）

到樹幟處。到堂發講義。到校，閱本屆國文試卷及上海國文試卷。

開會，商取錄事，伴趙士卿參觀研究所。

武漢大學來電見聘爲國文教授，月薪至少三百元，勢不可允。該校主持人爲劉樹杞，聞一多，周鯁生。

觀此，知劉樹杞已離廈赴武漢，此林文慶寵用之人，胡爲亦不容于彼也？　　一九七三年七月記。

八月十九號星期日（七月初五）

到莘田處。到校，增加試卷分數。在校吃飯。

歸，定生來，留飯。出覆試史地試題十六個。

開留聲機。

閱卷諸人，緝齋太刻，太玄毫無標準，有可以六七十分而僅批八分十分者，慮學生吃虧，故爲改批。

八月二十號星期一（七月初六）

到莘田處。謄史地題。釘講義。寫適之先生信，約五千字，直陳兩年中痛苦。

到校，寫史地題上蠟紙。歸，看《動搖》及《追求》。

開留聲機。登日記七天。

適之先生前日有信來，疑我因驕傲致樹敵，故作書報之。耿耿此心，每不爲師友所解，強予辦事，失其故我，奈何！

便秘，腹痕，吃不下飯。

八月廿一號星期二（七月初七）

陳元柱來。寫仲琴，朝陽，延進，昌之，静山，振鶴，蔭樓，式湘，南揚，楚青信。容太太來。

到校，監史地試。到孟真家，晤林超。到趙家，遇翁之龍。

行健來辭別。

廣州七夕甚熱鬧，故容太太邀履安去，同到西關去看供物，今日即宿其家。

八月廿二號星期三（七月初八）

［第四十三期（發）。］到校，看史地卷百餘本，訖。

寫賓于，史濟聲，萬里，欣伯，爲章，廷械，名達信。緝齋來。

今夜因寫信，又使予失眠。予夜中之不能工作如此。不眠症終吾之身不得愈矣。

履安仍未歸，往大新公司看夜戲。

八月廿三號星期四（七月初九）

到容宅，到楊少勤處，略談。到霍堅處，未遇。到陳德芸處，略談。到校，發《周刊》及《民俗》稿各兩期。寫信數封。

寫君樸，伯祥，成志，元胎，華秀升信。與履安到東山買物，送緝齋行。到緝齋處，未晤。樹幟，聲漢來。定生來，留飯。敬文，樹槐來。

聽留聲片。

今日出榜，僅取四十餘人，予所監試諸生無一在者，使予生氣。學校擺架子，以考生爲芻狗如此。豫科甲部應試者七百人，僅取三人耳，真真豈有此理！

聲漢編猺歌成書，一大快事。

八月廿四號星期五（七月初十）

寫父大人，又曾，鐸民，陳此生，太爲，騮先先生，胡吉甫，仰之，孟真，萬章，侃如沅君，鼎梅，既澄，張景優，子水信。韋承祖來。

校致適之先生信。聽留聲機。

八月廿五號星期六（七月十一）

韋承祖來。到校，寫沈主任，庶務部、雲南圖書館，周鼎培，德芸，鄭德祥，夏劍臣等信。記日記四天。

貫英來，開留聲機。韋承祖來。看《尚書》及"上古史"試卷，未畢。

與履安及貫英到莘田處。

近日飯量不佳，口有些臭，恐是胃中不消化，因服消化片。

八月廿六號星期日（七月十二）

寫何子明信。覆看《墨子》，《孟子》等材料，作一案語。點《君奭》，《酒誥》，《梓材》三篇。

敬文來。寫莘田信，邀宴也。

八月廿七號星期一（七月十三）

到校。到元胎家。到福全館定菜。歸。寫劍脩，錫朋信。鈔

《老子》。

樹幟，聲漢來。陳時文來。賀德山來。覆看《五蠹》，《顯學》，《胠篋》數篇。敬文來，往看莘田夫婦，同到福全館吃飯，九時半歸。

得高君珊女士信，悉慕愚之獄係由南京市黨部主持，須向市黨部疏通。而陳劍脩爲首席指導員，故即作函寄之。

今夜同席：莘田夫婦　元胎夫人　毅生　敬文　坤儀（莘田女）（以上客）　予夫婦及二女（主）

八月廿八號星期二（七月十四）

到校，寫信數封，改《五蠹》按語，作《胠篋》案語。爲錫永，式湘領薪。點《妙峰山》文二首。

點《戰國策》之從橫材料。太玄來。鍾國樓，張冠英來。開唱片。

點甲骨卜辭。莘田，毅生來。

近日聞兩謠言。一，去年共黨暴動時，北京已傳予被難。此莘田聽白滌洲説。一，報上載廣西大學聘予，予已允往，此應麒爲予言。

八月廿九號星期三（七月十五）

[第四十四期（發，定生）。] 寫朱謙之，高君珊，傅孟眞信，均爲營救慕愚事。終日點《經義述聞中之尚書解》，并作一案語。

點甲骨卜辭。

八月三十號星期四（七月十六）

到校，寫定生，校長，陳元柱等信。辦了些事。到商務書館看夏劍塵，送瑤歌稿。歸，理書。

節鈔《王莽傳》，畢。釘講義稿數册。

敬文，萬章來。

得慕愚來信，悉移至優待室後身體尚好，頗有意讀書。并説對于政治活動已無興味，此次之事全爲學潮，破壞國民政府之證據係出僞造。法庭頗欲釋之，而礙于原告之面子，故覊留之。

八月卅一號星期五（七月十七）

看《王莽傳》一遍，作一案語。記日記六天。

理書架。爲敬文作《兩廣地方傳説》序，千餘言。

理物。

昨夜以蚊蟲太多，致三點半醒後迄未能眠。便又秘，胃仍呆，精神懨懨矣。

[油印件]　　　　　譚慕愚等出獄就醫

△ 該案尚未判決

（中央社）前被捕之國家主義者譚慕愚何仲愚傅正意三人經江蘇特種法庭再三審詢，均無結果。法庭以譚曾任四川第二女師教員，傅爲該校學生，特電致川中詳查彼等已往行動，惟至今尚未得覆。譚等在獄中均已染重病，數日前曾向法庭請求保釋出外診治，庭長胡翰當即派員至看守所查視，果屬實情，遂允彼等請求，准其取保就醫。現傅已去滬就醫，譚何則在南京某醫院。惟此案仍未了結，外間傳已判決無罪開釋，實非事實云。

十七年九月十日賓于自南京寄來。

一九二八年九月

九月一號星期六（七月十八）

到校，發講義。寫信數封。謙之，毅生來所參觀，爲之導。歸，釘講義。

爲尋不得《春秋大事表》鈔本，遍理書架書桌，終乃得之講義堆中。敬文來。

與履安訪莘田新居，尋數匝始得，并晤毅生。

九月二號星期日（七月十九）

與履安到澤宣及凌霄處。歸，陳元柱來。點《春秋大事表序》約五十頁。

徑三，一非來。

日來胃中痕甚，吃不下飯，故索性不吃飯，僅于夜中購魚生粥食之。

九月三號星期一（七月二十）

往訪莘田，不遇，遂到校。即歸，寫沈主席信，爲却本屆續招新生試事。

作《中國上古史講義》簡目，《尚書講義》總目，畢。陳時文來。作《尚書講義》提要，未畢。

莘田來。

今日到校，得慕愚來書，悉已釋出，現住上海，喜甚。

購加厘鷄，空口吃之，胃中稍健。

夜中苦蚊，不能成眠。上午四時許將入眠矣，又爲大聲驚醒。（此大聲爲火藥庫炸裂）

九月四號星期二（七月廿一）

到建設委員會，訪林宰平先生，同游光塔寺及北門外回教古墓。在北門外飲茶，回至城隍廟福來居吃飯。飯後到文德路雙門底看書肆，別去。

在中華書局買留聲片，晤定謨由廣西歸。寫《尚書學講義》分卷目。洗浴。太玄來。

莘田偕藹如來。

三日未下便，昨夜又失眠，憊倦極矣，故今日導林先生出游，借酬應以活動身體。

九月五號星期三（七月廿二）

〔第四十五期（發）。〕與莘田到粵東酒店訪黃賓虹先生及定謨。并晤晦聞先生，同出，到北園之白香山館吃飯，仍坐汽車進城。

伴觀中山大學各處。四時許歸，洗浴。點《殷虛書契》。

莘田夫婦來。寫慕愚信，商量其行止。

昨日得眠，今日得便，體氣較佳。

孟真有信來，謂到滬後久病，已就中央之歷史語言研究所所長，故中山大學中職務，除教書外，須一律脫卸。

九月六號星期四（七月廿三）

到元胎處，談滇游經歷。與同到校，晤莘田，商考題。寫夏劍塵，何定生信。

校《殷虛書契考釋》。寫太玄，應麒信。韋承祖來。囑康媛理講義。點《春秋大事表》。

莘田，平叔，謙之，毅生來。洗浴。

元胎游越南，雲南兩月，于前日歸。言史祿國爲人不可靠，人之難信如此。

今日始知餓，蓋胃呆已一旬餘矣。今日始吃飯，不飯亦五六日矣。

九月七號星期五（七月廿四）

寫元胎信。韋承祖來辭別，彼今日與敬文同赴滬。終日點《春秋大事表序》，畢。作一按語六百言。

小眠。

到莘田處。元胎夫婦來，開留聲片。

九月八號星期六（七月廿五）

到校，發講義。寫會計部，文書部，文科三函。姚逸之，夏劍塵來。槃盦來。歸，釘講義。

記日記八天。寫君樸信。點增訂本《殷虛書契·卜辭篇》，未畢。

與自珍到莘田處。

九月九號星期日（七月廿六）

點《殷虛書契·卜辭篇》，畢。仲琴偕陳兆烈來，留飯，飯後同到太玄處。

寫太玄信。

莘田偕宰平來。作《卜辭篇》按語。

九月十號星期一（七月廿七）

毅生來道別。到莘田處。到毅生處，晤謙之。到校，送講義。

屢腹痛致瀉，小臥，點《群經平議》講義稿。

寫慕愚信，二千餘言，勸其見胡，傅二先生，商量續學事。

昨以三日未下便，服補瀉丸六小粒，今日乃下泄四次，雖腹中一空而疲憊已甚。月來予屢病，吃，撒，睏，爲人生三要件，而予乃吃不下，撒不出，睏不着，甚苦痛也。

九月十一號星期二（七月廿八）

莘田來。編《戰國策中帝制運動》，作一按語五百言。

陳槃偕曾君來。元胎來。

九月十二號星期三（七月廿九）

［第四十六期（發）。］到莘田處。到仲琴處，未晤。到校，看續招豫科生試卷百餘册。編《廣西猺山調查專號》。寫民政廳長信，爲檔案送存事。

校《戰國策》。到會計部。萬章來。

凌霄來。貫英來。

九月十三號星期四（七月三十）

到校，覆看昨日卷，改定分數。文科各系主任開會，討論開學事。

校《戰國策中之從橫談》。陳時文來。

點《群經平議》。

九月十四號星期五（八月初一）

莘田來。終日編《戰國策中之從橫談》，作一按語七百言，入講義。又審覽《群經平議中之尚書解》一篇。

貫英來。仲琴偕陳兆熙來，寫文科辦公處信。

早醒時，舌上乾膩，幾不能說話，盥而觀之，舌苔厚甚。

九月十五號星期六（八月初二）

到校，發講義。黃昌祚，伍瑞鍇來談。寫校長，太古公司，定生，樹槐信。履安來校，同到元胎家，又到財廳前新亦山吃飯，又到雙門底各處買物，三點歸。

看適之先生《廬山游記》。陳延進，陳劍鏘來，留飯。

莘田夫婦及其女來。林建中先生來。

今日見榜，初試取錄凡二百八十餘人，不啻二人取一矣。

九月十六號星期日（八月初三）

作《妙峰山》序一千言，《廣州謎語》序六百餘言。

看上學期試驗卷。到元胎處，與同到杭甫處吃飯。蓋其新屋落成也。到校，訪瑞甫，未遇，見逸之。

昨服果子鹽，今日下便居然甚順。以前作序文，不肯潦草，今則欲不潦草而不可得矣！

今夜同席：元胎　莘田　學圃　信符　不相識之廣東北大同學數人（以上客）　　杭甫（主）

九月十七號星期一（八月初四）

終日看上學期試驗卷百餘本，以評定分數平均之。倫學圃來。

緝齋來。貫英來。莘田來。

莘田來，謂太玄失踪已三天。緝齋來，謂史禄國在雲南，不調查而打撲克。此二事皆羞人。

康媛發熱。

九月十八號星期二（八月初五）

晤達夫，悉其所以與太玄分居之故。煒棠來。徑三來。到校，閱史地卷百餘本。與陳宗南談話。晤鴻年。

與元胎，仲琴到仙湖街，游回教寺。到中華商務等處購書物。

冒雨歸。

看《國語文類選》中之戴季陶文。李韶清來。

太玄果爲公安局捕去，爲其在東亞酒樓開房間嫖賭。此人真不可救藥！又聞其在西關狎私娼，皆帥華浦，唐培之二人所牽。

近日不能吃凉物，否則胃中作痛，今日在校看卷，吃香蕉，汽水等物較多，夜中腹痛甚。此又新病也。

九月十九號星期三（八月初六）

[第四十七期（發）。]到莘田處，商課程。到丁山處，晤驥塵。校《戰國策中之士》，畢，鈔《孟子》作附錄，未畢。貫英來，留飯。徑三來。

釘講義稿。

康媛發熱近凉。

九月二十號星期四（八月初七）

寫校長信，辭史學系主任職。寫沈雲程信，請此後太玄薪水由我代領。寫功課布告。到校，定史學系課程表，到沈先生處，付太玄罰款。到元胎處，思敬處，太玄處，澤宣處。

廷栻來。溫楚珩來。莘田來。校《戰國策》目錄。定生來，留飯。

釘講義稿。

太玄罰款僅十五元，雜費五元，今日交唐培之送去。他九月薪已全支（我等尚未領八月薪！），而此二十元亦不可得，即其狎友亦不能湊，仍責之予，抑何可笑。

九月廿一號星期五（八月初八）

記日記五天。與履安到太玄處，責之。到林惠貞女士處，歸。

鈔《孟子》中"士"的材料，未畢。到元胎處，晤仲琴。到校，與徑三談。

宿元胎家。

慕愚來信，悉案尚未銷，僅因病保釋耳。她想即日東渡讀書。

九月廿二號星期六（八月初九）

六點起，上船，七點開。在船看風景，讀《隨園隨筆》，畢。又看《穀梁傳》數頁。四點，始到東莞。

與容宅人談話。

晚飯後，與元胎游西門外市肆。

廣州鄉間，汊港紛歧，綠滿平疇。仿佛江浙間狀況，塔頗多，惜以土匪故無一可游者。

元胎家藏書頗多，似過于吾家，亦略有書畫古印。

九月廿三號星期日（八月初十）

早，到容宅書房畔大便。元胎夫婦及媛君同到教育局訪江呂文（公望），到象塔，城隍廟，資福寺，公園等處。歸飯。

與元胎到天后廟，何真廟等處，及兩家茶肆吃茶點。

元胎設宴，歸，談至十一點。

東莞公園中有小山，且倚城，甚幽靜。綠樹紅橋，仿佛北平公園矣。

今晚同席：元胎夫婦　母　妹　伯（詠南）　伯母　姑母姑丈（葉君）　江公望　予

九月廿四號星期一（八月十一）

爲容詠南先生及葉君寫扇，并寫屏條四幅。畫城隍廟圖。

飯後游縣立中學，晤羅汝榮校長。江公望來，同到袁督師祠及孔廟，到鄧宅，城隍廟，到教育局吃點。歸，聽盲公唱彈詞。

　飯後，公望談救國大計。與容宅人談話。

　　元胎祖容鶴齡爲進士，其外祖鄧蓉鏡爲翰林，在東莞城中真紳士矣。

九月廿五號星期二（八月十二）

　　六點起，七點出，上小輪到石龍。以水淺，步行七里到車站，吃飯。與元胎同游石龍市，購麥芽糖。十一點許，車來。

　　一點許，到省，先到元胎家，又到校，再回家。式湘來，留飯。洗澡。看《追求》（七，八）畢。

　　莘田，膺中來。元胎來。

　　廣東走路真不易，前日小輪用炮船掩護，今日小輪門口站兵，火車上半節是護路軍隊。

　　膺中，名羅庸，北大畢業，善講書。其同族羅常培引入中大。予離粵後久不相見，直至一九三八年，予到雲大，彼在西南聯大，偶一相見，侮辱備至，予乃避之入蜀。　　一九七三年八月記。

九月廿六號星期三（八月十三）

　　［第四十八期。］驥塵來。到校，訪朱校長，未遇。到宋秘書處略談。歸，簽選課券字。寫校長信，辭各職。

　　到翼墀處送禮。到校，列席文科教授會議。楊筠如來。到校長處，得晤。與思敬步歸。

　　寫澤宣信，爲發講義事。

　　予屢上辭事務職書，而校長不允辭，看來明春的走還是問題。我竟不自由如此耶？

　　孟真來信，悉中央研究院進行頗順利。

九月廿七號星期四（八月十四）

到韶清處，未遇。到膺中處，亦未遇。到校，寫校長信三通（更動研究所職員，委檔案編目員，請仲琴主持舊書），徐信符，文科主任信。到朱校長處談話。到元胎，仲琴處。

畫課業札記表及史材根據表二圖樣。與筠如同歸飯，飯後偕之到丁山處，晤謙之。又同至莘田處，并晤膺中。歸，點《史記·孔子世家》，粗畢。

貫英來。看茅盾《自殺》。

九月廿八號星期五（八月十五）

韶清偕歐宗佑來，偕往思敬處。歸途遇滄萍。歸，仲琴，陳君及定生已先在，留飯。周元吉來。

定生談其家事。陳時文來。李滄萍來。與康媛到雙門底買書。記日記八天。

覆點《孔子世家》畢。

九月廿九號星期六（八月十六）

到校，晤紹孟。到元胎家，未晤，與莘田同歸。

元胎仲琴來，到柏園看房屋，爲作中央研究所之用，但不合。鈔《五帝本紀》及三注中之黃帝地域。

厦門大學仍欲聘予，囑昺衡來邀。早有今日，何必當初！

九月三十號星期日（八月十七）

到校，發講義。到李洸處，未遇。到滄萍處，談一刻。

作"古代地理"課旨趣書。何子明來，胡吉甫來，紹孟來。

式湘來。書記蔣君來。

一九二八年十月

十月一號星期一（八月十八）

寫校長信，應允史學系主任可連半年，但研究所主任于孟真回時必交卸。到校，寫校長信（請委胡吉甫）。寫李克弘信（請編《清代著述考》）。

校《春秋經》。到校，作"孔子研究"旨趣書，未畢。爲太玄領薪。寫定生信。寫帥華浦信，答其質問。

到大新公司，商務書館經理等設宴也。到丁公處。

今晚同席：沈鵬飛　酈嵩齡　張資模　王□□　楊□□　高子約　夏劍塵　周□□　黃訪書　凡三桌

十月二號星期二（八月十九）

作"春秋研究"，"孔子研究"兩課旨趣書五千言。

校《春秋經》。

與履安到太玄處。

十月三號星期三（八月二十）

［第四十九期（有）。］點《春秋經》，作一案語。到校，辦了幾件雜務。派人去民政廳看檔案。

點《秦郡考》等五篇。元胎來兩次（爲太玄買船票）。陳延進來。驥塵來。

豫備明日課。到太玄處送還所借書。到丁山處，并晤莘田，膚中。

十月四號星期四（八月廿一）

到校，上"古代地理研究"兩課。到陳元柱處，未晤。寫驥塵信。交太玄書價，請其換滬票，并送上車。

點《殷虚書契》中《地名篇》，并作一案語。仲琴來。

豫備明日課。驥塵來。

陳槃貧甚，借與五元，并爲寫一學費保證信。

十月五號星期五（八月廿二）

莘田來。到校，上"春秋研究"一課，"孔子研究"一課。爲儲藏檔案地方，訪宋秘書及沈鵬飛，看中山樓房屋。

點《洙泗考信録》中辨《孔子世家》各條。貫英來，留飯。

太玄今日走矣，聞昨夜尚宿娼家，至今午始歸。又聞唐培之與彼同行。

《清代著述考》由陳槃接編。

十月六號星期六（八月廿三）

作"中國上古史實習"課旨趣書，未畢。胡吉甫來。

元胎來，同到蘇第看屋。歸，同到元胎家。理髮。晚飯後同到雙門底買書，到西關看電影。

在中山戲院看《柳暗花明》影片。十時歸，十二時眠。

予到粵後日夜的忙，電影只看過兩次。今夕因元胎夫婦之邀，初見黎明暉銀幕技術。

十月七號星期日（八月廿四）

到校，發講義。寫定生，槃盦，仲琴，及校長信。歸，釘講義。

徑三來。記日記九天。作"中國上古史實習"課旨趣書畢，約四千言。

慕愚有信來，已到東京，豫備進高等豫備學校習日本文。

十月八號星期一（八月廿五）

到校，上《春秋經》一課，出題目。到層冰處。

點《春秋經》三十頁。

與履安到莘田處，并晤層冰。

十月九號星期二（八月廿六）

到校，上"上古史研究實習"二小時。

搜集《春秋》學材料之可編入講義者。鈔《續經》，作一按語。

作"上古史研究實習"計畫。

十月十號（雙十節）星期三（八月廿七）

[第五十期(有)。]編《春秋講義》四篇訖（《公》《穀》記孔子生說，《續經》舊説，證《續經》之謬，魯之《春秋》），各加按語。

到校，訪瑞甫送講義，未晤。晤徑三。到雙門底看燈牌樓。

今日做了一天的工，心臟有些反常了，只得夜中出外走一趟。

十月十一號星期四（八月廿八）

鈔杜預《左傳注後序》。到校，上"古代地理"兩課。汪彥彬等女生四人來談。

點靜安先生《説商》，《説亳》，《説殷》等篇，入講義，爲《説商》加一按語。黃淬伯來，同到紹孟，筠如處，同到東方酒樓吃飯，紹孟還賬。

失眠，看《三民主義》。

今明兩日，中大開運動會，乃不放假，可見其嚴。

十月十二號星期五（八月廿九）

到校，訪樹幟，聲漢，看湖南唱本。出"孔子研究"題目。看大村西崖《塑壁殘影》。

點《洙泗考信録》中辨正《孔子世家》語。莘田來。定生來，夜飯後去。元胎，仲琴來，同往看屋，未得。

李履庵來。

十月十三號星期六（九月初一）

編《神農九州》，畢。編《洙泗考信録》中所糾正之《孔子世家》所記事實，未畢。

到孟真家，未遇。到校，送講義，看檔案。歸家，晤孟真，元胎，莘田，膺中，留飯。

陳槃偕其友來。理講義。

孟真已任中央研究院歷史語言研究所所長，故中大之語言歷史研究所主任必須辭去。予以課忙，亦決不幹。

十月十四號星期日（九月初二）

記日記七天。胡吉甫來。寫父親，叔父，魯弟，碧澄，金甫，介泉信。

到孟真處，爲中央研究院事開會。陳時文來。

點《春秋經》。

十月十五號星期一（九月初三）

到校，校《春秋講義》。到校長室談文科主任事。到元胎家。

鈔《史通·六家篇》畢，并鈔韋昭《國語注序》。仲琴偕陳君來。

到莘田處，與同到春園，與緝齋及凌霄商文科主任事。朱先生來。

孟真到滬時，文科主任由澤宣代，今孟真歸而不復職，澤宣又宣言不負責任，并請假二十天，避至僻處。朱校長甚急，欲予繼任，予何能應。惟研究所主任之辭乃説不出口矣。予向朱校長推薦吳敬軒，已允發電招之。

十月十六號星期二（九月初四）

在研究所中上"上古史實習"課。到校長處，未遇。

編"地理研究"乙種講義三篇（《王亥王恒與有易關係》，《商三句兵跋》，《北伯鼎跋》），作一按語。元胎，紹孟來。

點《春秋經》畢。

十月十七號星期三（九月初五）

［第五十一期（有）。］作《孟子所言之春秋》案語。校對講義。履安來校，與同到陸園吃點，到雙門底買物。

黃昌祚來。寫景山書社信。點《洙泗考信録》中所辨《孔子世家》。與仲琴同到校。朱校長來，參觀各處。

到亞洲酒店，賀廷梓結婚，十時歸。

今晚同席：朱校長　沈鵬飛　宋湘舟　黃恩普　黃巽　何衍濬　黃乃鏞　杜定友　陳宗南　予

客凡十桌，予一桌均中大者。

十月十八號星期四（九月初六）

到校，校《地理講義》。黃恩普來，伴之參觀研究所。

點《洙泗考信録》中所辨《孔子世家》。林惠貞來。仲琴來。作杜預《經傳集解後序》案語。

十月十九號星期五（九月初七）

到校，作《史通·六家篇》按語，畢。到會計部，爲碧澄薪事。到校長室，未遇。君樸來。到莘田處。

點《史記志疑》辨《孔子世家》各條。元胎，翼墀來。寫工商銀行信。仲琴來。到維新路訪廷梓，不遇。到大新公司修眼鏡。

陳延進來。爲劍鏽送立軸。鈔《五帝德》。

昨夜孟真以送盧晉侯，未上岸而輪開，遂至香港。其僕人候之，一夜未歸，今日到校尋找。予恐爲人綁票，因囑工商銀行勿付研究院款。乃下午歸矣。

十月二十號星期六（九月初八）

作《黃帝疆域》，《顓頊四海》兩跋語，約二千言。

錫永來，同到莘田處，到廷梓處送禮。回家與定生略談，與莘田同到亞洲酒店，衛中設宴也。

到校，發講義稿。點講義。

今晚同席：劉啓邠　陳湘文　劉萬章　莘田　膺中　予　杜太爲　衛中

十月廿一號星期日（九月初九）

寫定生信。看《猺山兩月視察記》。功甫來。到叔儻處，未遇。元胎夫婦，其妹來，與履安艮男同出。仲琴偕其次子來。

作《猺山調查專號》跋語，未畢。仲琴來，同到孟真處開會，討論中央研究院事，并看房。

記日記八天。

十月廿二號星期一（九月初十）

到校，改講義。到樹幟處。元胎夫人，妹，履安等到校。朱物華來。

點歐陽修《春秋論》，作一按語。點《史記志疑》中之《孔子世家》畢，并作一按語。

十月廿三號星期二（九月十一）

到校，上"上古史實習"三小時。

鈔《堯典》，《皋陶謨》中之地理及各家注，并作一按語七百言，至上午二時始眠。

十月廿四號星期三（九月十二）

終日到校，校對講義，作四小時功課之用。

寫校長四信（研究生，保陸維恭，檔案點收，成志旅費）。定生來半天。與徑三同歸。

道遇孟真，緝齋。與徑三定生同訪紹孟，又與徑三履安訪式襄，孟雄。

十月廿五號星期四（九月十三）

到校，校《地理講義》。寫校長信，仍辭職。黃詔年來。

點《史記探源》中之《孔子世家》。到中央研究院開會。

孟真推予爲中央研究院歷史語言研究所之文籍考訂組之主任，予要求辦公費三百元，聽予支配。今日予本不去，孟真派人來邀，只得去矣。

正甫之弟兆瑾，至今日始到校，遂不能注冊。中山大學之嚴，實全國所僅有。

十月廿六號星期五（九月十四）

爲兆瑾寫酈君信。到校，校《孔子講義》。

又爲兆瑾寫酈主任信。點錢大昕，劉逢禄，夏炘《春秋》論。

朱芳圃，黃淬伯來。羅太太來。

十月廿七號星期六（九月十五）

兆瑾來，爲寫酈嵩齡信，請發轉學證。編《清代中葉之春秋論三種》畢，作一按語七百言。點《史記探源》中訂正之《孔子世家》，畢，并作一按語。

蕭綸徽，吳亞農來。到校，送一非，兆瑾物，餞行。

到亞洲酒店，校長宴全校教員，與孟真同歸。

今夜宴客，在百人以上。

魯弟已在上海銀行公會任秘書，月薪有九十五元，一慰。叔父到松江任事，家中無一壯丁矣。

十月廿八號星期日（九月十六）

點《尚書地理今釋》中之《禹貢》部分。定生來，留飯。古層冰來。

毅卿，兆瑾等四人來。胡吉甫及其老兄來。點《尚書地理今釋》，粗畢。

十月廿九號星期一（九月十七）

到校，校對講義。校旨趣書四種。寫王紹東信。寫叔儻兩信，爲印刷費事。

爲中央研究院寫招牌。點《禹貢》，并作按語六百言。爲質問史禄國事，在校開會，緝齋態度太激烈，必去之。散會後到孟真處，未遇。

鈔禹治水之傳説。

十月三十號星期二（九月十八）

到校，上“上古史實習”課三小時。校旨趣書四種。孟真來。爲玉巧寫中堂。到元胎家。

校對講義。仲琴來，草展覽會提議。寫李晋華信。

樹幟來，同到公醫訪驪先，未遇。到孟真處，未遇。到莘田處，并遇孟真。到辛元處。

孟真極袒史祿國，此感情用事也，緝齋必欲去之，亦成見。予極畏事，而今乃不得不爲調人。

十月卅一號星期三　（九月十九）

到校，與樹幟同到驪先先生處商史祿國事。改講義。寫校長信，請任蘇永涵。開會質問史祿國，由關恩助翻譯。到莘田處。到孟真處，未晤。

歸飯。到校，改講義。到圖書館，列席圖書館會議。偕趙士卿參觀醫書。點《洙泗考信》中審定之孔子史料。到丁山處。

徑三來。元胎來。陳鈍來。改《廣東通志提議案》。寫驪先，樸山，瑞甫，廷梓，莘田，樹幟信。記日記十一天。

今日最忙矣，一天沒有空過，一夜沒有睡過。

緝熙來信，謂清華擬聘予爲史學系主任。但予若長此浮沈，予生其已矣，故決不幹也。

一九二八年十一月

十一月一號星期四　（九月二十）

昨一夜未睡，今日天初明即乘車到元胎處，同到沙基，則赴澳門船須下午四時開，遂赴河南，觀伍崇曜故宅，頹井斷垣，碧池喬木，不勝荒凉之感。吃魚生粥，回西關，到梁財信。予假寐一小時，同到在山泉吃點當飯。

飯後游華林寺。三點上船，四點開，在船得酣眠。稍有風浪，履安作吐而予未知也。十一點，到澳門，寓五洲酒店。

到澳門市街散步。歸，眠甚酣。

這次旅行團：元胎夫婦　元胎之母，妹　元胎之外姑（到港後其外舅亦加入）　予　履安

趁廣東全省運動會開會，放假五天的機會，到澳門，香港游覽四天，透一透氣，實在這一年中不曾暢快過一次也。

十一月二號星期五（九月廿一）

上山游覽，至天后廟（此處喚作媽祖廟），又買些風俗物品。

坐公共汽車到前山，經關寨。游前山寨，至西門外石將軍廟購籤。與汽車稽查員唐君談話。歸，到市街散步，購物。到賭場參觀。寫伯祥信十六紙。

到清平戲院看《隻手難遮天上月》劇，人壽年班所演，至上午三時始演畢。

自有香港後，澳門商務一落千丈，至今僅爲廣州富人之住家。其地方收入，幾全靠賭博與抽煙。香港人愛賭者都來此。

廣東男班戲，今天第一次看。伶人爲蛇仔利，嫦娥英等。

十一月三號星期六（九月廿二）

洗浴，上街散步一小時。寫適之先生，芝生，緝熙，清水，自明，聖陶，乃乾，周振鶴，叔平先生信。

二點，龍山船來，即上船。三點開，六點到香港。同在永安吃飯。元胎等別去，予與履安宿大東酒店，到市街散步。

十一月四號星期日（九月廿三）

晨，元胎來，導往大兵頭花園（即植物園）。乘電車到灣仔，至鄧爾雅先生宅，吃午飯。

飯後，十人同出，到太平山，坐鐵車上山，甚有趣。下車後直

上山頂觀海。下山，到渡輪，至九龍，坐電車，往游宋王臺，照數影。回港，到南園吃飯，鄧先生請。

回旅館，算賬，上船。又到街購物。十點船開，予得眠，微嫌冷耳。

鄧爾雅先生，南社中人，工詩善書，爲希白、元胎等之舅父，家東莞，以土匪多，遷居香港。然香港爲寸金地，故所居甚湫隘。予一生中僅與彼一次會晤，而宋王臺之游則不能忘也。一九七三年八月記。

十一月五號星期一（九月廿四）

早六點到省，雇汽車歸。到莘田處。到校，旋歸。到元胎處。胡吉甫偕其妻來。定生來，留飯。

鈔集洪水材料。仲琴來。

十一月六號星期二（九月廿五）

到校，以續放假一天，即歸。鈔集洪水之傳說及治水等之傳說，畢。

到六榕寺，赴宴。到中央公園。

今日同席：李濟之　孟真　予(以上客)　紹孟　筠如　淬伯芳圃(以上主)

定生之《尚書文法研究專號》今日出版，此自有研究所以來之第一篇成績也！

十一月七號星期三（九月廿六）

到校，校《春秋》，《孔子》，《地理》三種講義。陳元柱來。樹幟來。

鈔衛聚賢《禹貢考》，未畢。到中央研究院，爲歡迎李濟之先生。到叔儻處，未遇。

到廣州市教育局，爲籌備博物院事設宴。

市立博物館聘予爲籌備委員，自此又多一事。

今晚同席：辛樹幟　費鴻年　朱庭祜　衛中　黃晦聞　區聲白　謝英白　陸幼剛等二十人

十一月八號星期四（九月廿七）

到校，校《地理講義》。定友來，爲康長素遺書購買事。到丁山處。

整理講義。點《春秋闕文表》，未畢。

十一月九號星期五（九月廿八）

到校，校《孔子講義》。點《春秋闕文表》，未畢。到校長室，未遇，留條。

點《禹貢地理今釋》二十餘頁。朝陽來。

十一月十號星期六（九月廿九）

點《尚書地理今釋中之禹貢地理》及《春秋闕文表》畢。作《禹貢地理》按語六百言。

理書桌。

今日一天無客來，亦未作他事，甚不易得。

十一月十一號星期日（九月三十）

到校，到朱校長家，遇鄭鐵如。記日記十天。張亦文來。到南園赴宴。

作《廣西猺山調查專號》跋語，三千餘言，略畢。羅太太來。

驪先先生暨叔儻夫婦來。失眠，看《三民主義》。

今日同席：趙元任夫婦　莘田　李鳳藻　予　孟真

又朱校長在南園設宴歡迎鄒海濱，予亦被邀，小坐。夜，朱校長來，又勸留半年，謂只要不走，研究事都可商量。我真難！答應呢，自己的計畫又被毀壞。不答應呢，研究所確是一個問題。

十一月十二號星期一（十月初一）

修改《猺山專號》跋語。許流芬，鄭志桓來。

作《永曆御璽詩》，爲仲琴題。蕭綸徽，吳亞農來。寫孟真兩信。

寫張清水，尤棲亞，劉谷葦，謝雲聲，薛澄清，伯祥，達人，沈勤廬，陳彬龢信。

孟真察之爲明，務欲勝人，器局太小，終不能成大事。

十一月十三號星期二（十月初二）

到校，上"上古史實習"課三小時。編《論語》講義四篇（甲七—甲十）。

寫文科學長信，爲定生獎學金事。

編講義。

今日上午，與孟真相罵，蓋我致適之先生信，爲孟真所見，久不懀于我，今乃一發也。予與孟真私交已可斷絕矣。

十一月十四號星期三（十月初三）

到校，校《地理》，《春秋》，《孔子》等講義。到校長處。

伴鄒海濱參觀研究所及理科。寫校長三信（取古物，徵檔案，立歷史陳列館）。到孟真處，訪趙元任夫婦。

編講義。

十一月十五號星期四（十月初四）

到校，校《地理講義》。

伴趙元任夫婦參觀研究所及圖書館。寫校長信（民俗學會經費）。點《學統序》。

與履安到叔儻家。

十一月十六號星期五（十月初五）

到校，校《孔子講義》。

樹幟來，同到中央研究院，爲歡迎趙元任先生。到式湘處。

點梅思平《公羊經》一文。

十一月十七號星期六（十月初六）

編《公羊經》中之《春秋經》畢。編《洙泗考信錄》中之《論語》，未畢。

元胎及其妹來。仲琴來。槃庵來。與元胎同到康樂，問路到新村，宿伍家，夜聽盲佬唱南音（彈箏）。

今日早起，忽然左面及左耳麻木，略腫，頗疑中風，只得與元胎作郊外游矣。乃以到新村已晚，途有土匪，不敢歸，遂住伍業精家而預其女"自梳"之宴，這真是想不到的。

十一月十八號星期日（十月初七）

早，與元胎到新村前後散步，用點後，即別歸。與元胎夫婦同行，十二點到家，履安已到容宅詢問矣。

飯後與履安及元胎夫婦容媛同到錫永處，又到光孝寺看鐵塔，到四牌樓購食物。歸，定生來，留飯。

孟雄來。開昨所購紫羅蘭等唱片。

十一月十九號星期一（十月初八）

定生來，同到校。到校，校《春秋講義》。到校長處。

到中央研究院，寫李繼梅信。層冰來。編《洙泗考信録》及《論語餘説》中之評論《論語》的話，畢。李繼梅來。

與履安到層冰處。

十一月二十號星期二（十月初九）

到校，上"上古史研究實習"課。編《孔子研究》甲種之十三。寫方書林信。

點《山海經》，入講義，未畢。

十一月廿一號星期三（十月初十）

到校，校《孔子講義》。

到校，校《春秋》，《地理》講義。偕元任莘田步歸。

點《山海經》，未畢。

十一月廿二號星期四（十月十一）

到校，校《地理講義》。寫出版部，校長信。謝扶雅來。到校長處。

編《山海經》講義，未畢。

定生來，聽唱片。

得謙之書，知慕愚訟事猶未了。無力相助，悵悵。

十一月廿三號星期五（十月十二）

到校，校《孔子講義》。接洽諸事。作《地理講義》甲種之十八案語。

層冰夫婦來。記日記十一天。豫備明日講演。

李滄萍來，明日其弟韶清結婚。

十一月廿四號星期六（十月十三）

豫備下午講演。

到校，上"三百年思想史"課，講康有爲兩小時。

點讀《家語》雜記入講義。

學校中書記太少，不够鈔我講義，前貼何錫十元，俾其加入鈔寫，尚不够。今日又請鄭志桓爲我鈔寫，亦貼十元。如是，一星期或可印出九十張。

十一月廿五號星期日（十月十四）

胡吉甫來。到元胎處，十一時，赴黃浦軍官校，十二時到。

參觀校長何叙父所藏古物，黃埔俱樂部，又坐汽車游烈士墓諸處，晚坐船歸，到長堤黃埔辦事處小坐，坐汽車歸。

何遂，號叙父，閩侯人，中將，黃埔軍官學校代理校長，甚好古，常識極豐富，談論極暢。

何遂爲辛亥革命時宿將，曾任大名鎮守使。及馮玉祥組織國民軍，渠爲第三軍副軍長（軍長爲孫岳）。北伐之際，駐軍河南、陝西，收入較多，大買古物。及其解職，乃將古物捐贈北平圖書館。黃埔軍校創于孫中山，以蔣介石爲校長，及其離粤，以李濟深代之，李又行，乃以何繼。渠在軍人中，最喜文墨，因此其友文多而武少，與予竟爲莫逆交。一九六八年卒，年八十。　　一九七三年七月記。

十一月廿六號星期一（十月十五）

到校，校《春秋講義》。點《經義考》中之《孔子家語》，入講義。

與履安到孟真處，訪趙元任夫婦。到校，訪朱校長，談一切。到嶺南大學，思之學社成立邀宴。予被邀演説，匆促説了幾句。飯後到蔭樓處，并晤超如。又到建中處，十時歸。

驪先先生定明日行，外面謡言甚多，有金曾澄，鄒魯，黃節，許崇清等來長校數説，彼謂無問題，并勸我留。

十一月廿七號星期二（十月十六）

到校，上"上古史實習"課三小時。寫校長四信（設名譽顧問，掘東山窰基，開展覽會，交商務印叢書）。

與履安同到朱校長家，未晤。到校，點《海外四經》畢，作一按語。到泰山船，送朱校長。步行到校。

點《春秋三家異文疏》，未畢。

十一月廿八號星期三（十月十七）

到校，校《孔子講義》。點《山海經篇目考》，作一案語。

到校，校《春秋》，《地理》講義。到香舟處，爲其寫冊頁。

點《山海經》序跋。

十一月廿九號星期四（十月十八）

到校，校《地理講義》。

到式湘處，寫致何叙父信。吴杏宜來長談。點《金文地名考》，作一案語。

十一月三十號星期五（十月十九）

到校，校《孔子講義》。點《論語足徵記》節本，畢，作一案語。

定生偕其姊及其學生二人來，邀往東方酒樓吃飯。聲漢來。

一九二八年十二月

十二月一號星期六（十月二十）

到樹幟處，送《猺山調查專號》。點《家語疏證》節本（孔子甲19）略畢，作一按語。

點《春秋三家異文覈》，畢，作一按語。

十二月二號星期日（十月廿一）

到丁山，莘田，紹孟，孟真處。到校，宴黄埔校長何叙父先生，導觀古物，善本室及碑帖室等。

與錫永，元胎，仲琴，紹孟看易培基所買字畫，分別真贋。

校《春秋講義》，至上午二時始眠。

易培基前年在北平作教育總長時，爲廣東大學買書畫古物等數萬元，真的不及三之一，且非精品，不真的乃至絕可笑。謂非有心賺錢不可也。

今日同席：何叙父　李曉孫　式湘　錫永　紹孟　元胎　仲琴　鵬飛　樹幟　應麒　何李兩君之子

此時尚未發生故宮盜寶案，但看易培基在北伐前爲廣東大學所購"古物"，假得可笑，則其貪污行爲可知矣。渠依附李石曾，在楊蔭榆辭職後取得女師大校長，馮玉祥入京後復薦爲教育總長，張作霖入關後又推任故宮博物院長，日買僞古董二百元，換出真古董來，案發逃大連，真學界敗類也。　　一九七三年七月記。

十二月三號星期一（十月廿二）

到校，校《春秋講義》。

點《北山經》，《東山經》，略畢。與定生姊弟，履安，自珍等同到財廳前照相，到太平館吃飯，到中央戲院看《五女報仇》電影。

十二月四號星期二（十月廿三）

到校，上"上古史實習課"二小時。宋香舟來。點《地理講義》乙種之八。

寫屏條，中堂，橫披等二十餘幅，皆數月中別人托寫者也。尚未畢。仲琴來。定生，其姊，其學生，林超來，請其吃蘇州菜。

予之生活，教書已够忙矣，又添上辦事，交際，已不了矣，又加上揮毫，奈何奈何！

十二月五號星期三（十月廿四）

到校，校《孔子講義》。到香舟處，說明一切。

到校，校《春秋》，《地理》兩種講義。點《春秋講義》甲種之十，略畢。

與履安到紹孟處，商研究所事。

昨香舟來，謂元胎，紹孟對學生公開說，兩校長均走，變故在即，我等亦豫備散了，謂足搖惑人心，囑爲勸誡。按全校教員二百餘人，乃爲此言者一爲《研究所周刊》編輯，一爲《民俗》編輯，何其巧耶？且紹孟并不上課，何從與學生公開。其爲人静默寡言，又何肯公開。造謠言造到紹孟頭上，真可太息。總結一句，彼輩欲推倒研究所耳，手段卑劣至此！

十二月六號星期四（十月廿五）

到校，編《孔子講義》甲種之廿三，作一案語六百言。

寫日記十四天。元胎來。貫英來。趙元任先生來，屬說吳音，留飯。

與元任同到莘田處。

日記兩星期一寫，一忙至此。前日笏如到我辦公室，僅數分鐘耳，而來接洽者數四，因嘆曰："你真忙！"然此等瑣事有不能入日記者，且轉瞬即忘，亦不復可一一憶，故近來的日記，較之以前反似空閑矣。

十二月七號星期五（十月廿六）

到校，校《孔子講義》。點《山海經》序跋。

編《春秋》乙種講義二種。元胎來，約定明日游佛山。定生來，留飯。式湘來。仲琴來。

寫紹孟信。

十二月八號星期六（十月廿七）

式湘來。紹孟來，九時許同出，到元胎處，李先生來，同到廣三路渡埠，上船，到石塘圍上車。此行凡十人，元胎夫婦，其岳丈夫婦及子，李先生父女，紹孟，予夫婦。

到佛山，先至二區警署，又至某茶樓，見李叔廉區長，吃飯。飯後游袁家莊，李家莊，城隍廟，祖廟，鶯岡等處。到書鋪購書，到某樓吃飯。

飯後回二區署，履安等住李宅。寫屏條二幅。觀妓院。爲臭蟲所咬，幾一夜無眠。

佛山鎮極大，幾如廣州，有戲館一，影戲館二，惟街道狹小而曲折。

到阮家莊，李家莊，始識廣東家族之組織。他們聚族而居，人家極整齊（家家一式），街道極乾凈，有一總門，生客不許出入。有堞樓架炮，防盜賊。家廟甚偉壯。

十二月九號星期日（十月廿八）

八時起，九時趁車赴三水，吃飯，到三水城中游覽一周。入城隍廟。

返船埠，雇船至西南，循東江行，到鎮游一小時，買杏仁餅等，趁車回廣州，歸家已夜矣。

校《春秋講義》。

三水城周圍不過三里，人家無一像樣者。三水者，西江，北江，東江會合之地也。至梧州，肇慶，均先經過三水。

西南鎮則甚大，有佛山之半。由廣州到佛山，由佛山到三水，路程長短相同，而前段只洋四角，後段需洋一元八角。無他，佛山到廣州有船也。

十二月十號星期一（十月廿九）

到校，校《春秋講義》。

與履安同出，到校，又到元胎處，與元胎夫婦及其妹等同游河南仲愷農工學校，由關先生導觀，并到蛋户住處一看。返城後，予歸，履安住容宅。

趙吉雲夫婦來。點蘇據《孔子集語》，作一案語。

十二月十一號星期二（十月三十）

到校，上"上古史實習"課。作《孔子研究》丁種之一案語。

到校，伴李先生及元胎夫婦及其妹，履安等參觀。舊書整理部同人照相。朝陽來。徑三來。

定生來，留飯，長談。校《孔子講義》。

十二月十二號星期三（十一月初一）

到校，校《孔子講義》。點《五藏山經》。

到校，校《地理》，《春秋》講義。點《金文地名考》畢。寫校長信，送研究所組織大綱。

校《地理講義》。

十二月十三號星期四（十一月初二）

到校，校《地理講義》。點《五藏山經》畢。黃惠連女士來問業。

點《周茶京考》。與履安到吉雲處，未晤。到文科系主任會議。到香舟處。

編《春秋講義》兩種（《劉歆傳》，《經典釋文》叙錄）。

定生獎學金，朱校長謂已批交文科教授會議，文科劉主任則謂并未接到此項公文，學校辦事之難如此。

十二月十四號星期五（十一月初三）

到孟真處。盧麗芙女士來問業。到校，校《孔子講義》，作《春秋》講義兩案語。何叔父來，導觀風俗室，檔案室，圖書館，生物系。出至舊太平館吃飯，談至兩時別。

研究所全體職員及考古民俗兩會會員攝影。開考古學會。

點《春秋三傳三家注序》。終日勞頓，倦甚。

十二月十五號星期六（十一月初四）

作（中央研究院）文籍考訂組計劃書一千四百言。瑞甫來。

到中央研究院，到孟真寓。郭篤士來。理講義。式湘來，長談，留飯。

記日記九天。

篤士云：“莘田上堂，對學生説，清華研究院以梁任公主講，使學生皆傳染研究系氣息，惟本校之兩個教員——余永梁與楊筠如——尚好。"按，此實暗示學生，余，楊兩君爲研究系也，可怕哉！

十二月十六號星期日（十一月初五）

寫父大人信。定生來，留飯。

蔭樓來。廷梓夫婦來。樹幟來。寫紹虞，金甫信。開節目，托定生代作《研究所年報》序。

留定生吃火鍋。點《家語證僞》。

樹幟來談，甚氣，蓋生物學系印哺乳類叢書，叔儻不肯簽字。聞緝齋將任出版部主任，因往訪之，乃彼謂"中山大學規程，已給顧頡剛破壞，現在你又要來破壞嗎"！樹幟因與大鬧，來告我，謂"我們二人真是衆矢之的也"。

予與樹幟性格相同，事業心强相同，扶植後進心切相同，故得謗亦相同。算到今幾五十年，我二人尚在人民政府領導下工作，而當時牽制我輩工作之伍叔儻，汪緝齋（敬熙）一班人到何處去耶？　一九七三年七月記。

十二月十七號星期一（十一月初六）

到校，校《春秋講義》，發起《春秋》學會。錢少華來。

爲歐陽予倩要來參觀，又到校。編《春秋講義》（乙7）。到孟真處。到紹孟處，到思敬處。

點《家語證僞》。

十二月十八號星期二（十一月初七）

到校，上"上古史實習"課。寫彦彬女士函，請其父寫扇面，父大人之囑也。點《孔子家語·雜事篇》。

到校，爲何定生獎學金事開會，予與思敬大鬧。編《孔子集語》入講義，畢，作一案語。

到元胎處，又同到寰樂園，宴李，張兩君，酬佛山東道之誼。與履安等到仲琴處。寫定生信，告今日事。

今晚同席：張叔廉　張季恥　李少□　李素妹　元胎夫婦
容媛　履安　予　艮男

思敬斥定生卷無給獎價值，予忍不住矣，遂與之鬧，此在中大第一次也。

馮玉巧女士交上古史實習卷，甚細心，可造就之才也。

十二月十九號星期三（十一月初八）

到校，校《孔子講義》。寫叔儻信，爲《周刊》付款事。

到校，校《地理》，《春秋》講義。陳延進來。

校《地理講義》。

十二月二十號星期四（十一月初九）

到校，校《古代地理講義》。黃埔校容副官來送書。編《春秋講義》（乙8）。

鈔《散氏盤》文。與廷梓參觀檔案室。開研究所展覽會籌備會，予爲主席。編《春秋講義》三篇（乙10—12）。

式湘來，爲寫閩教育廳，子民先生二函。

朱校長于今晚到粵，爲邀李濟深到寧。他來大好，展覽會開得成矣。

十二月廿一號星期五（十一月初十）

與廷梓參觀書庫。到校，校《孔子講義》。理書。到樹幟處。點《三代地理小記》。

邀元任，孟真，樹幟到吾家吃午飯。定生來，同到中央研究院，同歸，留飯。

釘一周中講義。貫英來。

十二月廿二號星期六（十一月十一　冬至）

到校，覆校善本書目。午飯後，又去，丁山同校。何子明來。定生，林超來，留飯。

到朱校長處，未晤。陳槃來。

善本書室設立一年，而書目尚未編好，必須我親自動手，用人之難可見。

十二月廿三號星期日（十一月十二）

與履安同到朱校長處，并晤澤宣等。又到趙吉雲處，晤其夫人。又到高廷梓處，未晤。歸。寫校長信，爲審查廣東大學舊存古物事。

到凌霄處，并晤緝齋。到叔儻處。歸。仲琴偕其二子來。紹孟來。作《地理講義》按語二篇（《三代地理小記》）。開節目，托紹孟作發展計劃入《年報》。點《鬼方考》。

點《闕里纂要》，略畢。

十二月廿四號星期一（十一月十三）

寫校長信，爲考古，民俗兩會主席事。到校，與朱校長商校事。寫定生信。點王先生《鬼方考》，略畢。麗芙來。與履安同到財廳前吃飯。

編《闕里纂要》，《穀梁廢興源流》兩篇入講義，畢。到校，作《展覽會説明書》總説一千言。

式湘來。記日記九天。

定生之獎學金，至今日始得到，大不易矣。何思敬乃向予賠罪，可笑。

十二月廿五號星期二（十一月十四）

到校，上"上古史實習"課。

點《六經皆孔子改制所作考》入講義，粗畢。

莘田來。徑三，達夫來。

莘田欲把持凌霄而不成，乃向校長辭職。聞校長留我而不留他，更憤。此人專弄手段，宜其失敗。

十二月廿六號星期三（十一月十五）

到校，校《孔子講義》。盧麗芙女士來，長談。爲槃庵寫條幅。

到校，校《春秋》，《地理》講義。點《論穀梁傳》入講義。到課堂，商組織《春秋》學會事。

朱校長與叔儻夫婦來，自十時起至十二時半，勸余勿走。一夜未成眠。

朱校長留我太甚，使我不忍拒。爲研究所計，爲學生計，似亦不宜走。然爲自己學業計，身體計，又不得不走，奈何！

十二月廿七號星期四（十一月十六）

到校，校《地理講義》。寫定生信。

編講義（《散氏盤》等）。脅肋間作痛，小息。

寫校長五信（一、就主任職。二、建築研究所。三、增加經費。四、職員升遷。五、組織委員會。），夜中又不得眠。

十二月廿八號星期五（十一月十七）

到校，校《孔子講義》。點《春秋繁露》目録及舊序入講義。到澤宣處談話。

到公醫，訪朱校長，未遇，留條而出。到所到寓訪孟真，均未遇。編講義。

孟真來，談至十時。

孟真不主我留粵，使我心定，故今夜得佳眠矣。

十二月廿九號星期六（十一月十八）

作《散氏盤釋》按語。到嶺南大學，赴周鍾岐先生之宴，其夫人初到也。飯後同到小岡游覽，仍坐船歸東山。在船中與孟真談行止。到美洲酒店訪余維明。到校，檢理物件。

林超，定生來，留飯。君樸來。朱校長來，談至十一時。

今日同席：孟真　緝齋　凌霄　予　陳福□　鍾岐夫婦

十二月三十號星期日（十一月十九）

到校，布置研究所展覽會。擬邀參觀及聘招待員各信。容媛來。

陳元柱來。胡吉甫來，送物，却之。歸，疲乏甚，脅下時作痛，因眠半日。定生來，叔儻來。翁之龍，趙吉雲夫婦父子來。請翁先生診斷。

十二月卅一號星期一（十一月二十）

永泉偕茹桂林來。到校，布置研究所展覽會場，作各種說明及標語等，至夜九時半始歸，兩餐均在校中吃。伴朱校長陳真如等參觀研究所。

寫胡吉甫信，斥之。叔儻來。到朱校長處商量所務。

朱先生告我，戴校長讀予《古史辨》，大驚，謂如此直使中華民族解體（無共同信仰之故）。

民國十七年中所作文字：

《民俗學叢書》弁言（一月）

《孟姜女研究集》序（二）

《東壁遺書》校勘記序（三）

《民俗》發刊詞（三）

聖賢文化與民衆文化（四）

《廣州兒歌甲集》序（五—六）

中央研究院歷史語言研究所工作計畫書（五），未存稿

何謂學問（六）

《民俗學問題格》序（六）

《孟姜女研究集》第三册小序（六）

《蘇州風俗》序（七）

《閩歌甲集》序（七）

《謎史》序（七）

《兩廣地方傳説》序（八）

《妙峰山》序（九）

《廣州謎語》序（九）

古代地理課旨趣書（九）

孔子研究課旨趣書（十）

春秋研究旨趣書（十）

中國上古史研究實習課旨趣書（十）

《廣西猺山調查專號》跋語（十——十一）

編輯廣東通志提議案（十）

題永曆御璽詩（十一）

中央研究院歷史語言研究所文籍校訂組計畫書（十二）

《中山大學語言歷史學研究所展覽會説明書》卷頭語（十二）

此外有講義中之案語及試題

此一年中未做一篇研究文字，恨恨！

中山大學語言歷史學研究所經費：

十七年八月分預算數一千二百元

　　　　　付職員薪水五百四十九元
　　　　　　計存六百五十一元
　　　九月分豫算數一千二百元
　　　　　　付職員薪水五百六十五元
　　　　　　　連前計存一千二百八十六元
　　十月分豫算數一千二百元
　　　　　　付職員薪五百三十二元三角三分
　　　　　　付雜費一千九百廿七元三角
　　　　　　兩共二千四百五十九元六角三分
　　　　　（本月虧空一千二百五十九元六角三分）
　　　　　　　連前計存二十六元三角七分
　　十一月分豫算數一千二百元
　　　　　　付職員薪五百六十八元
　　　　　　付雜費三百五十一元〇一分
　　　　　　兩共九百十九元〇一分
　　　　　（本月盈餘二百八十元九角九分）
　　　　　　　連前計存三百〇七元三角六分
　　十二月分豫算數一千九百元（取十足，又加印刷費四百元）
　　　　　　付職員薪五百八十元
　　　　　　付雜費二千一百六十七元七角一分
　　　　　　兩共二千七百四十七元七角一分
　　　　　　　除上存尚虧洋五百四十元三角五分
　十八年一月分豫算數一千九百元
　　　　　　付職員薪六百卅元
　　　　　　付雜費四千一百廿四元六角五分
　　　　　　兩共四千七百五十四元六角五分
　　　　　　　連上月共虧洋三千七百九十五元

一九二九年

（民國十八年）

一九二九年一月

一月一號星期二（十一月廿一）

語言歷史學研究所展覽會開會三天，終日招待。與仲琴，元胎等同游本校各展覽會，又同到北園，孟真設宴也。三時歸校。

與黃淬伯朱芳圃兩君步行到校，導觀各處。伴朱校長等參觀。他明日走。

定生來。貫英來。

樹幟告我，謂何思敬在講堂上說："顧頡剛所出的書，皆是材料而無方法。辛樹幟放棄其生物學系之責任，專幫歷史研究所。"

何思敬評我之言，我敬接受，我在治學方法上實未經嚴格鍛煉，只是不厭煩地找材料耳。至其評論樹幟，則因他同情我之工作，但未放棄其本身責任也。　　一九七三年七月記。

一月二號星期三（十一月廿二）

覆閱《六經皆孔子改制所作考》點句。終日招待。

與樸山，瑞甫到國民花園，賀劉萬章君結婚，予被拉作來賓演說，茶點後仍步歸校。與林乾祐君談話。與履安及二女到雙門底買物，到元胎家，與元胎之岳丈等同到附屬小學，看游藝會，十點歸。在場中與馮玉巧女士同座。

今日頗寒而衣服不多，傷風遂更劇。

一月三號星期四（十一月廿三）

齊鴻福來。爲陳元柱作《臺山歌謠集》序一千字。終日招待。
點《經義考》中之《左氏傳》評論一卷。歐陽予倩來。
在校晚飯後，與履安同歸。

今日甚寒，原意來客不多，乃不見減少，綜計三天簽名簿得四千餘人，尚有不簽名者約二千餘人，共約七千人。此真出于意料之外者也。予常慮會不得開，今乃開成，又有此甚好成績，此心甚慰。縱給反對者即日趕走，亦無所恨矣。

一月四號星期五（十一月廿四）

疲甚，且嗽加劇。理書桌，理信件，編講義。
編講義三種，作二案語。劉朝陽來。定生來。瑞甫，樸山來。寫王雲五信。釘兩周中講義。
與定生履安及二女到大新公司，看女京班戲（碧艷芳《天女散花》，汪鳴廬《南陽關》）。

周身無力，筋骨疼痛，如被人痛打了一頓。最好是睡，但不能睡何！

一月五號星期六（十一月廿五）

疲甚，九點始起。永泉，茹桂林來。陳鈍來。記日記十二天。
點《清代穀梁學專著二種序例》，畢。叔儻來。與履安到趙士卿及孟真處。

一月六號星期日（十一月廿六）

到孟真處，陪其定茹桂林送來之書價。歸已一點矣。

點《海內四經》及《山海經》中之《水經》畢，作兩案語。定生，鄭楚生（國材），蒲良柱，履安，自珍，予同到永漢院看《萬王之王》電影，楚生所請。

一月七號星期一（十一月廿七）

到校，校《春秋講義》。點陳澧論《穀梁傳》筆記，作一案語。

點皮錫瑞《經學開闢時代》一文入《孔子講義》。

與履安到古層冰處。

一月八號星期二（十一月廿八）

到校，上"上古史實習"課。盧麗芙來。葛琨來。履安來，同到雙門底吃飯，定星期日菜。

到予倩處，未晤。編《孔子述作六經之各家說》一篇。點胡培翬《六經作自周公論》，作一案語。

一月九號星期三（十一月廿九）

到校，校《孔子講義》。到圖書館，訪李泰初主任，長談。

吳杏宜來長談，留飯。定生來。

與履安到莘田及叔儻處。

一月十號星期四（十一月三十）

點《左氏學行于西漢考》，未畢。到校，校《地理講義》。

容老太太，容太太，容媛來。與仲琴到李泰初家，未遇。遂訪功甫，亦未遇。

紹孟來。孟真來。

一月十一號星期五（十二月初一）

到校，校《孔子講義》。與功甫同到檔案室，商進行。

點《左氏學行于西漢考》，畢。作一案語。開考古學會，討論東山發掘事。

一月十二號星期六（十二月初二）

點劉師培《春秋戰國之左傳》論文三篇，作一案語。

爲明日在家宴客，而予書從未大整理，不雅觀，因徹底清理一過。定生來，助理書。

一月十三號星期日（十二月初三）

整理書籍畢。釘講義。在家設宴。

孟真雇汽車邀往五層樓，黃花岡，六榕寺游玩，爲周夫人初到粵也。

點《山海經》序跋八篇，未畢。釘講義。

今日同席：周鍾岐夫婦及三子　蔣蔭樓夫婦　歐陽予倩　孟真　林建中　莊澤宣夫婦　予夫婦

一月十四號星期一（十二月初四）

到校，校《春秋講義》。點《山海經》序跋，畢，作案語一篇。葛琨來。

與履安及二女到元胎處，與元胎全家到雪明照相。點章學誠《原道》篇，作一案語。與錫永談。

到李洸處談話。在元胎家吃飯後，與康媛歸，履安等住容家。觀《中國史講義》，至十二點。

一月十五號星期二（十二月初五）

到校，上"上古史實習"課。寫教務會議信，説明請假之故。泰初來談。點《易教》篇。

到李洸處。到校，陪泰初定書價。點龔自珍《六經正名》，作一案語。萬章來。

寫諸人扇面屏條約十件。校明日講義。

一月十六號星期三（十二月初六）

到元胎家看履安。到校，校《孔子講義》。作研究所啓事，徵求學生作古墓探考工作。

開文科教授會議。到功甫處。到叔儻處。

校《地理講義》。

一月十七號星期四（十二月初七）

到校，泰初來定書價。定生來談。寫錢少華信，伯祥信。

點《左氏春秋考證》，作卷上案語。式湘偕李君來。開民俗學會，討論進行計畫。

莘田來辨解。到元胎處，以人名片交其妹。講《孔子講義》。

一月十八號星期五（十二月初八）

到校。點《左氏春秋考證》卷下，作一案語。到澤宣處，托買菲律賓風俗物品。

到校，點章學誠《經解》訖，作案語。麗芙來談。爲張宗賢寫屏條。

點《左氏春秋考證》。

一月十九號星期六（十二月初九）

點《左氏春秋考證》畢。

茹桂林來。君樸來。丁山來。記日記十四天。定生偕簡子來。

到仲琴處，與式湘，錫永，元胎等同到何叔父家，看所藏古物。

一月二十號星期日（十二月初十）

葛毅卿偕陳君來。樹幟偕康辛元來。茹桂林來。到孟真處，爲購古物事。

點《大荒經》及《海內經》畢，各作一案語。定生來。胡吉甫偕其弟來，送物，却之，此人可厭。

一月廿一號星期一（十二月十一）

到校，寫兩校長信，爲購古物事。孟真，錫永來。校《春秋講義》。

編《左氏非丘明辨》及《左丘明之姓氏》兩篇，各作一案語。

鈔《經籍籑詁》中經字訓詁，爲之批列。

一月廿二號星期二（十二月十二）

到校，上"上古史實習"課。點萬斯同論昆侖等地名文數篇。作《經詁》案語。

編《周公作六經之各家説》，未畢。鈔章炳麟《釋經論業之名》。點章氏《原經》，未畢。看《神的專號》。看《文學週報·王以仁號》。定生來。

康媛今日到光華醫院治耳，挖去喉頭積垢。履安，自珍伴之。

一月廿三號星期三（十二月十三）

到校，校《孔子講義》。歐陽予倩偕厲厂樵來。

編《周公作六經之各家説》，粗畢，約六千言。定生來。

康媛歸，發熱。

一月廿四號星期四（十二月十四）

編《周公作六經》一篇訖，作一案語六百言。到校。作《論經傳名》一篇案語。

點章炳麟《原經》篇訖，作一案語。古公愚夫人偕古楳來看屋。到校，編譯會已散。何叙父來。到天文臺參觀。到雙門底買藥。

紹孟來。訂講義。

一月廿五號星期五（十二月十五）

到校，寫蔭樓，張子春，容媛，麗芙，聲漢，致遠，文科，陳槃，少勤等信。到元胎處。葛琨來。

定生，篤士來。樸山，瑞甫來。孟雄來。校《桂學答問》。筠如來道別。

到紹孟處。道遇孟真，同到澤宣處。訂講義。

一月廿六號星期六（十二月十六）

記日記七天。看《春秋講義》，出試題，盡二冊。

作《桂學答問》序，未畢。到校，開編輯部會議，六時散。與孟真談。

與式湘及盧女士同到太平飯店，歐陽予倩邀宴也。

今晚同席：凌霄　式湘　麗芙　厂樵　聲漢　易□□　余□　予倩

聲漢咯血，聞之惘悵，以彼天姿，犯此痼疾，奈何！

孟真謂余不但歡喜做事，并且能幹。豈能幹即是罪狀耶！彼又謂余不肯向中大表示決絕是狡兔三窟。孟真必欲我完全脫離中大，不管研究所主任找得到否，出以決絕之手段。天下若能以勉強成事，則事真易辦矣！

一月廿七號星期日（十二月十七）

式湘偕張，周二君來。看《春秋講義》，出試題，又盡三册，畢。定生來。

吳杏宜來。何子明來。

一月廿八號星期一（十二月十八）

作《桂學答問》序，畢。到校，將《春秋》試題寫清，凡三十七條。

看《孔子講義》，出後日考題。古公愚來，贈所著《曹子建詩注》。

一月廿九號星期二（十二月十九）

寫清"孔子"課考題，凡三十二條。宋太太來。

到校，監《春秋》課試。看《地理講義》，出地理題。

一月三十號星期三（十二月二十）

到校監"孔子研究"試。出地理題，共三十四條。盧女士來。

寫清地理題，至三時半始歸家，四時始吃飯。李繼梅來，陳元柱來。與履安到式湘處。

休息。

一月卅一號星期四（十二月廿一）

寒甚，晏起。定生來。修改姚逸之《湖南唱本提要》序。爲某君寫條幅。

到校，監"古代地理"試。寫孟真信，三千餘言。到會計部。陳啓鑲來。與履安到趙吉雲及莘田家。

理學生各課平時成績。

寫孟真信，具道不能與中大斷絕關係之苦衷，請在中央研究院方面改特約。并謂到平後一意賣文編書，以稿費版稅度日，試行一年。如可敷衍，則此後不再入何種機關服務，否則或入燕京大學。

豫計一年中可編印之書（加 。者必可印）：

。 古史辨第二冊　　　　尚缺些

。。 吳歌甲集　　　　　　稿已全

。。 崔東壁遺書　　　　　稿尚缺些

。 崔述　　　　　　　　同上

。。 頡剛雜文　　　　　　稿已全

。 舊劇雜論　　　　　　稿尚缺些

。 名人生卒年表　　　　同上

。 辨僞叢刊（四部正僞，古今僞書考等）

。 古史材料叢刊（毛詩序　書序　世本……）

。 山海經　　　　　　　民俗叢談

史記　　　　　　　　圖書館叢議

。 詩經通論　　　　　　新學僞經考

春秋經　　　　　　　孔子改制考

均改爲古史材料集 {上古史講義／古代地理講義／尚書學講義　　　　商周秦漢文籍彙刊／春秋學講義／孔子研究講義

古史辨第三冊

新國風

考信録節讀

| ∘∘静女 | 已全 |
| 曲選 | 歷史講話（如童話般，一册一册地出。） |

晋豫旅行記

孔學叢書

鄭樵遺書

姚際恒遺書

家語（孔學叢書之一，加邵君樸表）

古史辨自序
孟姜女文 ｝出一單行本

古史材料叢書
古史研究叢書 或古史學叢書 ｛甲類——材料
乙類——研究 辨僞叢刊亦併入。

或總名"古史材料集"兩分册，以相近之材料并爲一册，每册一元。（二十萬字一册，定價一元。）

此一年中，只整理七八年來之稿已够得没有空閑矣，研究文字仍不能作矣。久蓄的幾個問題，何日始可解决，悵悵！

一九二九年二月

二月一號星期五（十二月廿二）

寒甚，又遲起。理學生平時成績訖。記日記六天。何之，陸士龍，蘇永涵來，爲寫致沈鵬飛信借薪。

鈔好孟真信後，送去。定生來。陳槃來。到仲琴處。

到司後街隨園，太冲杭甫設宴也。飯畢，與功甫同到陸幼剛處，未遇，歸。

今晚同席：曹汝匡　功甫　孟真　學圃　元胎　信甫　予　太冲　杭甫

二月二號星期六（十二月廿三）

徑三，應麒來。到校，與功甫同到教育局訪幼剛，仍未遇，晤楊少勤等，談發掘南越王宮事。回校，爲陳棨寫"春風風人"一匾。葛琨來。

到南園，赴叔儻之餞。到校，作《傳説專號》序一篇，《湖南唱本提要》序半篇。與履安同到劉朝陽處，又到元胎處。

看朝陽《史記天官書》一文。寫《福州歌謡甲集》序。

今午同席：予夫婦　凌霄　叔儻夫婦

二月三號星期日（十二月廿四）

元胎偕王德君來，同到豪賢街雲逢銓君處看古物書畫。出，至楊少勤處，又至王君處取《習學記言》鈔本。過龜岡，到丁山處。

到中央研究院，開會歡送趙元任先生回北平。與履安同到高廷梓處。收予蘇州音入留聲片。與孟真談行止。

高廷梓夫婦來。莘田來。看"孔子研究"試卷未畢。

近日寒甚，披裘尚不温，北江且下雪，粵中所稀見也。

二月四號星期一（十二月廿五）

看"孔子研究"，"地理研究"，"春秋研究"試卷畢。寫緝熙仲川信，告以擬專爲樸社編書事。寫適之先生信。

陳延進來。

赴高廷梓君之宴。

今晚同席：予夫婦　廷梓夫婦　廷梓夫人之妹

二月五號星期二（十二月廿六）

煒棠來。李蘊光，盧麗芙來。葛方延來。看"三百年思想史"（康有爲）試卷略畢。又看地理平日成績，未畢。

定生來。

定生偕鄭楚生來道別。

履安爲算《新學僞經考》字數凡十八萬，《孔子改制考》字數凡二十萬，則各印一册亦非難事。此書粵中學生多欲得之，因擬付標點。

二月六號星期三（十二月廿七）

應麒來，送改高級中學本國史課程標準。作《研究所年報》序粗畢，共五千二百言。寫父大人，叔父信。

定生林超來。孟真來，告欲辭去中央研究院職事，以杏佛之掣肘也。

紹孟來。徑三來。

到粵一年半，直至今日始作一長文，尚非研究文字也。

二月七號星期四（十二月廿八）

修改《年報》序，訖，即送校付刊。丁山來，孟真來，樹幟來，均留飯。

時文來。萬章來。陳國平來。容太太來。到貫英處，到淬伯，耘僧處，爲邀宴。

元胎來。看"康有爲"課卷畢。理書桌。

二月八號星期五（十二月廿九）

記日記七天。看試卷（平時成績）。樹幟邀往妙奇香吃飯。

與樹幟丁山同到五層樓看博物館。與丘畯遇，同到中大，參觀風俗物品室。予步行歸。

在家宴客。

今晚同席：朱芳圃　黃淬伯　紹孟　徑三　瑞甫　貫英　亞

農　予

今午同席：丁山　予　樹幟　聲漢

二月九號星期六（十二月三十）

作北平鈔書部計畫書，畢，得二千餘言。

看試卷，仍未畢。與履安到萬章處。

到元胎處吃飯，飯畢看打牌，十點到雙門底，十一點半歸。

今晚同席：孟真　紹孟　予夫婦　元胎夫婦

大除夕，雙門底熱鬧甚，幾不能舉步。賣花者極多，索價昂而還價低，竟有討六十餘元而以八角買成者。

二月十號星期日（己巳正月初一　元旦）

韶清來。葛琨來。吉雲夫婦來。陳延進偕王浦蘭君來。黃德光，德奇來。

徑三，何之來。樹幟來。叔儻夫婦來。陸士龍，茹四發，蘇永涵來。定生，林超來。貫英來。

看試卷，畢。

上古史，《尚書》講義未發者：

乙種八十五"戰國策中之士"（附孟子）

平時成績題目（第二種）

目錄改定本

序文

勘誤表

以上上古史

第一學期考試題目

研究題目

提要

序文

勘誤表

以上《尚書》學

二月十一號星期一（正月初二）

徑三來，同到泰初處，商北平鈔書事。到中大，取物件。

爲人寫對聯，條幅等二十件，債稍清矣。紹孟來。鵬飛夫婦來。

算各課學生分數訖，列一總表。

二月十二號星期二（正月初三）

朝陽來。與履安同到紹孟處，鵬飛處，達夫處，叔儻處，凌霄物華處賀年。歸飯。定生，林超來。

與履安到中央研究院，到貫英處，吉雲處，莘田處，丁山處，滄萍處，韶清處，公愚處賀年。

理抽屜。滄萍來。

二月十三號星期三（正月初四）

魏瑞甫來。理抽屜，畢。彭煒棠來。孟真來，留飯。

寫彥堂母壽屛一條。寫條幅一，扇一。孟真來。

看《古史辨自序》。

孟真謂予上等的天分，中等的方法，下等的材料。又謂予所用方法只有歷史的和結賬的兩種。又謂歷史方法不過一個歷史觀念而已。勸予向民俗方面發展。

材料是客觀實物，其價值視用之者何如耳。豈能分高下乎！七三年七月記。

二月十四號星期四（正月初五）

寫彦堂母壽屏三條，畢。元胎夫婦來，留飯。君樸來。

記日記七天。槃盦來。定生來，包書。莊太太來。寫學生信。寫校長兩信，請假。

紹孟來。包書。

君樸托買《孔子改制考》，已交港紙五元。

到京後即寄景山書目與徑三，請其依目編北大碑帖。

二月十五號星期五（正月初六）

理書籍，文件竟日。

盧麗芙來。谷中龍，周元吉來。到校，訪代校長，未遇。理校中書桌訖。

理書籍及文件。

陳啓鑠托買楊守敬地圖。麗芙要浙江圖書館書目。

二月十六號星期六（正月初七）

理書籍，文件。盧麗芙來。莊太太來。

劉萬章來。鍾國樓，張冠英來。到仲琴處，訪其兩子，未遇。到校，晤瑞甫。到元胎處，與同到陳啓鑠處，晤之。

與元胎同到信甫處，春宴也。九點歸，理書。

今晚同席：孟真　杭甫　太冲　丁山　莘田　元胎　予（以上客）　信甫

信甫藏書頗多，有元刊《困學紀聞》，朱子《易本義》，《詩宿》，陳蘭浦校《説文玉篇》，《説文聲類》稿本，諸家合校《北堂書鈔》（孔家舊藏）等。

二月十七號星期日（正月初八）

理書，紙略畢。紹孟來。齊鴻福來。

毅卿來。仲琴二子來。徑三來，爲告治目録學方法。草徵求家譜啓事。爲萬章寫聯屏。記日記三天。

與紹孟往東山公園照相，到中央研究院，到叔儻處。陳槃，王紹東來。算中大中央經手賬目。

二月十八號星期一 （正月初九）

到校，向會計部算賬，借本月薪。到樹幟處道別。

書籍裝箱。盧麗芙來。定生來。

諸同人邀宴于六榕寺。

今晚同席：孟真　予夫婦　自珍（以上客）　徑三　紹孟　耘僧　淬伯　亞農　瑞甫　劉朝陽夫婦（以上主）

二月十九號星期二 （正月初十）

彭煒棠來。理書物。

延進，林超，鍾澤保來。書籍裝箱。學生邀至東亞酒店，到海珠公園攝影，還東亞吃飯。九點許散。

中大文科學生向無團體，今日竟有此集宴，真料不到。

今晚同席：葛毅卿　蔡振瑋　李松源　張冠英　陳槃　林超　王紹東　姚聯祥　鍾國樓　陳延進　鍾澤保　陳黃榮　李蔭光　何大定　汪彥斌　楊承瓊　馮玉巧　陳時文　周元吉　陳人鴻　易際良（以上主）　予夫婦及二女

二月二十號星期三 （正月十一）

李泰初來。盧麗芙來。陳啓鑅，傅福瑠來。容媛來。君樸來。叔父邀宴于太平新館。

萬章來，同到元胎處，又同到福全館，又同到謝英伯處。席間商民俗學會事。

鈔平時課題，未畢。貫英來，贈物。

今午同席：歐陽予倩　蔡哲夫夫婦　黃霖生　瑞甫　葉夏聲（競生）　譚達崙　叔父夫婦　葉在樹（迺奇）

今晚同席：予夫婦　自珍　元胎　瑞甫（以上客）　萬章（主）

二月廿一號星期四（正月十二）

到孟真處，談二小時許。同和轉運公司來取件。定生來。吳北明來。

盧麗芙來。與履安，二女到校，與瑞甫同到雙門底照相。又到校，向會計部算賬，與功甫論校事。寫信數封。步歸。何叔父來，未遇。到元胎處。

元柱來。德光來。緝齋來，同到澤宣處。鈔平時課題。

盧女士固甚勤學，但頭腦不清，恐不能有所成就。

二月廿二號星期五（正月十三）

君樸來。到凌霄處，未遇。到亞農處，遇之。到紹孟處，到莘田處，均遇之。陳漢華，薛定球來，爲槃贈物。

凌霄來。爲人寫屏條對聯條幅等八件。莘田夫人來。記日記五天。寫劉萬章信。

到達夫，紹孟，元胎處，即同到何叔父先生處看古物，十一時許歸。

在叔父先生處見鴻溝磚（圖案甚精），華山廟瓦當（多作“與華無極”，漢物也），及參觀歐戰紀念物品甚多，此君歷史興味甚不可及。

二月廿三號星期六（正月十四）

到校及元胎處，到六榕寺，晦聞先生邀宴也，食二菜即歸，孟真邀宴也，到東方酒樓。

葛琨來。與履安到叔儻，吉雲，莘田，廷梓諸家道別。

到西關十一甫頤苑，澤宣等邀宴也。歸，與澤宣談所事。

今午同席：梁漱溟　彭一湖　王平叔　莘田　李滄萍　李辛之　予等（以上客）　晦聞（主）

今夜同席：邰爽秋夫婦　石坦安　叔儻夫婦　予夫婦（以上客）　緝齋　丁山　莘田　朱物華　澤宣夫婦（以上主）

二月廿四號星期日（正月十五）

整理行裝，訖。二點許，坐汽車上泰山船，入尾樓。十時許到香港，住大中華旅館。

今日來送行者：紹孟　孟真　澤宣　麗芙　林超　大定　叔儻夫婦　莘田夫人　坤儀　徑三　貫英　亞農

此次北行，書籍共裝十二板箱，直運北平，價約百元。隨身所帶行李二十餘件。

二月廿五號星期一（正月十六）

爲購船票事，仲琴父子侄及陳君更番來，至下午四時始定法郵船，即與二女坐上山車游太平山。

到先施公司屋頂花園游覽。

此次北行，虧得仲琴一家人招呼，乃得乘郵船。

陳兆豐（雪圃，漳州）

二月廿六號星期二（正月十七）

整理物件，十一時上 Andre Lelon 船。四點開。予與履安坐二等，各五十元（港幣），容伯母，媛女士，定生，二女，倪媽坐統艙，各十二元（同）。此船統艙頗好。

風狂甚，定生來後不能歸，遂宿予室。

梁漱溟夫婦亦同此船，王鴻德兄亦同艙。

被中國侍役騙去八元，云兩人飯金，其實無此例也。

二月廿七號星期三（正月十八）

在船看《史記》及《新約》，與鴻德及鄧，潘二君談話，寫父大人處稟。定生來談。

二月廿八號星期四（正月十九）

本日頗有風浪，幸坐郵船故，不甚簸蕩。然履安已一日不食矣。看《史記》及《新約》，與鴻德談話。定生來談。

一九二九年三月

三月一號星期五（正月二十）

六點到吳淞口，停船候驗候潮，至一時許始開，二時許始到，提取什物，到廣泰來旅店時已六點矣。飯後即到伯祥處，九點歸。十二點眠。上海冷甚，且下雨。

伯祥告我，謂上月國民政府根據山東曹州府人叢漣珠呈文，禁止《現代初中本國史》發行，且擬罰商務印書館一百萬元或一百五十萬元。商務大怖，急請吳稚暉先生去函爭之，乃僅禁止發行而已。又謂此案固根據叢某呈，聞實係李濟深上次北來時帶到之梁漱溟，黃節提案。彼輩宗旨在于打倒我及適之先生二人，以我為編輯者，胡為校訂者也。（按梁曾為曹州中學校長，故叢氏此事當即梁所指揮。）其請禁理由，為書中不承堯舜禹為實事，足以敗壞中國人道德云云。伯祥又告我，謂紹虞來信，説北平方面人知道我要去，又為我鑄造空氣，甚惡。予絕不願與人爭權位而到處被打擊，且爲一般實力者認作勁敵，誠大怪事。梁黃之舉，頗疑莘田在内搗鬼，欲借政治勢力以逐去我也。因此之故，廣州擬不去，北平擬去半年，此後還蘇州矣。苟能身體好，生活安定，則閉户數年，學業必大進，彼輩所以壓倒我者正"玉汝于成"矣。

三月二號星期六（正月廿一）

在旅館中理物。記日記八天。

與全寓人到永安公司購物，到天韵樓吃茶，予與定生出，到商務書館訪振鐸，予同，伯祥，聖陶，徐調孚等。又到適之先生處，并晤梁實秋等。邂逅式湘，同到天韵樓。

到聚豐園吃飯，飯後與式湘等同步歸談話。

張嘉鑄（禹九，新月書店經理）

三月三號星期日（正月廿二）

與履安及二女到魯弟處，并晤午姑母及重九弟等。與履安到適之先生處，并晤胡師母，出至伯祥處。

與履安同到百星酒店，仰之及侃如夫婦邀宴也。出，至侃如處，又至仰之處。別去，到開明書店晤雪村及經宇。到伯祥處，吃點。到聖陶處。

到魯弟處吃飯，歸，式湘子敬來談。

此次旅滬，凡見予者均謂予瘦，可見予真瘦矣。

今午同席：儲皖峰　徐中舒　定生　予夫婦（以上客）　仰之　侃如夫婦（以上主）

三月四號星期一（正月廿三）

與全寓人到城隍廟，游覽一周，下雪，寒甚，歸寓飯。

　　與全寓人同到大馬路，四馬路等處購物，同到東亞訪王子敬，到五芳齋吃點心，歸飯。

　　同到天蟾舞臺看二本《封神榜》，二點眠。

三月五號星期二（正月廿四）

　　吃早飯後，送容老太太，容小姐上船，爲之改定艙位。方欣庵來，同談古代民間文學，二時許，別仲舒等下船。

　　與履安到工商銀行存款，到北萬馨吃點當飯。到亞爾培路訪振玉，未遇。訪楊杏佛，亦未遇。到孑民先生處，遇之，略談即出，歸寓。與郝昺衡同到佛照樓訪李雁晴，未遇。到來青閣，晤楊壽祺。

　　歸，理物，算賬，目澀不能張，乃止。

三月六號星期三（正月廿五）

　　早，到賬房算賬，喚侍役捆行李，坐汽車到伯祥處，與伯祥談，彼設宴相款。飯畢即上站。

　　在滬杭車中頗打盹，倦甚矣。五點許到杭州，又曾，簡香，吳姑丈在站相迎。

　　與父母，姑母談話。到姑母家。

三月七號星期四（正月廿六）

　　精古齋人來。到驪先先生家，未遇，到民政廳，見之。別歸，與履安同到仁和路福祿壽，驪先邀宴也。

　　歸，與履安，二女，定生，又曾，簡香同游靈隱，岳墳，放鶴亭，又曾，簡香二人所請。

　　姑母邀至杭州影戲院看《情海重吻》，十二時眠。

　　今午同席：父大人　朱庭祐夫婦　江秉甫夫婦　戴恩基　履安　楊子毅　予（以上客）　驪先夫婦（主）

三月八號星期五（正月廿七）

八時半起，石渠閣人來。與履安同到驪先先生家，晤其夫人。又到萬里，介泉，孟槐家，均晤其夫人。歸飯。

理講義奉父大人。到孟恕處，同到南揚處，并晤敬文，毅生。出，敬文，南楊同到旗營，同訪朱庭祐，又到萬里處，同赴新慶園吃飯。

九時始出新慶園，訪以明，未遇。歸，記日記七天。

今晚同席：敬文　萬里　予（以上客）　　南揚（主）

三月九號星期六（正月廿八）

敬文，錢琢如，介泉，南揚，毅生來談。書估數人來。

與繼母等到西湖共舞臺，看侯艷琴《寶蟾送酒》等劇。與履安同到川島家及膺中處，四穆處。與父大人等到西湖公園散步，到新慶園吃飯。九點歸。

今晚同席：父，母（主）　　姑丈　姑母　簡香　簡香夫人　又曾　予　履安　艮男　康媛

三月十號星期日（正月廿九）

書估數人來。到浙江大學訪毅生，邵裴子，南揚。敬文及李寶琛來談。到萬里處，到杭州醫院視鄭石君病。到青年會之食堂，毅生四穆邀宴也。即歸。

楊以明來。書估數人來。與定生訪紹原，拒不納。即到城隍山一游。雇車歸。與履安同到潘宅，又到宴賓樓吃飯。

在旗營購物。繼母談款事。

今午同席：郭任遠　劉子行（奇）　　敬文　南揚　金源　予（以上客）　　毅生　四穆（以上主）

今晚同席：予夫婦（客）　　介泉夫婦　孟槐夫婦（以上主）

三月十一號星期一（二月初一）

書估數人來。到民政廳訪朱先生，未遇。到第一中學訪金源，德儀，亦未遇。到浙江大學訪毅生，到自治專修學校訪巽伯，均未遇。復到民廳，晤朱先生，略談。

到花市路聚賢館，敬文邀宴也。歸，與姑母談話。與履安到中國銀行，取購書款千元。又到九福，購祭幛料。到昂若處，略談。到旗營修錶。

到萬里處，同到勞侖斯吃西餐。復到萬里處小坐。歸，父大人交賬，記賬目日記三天。

今午同席：南揚　陳麗華　松江雷君　定生　毅生　予（以上客）　敬文（主）

今夜同席：予夫婦（客）　萬里夫婦　孟恕（以上主）

三月十二號星期二（二月初二）

卓如，烏以鐸來。各家書估送書來，閱至夕。

到協順興，卓如邀宴也。飯後到第一中學訪金源，浙江大學訪大白及贊卿，劉秀生。

寫李泰初，單不厂，朱驪先信，爲購書事。毅生來。

今午同席：南揚　烏以鐸　予（以上客）　夏卓如（主）

三月十三號星期三（二月初三）

各家書估送書來，閱至夕。膺中來。

敬文來。大白來。馬贊卿（家驤）來。到圖書館訪楊以明，略談。

到浙江大學，邵裴子邀宴也。飯後演講"怎樣喚起第二次新文化運動"。到琢如處談話，歸。

今晚同席：劉大白　郭任遠　錢南揚　予　浙江大學教員數人　錢琢如（以上客）　邵裴子（主）

　　此次來杭，原不豫備購書，而書估麇聚，却之爲難，且實有善本使我開顔者，四日以來又用去一千四百元矣。我自己亦購去七十元。手頭枯竭如此，奈何奈何！

三月十四號星期四（二月初四）

　　六點起，七點許到車站，敬文，南揚，金源，桂林等來送。夏卓如君同車。十二點到上海，履安，艮男，秋帆女士先搭滬寧車到蘇。予與定生康媛到伯祥處取物，到站時車雖未開而行李票已不結。只得坐待，乘滬常區間車，六時十分開。

　　八點四十分到蘇，歸後叔父處送飯來，進食已十點矣，即眠。

三月十五號星期五（二月初五）

　　理物。到車站取行李。與定生及陳秋帆女士到惠蔭園，元妙觀，在丹鳳吃飯。飯後到欣伯處，未遇。到公園，到滄浪亭及可園，到女子中學訪錢貞元女士。到東吳大學，訪楊斐然，楊志，謝煊三君及史襄哉先生，六時歸。

　　欣伯來談。與九生叔母等談話。休息。

　　陳麗華女士可入初中而不入，高中不能入而欲入，遂致上半年無可進之校。彼云蘇州女中因楊蔭榆在内任教，故不去，可見魯迅説話在青年思想中之力量，但終不足以欺我輩深知内幕之人耳。

三月十六號星期六（二月初六）

　　記日記四天。理物。開書畫櫃。

　　與康艮二女到北街外姑處。到大成坊剃頭。到碧鳳坊巷趙宅訪殷氏外姑，見薇生夫人。歸家，遇誦庚弟。

　　八點許到站，看《粵行記事》及《土司婚禮記》。上午一點車來，車中擠甚，不獨不能坐，且不能站。坐在廁所口，時時讓人進內。

蘇州老屋，久無人住，莓苔生室，蓬蒿盈階，不勝"我徂東山"之嘆。

三月十七號星期日（二月初七）

早七點到南京，覓銅井巷軍需署，久始得之。晤國任。訪仲川于其私宅，未晤。往考試院，晤鄭逸庵。到毗盧寺，晤戴校長，談二小時，留飯。

出，到夫子廟散步，啜茗，到軍署，未晤一人，易衣而出，復到夫子廟吃點當飯。

到仲川處，晤之。到考試院訪戴朱二校長，未晤。回仲川處，宿焉。

三月十八號星期一（二月初八）

到考試院，晤朱校長，略談，渠以赴第三次代表大會，即別。予到鄭逸庵處，將應接洽事按條說明，托其接洽。到六朝居吃點。到軍需署晤仲川，崇年，崇年送予到站。

乘十二點五十分車。在車購多份報紙細讀之。六點到蘇州。

休息，看魯弟所粘珍奇新聞之冊。

希白有信來，甚望我到燕京大學，謂彼處對我，有歡迎而無攻擊，又謂教書辦事可少而不可無。

三月十九號星期二（二月初九）

與履安同到緝熙夫人處。看魯弟所粘之新聞冊，蓋心緒不寧，只得看此類書也。

與履安，定生到觀前購物。與履安同到仲川夫人，國任夫人處。乘五點十分車，到上海約八點半。在車看《嶺外代答》。

寓北站大旅社。到伯祥處，談至十時。

本日爲伯祥四十生辰。

聞《現代初中本國史教科》，已由教育部行文各教育廳，禁止採用，各學校已接到令文矣。此事甚好，可以證明我非某派。

三月二十號星期三（二月初十）

到伯祥處，同到名達家，予與名達訪適之先生，遇陳寬蔭，談如皋佛教博物館事，到張菊生先生處，商印中山大學秘笈事。與名達同飯于安南小半齋。

到魯弟處，晤弟婦等。歸旅社，衛聚賢來談一小時許。到伯祥處，渠設宴也。

十時歸，到衛聚賢處。

今晚同席：振鐸　予同　聖陶　徐調孚　予（以上客）　伯祥　其女四官

聚賢告我，謂去年離北平時，見馬叔平先生，他說話中對我返北平一事極不歡迎。予何以使他們厭惡若此？

三月廿一號星期四（二月十一）

與衛聚賢同到寶華樓吃點，剃頭，同到商務館，訪雲五，柏丞，翰笙，伯嘉，侃如諸位。返旅社，到魯弟處，吃飯。

到志摩處，未遇。到蔡先生處，未見。到振玉家，晤其夫人。到彬龢處，談半小時許。到中央研究院，訪不厂先生，看所藏書，談一小時許。到乃乾新辦之中國學會出版部看書，到四馬路吃點當飯。

到亞東，訪孟鄒。歸寓，仰之來談，同到伯祥處取物。又到魯弟處，托轉交彬龢物。

原擬明晨與伯祥同返蘇，嗣于夜中得中央研究院來電話，謂孟真于明日到滬，因待之，再住一兩日。

近日蔣與桂系勢在必戰，在北平之白崇禧亦爲李品仙所逐。中央票已打折。勸我暫緩北行者多。今日晤汪孟鄒，決在蘇州作完《東壁遺書》序後再走矣。

三月廿二號星期五（二月十二）

六點起，即到伯祥處，在伯祥家寫履安信，送之上車。返旅社，雲五先生來談。記賬。看昨所購書。到寶華樓吃麵。到伯祥家取書。

購紙筆，回旅社記日記七天。寫父大人信。到中央研究院，晤不厂及孟真。

不厂先生邀至聚豐園吃飯，同座爲適之、旭生兩先生及孟真，予等。

一月以來，動極矣，此心再不能在腔子裏，搖搖有如騰雲。即記日記亦覺隔着一塵，坐不定。

今日雲五先生來，予首道編本國史之歉，謂以中山大學同事攻擊我個人之故，殃及商務館。彼謂此事是多方面的，商務營業既大，爲他書肆所忌，而此書尤暢銷（每版五千，已五十版），一方面也。對于大學院之攻擊，又一方面也。中山大學之事，不過一方面而已，非其主因也。又謂商務有此事，亦甚榮耀。

三月廿三號星期六（二月十三）

進點後即出旅館，到伯祥家，取行李四件到車站，秦君伴送。乘九點十分慢車歸，在車看《嶺外代答》中卷畢。

整理家中古物。倦甚，休息。

與定生到觀前彙金泉洗浴。陳秋芳女士與謝光漢來，未遇，佢們于明晨到南京矣。

傷風甚重，近日天氣寒熱無定，故傷風者甚多也。

三月廿四號星期日（二月十四）

理家中古物。伯祥，翼之來。

薇生夫人偕其子女來。吳庾生夫人來。陳翰笙先生自滬來。景春伯母來。

寫賬。記日記兩天半。

三月廿五號星期一（二月十五）

到嚴衙前訪竹庵杏林兩叔祖，兼拜竹庵叔祖母及詩卿太姑母之喪。寫崔盈科及起潛叔信。

與履安到燕家浜訪崇年夫人，遇大雨。寫孟真，適之先生，頌皋，草橋中學同學會，郝昺衡信。

三月廿六號星期二（二月十六）

寫陳功甫，林樹槐，李履庵，陳式湘，李孟雄，吳亞農，李繼梅，劉萬章，嚴既澄，張清水，容媛，容希白，蔣徑三，誠安，伍叔儻，吳碧澄，葛毅卿，陳達夫，余紹孟，劉朝陽，容元胎，周來善信。

階平伯母來。

六年前，自上海歸蘇州，得大安慰。今自廣州歸蘇州，又得大安慰。則以久處喧囂之區，忽到寂寞之家，頭腦中得一清靜也。

三月廿七號星期三（二月十七）

寫瑞甫，樸山信。送履安上船，先到閶門，後到盤門，在船埠吃點當飯。

履安上船後，予到耀曾處（大康衣莊），又到又曾家，又到養育巷寄信，又到毛姨母家久談，又到朱質生表叔家吊其喪，又到觀前買物。

寫紹孟，緝熙，凌霄，予倩，孝徵信。

用直輪船本停南濠，今日送履安去，乃以時局不靖，昨日被封四艘，故改停盤門。到盤門後待一小時許，疑其不來矣，後乃以拖船搖入離船埠半里處，而小輪在何處尚不知也。亂世景象，宛然復見。

今日報載國民政府討伐桂系令。此事醞釀近兩月矣。

三月廿八號星期四（二月十八）

改正《東壁遺書》校勘記，畢。

寫余昌之，適之先生信。與定生游北寺塔，拙政園及倉街一帶，又到觀前買物。

看第三次代表大會宣言。

《東壁遺書》校勘記，亞東寄來已十個月，竟不能一改，直至今日，乃得在寂寞之家園中費半日餘之力爲之。研究學問宜于僻靜即此可見。此冊既畢，甚高興，遂與定生出游。

三月廿九號星期五（二月十九）

修改《泉州民間傳說》序。讀《考信錄提要》，作勘誤表。

欣伯偕張一勇來，同到孟輅處，邀飲于城中飯店，予與孟輅步歸。

三月三十號星期六（二月二十）

徐旭生先生自南京來，請其賞鑑吾家書畫古物。又同到振新書社購書，歸家吃飯。

飯後同游惠蔭園，公園，滄浪亭，可園，及報恩寺諸處。

在中市六宜樓吃飯，予所請。同到新聞旅社，十點別歸。

三月卅一號星期日（二月廿一）

與定生及自珍到新聞旅社訪旭生先生，同游西園及寒山寺。回至鐵路飯店，斯文赫定先生已來。定生在客廳中忽發羊癇病。

同上雲生之船，進飯，游龍壽山房，看元僧善繼所書血經。游虎丘及五人之墓。進城天已黑矣。在臨頓路起岸，到觀前街。

在松鶴樓吃飯，旭生所請。步至察院場，余別歸。

斯文赫定先生，瑞典人，今年六十四矣，曾四至中國，探險天山，前年組織中瑞西北科學考查團，糾合四五十人出發新疆，今暫到東南，又將西行，其勇敢可見。彼曾于少年時沿北冰洋走了一次，又謂欲就地圖上無字處都調查一下。他們到新疆時曾有四十餘天不見一人者。

一九二九年四月

四月一號星期一（二月廿二）

早，旭生先生偕郝滿爾來，同到獅子林，拙政園，報恩寺游覽，即出閶門，與斯文赫定先生同上小汽油船，赴光福。在鐵路飯店午飯。

二時許抵木瀆，游靈岩山崇報寺及琴臺諸遺迹。又上船，五點許抵光福鎮，進下街尋梅旅社。

飯後，同聽朱某説《雙珠鳳》二奶奶殺二太爺一段。

獅子林經貝氏一修，洞壑之勝遂見。然堂室則俗陋矣。

四月二號星期二（二月廿三）

九點，出旅館門，游三官堂（崦湖小築），司徒廟，石壁，石樓，到玄墓聖恩寺吃飯，已二點許矣。飯畢，看真假山，即歸光福鎮，上船已五點半矣，四小時始抵蘇城。

十時抵城，即歸家，十一點許眠。

四月三號星期三（二月廿四）

七時許到新聞旅社訪旭生先生，同到廣濟橋上船，開向寶帶橋，轉車坊鎮，到角直，已十二點半矣。即到保聖寺參觀，到殷家吃飯。

飯未畢，即送他們上輪。予等回校。與良才到良才及季達家。回殷宅，到朱姨丈家，康伯家，伯堅家，到沈伯安家。

在伯安家夜飯，十時歸，與外姑等談話，十一時許眠。

今午同席：斯文赫定　郝滿爾　予　康伯　良才（以上客）品逸（主）

今晚同席：予　康伯　朱姨丈　良才（以上客）　柏寒（主）

四月四號星期四（二月廿五）

六時起，進點後由品逸伴至輪埠，良才亦來送。七點半舟發，十一點半到蘇州城，即歸。

到叔父處。龍叔來，談一小時，同到雅園，依園，秀野草堂遺址，又到護龍街文學山房及百雙樓購書，到丹鳳吃點。

倦甚，早眠。

四月五號星期五（二月廿六）

文學山房書估來，寫李泰初信。記日記七天。

到叔父處交父大人信。叔父來交賬。與定生至倉街平江路散步。下午泄了數次，腹頗痛，且覺寒，早眠，夜遂發熱。

上月廿八九號，心已定矣，可工作矣，乃旭生等一來，費時一星期，心又亂矣。予決不能住都會中，因頗思居角直。

四月六號星期六（二月廿七）

終日臥床。寒熱雖退，但背脊酸痛甚。未甚看書，僅少覽《校碑隨筆》等。口授履安，寫仲琴等數書。

四月七號星期日 （二月廿八）

仍臥床，終日看許欽文之《故鄉》（小説集），訖。此次之疾，實是"發勞傷"。經年勞頓，得此一發，亦一佳事。

許欽文之小説，簡直是雜感文，小品文。如此作小説，無乃太易乎！

四月八號星期一 （二月廿九）

早起床，以甚疲倦，終日翻看《知不足齋叢書》，看《道命錄》得許多理學史料。

竹庵叔祖來。

四月九號星期二 （二月三十）

爲起潛叔《五色評本積古齋彝器款識》作跋語三百餘言。他來，即書就還之。校讀《補上古考信錄》畢，作勘誤表。

叔父來交賬。

與定生談。

數日來不能進飯，故甚無力。傷風亦重。

四月十號星期三 （三月初一）

與叔父同到錢伯煊處看病，到觀前中國銀行及中市江蘇銀行交通銀行爲父大人取息換印。歸。

寫繆金源信，賀其結婚。寫伯祥，父大人信。寫李泰初信。文學山房送書來兩次。選取二十餘種。看《二餘集》及《玄妙觀志》。

吃藥三次。

予近日非常疲倦，心欲工作，終無氣力，飯量亦不好，大便亦不利，只得就醫。醫謂積濕至厚，濕已化熱，兼外感風邪，致有此疾。

崔東壁夫人之《二餘集》，鈔來數月矣，至今日纔以疲乏不能治事而得一覽。

四月十一號星期四（三月初二）

到孟韶處，談，觀其《耕讀傳家圖》卷子，又觀張士誠婿之九獅石凳兩隻，游沈秉成耦園，破敗不堪矣。

與履安到蘇州中學訪汪典存及欣伯，游覽一周。到金獅巷，吊景萱表弟之喪。到吳宅，訪庚生夫人，未遇，見慶生，被借一元。到觀前，購物吃點。到有斐家，見景春伯母及曹聽馭夫人等。出，予獨往企鞏處談，歸。

吃藥。與定生談話。記日記七天。

晨間擬書座右銘曰："多言多敗，毋道人短，受屈莫辨。"蓋予雖能與人敷衍，但終傷太真，近數年中之所以多受攻擊者，即爲口無擇言之故。假使予城府稍深，當不致此。受屈之辨，在我固理直氣壯，然反增加人之猜疑，寧使爛于胸中也。

四月十二號星期五（三月初三）

鈔五課學期試分。寫倫學圃等信，及通知選課學生書。鈔"春秋研究"平時題目，訖。

寫樸山，瑞甫信。鈔研究所賬。與康媛到松石軒照相，到護龍街寄信。歸，布置新屋及方廳。

與定生談話。

四月十三號星期六（三月初四）

看裝電燈。整理書畫。到錢伯烜處看病，云已漸愈。

曹聽馭夫人來。看定生所作《到西冷橋畔》（秋子的日記）及《寂寞的旅途》二篇小説。

與定生談話。看中大寄來近數期《周刊》。

四月十四號星期日（三月初五）

與康媛同到松石軒重照相。到家祠，候至十二點始祭。祭畢即到汪義莊，典存先生設宴也。

飯後，與王佩諍先生同到集寶齋來青閣諸處看書，看華陽橋許家所出佛書一大批。又同到王家，看其所藏碑帖拓本。又同到交通圖書館看書。

歸，與定生談話。是夕竟夜不眠，起看《莊子》。

今午同席：鄭宗海（曉滄）　孟憲承　王佩諍　謝循初　施立夫　予（以上客）　汪典存（主）

佩諍先生極好搜羅鄉邦文獻，任省立圖書館主任，此館爲有生命矣。

四月十五號星期一（三月初六）

寫朱校長，嚴良才信。豫備下午演講材料。剃頭。沈勤廬來。到振華女學，飯後在該校演説。遇伯南先生等。

到蘇州中學，四點演説，約一小時。與健卿同出，茗于公園東齋。

整理碑帖。玉書邀茗于吳苑，遇諸友。歸，與定生談話。

今午同席：謝循初　郭維屏　鄭曉滄　羅霞天　予（以上客）　王季玉校長　王佩諍副校長（以上主）

近日常聞譽語，有謂予重開吳派者，有謂予視適之先生爲青出于藍者，有謂予爲蘇州人掙面子者，有謂國學分三派，章太炎，王國維，顧頡剛者。頡剛，頡剛，汝無以他人之捧場而自滿哉！

四月十六號星期二（三月初七）

竹庵叔祖來，囑修改其習字課意見書。寫君樸，父大人，又曾，欣伯信，算杭州買書賬。

到護龍街寄信，到慶泰莊訪戈競午，到交通圖書館論書價。到同仁和與鼎弟談，到健卿家談，與健卿同到振華女校，四點在該校國學研究會演講。五時半出，與健卿同到思婆巷徐堪輿處，未遇，同回家。

健卿設宴于自由農場（青年會食堂），九點許歸，與定生談話。記日記四天。

昨在蘇中演說，題爲“對于蘇州人的希望”。今日在振華演說，題爲“古史辨的主旨”（此佩諍先生所命題也）。振華爲私立學校，故有經學課，亦甚提倡舊禮教，故予極論讀古書非應用古代生活于現代，藉以正其趨向。昨日聽講者有七八百人，今日有五六十人。據健卿評，今日較昨日爲好。

四月十七號星期三（三月初八）

作《湖南唱本提要》序畢，一千二百言，修改畢。

作《紀元通譜》序畢，二千言，未修改。

到中央飯店，中校同學設宴也。出，到交通圖書館，與孟鞀同步歸。

今晚同席：李映婁　蔣心存　章君疇　朱照川　王里萬　陶蓉初　呂玉書　朱晤始　趙孟鞀　張吉如　李延甫　汪仁侯　顏亞偉　徐壽椿

四月十八號星期四（三月初九）

與叔父及康媛到石湖及陳灣掃廉軍公等墓，八時半下船，十一點到，以路遠，下午兩點始還船，五點到城。韓雲生背縴跌傷。

沈，徐，錢三君來，觀書畫。

四月十九號星期五（三月初十）

與履安定生到虎丘後山東浜（屬陸墓鄉）掃列圃公等墓，九時下船，十二時到，四時歸城。到獅子林穿假山。歸，看王佩諍先生所著《宋平江城坊考》。

與定生談話。君疇來，寫朱騮先處介紹信。

四月二十號星期六（三月十一）

王佩諍先生來，看書畫，留飯。

到教育局，訪仲周及吉如。到三元坊，訪欣伯及剛森。到市政府，訪映婁，心存，照川，子克，劍秋等。到來青閣及欣賞齋，爲中大購書，佩諍伯南兩先生同去。

伯南先生邀吃點。歸，看新購書。

爲運書到平，欠中央研究院毫洋四十二元，暫登賬。

四月廿一號星期日（三月十二）

宋楚材來，議書價。殷丈母偕趙公綏內表弟來看畫。伯南先生來。

內侄女殷綏貞來觀畫，終下午，留夜飯。理書畫櫃。

近日飯量頗好，可兩碗半矣。

車坊斜塘均遭兵士搶劫，甪直輪船亦被搶，予本意下半年住到甪直，今又不敢矣，奈何！天地雖廣，何處可容我乎！

四月廿二號星期一（三月十三）

記日記五天。理書桌。修改《紀元通譜》序，畢。

理書畫櫃，畢。倦甚，小眠。

寫孟真及子民先生信。包扎郵件。

四月廿三號星期二（三月十四）

寫李泰初，逮曾信。算爲中大所購書賬。宋楚材來。

到健卿處，送其喜禮。到襄哉處，并晤夏雲奇。到汪姨母處，并晤徐紹裘，歸。到城中飯店。

寫祚茞，清水信。包扎郵件。

今晚同席：錢賓四　陳旭輪　沈勤廬　陳其可　王以中（以上主）　予（客）

四月廿四號星期三（三月十五）

寫元胎，父大人，又曾，驪先，魯弟，伯祥，彬龢信。健卿來。

與康媛到北街寄信。到吳外姑家。到車站問車期。到閭丘坊訪君疇，未遇。到史家巷訪曹姑，遇之。歸，君疇來，汪安之來。

寫緝熙，希白，紹虞，適之先生，萬里信。

近來有一感覺，許多人對我不是捧我，便是忌我，捧我者爲名位在我之下之人，忌我者爲名位在我之上或與我相齊之人。換句話說，就是我不做一班下級人的領袖，便是給上級人打倒了。其實真冤枉，我并不想奪取他人之地位，亦不想作青年領袖也。

四月廿五號星期四（三月十六）

寫劉經庵信。吳外姑來，留飯。起潛叔來。

寫凌霄，業德均，陳伯雋，鄭江濤，吳藻汀，謝雲聲，劉經庵，陳夢韶，郭篤士信。

與定生談，并勸其勿消極。

四月廿六號星期五（三月十七）

與定生到舊學前通俗圖書館游覽，到護龍街寄信，到府城隍廟及環秀山莊游覽，步歸。

作《浙江重修省志意見》，得二千餘言，勉強成篇，頭爲之痛。君疇來。

元胎來書，謂有人從上海到廣州，謂聞我被中大開除。招勉之從河南給萬章信，謂聞我有被查辦之信息。不知爲我造謠者何其多？社會上爲什麼看得我這樣高？固知毀譽一理，我方被人捧而擊我者已伺于旁矣。最好從此銷聲匿迹，無咎無譽，使我得終老于學問之園地中。

四月廿七號星期六（三月十八）

與履安到鴨蛋橋取元胎寄來款，又到觀前買物，到趙宅與殷外姑及季藩内舅道別。

到嚴衙前，吃飯。飯後與龍叔到蘇州圖書館參觀，遇犀林。到百雙樓爲中大購書，遇健卿。訪伯南先生，游怡園，遇公紱。

君疇來。寫陳人鴻，紹孟信。校夢麐先生修志兩議案，及我爲驌先先生所作之意見書。

今午同席：翁頌禧　王叔亮　俞寶三　王董崴　汪詩卿　予（以上客）　竹庵，杏林兩叔祖　起潛叔（以上主）

四月廿八號星期日（三月十九）

寫驌先信。到君疇處送稿。到史家巷口吃湯包，歸。鄒百耐來，算書賬并寫李泰初信。理行裝。又寫李泰初信。

寫錫永，瑞甫，朝陽，徑三，仲琴，紹孟，筠如，樸山，陳時文，繼梅，程雲祥信。傅仲德女士來。

艮男今日發熱，至百〇三度。

四月廿九號星期一（三月二十）

寫式湘，萬章信。九點，辭家人出門，在站候兩小時始上車。三時半，到南京，即上津浦車，六時開。在車看《中國繪畫史》。

四月三十號星期二（三月廿一）

晨六時到徐州，下午六時半到濟南，七點許過黃河鐵橋。在車看《日下看花記》畢。

九月前之豫算

支出

在平兩月	貳百元
歸家盤費	五十元
爲父大人祝壽	八百元
家用四個月	貳百元
挈眷出門盤費	貳百元
大石作寓用	壹百元

共洋一千五百五十元

收入

樸社版稅	七十元
借中央研究院	貳百元
商務書館稿費	捌百元
新月（？）	貳百元

共洋一千二百七十元

兩抵尚差洋二百八十元

一九二九年五月

五月一號星期三（三月廿二）

看《大公報》。六時半到天津，十二時到北平。紹虞在站相迎，并晤經農。即雇車到大石作。

將行李理好後，與定生同到後門洗浴。歸，理物，并開書箱。寫家信二。

到北平後應作之事：

為父大人作徵文啓

發請柬（開目録）

作《東壁遺書》序

曬衣服（在王家）

作戲劇雜志文

改蘇中演講稿

作留別中大同學書

調查妙峰山

作《周易中的故事》

編《崔述》及《曲選》

校《東壁遺書》

五月二號星期四（二月廿三）

挂字畫。與碧澄同到西直門分路。予往燕京大學，到槐樹街訪希白，蔣家胡同訪紹虞，與紹虞同到希白處吃飯。

飯後與希白同到芝生處，并晤金甫，梅孫，之椿。與金甫希白到清華大學，訪張蔭麟及佩弦，均不遇。與希白游朗潤園，游燕京大學，坐汽車歸。

與定生到景山書社。到玄同先生處，未遇。到孔德學校訪隅卿，遇之。歸，理物。

燕京大學與哈佛大學合辦之國學研究所，去年已見聘，予以不能脫廣州未應。此次來，又承見招，擬應之。

五月三號星期五（三月廿四）

早，馮，何兩君來。雇車到王姨丈家，遇之。到袁詩亭家，晤其夫人。到兩沈先生處，到叔平先生處，到平伯處，均未遇。到張叔美處。

回王姨丈家吃飯。出，至朱經農處，未遇。至旭生處，遇之。到仲澐處，晤其夫人。到建功處，未遇。到維鈞處，到祚茝，圭貞兩女士處，均遇之。到北大三院，遇半農及建功。到劉濬哲處，遇之。

到市場購物。玄同先生來，金松岑來。記日記。

五月四號星期六（三月廿五）

樸社馮君來，送版稅。紹虞來。仲澐來。建功來。與紹虞定生同到中央公園吃飯。

與定生同到中海字典編輯處，晤玄同，元任，怡庵，滌洲，建功諸先生，與玄同先生同參觀北平圖書館。與定生同游中海南海，訪成平未見。出，到援庵先生處小談，即乘電車歸。

記一星期來賬目。與定生談。

在南方聞北平如何蕭條，如何危險，到此一看，并不覺得，宣傳之甚其辭固如此也。

今午同席：定生　予（以上客）　紹虞　佩弦　平伯（以上主）

五月五號星期日（三月廿六）

徐中舒來。詩亭來。整日打開廣州運來之書箱，理書物。馮君來，助理書。

到花園飯店，紹虞見邀。朱經農來，金甫來。

到森隆，詩亭見邀，冒雨往返。

今午同席：援庵先生　金岳霖　許仕廉　芝生　熊佛西　黃子通　徐祖正　予（以上客）　紹虞（主）　此"凡社"之會也。

今晚同席：趙漢威　顧耕野　予（以上客）　詩亭（主）

五月六號星期一（三月廿七）

寫冰心女士信，謝邀演講。吳亞農來。與定生同往元任先生處。出，到東安市場剃頭。到兼士，叔平兩先生處，均未遇。途遇平伯，到其家小談。出，到幼漁先生處，亦不遇。

到亮塵先生處談。到後門寄信，吃飯。到介泉及寅恪處，均未遇。到北海，訪趙萬里及袁同禮，均晤之。歸家。吳三立來。

到建功處赴宴，十一時歸。

今晚同席：玄同　啓明　旭生　隅卿　半農諸先生　仲澐　尚嚴　予（以上客）　建功夫婦（主）

五月七號星期二（三月廿八）

希白來。到陳衡哲夫人處。出，至景山書社，到教育會訪白滌洲，未晤。訪徐中舒，晤之。歸飯。寫圭貞女士信。

到團城，赴古物保管委員會開會。晤浩吾先生及齊念衡等。

理書。

五月八號星期三（三月廿九）

與定生到西四坐車到天橋，到琉璃廠，訪山立未晤。到車站接孟真，同到趙元任先生家吃飯。

與定生游歷史博物館，看埃及古棺銘。歸，理書。滁洲來。

孟真盛氣相凌，我無所求于彼，將謂可用架子壓倒我耶！其爲人如此，一二年中必見其敗矣。書此待驗。

此預言并未驗，孟真縱橫捭闔，在舊社會中固可立于不敗之地者。到全國解放，他方逃出大陸，死在臺灣，此則真敗耳。

一九七三年七月記。

五月九號星期四（四月初一）

幼漁先生來。理書，竟日。介泉來，留飯。

維鈞來。楊從雲來。到援庵，寅恪先生處。

到孔德校，應宴。

今晚同席：建功　予（客）　玄同　幼漁　叔平　隅卿　啓明（以上主）

五月十號星期五（四月初二）

理書，略畢。到北海訪守和，并晤蔣慰堂。記日記三天。

余協中，蔣圭貞來。

到劉半農先生處，赴宴，并看其照片。

今晚同席：孟真　援庵　叔平　兼士　玄同　元任　予（以上客）　半農（主）

五月十一號星期六（四月初三）

到景山書社。到馬神廟剃頭。回寓後，旋携物至建功處贈與，并贈尚嚴，與尚嚴晤。到中央飯店，訪蘇演存。

在旭生先生家午飯，三時許歸。盧近曾來。與定生到啓明先生處，未遇。到市場東亞樓，赴辛旨之約。

田培林來。

今午同席：郝滿爾　又一西人　袁希淵夫人　守和　援庵先生　叔平　予（以上客）　旭生夫婦（主）

今晚同席：歐華清　定生　予（以上客）　辛旨（主）

五月十二號星期日（四月初四）

金松岑來。周振鶴來。到敦敏處，遇之。到王麟伯處，李玄伯處，均未遇。

到西長安街忠信堂，應陳，沈兩先生邀宴。與希白，紹虞到中央公園品茗，遇介泉，歸。寫白滁洲信。

到袁守和家赴宴。理信札。

今午同席：孟真　建功　叔平　季明　元任　寅恪　希白　紹虞　介泉　半農　予（以上客）　兼士　援庵（主）

今晚同席：吳之椿　周炳琳　鄧叔存　楊宗翰　劉□□　顧季高　吳□□　費□□　予（以上客）　守和（主）

五月十三號星期一（四月初五）

寫父大人，履安，中山大學校長信。介泉來，留飯。

修改父大人《六十述懷》詩。余上沅來。

與定生，慶官同游北海，十時歸，園中幾不見其他游客。

到平十二天，今日始得休息。

五月十四號星期二（四月初六）

希白來。理書。寫王雲五，良才信。

寅恪，中舒來。蘇演存來。馮君來。作《家嚴事略》，略畢。

到仲澐處及建功處。

五月十五號星期三（四月初七）

修改《家嚴事略》畢，重謄一過。算賬。

到馬神廟剃頭。到芝生處。到建功處，并晤滁洲，商定行程後即出城，訪容媛及希白。與希白同到清華，訪佩弦等。

在希白家吃夜飯，到紹虞處睡。

今晚同席：紹虞　張蔭麟　予（以上客）　希白　容媛（主）

馬季明在燕大破壞我，謂周啓明不贊成我去，并謂我喜和人打筆墨官司。

五月十六號星期四（四月初八）

從紹虞處出，到容家，與希白容媛同進城，訪寅恪先生于其家，晤之，并見亞農及中舒。出，至西四牌樓吃飯，中舒還賬。

飯後與二容及中舒同到吾家。希白與中舒往古物鋪，余與容媛游景山，故宮及中南海。送她上汽車。寫衡哲女士信。

寫乃乾，玄同先生，履安，魯卿先生信。到稻香村，應謝，褚二女士之宴。歸，理物。十二時始眠。

今午同席：希白　容媛　予（以上客）　中舒（主）

今晚同席：張大椿　介泉　予（以上客）　祚茞　保權（主）

今日《新晨報》將"嚴重反動教科"一條新聞登出，事歷數月而忽然見此，其嚇我耶？

五月十七號星期五（四月初九）

五點即起，到教育會，候至七點始到齊，開汽車至燕京，接同行者。車至北安河停，在旅舍小憩，步行上山，到溫泉中學訪李仲元，到金仙觀吃飯。晤胡泛舟及聞國新。

步行上山，歷瓜打石，三瞪眼，至廟兒窪，路窄險，天又熱，力竭矣。下山至澗溝，至吳某家小憩，又步行上山，左腿筋肉發痛，勉強到廟，歇下院。

到娘娘廟看燒香。

　　同游妙峰山者：徐旭生先生　朱佩弦先生　周振鶴先生　王海帆夫人　羅香林先生　魏建功先生夫人　葛毅卿先生　容媛女士　朱保雄先生　白滌洲先生　王義詮先生

五月十八號星期六（四月初十）

　　六點離妙峰，坐轎到滴水岩，游錘古洞。下山，步行至南莊。又坐轎到渾河，洗足，吃飯。

　　到三家店，進茶點，雇人力車到天太山，至半途，路不可行，步行而往，困頓甚。

　　談話，兼商認此次調查文題。

　　妙峰山往返兩日，未逢一香會，雖日期稍遲，而北平之衰落即此可見。

五月十九號星期日（四月十一）

　　早在天太山搜集香會材料。下山，上車，與建功等別。在磨石口泰山居進茶點，沿香山一帶歸槐樹街。

　　在希白家吃飯。到紹虞處。到成府剃頭，到清華訪佩弦，毅卿，振鶴等。出，到紹虞處，吃夜飯。與紹虞修改父大人自壽詩。

　　到容家取物，早眠。

　　今晚同席：希白　予（以上客）　紹虞（主）

　　此行共用一百十元九角三分，以十二人分擔，每人出九元二角四分四。

五月二十號星期一（四月十二）

　　在紹虞家早點後，毅卿來，同進城，經大鐘寺時同去一看。歸，留毅卿飯。

看數日中報紙。到濟之處，并晤彥堂。與彥堂到鑫園洗浴。出，到亮丞處。

疲甚，休息。

何之在廣州《民國日報》上作《顧頡剛先生之懷疑精神》一文，大罵我。陳槃又作文駁之。我已去粵而彼輩尚爲我如此造空氣，殆慮我再去耶？

五月廿一號星期二（四月十三）

記日記六天。理書物及抽屜。

到孟真處，取借款二百元。到王姨母處。到江楂胡同訪吳亞農。到建功處未晤。到景山書社購物，歸。

寫健卿，兼士先生，賓于信。

五月廿二號星期三（四月十四）

寫仲澐，芝生，紹虞，佩弦，平伯，介泉，騮先先生，又曾，何格恩，趙萬里，陳繩夫信。

寫錫永，魯弟，徐仰之，伯祥，翼之，許仕廉信。建功來，彥堂來，仲澐來。與彥堂建功同到南海，茗于瀛臺。

與彥堂同到糧食店一山西館中吃飯，他還賬。乘電車到北新，下車步行到後門。

五月廿三號星期四（四月十五）

寫謝雲聲，葉谷罄，鄭江濤，李履庵，魏瑞甫，錫永，元胎（凡三函），李晉華，劉萬章（二函），緝熙，筠如，耘僧，敬文，孟恕，履安，自明，南揚，琢如，朝陽，吳藻汀信。隅卿先生來。

王悟梅與劉瀋哲來。與定生談話。

五月廿四號星期五（四月十六）

寫援庵先生，希白信。理雜紙及文件。

寫季陶，驪先，錫永（兩書），起潛叔，徑三，適之先生信。到後門寄信，景山書社購物。

到忠信堂吃飯，與建功夫婦步歸。

今晚同席：滁洲（客）　王海帆夫人　旭生　建功夫婦　王義詮　予（主）　爲酬謝其指導游妙峰之勞。

錫永來信，謂渠到平所購古物，學校要轉購與廣州市立博物館。言下極氣憤。研究所如此受人嫉妒，恐終不得延其壽命也。

五月廿五號星期六（四月十七）

寫容媛信。記送徵文啓人名。玄同先生來。樸社諸同人來，開會商量社務。

到孔德學校，參觀圖書館。到仲澐處。到書社。

與承祜到中南海。與定生談話。

今午同席：芝生　佩弦　介泉　平伯　紹虞　仲澐　定生（以上客）　予（主）

今日到孔德，竟與魯迅撞見，不巧甚。

昨夜失眠，今日介泉即謂我氣色不好。

五月廿六號星期日（四月十八）

校徵文啓。馮續昌，金松岑來。陶友卿夫婦來。改蘇中講演稿《對于蘇州中學史學同志的幾個希望》，未畢。

審查《四部正譌》標點，略畢，鈔一目録。玄同先生來長談，留飯。十時去。

久不作工，今日欲作工而坐不定，勉爲鎮持。方寸間如此，大可畏。予苟不懸崖勒馬者，予其爲孟真之續矣。

五月廿七號星期一 （四月十九）

馮續昌來。改蘇州講演稿畢，即寄，寫任禹成，欣伯信。

寫郭篤士信，到後門寄信。爲《四部正譌》分句分行。

理書。看章實齋，章太炎書。

五月廿八號星期二 （四月二十）

到景山書社。到北平圖書館，因普通書内無《四部正譌》佳本，閱《宜君縣志》及《山海關志》，《僞經考》。又以未帶筆，故孟姜材料未鈔。到徐森玉處，索研究證。

審核《四部正譌》字句，以所引各書勘正之，略畢。

與定生及慶官到什刹海及北海，十時歸。

五月廿九號星期三 （四月廿一）

整理五斗櫃及鏡檯之抽屉。算賬，記日記。寫啓明先生，佩弦，香林，芝生，薛澄清信。

到中海，看《少室筆叢》，《千頃堂書目》，《六經雅言圖辨》，《習學記言》等書。訪譚先生。

記筆記數則。審核《四部正譌》字句。

五月三十號星期四 （四月廿二）

審核《四部正譌》字句訖，即交馮續昌，付印。

到前門郵局寄匯款，到大陸銀行取借紹虞錢，到西四郵局儲金，即歸。陳君璧來。任叔永夫婦來。起《四部正譌》序之稿。

《四部正譌》，一小册耳，着手之初，以爲一日可了，乃竟費四五日力。世上無易事，即此可見。

五月卅一號星期五 （四月廿三）

看筆記，尋作《四部正譌》序之材料。

理書箱八隻（予自幼至今之筆札），爲作文豫備也。看振鶴所作《王三奶奶》，寫振鶴信。

馮續昌來。

今夜又失眠，至二點才睡着。予尚未正式作文，而病魔已來，奈何！不易入眠者已七八日矣。

爲要作文，不得不使一切文件就秩序，即不得不清理一下。予物太多，一清理就是一半天。

一九二九年六月

六月一號星期六（四月廿四）

松岑來。算賬。希白，媛來，彥堂來，留飯。

飯後偕媛與彥堂到東安市場游覽。與彥堂到建功處，又到孔德學校，晤玄同，隅卿諸先生。

在孔德吃飯。到趙萬里處。

今晚同席：彥堂　建功　萬里　予(以上客)　隅卿　玄同(主)

六月二號星期日（四月廿五）

到任宅，與叔永先生夫婦及陶孟和先生同乘汽車出城，游香山，在甘露旅館吃飯。飯後談話，游雙清別墅。三時上車，四時到任宅。稍坐，晤孫洪芬。歸，適毅卿來。

與毅卿同到北海，游各佛寺，在漪瀾堂吃飯。歸後談至十一時，毅卿留宿。

昨夜因喝啤酒，得眠。

六月三號星期一（四月廿六）

與毅卿到中海，看《拜經樓叢書》，《儀顧堂集》，《王忠文公集》等。毅卿先回校。

理蘇州應發帖子人家。

慮失眠，與定生同到東安市場看電影，歸已十二時。

昨晚患失眠更甚，起坐沙發中仍無效，直至天明始得闔眼。牙痛亦劇。

六月四號星期二（四月廿七）

到西齋訪楊從雲，到攝影部訪吳郁周，到會計部訪查冰如，均未遇。到書社，歸。到東安門買膏藥。林宰平先生來，邀往北海吃飯，并到北海圖書館借書，晤萬里，慰堂。

劉玉山來。看所借《怡春錦曲》。彥堂來。

到同和居，爲尚嚴餞別也。飲酒而眠。

昨夜又不能睡，奇甚。直至天明，始朦朧了三小時。起身後頭更痛，更無力作事，只得以訪友自遣。（向來看戲即得眠，且昨晚在戲場中已磕睡矣，乃一上床又越睡越醒。）

今晚同席：尚嚴　彥堂（客）　　建功　施天侔　李霽野　維鈞　臺静農　予（主）

六月五號星期三（四月廿八）

何殿英來。看《怡春錦》。記日記五天。寫賬。三立來，介泉來，均留飯。

與介泉同到女生宿舍訪祚茝，圭貞，談一小時許，并參觀宿舍。與介泉到景山書社。

碧澄夫婦來談。看《怡春錦》。

昨晚飲葡萄酒三茶杯，得眠頗佳，精神一振。

下半年來平後，一天必要動，寧可費去若干時間在道路上。

六月六號星期四（四月廿九）

看《怡春錦》。寫父大人，又曾信。

開寫請帖紅條。馮續昌君來助余袋帖啓。楊從雲來。寫履安，延進，筠如信。

到北海訪彥堂，不遇。到後門買酒。

昨夜飲酒而眠，乃經三小時即醒，至天明又眠。雖得七小時，然精神終不爽，作事仍無氣力也。

生活不安定，就是有了空時間也不得用！

六月七號星期五（五月初一）

整理發出之徵文啓。

寫聯祥，君樸，槃盒信。介泉來。謝，蔣二女士來，同出。

到中央公園來今雨軒，宴諸女士。

今晚同席：祚茞　圭貞　保權（以上客）　介泉　予（主）

我等與北大女生往還，已歷六年，嫁者嫁，死者死，亡命者亡命，此一二十人中，今日留平者不過三數人耳。轉瞬暑假，渠等亦畢業矣。今日之會，其最後之一次耶？思之悲感。介泉謂此是《紅樓夢》中“强歡笑蘅蕪慶生辰”局面。盛筵必散，固是無可如何之事，但不堪其惆悵耳。

六月八號星期六（五月初二）

整理發出之徵文啓。寫逮曾，不厂先生，瑞甫，樸山，徑三，崇年，曷蘅，夷庚信。

到西單剃頭。訪叔存，未晤。訪在君于地質圖書館，晤之。

到西長安街春園，仲澐招宴也。與紹虞同歸，留之宿。

今晚同席：楊遇夫　紹虞　建功　何樂夫　何爵三　予（以上客）　仲澐（主）

六月九號星期日（五月初三）

與紹虞至北海，到研究院，晤亞農，中舒。出，到五龍亭進點，中舒亦來。出園，與紹虞到北平圖書館，由南海歸。

與定生游古物陳列所（武英，裕德，太和，中和，保和，文華，傳心諸殿）。出，到中央公園繞一圈，到革命圖書館。

看《小説月報》丁玲所作《他走後》，振鐸所作《梁任公》諸文。

日來以飲酒故，張媽又爲予購棗仁煮飲之，睡眠較佳，惟眠時既短，又屢醒，頭終岑岑作痛也。

六月十號星期一（五月初四）

到西四牌樓郵局，以人擠，到宰平先生處談，又到西四，取儲金。

爲振玉到黃化門義盛典中上利。看瑞甫寄來之《林則徐年譜》。看《怡春錦》。丁在君先生來談。

昨第一師大史學會來邀演講，今日去函請移至下半年，并請勿作公開演講。

六月十一號星期二（五月初五）

理兩年來雜紙。君璧來，同到介泉處。

與碧澄夫婦，慶官，定生同游故宮博物院中東兩路。

理兩年來雜紙。

昨夜得眠，精神一爽。

右腭盤牙作痛甚劇，食物不便。

六月十二號星期三（五月初六）

紹虞來，告燕京職事已通過。師大學院張，黃兩君來，邀演講。理兩年來雜紙，訖。

與定生到北海圖書館訪萬里借《元曲》。又到中央研究院，晤孟真及亞農。出，游覽北海一周，又到團城。

希白，中舒來，同到北海，十時出，十二時眠。

昨夜睡眠又不佳，以夜間略作工也。從今以後，夜飯後必當完全休息矣。

希白來，反勸我回粵，又欲我將書籍即運至燕京。蓋懼我復南行，爲此激我作一決絶之論也。

六月十三號星期四（五月初七）

馮君來，理書桌。以牙痛，休息。

記日記，上賬。王麐伯來。趙萬里來。吳郁周來。

到王姨丈家，送籐箱去。到市場買酒。

昨夜又飲酒而眠。今日牙痛仍劇，腦亦有些漲痛。長此游蕩廢日，奈何！

六月十四號星期五（五月初八）

田伯蒼來，邀任女師大史地系主任，爲之詳陳不能去之原因。

介泉來，留飯，飯後同到北海圖書館，中央研究院，松坡圖書館，到仿膳品茗吃點，到大小西天游覽，到鐘樓鼓樓，十刹海游覽。

寫履安，陳槃信，寄徵文啓等。

女師大史地系主任王謨辭職（爲蕭一山所攻），旭生先生聘我擔任，然女師大爲魯迅大本營，我爲某籍某系之罪人，充教席且不可，何況作主任耶！因將苦衷詳與伯蒼言之，并介紹蘇演存兄任此。

六月十五號星期六（五月初九）

作樸社報告。與定生到孔德學校，參觀書庫，借《元曲》。

作《四部正譌》序三千餘言。寫隅卿信。到景山書社訪金君。

圭貞，祚茞來。碧澄夫婦來談。

今日作《四部正譌》序，援筆立就，未甚改削。此久未經之快樂，不意于失眠期中得之，快甚。

六月十六號星期日（五月初十）

算賬。與碧澄夫婦同到陶友卿處，未遇。到在君處吃飯，看任公年譜材料。晤梁廷燦（存吾）。

與在君同到麥宅，商康先生遺稿事。到平伯處，未遇。歸，到市場吃飯。乘燕大汽車到成府，訪紹虞，希白。

與希白同到吳雷川，劉廷芳處。失眠，達曉。

光緒甲辰，在君先生赴英。

民國辛酉，康同薇年四十四。其夫名麥曼宣。

康長素死後，無以爲殮，梁任公寄去五百元，在君先生寄去三百元。

六月十七號星期一（五月十一）

與希白到校，訪司徒雷登及王克私，皆不遇。晤張壽林。在希白家看鄰蘇老人《自訂年譜》及陸閏生《五十自述》。與希白同看房屋。

在希白家飯後到紹虞處，到芝生處，到志希處并晤其夫人及元任，到金甫處并晤之椿及佩弦。乘四點半車還城，元任同乘。到中央研究院，晤彥堂孟真等，歸。

彥堂來，同到建功處，未遇，見其夫人。

燕大教員宿舍尚無空者，且看幾處均不大。

六月十八號星期二（五月十二）

寫驪先先生信四千餘言，詳述不能返粵之故，并將來爲中大工作事件。

又寫驪先先生信，薦教員。寫希白信，包緞幛。

與定生同到景山書社，又同到余上沉處。

六月十九號星期三（五月十三）

又寫驪先先生信，述不能停辦研究所之故。鈔出致驪先先生兩函，共六千言。寫玄同先生信，商借錢。寫徑三信。

容女士來，與同游中南海，在香宬茶居品茗進點。出，同步天安門至正陽門。遇雨，她歸，予到青雲閣買酒，冒大雨歸。

六月二十號星期四（五月十四）

校《四部正譌》排樣。補發請柬。君璧來。

作《四部正譌》後之廣告及《辨偽叢刊》之緣起。寫志希信，君樸信。希白來。

到景山書社。擬覆澤宣電。

廣州來電云："季驪兩公盼兄返粵主研究所，否則勢須停辦，宣。"答之曰："俟過家父壽辰返粵。"以緩和停辦之空氣。

六月廿一號星期五（五月十五）

書箱裝三大車運燕京（書箱廿七隻，又……），由定生押送。予助王書同理書裝箱。狄福豫來。玄同先生來。寫碩輔姨丈信。

到西四郵局取款。紹虞來，黃子通來。記日記，登賬。

寫龍叔信。

六月廿二號星期六（五月十六）

看裝書上車。王姨丈來。助馮君裝箱。寫李泰初，南揚，敬文，履安，驪先信。

到華北日報社訪狄君，同出，到景山及故宮（東路）游覽，又到北海，進茗點，到十剎海會賢吃飯。到靜心齋訪彥堂，看甲骨。穿北海歸。

校《四部正譌》稿。

聞姨丈言農商銀行已關，叔父以關店股票押在吾家，其意可知。

六月廿三號星期日（五月十七）

看裝書上車。校《四部正譌》稿。金先生，何先生來。到景山書社。乘車到燕京，在紹虞處吃飯。

與紹虞同看房屋。到佩弦處，未遇。到毅卿處，亦未遇。到芝生處，遇之。又到紹虞處。雇車歸。在西四剃頭。

到師大史學會演講。到吳辛旨處。歸，與定生談甚久。

昨夜二時中大研究所委員會來電囑返。起譯之，又失眠，今晨又早起，僅睡兩小時耳！

予書籍三天運畢，共裝十一輛大車。擬刻一印曰："顧頡剛多方，其書十一大車。"以傲惠施。

六月廿四號星期一（五月十八）

李濟之來，毅卿來談。到亮果廠訪仲澐，到隆福寺文奎堂，到華美吃飯。

與毅卿，定生同到北海，訪孟真，彥堂。到十剎海及積水潭游覽。到西直門，乘車到公園。金甫偕枚孫夫婦來，未晤。

在長美軒吃飯，談至十時，歸。責定生。

李濟之先生來，謂其某世祖李鑾（號亦山）所著《快雨山

房集》，爲俠君公所刻。又謂其父巽孚先生爲癸卯優貢，早父大
人三年。

今午同席：予　外祖母（客）　　王姨丈　姨母　表弟（主）

今晚同席：孟真　童先生　黎劭西　建功　予（客）　玄同
啓明　隅卿（主）

六月廿五號星期二（五月十九）

校《四部正譌》稿。記日記，登賬。介泉來，容女士來，均
留飯。

與容女士同游北大一二三院，到孔德學校，觀玄同先生所書壽
屏。許守白先生來談。到孔德書庫鈔《六經雅言圖辨》吳騫兩跋。

在孔德留飯。歸，希白來。

今晚同席：孟真　趙萬里　建功　予（以上客）　　隅卿　玄
同先生（主）

介泉來，見予書籍已搬走，予詢之曰："此後大石作寓用如
何？"彼謂統由彼負擔，即張媽工金亦由彼出。

六月廿六號星期三（五月二十）

馮續昌君爲我理物，助之。算賬。

中舒來。毅卿來。介泉來。麟伯來。叔平先生來。到王姨丈
處，商定明日行程。逢大雨，雨止而歸。

與毅卿同飯。校《四部正譌》稿。

予此來兩月，竟用六百七十元。假使無賬，自己亦萬不能相
信。在此時代，積錢難而用錢易如此。

今日理物，發見予一副備用之眼鏡被竊。一月前，予一墨水
筆失于衢路間。前年自廈遷滬，失先祖傳下之銀錶一隻，已用四
十餘年，又古鏡兩面，均甚可惜。

六月廿七號星期四（五月廿一）

理物。陶友卿來。辛旨來。寫父大人，援庵先生，建功，平伯信。又寫衡哲信。十一點半吃飯，十二點上站。建功，何殿英到站送行。

二點許車開，過天津總站時，周舅母與尊元表弟及其女到站送外祖母。與介泉到餐車吃飯，十時眠。

此行以送外祖母故，只得坐二等車，又多用四十元。同車者有潘介泉，葛毅卿，吳掌衡（名應權，嘉善縣長），聶光地，潘少峰，陳躍雲，劉子任等。

六月廿八號星期五（五月廿二）

七點起，過濟南後與介泉同到二等客車中坐談，掌衡先生來談數次。晚飯後修面，與同室諸君談，十一點眠。

六月廿九號星期六（五月廿三）

七點到浦口，上輪渡，到江邊上車，看報。二點到蘇州站，提行李，送外祖母到梅家橋汪宅，即歸。

理物。以疲倦，早眠。

六月三十號星期日（五月廿四）

理物。以疲倦小眠，看呆官日記。

記日記。殷外姑來，綏貞內侄女來，延齡表弟來。統計兩月來所辦事。

算賬。

此次到平所作事：將所有書理一過。運書到成府。校點《四部正譌》，并作序。爲父大人壽作徵文啓，散發各地。游妙峰山及天太山。編樸社報告。看《怡春錦曲》及《日下看花記》。訪客一百十五次，客來訪一百十二次（來訪而未遇者不在此數）。寫信一百〇九封。赴宴三十次。同人游覽廿六次。赴會一次。講演一次。兩個月的光陰，便這樣完了！

　　此次爲吾父作六十壽，頗有人誚我爲封建思想之表現者，余固不能洗净封建思想，然其所以然之故，他人亦難于認識也。我自幼喪母，賴祖母護持以長。繼母宋氏，性甚强悍，不但壓迫我，并壓迫祖母，家庭之間恒起衝突。我父出賣知識以養家，在外時多，蘇州家中惟我能寫信，故我每作家書，恒將繼母與祖母不協狀告之。我父無法調停，適考得優貢後分發安徽，遂將她接出。然祖母年高，我又上學，家中不可無一少壯者陪侍，故我十七歲即結婚。我妻吳徵蘭長我四歲，祖母尚有力主持家事，又有華媽任跑買洗煮，家中安平無事矣。不幸徵蘭生次女自珍後，未及滿月，即出外看“盛出殯”，感寒咳嗽，竟成肺結核。時予肄業北大，叠函我父，請加醫療，而父之薪入，母實掌之，渠愛錢如命，竟靳而不予。吾妻病日重，我心焦急，遂成失眠之症，爲余終身之累。及死，鋪排場面，所耗逾于醫藥，不恤也。繼娶履安，高小畢業，爲我家惟一有文化之婦女，徒以輸卵管閉塞，不能受孕。祖母既喪，繼母歸家理事，常斥其不能生子以慰父望，履安時時哭泣，體日孱弱。其時我在北大工作，已入欠薪階段，每月向人借貸，六年中積欠至三千元，繼母及叔父反在我父前挑撥，謂爲予讀書化了許多錢，今所收獲乃如此，笑予之無出息。予咬緊牙關奮鬥，游閩粵三年，積得些錢，回家辦壽事，各處壽文至不勝懸，從此渠遂另眼相看，一若蘇秦爲趙王約從而回家，其嫂遂膝行而前矣。此我在家庭矛盾中有不得不然者也。他人何足知我之心乎！　　一九七三年七月記。

一九二九年七月

七月一號星期一（五月廿五）

與履安到毛姨母家，又到費家訪緝熙夫人。到道前街吃飯。

到梅家橋汪宅，與外祖母，汪姨母，徐紹裘等談話，四時歸。姑母來，留飯。

寫父大人，驪先先生信。

七月二號星期二（五月廿六）

到北街吳宅。到雙林巷訪瞿庵，仲川，均未晤。到姑母家，到郭家，晤際唐母子。歸，緝熙來，留飯。

到觀前購物。校《子略》（用墨津《詩源》本）。

七月三號星期三（五月廿七）

校《子略》。君疇來。毅卿來。寫楊子毅，萬里，心怡表叔信，爲君疇事。

與毅卿同到惠蔭園，耕蔭義莊，獅子林，拙政園游覽，在拙政園茗談。五時歸，吃飯，他即上車站赴望亭。

君疇來。校《子略》。適之先生來電話。

適之先生應振華女校畢業式之招，偕師母兩兒到蘇州，今日偕丁庶爲夫婦游天平山，晚乃來一電話。

七月四號星期四（五月廿八）

寫心怡表叔，楊子毅信。雨中出閶門，到蘇州飯店，訪適之先生及其眷屬。到鴨蛋橋郵局寄信。姑母來。校《四部正譌》。

適之師母偕祖望來。適之先生偕丁庶爲夫婦來。同到獅子林及耕蔭義莊游玩。繼母，又曾弟歸。

校《四部正譌》排樣。

七月五號星期五（五月廿九）

校《四部正譌》，粗畢。瞿庵先生來談。

到護龍街郵局，到伊賡叔處，到鑑賞齋。歸，吳姑丈，又曾表弟來。講話。

寫聞一多信，未畢。

得元胎信，悉校中發給他的聘書僅爲豫科教員名義，渠辭不就。又得仲琴書，悉校中竟未續發聘書，看來研究所是真要拆散的了。實在説，予如去，忌者如此多，這研究所亦終于維持不了。如不去，則一班人之失業即在目前了。我不欲結黨，而別人必欲以黨目我輩，奈何！

七月六號星期六（五月三十）

又曾來。寫朱蘊若姨丈信。伊賡叔來，商量壽事。與扎彩及義昌福菜館商定。記日記六天。

寫父大人，簡香信。到觀前提款，買物。發謝信，未畢。

校《子略》目録，未畢。

近日心頗亂，真真坐不定。此半年中竟以游惰廢日了之，一嘆！

又曾云，紹興錫箔及黃酒兩項每年銷出三千萬元，錫箔捐一年至一百九十餘萬元。

七月七號星期日（六月初一）

在西厢挂壽詩壽畫。

碧澄來，帶到北平禮物。吳致覺來，贈《護生畫集》等，因翻看一過。

校《子略》目録，畢。

七月八號星期一（六月初二）

謝蓉初來。挂壽詩文軸。又曾助挂詩文軸，竟在梯上跌下，傷其足。叔父自瀏河歸。騰出東廂。鋪排沙。

蔣崇年來。樸山瑞甫自粵來，帶來許多禮物。與之俱出，到拙政園游覽，到護龍街觀前街等處散步，到松鶴樓吃飯。爲之定下旅館，別歸。

七月九號星期二（六月初三）

到大陸飯店，與樸山，瑞甫到樂萬興吃點，到郡城隍廟及耕蔭義莊游覽。出，予先歸。挂壽詩文軸。

父大人自杭歸。魯弟，冬官，午姑母，五官自滬來。

整理壽幛及詩文軸。

七月十號星期三（六月初四）

到大陸飯店，訪瑞甫，未遇。汪安如表弟，有斐弟來幫忙。終日挂壽幛壽詩文軸。

姚仲虎夫人來。蔣徑三來。開留聲片與父大人聽。

與履安算賬，以便明晨交與賬房。

七月十一號星期四（六月初五）

到大陸飯店，訪蔣，魏二君，略談。終日挂壽幛壽詩文軸。午，龍弟九妹，餘妹等爲父大人齋星官。

姚仲虎夫人來。秋白表弟自滬來。逮曾自杭來。

夜，叔父爲父大人暖壽。

七月十二號星期五（六月初六）

終日謝壽，招待賓客，至夜二時始就眠。乃乾，仰之，達人，聚賢，起潛叔自滬來。南揚自杭來。

錫永自粵來。

本日來客約二百人，上午廿一桌，下午十四桌。以天熱故，吃夜頓者少，送公分者亦由父大人拒却。送壽文者七，壽詩者七十一，壽聯者八十七。圖畫，壽幛，銀鼎等尚未計。

七月十三號星期六（六月初七）

闔家照相。伴重九弟各處照相。收下壽幛壽詩文軸，支配拆管工作。南揚來。

到中央飯店，訪錫永夫人，到南揚室，與之俱出，到瞿安先生家，談一小時。出，到公園散步，遇起潛叔，同到青年會自由農場吃夜飯。

今晚同席：南揚　起潛叔（以上客）　予（主）

七月十四號星期日（六月初八）

到九勝巷茶館，會齊後到汪義莊，可園，滄浪亭游覽。到鄒百耐家吃飯。父大人，魯弟，重九弟均以今日午後離蘇。

到潘博山宅，看錫永拓古器，讀北宋李某所著《高齋廣録》（小説），夜飯後歸。洗浴。

今午同席：錫永夫婦及其子　南揚　百耐　博山　起潛叔
予（以上客）　瞿安先生（主）

今晚同席：錫永夫婦及其子　南揚　起潛叔　予（以上客）
景垣　博山　景鄭（主）

七月十五號星期一（六月初九）

题潘博山所藏之黄堯圃所校《賈誼新書》。到觀前吃點後到同仁和寫票。到城中飯店定菜，到憶廣叔處送謝儀。宴客，請觀吾家所藏書畫等。

與錫永夫婦及起潛叔游拙政園及獅子林。出，到中央飯店。

到自由農場吃飯。歸，洗浴。

今午同席：錫永夫婦及其子　博山　景鄭　百耐　起潛叔（以上客）　予夫婦（主）

今日天更熱，至九十八度。

今晚同席：錫永夫婦及其子　瞿安先生　博山　景鄭　予（以上客）　百耐　起潛叔（主）

七月十六號星期二（六月初十）

伯南先生來。王孟恕來。緝熙來。譯賀電。記日記。

記日記九天，算賬。伯葵來。吳姑丈來。周外祖母于父大人壽辰來，今日回梅家橋。

寫杭州請客單（我之友人）。

七月十七號星期三（六月十一）

起潛叔來，爲緝熙書“是良醫也”一篇。譯騮先先生來電。到叔父處拜祖父生忌。

吳姑丈，張又曾來飯。與又曾來長談。九姨母來，留飯。

理書畫付裝裱。

檢出摺扇面五十幅，團扇面三十幅，信札十餘通，各裝一冊。

七月十八號星期四（六月十二）

佩書姑丈來。郭際唐來。理壽屏壽詩壽聯等入畫櫃。

與午姑母，九生叔母，五弟，根弟，艮男，和官同游公園，在西亭品茗，六時，到觀前看照片，買書。

孟韶來。

七月十九號星期五（六月十三）

鑑賞齋人來。寫魯弟，重九弟，父大人信。送繼母，姑母，姑丈，午姑母，五弟，和官等上車，在車站等候幾兩小時，到閶門吃點當飯，到郵局取件寄信，歸。

諸人去後，家中一静，同吃西瓜，洗浴，下便，作上軌道之生活。

理臥室及書室之兩書桌。

七月二十號星期六（六月十四）

仲周來，長談。封百來。

理碑帖。與履安到姚仲虎夫人處，景春伯母處謝壽，到公園小憩，到觀前購物。

休息，看商務所出之天文圖。

在公園散步時思得一聯，曰："欲求免辱先安辱，要得真名却僞名。"

七月廿一號星期日（六月十五）

鑑賞齋人來。到郭際唐處，到潘健卿處，到陳子清處，到袁封百處，均晤見。到周尚志處，到王鳳蓀處，到顏亞偉處，均未遇。到胡遠香處，到緝熙處，均遇之。到嚴衙前，晤杏林叔祖。

到六宜樓吃飯後，到張耀曾處，清算賬目。到市政府，因星期均未晤。到毛姨丈處，久談。

到周振鶴處，未遇。到黄仲華處，遇之。到王佩書處，遇之。到吳岳母處，到潘由笙先生處，到吳雪帆先生處，均晤之。到王佩静先生處，孫伯南先生處，琯生處，蔣企翬處，李受尊處，均未晤。

洗浴，休息。爲壽事，添雇劉媽，于今日走。

七月廿二號星期一（六月十六）

寫定生，馮績昌信。到碧澄處，到齊門郵局，到包叔餘師處，到范翰臣内母舅處。到張仲清先生處，蔡雲笙先生處，朱子楨處，蔣似柏處，均未遇。到祇園，拜沈耀南母冥誕。到草橋中學，訪錢賓四，王以中，略談。到欣伯處，未遇，歸。

開上海請客單。吃西瓜後，與履安同到中國銀行結賬。訪戈競午，不遇。到青年會，吃點。到柳村照相館及商務印書館，歸。

校《四部正譌》。休息，洗浴。

近日天熱甚，夜中竟不能作工，日間又忙，終日在夢中過生活，一嘆。

七月廿三號星期二（六月十七）

記日記六天。寫吳紫翔先生壽聯，并作邊款。緝熙來談。吃午飯，乘阿香車到站。

一點許，寧杭聯運車來，上車，看姚從吾所著《中國造紙術傳入歐洲考》。九時，抵杭。長全在站候。

與父母姑母等談話。略校《四部正譌》。

七月廿四號星期三（六月十八）

訪介泉，遇之。訪孟槐，見其夫人。訪趙丹若，遇之。訪叔儻，初不遇，第二次遇之。到民政廳，訪萬里，子震，均遇之。

訪敬文，遇之。訪毅生，未遇。出，歸。洗浴。

與姑丈，簡香，又曾同出，雇汽車環博覽會一周。到十香。

今日訪敬文，乃睹陳秋子於其室，知其亦住商業校中。呀，定生，你好苦也！又詢知紹孟近患精神病，亦以失戀故。

　　余永梁，號紹孟，四川忠縣人，在清華大學國學研究院中治甲金文學，考第一，畢業後即聘入中山大學，任研究所期刊編輯，著有《金文地名考》，《柴誓的時代》等，乃情場失意，竟以此死，傷哉！　　　一九七三年七月記。

七月廿五號星期四（六月十九）

　　訪楊以明，遇之。到西湖博覽會，參觀特種陳列所及博物館，教育館（未畢），遇朱慰元，毅生，陳仲瑜等。

　　鈔續送到之屏聯文字。寫履安，伯祥，聞野鶴，起潛叔，希白信。

　　到城站散步，剃頭。

　　白晝游湖上，熱不可耐，冷品（如冰忌廉，汽水）又甚貴。

七月廿六號星期五（六月二十）

　　周來善來。訪驪先先生于直大方伯，遇之。到博覽會，參觀絲綢館及藝術館。出，到民政廳訪驪先先生，并晤楊子毅，十二點半，出，仍到西湖，在三義樓吃飯。

　　待開館。游百藝園，看文戲。游衛生館，農業館。

　　到新慶園宴客，十點許歸。

　　本日宴客到者：驪先先生夫婦　萬里　孟槐　叔儻夫婦　以明　丹若　百剛　杜，鄭二世伯　敬文　毛子震

　　本日所請客未到者：許昂若　邵裴子　烏以鋒　楊四穆　劉大白　鄭毅生　萬里夫人　孟槐夫人　丹若夫人

七月廿七號星期六（六月廿一）

　　到周氏善本書室，到博覽會，參觀特種陳列所及工業館。出，

復至善本書室。

整理《元詩選》目錄，鈔出一份。洗浴。

到青年會，丹若邀宴也。

今晚同席：沈士遠夫婦　陳淑　某女士　　鄭□□　　張資江（?）　予（以上客）　丹若夫婦（主）

七月廿八號星期日（六月廿二）

周來善，徐仰之來。楊耀松來。孟槐來。屈伯剛先生來。到萬里處，看所粘照片，同到青年會吃飯。

到精古齋接洽售樸社書。寫致戴，朱兩校長函，懇許辭職，未畢。叔儻來。

到大方伯圖書館，應以明之邀宴。寫履安信。失眠，看《閱微草堂筆記》達上午三時。

今午同席：予　某君（客）　　萬里（主）

今晚同席：予　鄭曉滄（客）　　楊以明（主）

七月廿九號星期一（六月廿三）

到博覽會，本意看革命紀念館，乃以紀念周不開，遂游鐵道陳列所。出，訪丁緒賢夫婦，不遇。訪鄭曉滄，遇之。歸。剃頭。

作《文瀾閣目索引》序，約千言。寫王雪艇信，謝不赴武昌大學。洗浴。曉滄來。

到復初齋訪顧立章。到車站接季陶先生。顧立章來。

西湖博覽會十館，惟藝術館及革命紀念館陳列物品最少，頗失望。

七月三十號星期二（六月廿四）

七時，到新新旅館訪季陶先生，已出門。在放鶴亭對面長橋上待至八點，游革命紀念館及飛機陳列所。到來音小築訪沈心怡，不遇。到民政廳訪驪先先生，晤楊子毅，便道訪屈伯剛先生。出，歸。又到西湖，游教育館後三室。

到樓外樓，驪先先生邀宴也。飯後游迷魂陣，跑驢場。出，游電政陳列所，遇辛樹幟等，同到國樂社啜茗。與樹幟同到新新旅館訪季陶先生，遇之。出，同到特種陳列所。出，同到西悦來吃飯。

與樹幟同到驪先先生處，未遇。同到仁和場，談少頃別去。與又曾等談話。

今午同席：季陶先生及其侄　　叔儻夫婦　　予　　張静江夫人（以上客）　　驪先先生夫婦（主）　　戴校長仍不能爽快答應我辭職，朱校長則仍力留，奈何！

今晚同席：辛樹幟　　沈剛伯　　曾珹孟（以上客）　　予（主）

七月卅一號星期三 （六月廿五）

到驪先先生處，未晤。出，到楊以明處，略談。歸，與繼母及姑母談話。十點，上滬杭特別快車，以明送上車。

五點許到蘇州。在車看《閱微草堂筆記》及上海各種小報。遇鄭曉滄。

洗浴。到叔父處。早眠。

杭州天氣極熱，一到蘇州，則風凉有秋意，夜卧不但可穿衣，并可蓋被矣。

此次杭州之行，共用四十八元，以我之有屋住，有飯吃者，尚須此數，詎可隨意動耶！

繼母看我賺錢多了，要我每月繳與她若干，由她存儲生息。對于這位財迷，我說："我在北京吃了六年苦，一家四口，月月向人借錢爲活，現在正該還債呢！"她問我欠了多少債，我說："至少三千元。"她乃低首不語。她克扣了我父親一世的錢，現在竟還想克扣我的錢，真不要臉！到現在，我可以説，我的前二妻都是給她害死的，我向她索命還來不及呢，哪有餘錢雙手奉給她！　　　一九七三年七月記。

一九二九年八月

八月一號星期四（六月廿六）

終日陪賓客，并開銷禮使等。午刻，客食三桌。下午，伴外祖母及二姨母等談話。

看《閲微草堂筆記》。

今日爲先婦吳夫人十一周年，因去年十周年未做，故今年補做，并補做其四十陰壽。又連作先母六十陰壽。

今日來客：竹庵叔祖　景春伯母　有斐弟　憶賡叔　安貞及其妹　壽椿伯母　周外祖母　二姨母　翠齡表妹　松齡表妹　延齡表弟　雙寧内弟　遠香襟兄　沈耀南　相伯姨丈　殿臣姨丈　王受祉　張玉曾　王佩書

二姨母謂康媛側面頗似其祖母（惟康媛肉裏眼爲不似）。余九歲喪母，時照相者不多，母竟無照片遺下，今乃不能憶母之容。聞此語，聊可思見一二。

二姨母又謂先祖蓮君公頗有孩子氣，耳久聾矣，仍側耳循牆聽蟋蟀叫，就捕之。

八月二號星期五（六月廿七）

潘由笙丈來。牙痛甚，只得睡眠，看《閲微草堂筆記》。

傅韞石女士來。欣伯來。

一月來，爲家父壽事，未曾一日閑。現在手頭未了事尚多，借牙痛得在床上臥一兩天，亦佳事。予體弱，略感寒暑，即須發出，如此亦不致生大病。

八月三號星期六（六月廿八）

仍疲乏，牙痛略好，臥床看《閱微草堂筆記》竟日。

臥榻中得一聯曰：“欺世盜名，夷然不屑。求知若渴，生也有涯。”

八月四號星期日（六月廿九）

看《閱微草堂筆記》。記日記十二天。賓四來。介泉來。

吳晗初（恩）來。衛聚賢與錢賓四偕來，同到青年會吃飯。飯畢，到大陸飯店小坐，歸。洗浴。

晗初謂數年不見，已蒼老矣。按，此語已聞許多人說，足證我于此數年中確老得多了。若再不急起用功，尚有用功時耶！

八月五號星期一（七月初一）

王鳳生來。算賬。看《閱微草堂筆記》。

寫紹孟，程仰之，戴季陶，商錫永信。聚賢，賓四，佩靜來。其可，旭輪來。四點，聚賢，佩靜，其可別去。賓四，旭輪留看書畫。緝熙來。受祉來。

看《閱微草堂筆記》畢。

想作事，無氣力，奈何！牙齒不痛了。

八月六號星期二（七月初二）

到三元坊，訪汪校長，商請賓四到粵事。并晤欣伯，遂生，鳳生等。到中央飯店定菜。

到平江小學訪子清，遇之。到天賜莊訪海澄，旭輪，均不遇。到公園，緝熙，子清，賓四，海澄陸續到。并晤計碩民，張劍秋等。將出園，履安偕介泉夫人來，遂同出。

到中央飯店宴客，十時許歸。

今晚同席：江伯屏　潘介泉夫婦　陳子清　蔣仲川夫人　程國任夫人　陳海澄　吳緝熙（以上客）　予夫婦（主）

八月七號星期三（七月初三）

伯南先生來。到國華銀行取款。到觀前買物。到吳子祥先生處拜壽。

寫楊振聲信，辭清華邀。子清來看書畫古物。緝熙來。

傅女士邀履安聽音樂。看蔣瑞藻《小説考證》。

八月八號星期四（七月初四）

寫徐旭生，陳乃乾，蔣崇年，汪安如，容希白，容媛，王伯祥，章君疇，起潛叔信。緝熙搬傢具來。

沈剛伯，曾珹益二君自普陀來，予偕其在城東散步，到公園啜茗。打電話至緝熙處，他來。十時，別歸。

與伯祥書曰：“此半年中的時間，全在交際場中費去，此心之不寧定，即到空閑的時候亦不能從事工作，可見政界中人向上之難，吾輩正不能苛責之耳。”

八月九號星期五（七月初五）

七點半，到中央飯店，訪沈，曾二先生，緝熙偕安貞來，遂雇車同出，游汪義莊，虎丘，五人之墓，李公祠，龍壽山房，留園，西園，寒山寺，北寺塔，拙政園，獅子林等處。夜，回至中央飯店小憩，又步到松鶴樓吃飯，緝熙還鈔。飯後同到稻香村購物。予別歸。

八月十號星期六（七月初六）

蔣犀林來。寫父大人，健卿信。到定慧寺拜有斐之祖百歲陰壽。到定慧小學訪陶蓉初。

十一點，到中央飯店，與緝熙，沈剛伯，曾珹益到閶門載生局輪埠，上飛宏船。十二點開，四點半到甪直。即到甫里小學，緝熙照羅漢像片，予到殷宅。復還校，領他們游甪直全鎮。

到殷宅吃飯。看《塑壁殘影》。到門外橋面乘凉。十點睡。

八月十一號星期日（七月初七）

五點許即起，品逸伴至西漲匯吃點，到校照羅漢像。七點三刻，到東市，上六通公司之輪船，十點到昆山。將行李寄與大街兆興昌內之久餘莊（視之所在），予等游公園。視之來，同上馬鞍山啜茗。下，視之邀至大街吃飯。

飯後到南社（視之等三十人所組織之俱樂部）啜茗看報。三點半，雇車上車站，四點二十分，車來。至蘇州站，予與緝熙下，沈，曾二君徑赴南京，遂別。雇車進城，洗浴。

看《秀野草堂詩集》。

俠君公一生事實，足爲清初名士史之中心，宦途雖蹭蹬，而交游遍天下，主持文壇者垂四十年。其詩集極不易見，今乃由起潛叔購得杏樓公重刻本，借與我讀之。將來有暇，當爲作一詳傳。

八月十二號星期一（七月初八）

到蔣宅訪頌皋，談一小時。到吳瞿安，汪仲周處，均未遇。看《秀野草堂詩集》。

寫父大人二信，又簡香，戈競午，吳辛旨，朱驪先，江小鶼，黃振玉，陳萬里信。又謝函三。

寫田伯蒼信，謝女師大之邀。

八月十三號星期二（七月初九）

寫紹虞信。吕玉書來。蔣企鞏之祖母三十周年，到大乘庵拜之，留飯。

頌皋來談，同到小凌巷訪旭初，與旭初父子同到拙政園茗談。

到松鶴樓吃夜飯。

　今晚同席：孫伯南先生　吳旭初父子　頌皋(以上客)　予(主)

八月十四號星期三（七月初十）

寫玄同先生信，具述不能到師大及女大兼課之苦衷。發謝壽信。擬北平請客單。

小眠。寫發謝壽信。緝熙來。

到仲川家，爲頌皋邀宴也。

　今晚同席：秦皞唐　吳朂初　姚□□　陳欽溸　予(以上客)　頌皋(主)

八月十五號星期四（七月十一）

理謝壽信，訖。寫盧麗芙信。

寫劉萬章信。寫黄仲琴信。竹庵叔祖來。到吳苑，遇典存等。

海澄邀宴于青年會。

　今晚同席：吳緝熙　潘介泉　吳旭初　吳頌皋　予(以上客)　陳海澄(主)

八月十六號星期五（七月十二）

賓四來。振鶴來。履安及艮男到甪直去。叔父處家祭，往拜。適之先生來電話。適之先生此來，係應蘇州青年會之邀，講“哲學的將來”者。

到蘇州飯店訪適之先生，忽見譚女士在，大奇。丁庶爲先生夫

婦兩子亦在，祖望亦來。雇船同游龍壽山房，李公祠，虎丘，五人
之墓等處。

上岸，慕愚別去，予等飯于久華樓，丁氏夫婦所請。十點後歸。

譚女士之獄，去年以江蘇特別法庭取消，未了結。今移歸江
蘇高等法院辦理，傳其到庭，遂由日本歸國。患胃病，在上海醫
院割治，尚未瘥，今日扶病到蘇。欲訪我地址，不得。適與適之
先生同寓蘇州飯店，遂相晤見。三年渴思，忽于今日無意中遇
之，真使我喜而不寐矣。渠今頗有意研究滿蒙問題，欲在日本搜
集材料，到北平研究之。以彼之才性學力，由政治生涯轉向學術
之途，必可有大成就，惟祝其身體強健耳。

八月十七號星期六（七月十三）

寫保譚女士信。到仲川處，略談。到耀曾處，與之茗談于鳳翔
春。到高等法院，晤童家埏，楊學優，蕭同茲諸君及慕愚。至十一
時許，始審及慕愚，予等旁聽。

出院後與四君同到三雅園吃飯。出，同到滄浪亭，可園，蘇州
中學高中部游覽。出，予與譚，童二君到緝熙處。出，予到公園，
遇蘊若姨丈及育才，王幼六等，晤楊君，譚等來稍坐，即到車站，
送適之先生及蕭君行。

到蘇州飯店，他們邀吃飯。談至十點別歸。

今日予第一次到法院旁聽，儀式甚簡單，審訊者為彭个臣庭
長，湖北人。今日差不多已宣告無罪，惟須下星期四宣判耳。

八月十八號星期日（七月十四）

寫汪典存信，寫潘由笙先生信。到黃頌堯處，與之同到健卿
處。又到嚴衙前，晤兩叔祖及起潛叔。又到子清處，取晉磚拓本。
十一時，到拙政園，晤慕愚，緝熙，安貞。

十二時，出拙政園，與慕愚同到觀前購物，送她上車站，在站遇頌皋，以中。與安貞同到松鶴樓吃麵，到公園圖書館看書。歸，洗浴。

起潛叔偕聞野鶴來。同到青年會吃飯，到來青閣看書。

別時黯然，望見渠在車箱中正拭泪也。夜中思之，亦復泣下。

八月十九號星期一（七月十五）

到中央飯店訪野鶴。與來青閣商書價。與野鶴同到松鶴樓吃點，購益元堂羊毫筆贈之。與起潛叔到吳苑品茗，緝熙，振鶴來，同到三清殿，雷祖殿等處照相。起潛叔別去，予等游三清殿以西各殿及方丈，到松鶴樓吃飯。出，到東嶽殿攝影，起潛叔及扶蒼叔來，同游三清殿以東各殿，到觀前購物。歸，洗浴。在吳苑遇步丹，黃俊保。

休息。失眠，看茅盾之小説《虹》。

四日來天天失眠，天天喝酒。

今日到三清殿等處照相，爲欲在《民俗周刊》中出《蘇州玄妙觀專號》。

八月二十號星期二（七月十六）

到王宅看萬里，到臨頓路吃點。到皮市街訪欽溙。到三六園定菜。歸，萬里，孟恕來，佩書來，緝熙來。與萬里，緝熙，孟恕游耦園，照九獅凳。

飯後，萬里即去，乘車返杭。緝熙稍坐亦去。寫譚女士信。與康嫒筆談。洗浴。

早眠，然上午二時又醒，至天曉稍得眠。

康嫒生十七年，予未嘗一加訓誨，今日乘疲極小休，又履安不在家，因詳爲指示，計分三項：1. 母事忙，要你幫助，不可違背她的命令。2. 必須有自立的能力，始可不受別人的氣。3. 婚事可自擇，但必須出以鄭重，此兩年中不可向任何人表示態度，應徐爲觀察。

八月廿一號星期三（七月十七）

理物。記日記六天。算賬。寫健卿信。接緝熙來電話。十二點，到船埠上船。

在船遇朱蘊石姨丈母及克維内侄。四點半到甪直。沈政傳及綏貞侄女來。

與履安到朱姨丈及康伯家。

無端相遇胥江湄，柳拂船唇疑夢迷。天意故教眠不着，好將長夜付離思。

八月廿二號星期四（七月十八）

康伯來，邀往吃點，又到交誼社品茗，到伯安處吃飯，看馮懷玉畫西洋畫，并看沈氏藏書畫。

還，患腹瀉，稍眠。到伯堅處，晤伯堅，雲林，綏貞，戴伯衡。良才來談，季達來。

乘凉後早眠。

八月廿三號星期五（七月十九）

康伯來，同往吃點，到交誼社品茗。歸，到朱姨丈處借《甫里志》兩部（陳志及彭志）。寫請柬。雲林來。

看《甫里志》，摘記若干條。伯堅來。

八月廿四號星期六（七月二十）

六時，乘舟與朱姨丈到磧砂，看磧砂寺遺址。十時歸。綏貞，伯衡來。到康伯處吃飯。

　　剃頭。看《甫里志》畢，即還之，轉借《昆新志》。

　　到花籃廳宴客。十時散。

　　今晚同席：沈伯寒　朱蘊石　殷康伯　殷習新　殷景呂　殷
品逸　殷季達　嚴良才　殷克維（以上客）　予（主）

　　來座未入席者：伯堅　雲林　循之

八月廿五號星期日（七月廿一）

　　看光緒《昆新合志》。到伯堅處吃飯。小眠。

　　與履安到蔣冰壺，陸應雷兩連襟家，又到良才家，季達家，又
到趙季蕃内母舅家，由田塍中走歸。

　　看《昆新合志》。

　　今午同席：予　履安　戴伯珩（以上客）　　伯堅　雲林
綏貞（以上主）

八月廿六號星期一（七月廿二）

　　看《昆新合志》畢。到朱姨丈處。朱姨丈來，又向之借許起
《甫里志》及徐達源《甫里人物志》。

　　并力看許徐兩志，鈔至十一時畢，蚊蟲噆體，苦甚。到蔣冰壺
家，赴宴。

　　失眠，至上午二時始矇矓。

　　今夜同席：予　良才　金里千　金芳林　品逸（以上客）
冰壺（主）　履安等在内室吃飯。

八月廿七號星期二（七月廿三）

　　寫朱姨丈信。五點許起身，七點上船。船上遇克維。在船看聖
陶《未厭集》，畢。

十二時到蘇，雇車歸。倦甚，小眠。洗浴。續鈔《文瀾閣目索引》序，未畢。

八月廿八號星期三（七月廿四）

到高等法院爲譚女士鈔判決書，未得。到振鶴處略談。寫譚女士信。郭魯卿先生來。改《四庫索引》序訖，寫楊以明信。毅卿來，留飯，三點許去。

寫翟覺群，朱驪先，容元胎，聞野鶴信。

記日記七天。

八月廿九號星期四（七月廿五）

潘博山兄弟來。金家鳳來，長談。

看《元雜劇選》，改正句讀等。

六年前，王雲五先生交我《元曲選》一部，囑作曲選，久無暇爲之。此次在平，請定生代爲之，今日取其稿看，錯誤甚多，一一爲之改正，終恐未盡也。此書共十二萬字，看商務中給我多少錢。如多，將來當再爲他書售之。

八月三十號星期五（七月廿六）

與履安到郭宅。到曹宅，吊聽馭夫人之喪。終日看《元雜劇選》，改正句讀等。

王佩書來。

曹聽馭夫人，嚴太太之養女，大予九歲，幼時常同游，予呼爲大寶娘娘。境遇拂逆，坎坷以終，甚可悲也。

八月卅一號星期六（七月廿七）

五時半起，看《元雜劇選》，畢，釘成四冊。寫何柏丞信。黃頌堯來。

　　飯後到站，照料郭魯卿先生夫婦。趁二時半特快，四時到滬。訪伯祥，適出。到吉陞棧，與郭宅諸人晤，定一室。到魯弟處，又到秋白處。在魯弟家吃飯。談至九時歸。看衛聚賢《古史研究》。

一九二九年九月

九月一號星期日（七月廿八）

　　六時起，待伯祥不至，看《古史研究》。八時半，到伯祥處，則彼已來矣。留條而出，到站上車，遇毅卿，同車談甚久。又遇趙公紱夫婦。

　　一時半到家。休息，看《寄蝸殘贅》略畢。

　　周炳麒來問到粵方法。

九月二號星期一（七月廿九）

　　理物。賓四來。緝熙來。子清來。寫伯祥，秋白信。

　　到伊耕叔處，到琯生處。到健卿處，參觀女子職業中學（即舊藩署）。到汪宅看外祖母，到三元坊，訪欣佰及賓四。到護龍街訪陳淑，未晤。

　　與欣伯到松鶴樓吃飯，彼所請。遇孟恕，朱保雄等。歸，寫志希及父大人信。

　　夜歸，看燒九思香（俗呼狗屎香）者甚多，家家戶外階下插香燭殆滿，覺此信迷信直是玩藝，無取消之必要。

　　欣伯告我，謂兩星期前，上海某小報謂我已就商務編輯，此亦爲我造謠也。

九月三號星期二（八月初一）

到博山處談行期，并看其藏書。歸，緝熙已送伏生來，即到緝熙處。理物。寫馮續昌信。孫伯葵來，爲寫狄君武信。

到孟恕處，到吳外姑處，到車站爲履安定臥車票，到毛姨母處，到殷外姑處，買筆，到鑑賞齋，歸。

到青年會，健卿邀宴也。同座爲女中楊君。

緝熙子伏生（名樹德），生而半聾啞，故囑我帶之到平，與康媛同校。

九月四號星期三（八月初二）

寫毅卿，馮續昌，伯祥，魯卿丈，秋白表弟信。伯南先生來。根先弟來。與履安到珠明寺萬鐵匠店內看病（不孕），到中市商業銀行取款，到觀前購物，訪伯屏，不遇，歸。周外祖母來，留飯。

義昌福來算賬。整理壽詩文，訂冊，粗看一過。鑑賞齋來送裱就書畫，結算賬目。

九月五號星期四（八月初三）

終日理壽文壽詩壽聯，略畢。緝熙來。

寫父大人，馮續昌信。寫崇年信。殷外姑來。竹庵叔祖來。

理物至十時半。寫封條數十紙。

蘇州到上海行李，每百斤應納費七角餘。到北平，在廿五斤內即須五元二角五分。

九月六號星期五（八月初四）

六時起，理物，鎖畫櫃書箱等門，至十一時畢。緝熙來。十一點，吃早飯，坐船出。

履安，緝熙到站送。乘兩點廿分特快，四點到滬，即入吉陞棧，住八十四號。寫履安信，魯卿先生來。晚飯後，訪伯祥，未遇。寫履安信。

到魯弟處，秋白亦來，談至九時，歸。

魯弟告我，上海有《小日報》，罵我爲父大人作壽爲思想落後，謂前與李大釗在北大同事，今乃相差至此。這種事情，亦累人品評，可見社會裁制之嚴。然我本不想做社會上領袖人物，我也不自居于思想家，我原不負改進社會之責任也。

九月七號星期六（八月初五）

理物畢，與兩女及伏生同到魯弟處，晤張姑丈。出，到適之先生處，并晤林語堂。出，到先施，永安兩公司購物，還旅館。

到寶山路，吃麵當飯。到商務書館，晤伯祥，聖陶，振鐸，調孚，予同，達人，柏丞，伯嘉等。與達人同到仰之處，未遇。還旅館，到魯弟處。到子民先生處，到志摩先生處。

到重九弟處，同到魯弟處吃飯。九點歸。理錢。看《新月》。

船本于明晨開，今晚可住在船上。但夜間歸來，知船改于明日下午一時開了，只得仍開房間住下。

今晚同席：朱壽彭　高□□　吳圭如　吳秋白　朱□□　張子豐　予（以上客）　魯弟（主，爲子繩生彌月）

九月八號星期日（八月初六）

算賬，寫健常信。與康，艮二女及伏生同到大馬路一帶散步。十二點，上新銘船。

二點半，船開。臥床看《最近十年之歐洲》。

《元雜劇選》，商務只肯出三百元稿費，或抽百分之十五的版稅，遂允以抽版稅法出版。

九月九號星期一（八月初七）

臥床看《梅蘿香》劇本，畢。

看《少婦日記》，未畢。

　昨日過佘山後，風浪甚大，今日更大，予數次乘北洋船所未經也。屢次打噁欲吐，臥不敢起，亦不敢吃飯。此行本想在途中看史學書，以風浪大，無心看，康媛有小説數種，即取覽。

九月十號星期二（八月初八）

臥床看《少婦日記》，畢。看《赤戀》，未畢。

　近日所看三種小説，《梅蘿香》係寫女子爲經濟壓迫，失身于人，爲其情夫所棄，猶是舊道德觀念。《少婦日記》爲十七世紀一蘇格蘭女子所寫，極真實，可藉知歐洲人生活狀態。《赤戀》則近年俄國女作家柯倫泰夫人所作，寫共産黨員戀愛事，一女子不甘作太太，以己之地位讓與其夫之情人，寫得甚有魄力，惜譯筆不佳耳。

九月十一號星期三（八月初九）

臥床看《赤戀》，畢。看雜書。晨到烟臺，下午二時開。驗病。

　昨日風浪較小，今日又大。渤海向來甚平，海天一碧。今則不碧不平矣。

九月十二號星期四（八月初十）

驗病。九時到唐沽，運物下船，上小火車到唐沽站。購票，磅行李，換錢，吃飯，到稅關驗木器。

　二時許上車，車頭到楊村忽壞，本七時可到，乃遲至九時半。到平後，入西河沿宴賓旅館，以不及到燕京也。

到車站提取行李。失眠，起算賬。

　一上岸，帶了許多行李，沒有法子，只得給車站上的站員和脚夫大敲特敲了。

九月十三號星期五（八月十一）

雇汽車一，與康媛，伏生到書社，到聾啞學校，康媛留。予與伏生同到太平倉陶宅。還旅館，看運行李。與希白同到燕京大學，訪校長等。到紹虞家，與履安相見。

休息，略理物。希白，媛女士來，同到燕東園彼之寓所談話。與小學校長王淑儀女士接洽艮男入學事。

休息。

九月十四號星期六（八月十二）

與履安携康媛物件到城，八時出發，十時始到。即至景山書社，分配贈人物件。與博山等遇于書社。到定生處。到王姨母處，吃飯。

與履安到碧澄處，又同到書社，到聾啞學校。予獨至陶漱石家，携伏生到聾校，付學費，與履安同到西四乘電車到東安市場購物吃飯（五芳齋）。

與履安訪建功，不遇，步行到中央飯店，訪博山等及蘇演存，均遇之。回姨母處住宿。

在船上動搖了三天半，竟成胃疾，近日吃飯到第二碗時即覺噁心。

九月十五號星期日（八月十三）

七時許，從姨母家出，到景山書社，理物上車，由張聯瀛押送。予與履安到南池子乘公共汽車歸燕京。與金松岑先生談。

盧季忱來，留飯，談至三時別。予送之上公共汽車。到清華訪芝生，佩弦，均不遇。道遇周振鶴。步歸。理物。

與履安到容家吃飯。

今晚同席：予夫婦　自珍（客）　　希白夫婦　容媛　容琬　容琨（主）

本日爲本生祖父二十周年，父大人及魯弟均歸。

得梁漱溟先生來書，知教科書之被禁係王鴻一之主意，陳亞三（北大同學）爲之執筆，與他及莘田無關。

九月十六號星期一（八月十四）

到全希賢處，未遇。理物。記日記八天。碧澄來。援庵先生來。算賬。亮丞先生來。與履安到佩弦處，金甫處，志希處，芝生處。與雷川先生同到子通處。

希白宴《燕京學報》同人，十時歸。

援庵先生出師範大學聘書見貽，囑任古史研究兩小時，無可奈何，只得却之。

今晚同席：吳雷川　博晨光　陸志韋　劉廷芳　黃子通　馬季明　郭紹虞　予（以上客）　容希白（主）

九月十七號星期二（八月十五　中秋）

校《四部正譌》，畢。芝生來。

佩弦偕其夫人子女來。算賬畢。張升來。

希白一家來，同到南大地步月，又到希白家小坐。

九月十八號星期三（八月十六）

希白偕冼玉清女士來，同到燕大，參加做禮拜。歸，與履安到新屋計畫。寫既澄，定生信。

與履安同到庶務課，圖書館，朗潤園。到校，上課一小時。兩遇金甫。到希白處，看博山等及冼女士。

在希白處留飯，與冼女士等談。

九月十九號星期四（八月十七）

將存在紹虞處之物件遷入新屋，往來照料。五人運物，尚未畢。到趙紫宸先生家吃飯。

將臥室略略布置，今夜即住入。

今午同席：冼女士　希白夫婦　予（以上客）　紫宸夫婦（主）

九月二十號星期五（八月十八）

繼續運物，畢，從事整理。

九月廿一號星期六（八月十九）

履安等游頤和園。終日理書。

容女士來。碧澄來。陳百年先生來。

陳百年先生爲北大校長，今日親到燕大宿舍，邀予任北大教職。予以北大黨派太多，攻訐太甚，婉詞拒之，心中痛苦可知矣。

一九七三年八月記。

九月廿二號星期日（八月二十）

逮曾來。終日理書。

九月廿三號星期一（八月廿一）

壽林來。理書。希白來。豫備功課。

到校，上課二小時。到庶務課。馮續昌，潘博山，李□□，何定生來。與王克私立談。到校門送博山等。

到紹虞處。

九月廿四號星期二（八月廿二）

終日理書，將西廂三間布置略完。定生來，留飯。

芝生來。容女士及其侄女來。

九月廿五號星期三（八月廿三）

在中間及書房挂書畫。到希白處午飯。飯後陳，傅，徐，容四君來小坐。

到校，上課一小時。到達園，訪潘由笙先生，并游覽一周。

趙世泰君來。休息。

今午同席：援庵先生　孟真　中舒　予（以上客）　希白夫婦　容女士（主）

九月廿六號星期四（八月廿四）

終日理大櫃。到王克私家吃飯。與王善賞談。

校《四部正譌》。

今午同席：費賓閨臣(Mis. Frame)　王世富(善賞)　希白　予朱士嘉　Miss Cherrey　又西婦兩人(以上客)Mr. and Mrs. Ph. De Vargass(主)

九月廿七號星期五（八月廿五）

八點，雇車進城，到聾校。出，到中央研究院，晤孟真等。到書社。到介泉處。到仲澐樂夫處。到金源處，未遇。又返介泉處吃飯。

飯後到平伯處，未遇。到在君先生處，亦未遇。到既澄處，亦未遇。到孔德，遇逮曾。到維鈞處，遇之。到祚茝處，遇之。到小市看木器，與續昌偕。到上沅處，未遇。到衡哲處，遇之。到援庵先生，旭生先生處，均未遇。到真如處，遇之。訪昺蘅，不遇。

到錢糧聚壽堂，賀幼漁先生母七十壽辰也。住中央研究院。

從今日起，到下星期二止，爲燕大開幕紀念，日有游藝及開會，予亦被邀宣讀論文。

謝女士告我，慕愚已嫁童家埏，但感情不好，謂聞之其同主義者。予意，以慕愚個性之强，如何能爲人作主婦。然此次到蘇，渠與童君之間固未見其不合也（她且告我童君之好）。渠前年到重慶，諒此事已諧（童爲重慶人）。宿中央研究院，聽泉竟夜不寐，思此。

九月廿八號星期六（八月廿六）

六點起，到景山書社取物，到南池子候車，七點一刻開，三刻到。寫定生信及其姊峻機女士信。續昌來。亮丞先生來，同到希白處，晤媛女士，同到子通處，未遇。

杜校長帶康媛及伏生來。冼女士偕劉女士來。潘由笙先生來。毅卿偕張兆瑾來。

與康媛，伏生到校看游藝會。

九月廿九號星期日（八月廿七）

作《孔子事實的變遷》一文，謝客爲之，約得四千言，僅至戰國耳，而頭已痛，只得停止，明日宣讀論文只得改爲《易經中的故事》，將舊稿塞責了。

杜老師來，帶康媛及伏生返校。希白來。

九月三十號星期一（八月廿八）

與希白同到校，參加紀念周。到丙樓，宣讀論文。十一時歸，希白來。看《白屋文話》。

理書，將客廳中之書箱及書均改置東廂。擡板箱置耳房中。北大史學系帥，瞿二代表來，邀往任課。

寫星期日補父大人壽宴請帖，工作至十二時始畢。

一九二九年十月

十月一號星期二（八月廿九）

寫致北大史學系同學信，約二千言。看《白屋詩話》。冼女士來。

因上午所寫之信不愜意，重寫，約三千言。只許他們以私人資格和我往還，決不使我兼北大課。寫何叙父信。到清華，晤芝生，碧澂，松岑。又訪振鶴，香林，皆不遇。

紹虞來。宴容氏一家。

今日本宴冼女士，以她上下午均有東道，遂改宴容家。來客爲希白夫婦及其子女與媛女士。

昨北大代表來，余心一軟，幾允之。今晨寫給他們信，有兩星期去一次演講及請他們邀黎光明君居我之課之名等語。履安見之，不以爲然，予頗焦灼，遂致牙痛，卒改寫之。

十月二號星期三（八月三十）

理書桌。寫答學生研究問題案，凡九函。

到校，上課一小時。理書。到朱士嘉處，到紹虞處。

記日記七天。爲牙痛早眠，然上午一時即醒，直至天明始稍得眠。

牙痛甚，塗藥不效。此予本年新疾，非右面盤牙脫去不能愈矣。此牙一痛，便覺滿口之牙皆發浮。

十月三號星期四（九月初一）

整理信札。寫伯祥，父大人，適之先生信。續發請客柬。

牙痛，神疲，臥床上看良才之《惆悵》。

九時即眠。

右頰以牙痛致腫，前此所未有也。晚尤甚，精神衰頹如大病後。蓋數月來常在勞頓中，宜其脱力也。

定生出了一册《關于胡適之與顧頡剛》，趁予在蘇時印成。此次予來，見之大駭，恐小人藉此挑撥，或造謡言，即請樸社停止發行，且函告適之先生，請其勿疑及我。

十月四號星期五（九月初二）

寫緝熙，何柏丞，趙世泰信。金秉鈞帶修電燈人來。理書。理東廂書籍雜紙，尚未畢。容女士來校對名人生卒片。

《吳歌甲集》擬在商務書館重印，函何柏丞詢之。

十月五號星期六（九月初三）

理東廂書籍雜紙第一次就緒。容女士來校對名人生卒片。裝電燈畢。

點讀靜安先生《太史公繫年考略》。

十月六號星期日（九月初四）

與希白兄妹及履安到後門，訪鮑汴（原名奉寬），不遇。予到書社，到東安市場剃頭。到忠信堂招待來賓。

飯後與希白到曹宅，與履安，媛女士，曹小姐等到上斜街東莞會館。又到大柵欄定做大氅。予獨到馬神廟，訪帥，瞿兩君，并晤定生。乘六點半車歸成府。

寫百年先生及帥，瞿兩君信，辭北大講師之聘也。

今日到客：平伯　松岑　殷英　亮丞　聯潤　續昌　芝生大珩　金源　子通　丁山　莘田　希白　紹虞　孟真　金甫　佩弦　枚孫　幼漁　隅卿　庶爲　雷川　介泉　逮曾　援庵　玄同

郁周　建功　旭生　稻孫　仲澐　半農　元任　斐雲　中舒　由
笙　真如　伯屏　既澄　麐伯　辛旨　冰如　樂夫　之椿　叔屏
贊廷　怡蓀　昺薌

共四十八人，坐五桌。又來客中忘書二人：百年　叔父

未入席，因事早去者二人：兼士　在君

未到者廿一人：聯瀛　宰平　維鈞　巽甫　濟之　碧澄　上
沅　魯卿　志希　亞農　叔存　叔平　啓明　彥堂　寅恪　慰堂
君璧　友卿　守和　伯蒼　孟和

發帖七十一（七十三）份，其百分數爲：
入席客　六七・六　早退客　二・八　不到客　二九・五
約七與三之比。將來請客時，可以此作比例，然後定菜。

十月七號星期一（九月初五）

豫備功課。馮續昌君來，交與所作文，算字數。

到校，上課兩小時，講《史記》通論。與王善賞談。到吳校長
處，未遇。

記日記四天。

履安昨宿曹宅，今日仍未歸。

我的學生：研究院學生：朱士嘉　李鏡池　本科生：韓叔信
楊寔　齊思和　趙豐田　曹詩成　國文專修科生：徐緒昌　徐
文珊　黃振鏞　國學研究所學生：班書閣　牟傳楷

十月八號星期二（九月初六）

整日編《上古史研究講義》，約得三千言。趙世泰來。玄同先
生來長談，留飯。

鈔講義材料。

十月九號星期三（九月初七）

編講義。到司徒雷登家吃飯，并開會討論國學研究所事。

上課一小時。到善賞處。

鈔講義材料。

今午同席：援庵先生　紹虞　雷川先生　希白　劉廷芳　博晨光　許地山　亮丞　季明　王克私　吳此　子通　予（以上客）　司徒雷登（主）

十月十號星期四（九月初八）

懸客廳書畫照片，訖。振鶴香林來，同到容女士處，歸，留飯。

寫碧澄信。出校門，雇車進城，到叔父處，不遇。到鄭楚生處，亦不遇。到協和醫學校禮堂，觀許雨階結婚。到旭生處，不遇。到中央研究院，吃飯。

與孟真同到建功家看灤州影戲。歸，防失眠，看《毛對山筆記》，至上午一點。

雨階結婚，完全用西洋禮，但由牧師訊問及捺印，無交拜禮，又一西人唱歌兩節，無中樂，此予第一次見也。

所看灤州影戲爲《下河南》，《白兔記》，《老媽談北京》。

孟真復勸予回中央研究院，月薪四百元。予既已脫離是非圈矣，何苦復投入耶！在燕大中，說得好些是客人，說得壞些是洋奴，然不負事務上之責任，可以優游學圃，則固事實也。嗟呼，予寧曳尾于塗中矣！

十月十一號星期五（九月初九）

七時，出北海，訪旭生，光明，定生，到景山書社，寫善賞，金源信。到中海，參觀北平圖書館圖書展覽會，留飯。

與何叙父及孫君同出，到炭兒胡同看古董，同乘汽車到成府，先到希白處，後到予家，留點。

休息。

今午同席：尹默　叙父　文玉　王重民　孫君　守和　予……本桌，其他尚有三桌。（主）守和　稻孫　鴻寶　王訪漁　劉國鈞

十月十二號星期六（九月初十）

編講義，即送校付印。君璧來。

兩學生來。碧澂來。與履安同雇車進城，予到北大上課，約一小時半。到書社，待履安來。與履安訪謝女士，未晤。游中南海。

與履安到東安市場購物，在五芳齋吃飯。九點許，歸王宅住宿。

北大史學系必欲予擔任功課，因定"史記研究"一門，兩星期一去，或一月一去。盡義務，不支薪，不上課堂，不算北大教員。今日來的學生約二十人。

十月十三號星期日（九月十一）

與履安到冼女士處，到景山書社，到繆金源處，到仲澐處，到介泉處，到莘田處。到亮丞處吃飯。

到李巽孚先生處。與履安到瑞蚨祥及永增源取衣購物。到南池子候車，五點半上車，六點許歸。

休息。看報。

今午同席：英千里夫婦　黃子通夫婦　希白　昴蘅　予夫婦（以上客）　亮丞夫婦（主）

第二集團軍宋哲元等正式通電聲討蔣介石，隴海路已停，此幕既揭，不知何日始寧謐矣。

十月十四號星期一（九月十二）

班書閣來問業。編講義千餘言。

到校，上課兩小時。與艮男到芝生處，未遇。到碧澂處，遇之。到佩弦處，遇之。

到紹虞處，吃飯，談至九點半歸。

今晚同席：雷川　全希賢　季明　希白　祝廉三　薛瀛伯　予（以上客）　紹虞父子（主）

定生昨日搬至楚生處。他太無自知之明，來書猶甚負氣也。其實，他自己的生計尚顧不及，哪能還債！

十月十五號星期二（九月十三）

終日編《上古史講義》，約得四千言。

玄同先生來。到希白處。

記日記八天。

履安近日無精神，怕冷，肋骨下痛，恐將病。她身體如此不濟，奈何！

樸社馮續昌君此後每星期一至三住在我家，爲我編錄文字，以便《古史辨》等可出版。予月給以十四元。

十月十六號星期三（九月十四）

班書閣偕牟傳楷來，此二人皆派與予之研究生也。平伯來談，留飯。

上課一小時（出問題）。

看聖陶新撰小說《倪煥之》。

履安連日不舒服，今夜果發熱矣。

十月十七號星期四（九月十五）

寫謝女士信，許雨階信。編講義約三千言（《楚辭》，畢。又

《山海經》，未畢）。庶務處派人來裝爐子。

史學系學生開迎新會，予作一簡短之演説。

標點王柏《詩疑》。

履安今日雖退涼，仍不好過，晚又發熱。

始與瞿兑之，陸懋德兩先生晤面。

贈許雨階與朱佩璇女士喜聯曰："閩海迎新侶，燕山度綺年。"贈徐疇青喜聯曰："春光得共賞，秋月照重圓。"

十月十八號星期五（九月十六）

重草《周易卦爻辭中的故事》。

朱士嘉來。與希白到司徒校務長室握別。

標點《詩疑》。

今晨履安退涼，上市買物，歸，旋覺不適，卧，熱又作。

司徒雷登校務長，後日動身到美國募捐燕大基金，本日在其寓所開話別會。

十月十九號星期六（九月十七）

重草《周易卦爻辭中的故事》，以履安病，不能構思，僅集材料耳。

標點《詩疑》。

履安每晨均出汗退涼，而午後則熱度又高。

十月二十號星期日（九月十八）

以履安病，頗無心緒，今日又值星期，所以就伴了履安一天，未作事。僅將馮續昌君所鈔予文篇目片整理一過耳。看《倪焕之》小説。

覆看《詩疑》標點。

履安熱度甚高，列氏表至三十九度六。只得延醫矣。附近薛家胡同有中醫馮君者，當延之。

今日未出門，亦無客來，可見住郊外之閑。

十月廿一號星期一（九月十九）

希白來。看《奇觚室吉金文述》，看《前文人》。豫備功課。木匠來，講定書架價。

到校，上"上古史"兩堂（《堯典》，《國語》）。

馮醫來診。看《尚書駢枝》。

醫言履安是秋溫，或轉瘧。

馮續昌君本星期起爲予鈔去年講義按語。

十月廿二號星期二（九月二十）

郭太太來視疾。編《上古史講義》（《山海經》畢，鄒衍亦畢）凡三千餘字。王姨母來，飯後同到燕東園，朗潤園及燕京大學游覽。

玄同先生來。清華木匠來。馮醫來。

覆看《詩疑》標點。

馮醫謂今日病象比昨日爲好。

今日北平人力車夫大打電車，交通幾斷絶。王姨母歸家，竟由西直門步至東單牌樓。

十月廿三號星期三（九月廿一）

審查《經義述聞補正》及《古文尚書非僞考》。寫研究計畫書。紹虞來，與同到校務長室，開會討論研究生學則。在室吃飯。

上課一小時（出問題）。張長弓，白壽彝來。寫平伯信。

修改昨編講義訖。

履安今晚熱度爲列氏三十八度六，比前數日爲好。每晨熱必退，一喜。午刻熱又來，一惱。

　　燕大國學研究生五人：

白壽彝　哲學　歸子通指導

張長弓　張壽林　文學　歸紹虞

牟傳楷　班書閣　史學　歸我

十月廿四號星期四（九月廿二）

　　希白來二次。李，金兩醫生來。到芝生處，送講義。鈔清《周易中的故事》二頁。

　　朱士嘉來。牟傳楷來二次。李醫生偕曹新三來。記日記九天。班書閣來。容太太，容小姐來視疾。

　　馮醫來。寫父大人，簡香信。

　　西醫李君來，謂履安是腸熱或腸癆不能定，已請協和化驗血質。聞之頗悶。彼又勸履安到協和醫院治療，她不肯。

　　今日頗思作文，而客來甚多，履安又病，張媽一出予即爲應門之僮，竟未如願。

　　希白邀共游安陽，參觀發掘，心固甚願，惟履安病，終不忍耳。

十月廿五號星期五（九月廿三）

　　到希白處。寫聖陶，伯祥，振鐸，予同信。尋《莊子》中之古史材料。

　　寫《周易卦爻辭中的故事》千餘言。步至海淀，爲履安購藥，又購紙，車歸。

　　尋《呂氏春秋》之古史材料。

　　多時作痛之右顎上層盤牙，今日脫去矣，一快。

十月廿六號星期六（九月廿四）

寫"史記研究"題目，爲北大同學，得二十題。郭太太來視疾。謝祚苣女士來，留宿。西醫來。

乘人力車進城，到景山書社，到北大，來者僅六人，談一小時許。到王姨母家，到市場購物吃飯，乘七點車歸。

與謝女士談話。

謝女士言，慕愚與童先生結婚已有二年。

今日履安起坐。西醫來，謂履安血化驗後，知是腸癆。予問要緊否，彼謂不似肺病的分期，只要靜養可不礙。

按此已判定履安是腸癆，可知其病已嚴重。予不能負責爲之治療，是我對不起她；且知抗戰中之死自有其歷史之積因也。

一九七三年七月記。

十月廿七號星期日（九月廿五）

看牟傳楷文稿。與謝女士到紹虞處。與謝女士及紹虞到容宅，到清華園，達園，朗潤園，燕大游覽，留謝女士及紹虞飯。

送謝女士上汽車，候車時間談半小時。到海淀買藥。

尋《淮南子》中之古史材料。

十月廿八號星期一（九月廿六）

校講義。彥堂來。同到紹虞，希白處。留彥堂飯。

到校，上課二小時（《楚辭》，《山海經》）。齊思和，韓叔信等三人來。醫來。寫陳百年先生信，繳還北大會計課來書。

鈔《呂氏春秋》中之古史材料。

近日不知何故，吃飯後血容易上升，面甚紅。

十月廿九號星期二（九月廿七）

編講義四千餘言（《呂氏春秋》；古史及五帝五神）。

玄同先生來。芝生來。

鈔《淮南子》中之古史材料，未畢。

日來履安頗好。下午之熱減至一度以下。惟肚腹甚脹，夜中尤甚。醫言是脾虛也。

昨宵恍惚見羅敷，纔欲寒溫夢已蘇。長嘆一聲向天問，蕭郎終是路人無？

十月三十號星期三（九月廿八）

作《四部正譌》廣告。修改昨作講義。送講義到印刷處。

到希白處，公宴研究生也。援庵先生來。談至三時出。到校，上課一小時（寫問題）。

點馮君爲我所鈔之講義按語。

今午同席：張長弓　張壽林（客）　尚有研究生三人未到。援庵先生（客）　子通　希白　紹虞　予（主）

十月卅一號星期四（九月廿九）

整理《周易卦爻辭中的故事》文稿。寫元胎信。

作此文二千餘言。曹新三來。

點講義按語。

一篇文章不是一氣寫下，簡直寫不成。此文有了材料，但寫下總覺没有精神。何也？以創作欲已過去也。機會之難捉住如此。

《燕京學報》第五期至1416頁，第六期應至1616頁，現已排至1516頁，尚須一百頁，約六萬字。黎作，吳作，錢作，黄作，容，房，批評。

豫算表	（辨僞叢刊）	（作文）	《史記》及《古史辨》
十八年十一月	出《古今僞書考》		
十八年十二月	出《詩疑》，《左氏春秋考證》	《東壁遺書》序	
十九年一月	出《古史新證》	《尚書》中的周初史料（燕大）	
十九年二月	出《古學考》	戰國時的士（中央）	《古史辨》第二册出版
十九年三月	《書序辨》		《史記》第一册出版
十九年四月	《詩辨妄》		
十九年五月	《黄氏日鈔·讀諸子》		《史記》第二册出版
十九年六月			《古史辨》第二册出版
十九年七月			
十九年八月			《史記》第三册出版
十九年九月			
十九年十月			
十九年十一月			《史記》第四册出版
十九年十二月			

一九二九年十一月

十一月一號星期五（十月初一）

終日作《周易卦爻辭中的故事》四千言。希白來。

子通來。醫來。

點講義按語。

十一月二號星期六（十月初二）

終日作《卦爻辭中的故事》四千言。容女士來。

牟傳楷來。朱士嘉來。

看芝生《孔子在中國歷史中之地位》。

履安今晨與郭太太同去叫煤，行動如常矣，晚肚脹亦稍瘥，惟熱度晚間終有些，或四分，或六分，無過一度者。

十一月三號星期日（十月初三）

終日作《卦爻辭中的故事》四千言。寫康嫒信。

朱士嘉來。紹虞來。

休息。

爲作文，四日未出門，在家亦未休息。今晚胸膈間頗似欲吐，急休息，聽話片，早眠。

十一月四號星期一（十月初四）

作《卦爻辭中的故事》開首一章約二千言。希白兄妹來。

豫備功課，答李鏡池之問。到校，上課兩小時（驪衍）。馮太太，郭太太來。牟傳楷來。

記日記十一天。寫何定生，謝女士信。

十一月五號星期二（十月初五）

編《上古史講義》（《秦始皇本紀》中之三皇）三千言。牟傳楷來。

傳楷又來。玄同先生來。

十一月六號星期三（十月初六）

修改《周易中的故事》一文。

豫備功課。到校，上課一小時（今古文之別）。寫北大同學信。以《左氏春秋考證》及《史記》交馮君付印。

寫玄同先生信。

十一月七號星期四（十月初七）

編《上古史講義》三千言（封禪説下的古史）。

翻《淮南子》尋史料。

十一月八號星期五（十月初八）

以昨夜未眠，今日不能作工，休息。

飯後乘汽車到西直門，到魯校看康媛，到景山書社，作廣告，到中央研究院訪丁山，彦堂（彦堂于今晚去開封），到建功處，到孔德學校訪隅卿，并晤啓明先生，與馬季明同到東興樓，應援庵先生之招，十點，乘博晨光汽車回校。

今晚同席：吴此　福開森　鋼和泰　寅恪　元任　叔平　希白　芝孫　地山　紹虞　子通　田洪都　朱希祖　季明　予（以上客）　援庵　博晨光　劉庭芳（以上主）

昨夜以連日爲作文勞頓，又以牙痛及飯粒在氣管，夜中又在《淮南子》中得到重要材料（足以破《易繫辭傳》中的觀象制器説者），精神爲之一興奮，遂終夜未能得眠。

十一月九號星期六（十月初九）

作《卦爻辭中的故事》四千餘言，將全文修改一過，尚未蕆事。（此文約共二萬三千言）

碧澄來。

十一月十號星期日（十月初十）

修改《周易中的故事》一文。北大學生九人來，同到朗潤園。歸，午飯。飯後開話匣。又同游清華園，燕東園，達園，到燕大，訪朱士嘉，同出，參觀圖書館等處，六點，別歸。

點中山大學講義按語。

本日爲援庵先生五旬壽辰。

聞博晨光先生今年亦五十歲。

十一月十一號星期一（十月十一）

校對新印講義。希白來。

到校上課二小時（《呂氏春秋》《封禪書》）。

與履安到紹虞處，與紹虞夫婦同到校務長宅，開成府同人聚餐會，飯畢爲各種游戲，到十點許歸。

今晚同席：王素意女士及其姊　劉偉民夫婦　容希白夫婦及其妹　紹虞夫婦　李術仁醫士夫婦　畢善功　顧羨季　薛瀛伯　曹新三　全希賢　楊蕙卿　予夫婦

十一月十二號星期二（十月十二）

編《上古史講義》，成三千餘言（《封禪書》畢，《莊子》未畢）。牟潤孫來。

容女士來，偕履安到海甸。潤孫又來。到清華訪佩弦，不遇，步歸。

本日爲孫中山先生六十四歲陰壽，學校放假。

十一月十三號星期三（十月十三）

修改昨作講義稿，并續作千餘言（《莊子》畢）。

紹虞來。打開杭州所寄書。豫備功課，到校上課一小時（今古文）。劉偉民來，收燕大捐款，付二十元。金松岑來，留飯，談樸社印書事。

點《古今僞書考》。

印《史記》約二十元，予允籌措一半，借給樸社。

十一月十四號星期四（十月十四）

寫北大同學信。將《周易卦爻辭中的故事》一文全部修改完畢，即送至希白處付印。

班書閣，孫海波來。

休息，聽留聲片。

自上月改作此文，至今日止，已歷廿八天。其中實作凡十天。本文計二萬四千言，足證一日之功不過寫二千餘言也。此十天的整功夫，三年中竟找不到，必至今日而後得之，可見作文的不易。三年中所欲作而未成者，至今日竟脫稿，喜何如也！

十一月十五號星期五（十月十五）

記日記十天。寫馮世五，崇年信。

校《詩疑》畢。編《古史辨》第二册。寫伯祥，聖陶，振鐸，玉清，北大文牘部信。

擬與艮男到校看電影，乃没有，因到石船游覽，并購物。

十一月十六號星期六（十月十六）

　　寫答李鏡池長函，即送去（論神鬼原義），將此函大意鈔入筆記。到校，開研究所學術會議，一路吃飯。爲牟廷楷寫北大研究所信。

　　牟君來。校《周易》一文排樣十餘頁，又加進了一些。

十一月十七號星期日（十月十七）

　　編講義（《淮南子》）。盧季忱領孔德學生六人來，伴游朗潤園及達園，歸飯，飯後與他們及朱士嘉君游燕農園，予又伴其游清華園。歸，志希夫婦及戈君來。

　　與志希夫婦，戈君，履安到黃子通先生處，夜飯後歸。

　　　今午同席：季忱及其弟近曾，孔德男生二人，女生三人（孫德淑，孫德貞，李德媛）　　朱士嘉（以上客）　　予（主）

十一月十八號星期一（十月十八）

　　校對講義。

　　到校，上課兩小時（封禪説，《莊子》）。校對《周易》一文排樣，并加修改。今甫來。

十一月十九號星期二（十月十九）

　　擬乘八點汽車進城，到大門口乃脱班，即雇人力車進城。到景山書社，到孔德學校，到冼女士處，到觀音寺剃頭，到元任先生處，又到冼女士處吃飯。

　　與冼女士同到康同璧女士家，并見同薇女士，取長素先生經史稿兩包歸，四點半登車，至七時乃到家。

　　休息。

　　康氏遺稿竟會給我取到，真是“天下無難事，只怕有心人”。

十一月二十號星期三（十月二十）

編講義千餘言（《淮南子》畢）。平伯來，留飯。

到校，上課一小時（今古文）。

鈔出《漢書·藝文志》中的三皇五帝著述。

得廣州中大來書，悉《研究所周刊》出至一〇八期爲止，以後改季刊。只要真能出季刊，也好。

這個《周刊》靠我的"挺"，居然能出到百期外，真算極不容易的事了。

十一月廿一號星期四（十月廿一）

編講義三千餘言（《漢書·藝文志》中的三皇五帝之著述）。

請紹虞全家吃飯，飯後開話匣。寫玄同先生信。

今午同席：紹虞父母　紹虞夫婦　紹虞妹（俞太太）　紹虞女（新和）（以上客）　予夫婦（主）

十一月廿二號星期五（十月廿二）

到校，送講義稿，購物。編講義三千餘言（《五帝德》）。希白來。

再校《周易故事》一文約二十頁。媛女士來。

履安今日又發熱了，其故近日天氣驟寒，受了些凍，又爲請郭家吃飯，勞頓了些也。今晚熱到列氏表四十度，予伴之睡在書房，以書房中有火爐也。她體弱如此，真不勝憂慮。

十一月廿三號星期六（十月廿三）

寫師茂材信，爲漢前之門第。記日記八天。乘十點半車進城，到景山書社。

到孔德，晤日人智原。到援庵先生處。到景山書社。到謝女士處。到北大，上《史記》課。到市場購物。

乘六點半車回郊。

履安今晨有一度熱。今日艮男亦病矣。

今午同席：智原喜太郎　予　逯曾（以上客）　隅卿（主）

十一月廿四號星期日（十月廿四）

修改前日所編講義。

郭太太，俞太太來視履安疾。搬東廂内書箱。整理康有爲遺稿。以不適，早眠。

今日唐媽去，劉媽來。

十一月廿五號星期一（十月廿五）

碧澄送康媛歸。瞿兑之來。爲班書閣改論文。

看《史學雜志》蒙文通《三皇五帝説探原》。朱羲冑來。

校《周易》一文。看《古學考》。

昨夜發熱，今日尚未退盡，故請假兩小時。

湖北朱心佛爲編林琴南年譜，特到北平搜材料，可佩也。

履安前數日因凑火爐，住東廂，臥沙發上，予亦臥馮先生床。今日馮先生來，予等皆遷進。

十一月廿六號星期二（十月廿六）

容女士來談。校《古今僞書考》。校《周易》一文。

謝祚茞，吳家明兩女士來。玄同先生來。馮醫來。芝生來。

理書桌。點《古今僞書考》。

馮醫來，謂履安熱内閉，左脉甚沈，謂是脾胃太虛，感新寒致疾，非舊病。

謝女士謂聞童家埏先生原先已有夫人，慕愚有請離之説。——

此以前事也。

十一月廿七號星期三（十月廿七）

點中大時講義案語。寫朱士嘉，援庵先生信請假。

紹虞來談樸社事。牟傳楷來。張聯潤，金小姐來。點《古今僞書考》，畢。

寫建功，北大史系同學，王姨母信。

予今日猶有一度熱，續假一小時。今日本開學術會議，亦請假。

今日劉媽又去，只得雇一男僕矣。王姨母久介紹其乳娘之夫李寶三，遂作函召之。

十一月廿八號星期四（十月廿八）

容女士來。校《周易》一文。

理西廂書入東廂。希白來談。

李鏡池來長談。

西廂書籍堆得太多，使我無從檢書，有許多工作遂不能做。東廂書架既做就，可整頓一下矣。不幸足有凍瘡，極不便。

十一月廿九號星期五（十月廿九）

理書入東廂。黎光明君來，作竟日談。理講義。

理書。校《周易》一文（最後一次）。馮醫來。

理書。班書閣來。

艮男病昨日愈，今日到校。馮醫謂履安稍愈。

此一星期中未作文，倒也很快地過完了。本周來客甚多，在休息時來客，倒也很適宜。

十一月三十號星期六（十月三十）

容女士來。寫父大人信，簡香信，建初信，寄書籍郵費及賀禮。晤援庵先生及施君。到校作馬念祖之口試。

理書。碧澄來。寫趙萬里信。毅卿，兆瑾來。寫崇年信。士嘉來送講義。

記日記八天。

今日履安熱度頗高，至三十九度六，終日未起床。

作崇年信，擬向仲川借千元，爲樸社印書。社事擬由我一人負責，借三千元來整頓一下。

一九二九年十二月

十二月一號星期日（十一月初一）

編講義約三千言（《帝系姓》，未畢）。

希白來。擬旅行調查計畫（根據希白所作，爲之重作）。

元胎擬辭中大職，以不給他教授也。

十二月二號星期一（十一月初二）

鈔正旅行調查計畫。校《古今僞書考》校稿。寫錢賓四信。校講義。

到校，上課兩小時（《淮南子》）。馮醫來。看希白《金石書録序》。

審核《詩疑》點句。

石友三兵變，唐生智與馮系將領宣言反蔣。久傳之倒蔣，今次成事實了。

十二月三號星期二（十一月初三）

寫北大同學信。到校，交計畫，寄信，買物，取章程。容女士
來談。

玄同先生來，芝生來。

續編講義。

玄同先生告我，幼漁先生對他說："你如何與顧頡剛往還，
他這樣的性情，同魯迅鬧翻了，同林玉堂鬧翻了，同傅孟真也鬧
翻了！"予聞之悚然，別人和我鬧也是我的錯處。魯迅處心積慮，
要打倒我，我沒有還手。玉堂與孟真則因地位在我之上，要支配
我（玉堂要我幫他和林文慶翻臉，孟真要我幫他和戴季陶翻臉）
而我不肯（爲要保全廈大之國學研究院，中大之語言歷史學研究
所），所以把我罵了，于是亦成了我的罪狀了。在現在的世間，
我很明白，做事是要結黨的，黨員是要聽黨魁的話。但我的良
心上過意不去的時候，我總不能滅沒了自己的良心而做黨魁的機
械，所以我便應受許多攻擊了。慕愚同我一樣脾氣，所以她的怨
家也最多。像我現在這樣，沒有一些權勢，只關門讀書，或着他
們可以放過我了吧？（孟真來平之後，大約很講些我的壞話，所
以幼漁先生們都知道。）我自誓于此：如果燕大不辭掉我，我決
不再進國立的機關做事了，我寧可受"洋奴"的惡名。我還是圖
百年以後的勝利吧！

十二月四號星期三（十一月初四）

續編講義（《帝系》，畢）。援庵先生偕潤孫來。

潤孫又來，同到校。到校，上課一小時（今古文）。與士嘉同
到圖書館借書同歸。紹虞來。

看《少室山房類稿》。

《少室山房類稿》中竟有《四部正譌》原刊本，可一校，甚
快。——世間的東西，只要去尋，總可得到！

十二月五號星期四（十一月初五）

寫自珍信。理印章及文具。編講義二千餘言（《世本》，未畢）。馮醫來。

十二月六號星期五（十一月初六）

續編講義（《世本》，畢），修改一過。

點《古史辨》第二冊稿。士嘉來，取書目片。

校《古今偽書考》校稿。

十二月七號星期六（十一月初七）

豫備演講，略集材料。記筆記數則。

援庵先生來，同乘汽車赴師大講演。二時畢，到山立處小坐，同到北平圖書館看西夏經卷，到何叔父先生處，到景山書社。

乘六點半車歸。看《少室山房類藁》。

今日聽講者約二百人，予講一小時。

十二月八號星期日（十一月初八）

到紹虞處，紹虞來。點《古史辨》第二冊稿。齊思和，韓叔信來。文玉，石君來，留飯，飯後同游燕東園，朗潤園，達園等，別去。

看伯祥新撰之《太平天國史》。點《古史辨》第二冊稿。

履安至今日雖已起居如常，但餘熱尚有八分，今日她往馮醫處了。

十二月九號星期一（十一月初九）

記日記八天。希白來。校《古今偽書考》校樣。潤孫來。

校講義。到校上課兩小時（《漢書藝文志》與《五帝德》）。到圖書館借書。張長弓來。紹虞來。

希白來。寫朝陽信。

十二月十號星期二（十一月初十）

寫魏應麒信。坐人力車進城，到何叙父處已十二點矣，即吃飯。看喇嘛唪經。

與陳遠伯，常惺法師，孫君等談話。三時許，法事畢。四時許，即吃齋。五時許，到南池子候車。

七時到家。看《朱子語類》兩册。

十二月十一號星期三（十一月十一）

豫備下午功課。點《古史辨》第二册稿。希白來。到校，開研究所學術會議，吃飯。

到校，上課一小時（五經異義）。沈揚來。朱士嘉來。牟傳楷來。紹虞來。

看紹虞《北宋文論中之道的問題》一文。

燕大國文學會邀予演講，予以近日殊無暇，却之。不得，擬于下月初行之，題擬"起興"。

十二月十二號星期四（十一月十二）

編講義三千餘言（董仲舒三統説，未畢）。

希白來。到馬家吃飯，歸已十時許。

北平今日始降雪，望之久矣。

履安今夜出汗甚多，且吐出許多濃痰。

今晚同席：吳雷川　楊金甫　顧羨季　祝廉三　薛瀛伯　郭紹虞　容希白　沈揚　予（以上客）　馬季明（主）

十二月十三號星期五（十一月十三）

續作講義（董仲舒三統說，畢）五千餘言。

容女士來。

十二月十四號星期六（十一月十四）

修改前昨兩日所編講義訖，即交廚役送去。班書閣來。

寫李曉孫信。校下星期一所用講義。理書桌。

與履安艮男接龍及打天九。看《朱子語類》一冊。

履安至今日始無熱，蓋又三星期矣。甚喜，弄骨牌，予向不解打天九，由履安教之。自晚飯後起，隨便弄弄，不覺已十點了。

十二月十五號星期日（十一月十五）

記日記六天。粘貼暑假中在甪直所鈔志書材料。

作《楊惠之塑像四記》，竟成五千言。

十二月十六號星期一（十一月十六）

編《古史辨》第二冊上編，訖。戴南冠來。

到校，上課二小時（《帝系》，《世本》）。修改《楊惠之塑像四記》。馮醫來。

寫慕愚信，又寫何炳松信爲其介紹。

今日上午，予到上房，見履安又伏案上，量之，又有兩度熱矣。怒甚，斥之，彼遂哭。蓋昨夜渠在中間換襯裏短衫，又受涼耳。如此反覆，如何支持。

得慕愚信，知《歐洲戰後十年史》已譯完，囑爲介紹至商務書館，即爲作函。如出月返湘，此後或渡日，深祝其學業日進，體力日健也。

十二月十七號星期二（十一月十七）

　　理書。將《詩疑》一册以藍色筆劃斷句子，便付印。何叙父先生及其夫人，公子，李曉生先生同來，予與希白合宴之。

　　伴游朗潤園，達園，燕京大學。

　　玄同先生來。紹虞來。校點《詩疑》附録數篇。

十二月十八號星期三（十一月十八）

　　將《詩疑》上卷重新剪排一過，并寫一目録。希白來。班書閣，牟傳楷來。

　　豫備功課，上課一小時（《今古學考》）。與王善賞談話。金松岑來。看《吳郡志》。

　　倦甚，看《野叟曝言》，早眠。

　　看《吳郡志》，楊惠之在昆山慧聚寺塑天王像之説摇動矣。苟他未到昆山塑此，則角直之塑自不出他手也。考一件事，其難如此。

十二月十九號星期四（十一月十九）

　　翻《史記》一過，豫備編講義。

　　編講義約三千言（《史記》，未畢）。

十二月二十號星期五（十一月二十）

　　鄭德坤來。鎮日編講義，竟得五千言（《史記》，畢）。容女士來。

　　張長弓來。

　　與履安艮男打牌。

　　予久不打牌矣，今夜履安邀作"牛牽馬"，遂入局，竟得一"四喜"（西罡，北碰，中碰，等東，南對），惜未和耳。

十二月廿一號星期六（十一月廿一）

修改前昨兩日所作講義。

記日記七天。寫騮先先生，父大人信。浦江清與希白來。校下周用之講義。

十二月廿二號星期日（十一月廿二）

紹虞來。太玄偕其侄馬蒙來。韓叔信來，吳辛旨來，均留飯。王姨母來。

與辛旨同到希白處。士嘉來。送辛旨及王姨母上汽車，導觀學校。

校《楊惠之塑像》一文。

在希白處見郭沫若所著之《鼎堂甲骨文考釋》，極多創見。此君自是聰明人。彼與茅盾二人皆以不能作政治活動而于學術文藝有成就者。

十二月廿三號星期一（十一月廿三）

校《詩疑》，《史記》，《僞書考》。將上星期所作講義統改一過。

潤孫來。壽林來。到校，上課兩小時（《春秋繁露》）。到校務長室看齊如山所藏書畫，聞胡佩衡談畫。太玄來借錢。

校《僞書考》。

太玄定要借錢。此公可憐不足惜，無法救之。與之一元，令坐車回平。

十二月廿四號星期二（十一月廿四）

看奉寬《妙峰山瑣記》，記出應注意處。

作《妙峰山瑣記》序，未畢。玄同先生來談。

點《吳郡志》中材料。

十二月廿五號星期三（十一月廿五）

校《楊惠之》一文，寫戴君信。作《妙峰山瑣記》序，畢，得三千餘字。校《僞書考》。

到清華，訪志希，金甫，仲健叔，松岑，碧澄，佩弦，毅卿，均遇之。在志希處吃茶點，在金甫（處）晤王貞明及鄒君。訪香林，振鶴，芝生，均不遇。

寫建功信，記樸社賬，點改《妙峰山》一文，訖。

今日本擬進城，賀陳仲益結婚，以《妙峰山》一文未就，只得作罷。下午肝陽上升，故游清華。足上凍瘡雖未全痊，可行矣。

十二月廿六號星期四（十一月廿六）

寫北大史學系信。點《春秋講義》按語。寫定生長信，博山信。牟潤孫來。士嘉來。理信札。校講義。張長弓，白壽彝，徐緒昌來。記日記六天。

看《野叟曝言》。

定生已于津南歸來，寫信給我，又欲研究學問，因剴切教誡之，果能一改從前態度，則其人甚聰明，必可有成績。但慮其又爲感情所左右，不克自持耳。

十二月廿七號星期五（十一月廿七）

寫辛旨，季陶，曉孫，元胎，旭生信。希白來。

到合作社剃頭。到大陸銀行取薪。到芝生處，晤之，談半小時。到佩弦處，未晤，到清華園車站，由野中尋小徑歸。

試作《金石目錄》序，未成。

近日飯量大減，頭亦暈，似將病，倘以運動太少乎？

十二月廿八號星期六（十一月廿八）

天未明即起，乘人力車至南門，上汽車，九點到東單，改坐人力車到北平圖書館，看吳縣崑山諸志，晤文玉。出，到東興樓，應馬先生等之邀。

三點，由東興樓出，到建功處，吃點，到北大上課，到景山書社，到南池子候汽車，晤季明及吳文藻君。

七點到家，看建功所贈之《清平山堂話本》。

今午同席：卓定謀　溫源寧　陳百年　予（以上客）　馬幼漁　叔平　周啓明　錢玄同（以上主）

今日之宴，不倫不類，不知有何意義。

十二月廿九號星期日（十一月廿九）

看《清平山堂》。到紹虞處。校《僞書考》，《古史辨》及《史記》排樣。

豫備明日功課，校講義。吳文藻先生來談。朱士嘉來。

作《五記楊惠之塑像》，未畢。

今日起，康媛校中放年假，由馮先生伴歸。

十二月三十號星期一（十一月三十）

續作《五記楊惠之塑像》，未畢。

到校，上課二小時（《春秋繁露》，畢，《史記》，未畢）。到史學系。到吳校長處，吃飯，飯畢又由校長招至大禮堂看演舊劇，歸已十二時矣。

今晚同席：季明　希白　紹虞　瀛伯　金甫　羨季　予（以上客）　雷川　廉先（以上主）

燕大學生演舊劇，予見《六月雪》，《烏龍院》，《打漁殺家》，《得意緣》四齣，頗不差，聞係朱琴心指導。

十二月卅一號星期二（十二月初一）

登樸社賬。編講義約四千言（《易傳》，未畢），匆匆修改，即親送去付印。

紹虞來。看講《易經》諸書，查互體卦變之意義。

看《女作家專號》。夜同樂會，康艮去，予坐候之至十二時外始眠。

十八年中所作文（這一年的生活，可憐極矣！"吾喪我"，此之謂也。）：

《台山歌謠集》序（一）

徵求學生作古墓探考工作啓（一）

《桂學答問》序（一）

《湖南唱本提要》序（一，二）（至四月方成）

《傳說專號》序（二）

《福州歌謠甲集》序（二）

《中山大學語言歷史學研究所年報》序（二）

北平鈔書部計畫書（二）

《泉州民間傳說》序（三）

起潛叔《五色評本積古齋彝器款識》跋（四）

《紀元通譜》序（四）

浙江省重修省志意見書（四，代朱驪先）

改"蘇州中學演講稿"（五）

家嚴事略（五）

《四部正譌》序（六）

《辨僞叢刊》緣起（六）

題潘博山藏黃蕘圃所校賈誼新書（七）

《文瀾閣目索引》序（七—八）

孔子事實的變遷（九，未成）

《周易卦爻辭》中的故事（十一—十一）

旅行調查計畫（十二）

楊惠之塑像四記（十二）

《妙峰山瑣記》序（十二）

五記楊惠之塑像（十二，未畢）

《古史辨》第一冊序及正文共三百九十頁。

《古史辨》下編可有一百卅頁，至一○八篇已有卅二頁
　　　　（302），尚可有九十八頁（400）。

《古史辨》　　15 行

　　　　　×43 字
　　　　─────────
　　　　645 每面字數。

　一冊 250000 字，應有 387 頁，又 385 字。如分三編，每編應
有 129 頁。第二冊正文 454 頁，292830 字。

　侯塏（芸圻，安徽人）清華研究院畢業，與黃淬伯同學，今在
燕大圖書館

　高夢旦，上海膠州路合豐里一○二七號

　安定門内寬街十號　（奉寬）鮑仲嚴

　劉經庵，東四宫房大院 29

　北海北夾道七號　黎光明

　田驄（仲嚴）四舍

　陳玉符

　劉選萃

　張茂春，京華印書局

　日本東京大岡山八七，紫明館　楊筠如

長沙南門高正街二十二號　譚女士

蘇州出版社，干將坊 124 號

錢穆（舊名恩鑠）

何殿英，真光攝影社，名壽甲

李子香

張聯潤，號辛元。

東山大街三十六號三樓　聞野鶴

福州南門外黃山鄉

蘇州河沿街 29　王翼之

日本千葉縣市川町真間 12　佐藤和夫

　　　　　郭開貞

西四大阮胡同甲九號　子水

鄭振文（鐸宣，廣東潮陽）

舊刑部街小沙果胡同壽康里一號　王庸

廈門晋江祥芝福成號　邱玄塔

廈門廣平巷卅八號　謝雲聲

蘇州富仁坊巷八十五號馬宅轉　殷雲林

上海範子路福生路愷樂里述學社　陸侃如

南京珍珠橋十八號　謝祚茞

天津義國領事館後五號謝宅

按院胡同二十六號　謝剛主

河北省遵化縣南十字交　徐文珊

無錫后宅（洽成）

武昌吳華林蛤粉灣十五號

無量大人胡同財政商業專門學校　電，東四六四

Ⅳ129　嚴景珊（社會問題）

南京火瓦巷紫金坊十號　蔣崇年

乾麵胡同 74　褚保權

上海梅白格路人和里八四一號 ⎫
南河沿京華公寓　　　　　　⎭林徽音

羅根澤（雨亭，深縣人）暫寓順內未英胡同商業學校，南局四六四八

上海江灣路六三花園旁 23 號　聞野鶴

蘇州閶門內西街打鐵弄 15 號　沈勤廬

上海北四川路施高塔路四達里四十號　程仰之

國立藝術院　孫行予

北平中街十二號　田驄

南京廬政牌樓　　　　⎫
蘇州小新橋巷沈宅　　⎭趙孟轁

府右街石版坊二條一號　陸侃如

江陰城內南街 57 號　吳文藻

房兆穎（燕大圖書館，自杭來）

天津西門內右營前三十四號　⎫
天津河北省立女子師範學院　⎭于鶴年

石駙馬大街 12 號　楊鴻烈

一樓 104 號　葉國慶

三樓 225 號　鄭德坤

三樓樓頂　班書閣

三樓　嚴星圃

建功，朝陽門大街八十三號，電話東一五三八

西單貴仁關十五號　陸懋德

前門大街恒豐蔴袋莊　曹詩成

周傳儒，號書斡，東北大學史學教授，宣內油房胡同十四號

《古史辨》第三册

上編　《易》

中編　《詩》

下編　經學

第四册

黄帝堯舜故事

第五册

今古文問題

古史材料集

第一册　帝系

第二册　地理

第三册　時令

第四册　讖緯

第五册　今古文問題

古史考

第一册　帝系考

第二册　五德終始説

第三册　三統説

第四册　太一考

《堯典》《皋陶謨》著作時代考

《禹貢》著作時代考

《月令》著作時代考

《王制》著作時代考

讖緯著作時代考

泰皇考

五德終始説下的政治和歷史

三統説下的政治和歷史

五帝德及帝系姓考

讖緯輯録定本

今古文家的中心問題

《尚書》中的周初史料

戰國時的士及士的故事

起興説

生活如何可以上軌道？

一、來信交馮先生起草作覆，經改正後謄寫。

二、每日必有運動，必須出大門一次。

三、辦事時間最好規定。

四、勿輕應人家作文。

五、添置木器，把書房布置好，使物件一找即得。

六、勿想多印書。

七、勿輕易開新事件的頭。

八、金錢須量出爲入，每年須作豫算。

九、每天做一點娛樂事情，如寫字，看畫，聽音樂等。

十、零碎紙張當日理訖。

（1）少事　　（2）緩進　　（3）有休息　　（4）有秩序

刻書	（寫體）	（宋體）
每百字	一元	五角
千	十元	五元
萬	百元	五十元
十萬	千元	五百元

一九三〇年

（民國十九年）

一九三〇年一月

一月一號星期三（十二月初二）

讀《創世紀》。編講義，約四千言（《易傳》，未畢）。

寫答賀年片。記日記六天。

自今日起，讀英文《聖經》，寧少必熟。予不讀英文又四年矣，今幸生活安定，且在燕大中接觸英文較多，如再不趁此機會將英文根柢打好，則此生不再有些希望矣。記着，記着！無論如何忙，每天總須讀一點。

一月二號星期四（十二月初三）

讀英文。作本學期講義序目，未畢。校《詩疑》。

書社人來，即校《古史辨》草樣。寫答賀年片。紹虞來。

到容宅，晤媛女士。到趙宅吃飯。十時歸。

今晚同席：曾昭樺　周學章夫婦　予（以上客）　趙紫宸夫婦　其女蘿蕤（主）

一月三號星期五（十二月初四）

讀英文。修改昨作，并續作，訖，得四千餘言。

點《古學考》。寫緝熙，振玉信。又寫魯弟信。

一月四號星期六（十二月初五）

讀英文。編講義二千餘言（《繫辭傳》，未畢）。寫陳光堯，吳郁周信。

碧澂來。校《僞書考》。

看《經義考》一冊。

今日寒甚，前未有也。

一月五號星期日（十二月初六）

讀英文。改昨作。希白來。

作講義二千餘言（《繫辭傳》畢，本學期講義畢）。士嘉來。

校講義。理書。

本學期講義，自去年十月八日起至今日止，歷三個月，得十萬言。

此星期中以寒，來者不多，遂得盡力寫作，然平均每日仍只三千言耳。

近日便秘，今日以用力故出血矣。因服果子鹽。凍瘡敷藥後頗愈，惟終不能急功耳。

一月六號星期一（十二月初七）

讀英文。修改昨作講義畢，即送去。豫備講義。

到校，上課二小時（《史記》畢，《易傳》未畢）。

校《詩疑》，《僞書考》。

一月七號星期二（十二月初八）

讀英文。班書閣來。點《今古學考》下卷，畢。

爲志希演講事打各處電話。玄同先生來。芝生來。

寫定生，建功，玄同先生，佩弦，南冠信。答賀年片。

一月八號星期三（十二月初九）

讀英文。鈔今古文材料。戴南冠來。到校，聚餐，開研究所學術會議。與援庵先生談話。

上課一小時（今古文問題）。聽志希演講太平天國。

登樸社賬。劃斷蔡九峰《書序辨》句。

聞希白言，孟真以亮丞在《馬哥孛羅游記》中罵辦研究院之不善，疑爲攻擊中央院，并將向我質問，以我曾向孟真言，中央可印此書而孟真不允，故疑予挑撥亮丞爲此言也。孟真如此對我，中央研究院事尚可任耶！

一月九號星期四（十二月初十）

讀英文。草《五記楊惠之塑像》畢，即修改一過，得四千餘言。田聰來。

到校，取講義。芝生紹虞來，商社事。

集啓與太康材料。

一月十號星期五（十二月十一）

讀英文。鈔啓，太康材料。謝劍文來。希白來。

徐文珊來。世五來。到芝生處，商社事。

校四印刷局排樣百餘頁，至十一時始寢。

一月十一號星期六（十二月十二）

讀英文。容女士來。到研究所，到講義處。

校講義，訂講義稿。紹虞，希白來。士嘉來。

與康艮到校散步。點《古學考》。

得瑞甫信，悉劉奇峰提議案，停辦中山大學語言歷史研究所，我早知有此一着，但想不到竟是劉奇峰送終耳。

一月十二號星期日（十二月十三）

讀英文。理書。北大學生四人來，留飯，分與講義。

佩弦來，與同到紹虞，希白處。志希與其夫人來。郭老先生來。

記日記七天。爲傅燕石女士作鍾秀女校校歌。

今日北大學生來者：師茂材　瞿啓模　余遜　楊□

一月十三號星期一（十二月十四）

讀英文。寫戴季陶信，請維持研究所。校《詩疑》。芝生爲社事來電話兩次。

王姨丈，姨母來。牟潤孫來。張壽林來。到校上課二小時（《易傳》，畢）。與姨丈到達園訪由笙先生，不遇。

看《地學雜志》。點《今古學考》。

一月十四號星期二（十二月十五）

讀英文。作《詩疑》序千餘言。田驄，羅慕華來。謝劍文來。容女士來。

王禮錫來。玄同先生來。芝生來。校《古史辨》四十頁。

讀《中庸》，與《堯典》對照。

玄同先生來，告我半農說我背後罵他，不知是何人爲我造的謠言。又云，介泉告他，我向章川島暗送秋波。這大約指去年春間過杭時與履安同去看他們夫婦的一事。我對於川島何以有暗送秋波之需要？在這件事上也造起我的謠言來，足見介泉的處心積慮要打倒我。照他的説話，他於我過杭時請吃飯，不是向我暗送秋波乎？城中是非太多，總以少進城爲是。我未嘗待虧介泉，而他乃如此對我，看他再能交到像我這樣的朋友否。

一月十五號星期三（十二月十六）

希白與倫哲如來。作《中庸》《堯典》《皋陶謨》對照表。孫海波來。援庵先生來。到希白處吃飯。

到研究所。到校，上課一小時（發講義序目）。校《史記》。

金松岑來。記樸社賬。

一月十六號星期四（十二月十七）

讀英文。擬與神州國光社訂立之條件及古籍彙刊，古籍考訂叢書兩目。寫田騤信。

朱士嘉來，班書閣來。點《大公報·文學副刊》數文。李鏡池來，留飯。容女士來。寫建功，師茂材信。

看《中大研究所周刊》。

一月十七號星期五（十二月十八）

讀英文。寫姚名達信。理信札。紹虞來，同到芝生處吃飯，商樸社事。

到校，歷史學會攝影，晤王克私，亮丞，善賞諸位。寫田騤信。

與紹虞到校務長室，成府同人聚餐也。

今午同席：王禮錫　紹虞　平伯　枚孫　陳治策　予（以上客）　芝生及其子（主）

今晚同席：昌復（劍秋）及其夫人　楊薆卿　劉偉民　紹虞　瀛伯　楊珍珠　全希賢　曹冠三　予等，共十六人。

一月十八號星期六（十二月十九）

讀英文。寫伯祥，定生，賓四，君疇，父大人，簡香，譚女士信。
理講義。校《五記楊惠之》一文。

到薛宅宴會。十時歸。

今晚同席：全紹文　全希賢　紹虞　希白　季明　蔡□□
陸志韋　予　廉先（以上客）　薛瀛伯（主）

一月十九號星期日（十二月二十）

寫南揚信。讀英文。校《詩疑》八頁。

校《古史辨》第二冊稿二十頁。理雜志。容女士來。士嘉來。
與履安康艮等着五子棋。點筠如一文入《古史辨》。

一月二十號星期一（十二月廿一）

記日記三天。寫錫永，篤士，于鶴年，袁廣臺，沈勤廬，陳旭
輪，楊以明，陳苫之，玄同先生，辛旨，通伯，侃如，起潛叔，賓
于，敬文，梅思平，予同，振鐸，聖陶，胡先驌信。

今日左眼酸塞難張，不解何故。因多寫信，頭也作痛了。

一月廿一號星期二（十二月廿二）

讀英文。容女士來。校《古今偽書》跋及附表。

飯後乘一點半車進城，訪王禮錫，不遇。到陶漱石家，告明日
接伏生。到姨母家，告借宿。到景山書社。到文玉處，借取叢書目
稿。到西單市場吃飯，洗浴。兩訪禮錫仍不遇。

十點，歸王宅歇宿，失眠。

一月廿二號星期三（十二月廿三）

七時半起，八時許即到大益公寓訪王禮錫，談半小時，即至太

平倉，接伏生出，雇車至西直門，換車到家，十二時矣。

容女士與杜聯喆女士來。寫援庵先生信。校《古史辨》排樣二十頁。

班書閣來。讀英文。

杜女士作《讀史名人生卒年表》，甚精密。她已畢業於燕大六年，現在尚以半日讀書。這真是有志學問的女子。河北省留學已考取，但行期則尚未定也。

一月廿三號星期四（十二月廿四）

讀英文。寫予同信。編《古史辨》第二冊中編，訖（專集論孔子文字）。

士嘉來。

校《詩疑》。

一月廿四號星期五（十二月廿五）

讀英文。理東厢書。寫文玉，劉少枬，適之先生，李洸，朝陽，仲琴，緝熙，萬章，孟真，野鶴，彥堂，濟之，瑞甫，德昭，芝生信。希白來。

點《詩辨妄》及《非詩辨妄跋》。修綆堂人來。容女士來。

與履安下棋。

得元胎來書，知伍叔儻慫恿劉奇峰擠倒研究所，而葛琨又爲推波助瀾。又得中大中國語言文學研究會，則羅庸所組織以打倒研究所者，此等事早料到。予苟不走，則予獨承其咎矣。腐化勢力，可畏如此。

與適之先生書云：自來燕大，生活比較安定。校中固有黨派，但我毫無事權，且除上課外終日閉門不出，人家也打不到我的身上。北平城中固然有人替我作反宣傳，好在我輕易不進城，就是有人告我也只當没聽見。如能這樣的做下去，過了幾年，我的學問一定可以打好一個基礎了。但人事變幻是説不定的，不知我有此福分否耳。

一月廿五號星期六（十二月廿六）

毅卿與兆瑾來。班書閣來。容女士來。到校領薪。又到援庵先生處談話。

點《非詩辨妄》，訖。紹虞來。看紹虞《文與道的問題》一文。看試卷，評定分數。

記日記四天。與履安下棋。

燕大中上我課的學生：

李鏡池　二九五〇九
徐文珊　二九六〇四
韓叔信　一〇七九
趙豐田　五一八
齊思和　二八三三六
曹詩成　二六九
葛啓揚　八九〇
朱士嘉　二九四一三
楊　寔　八二七

以上爲正式生，尚有旁聽生三人。

一月廿六號星期日（十二月廿七）

到紹虞處。寫崇年長信。由笙丈來。彦堂來，留飯，并招芝生來同膳。

朱士嘉來。與彦堂到清華園，朗潤園，達園，燕東園游覽，并到紹虞處。

看彥堂所贈墓志銘百餘紙。讀英文。

一月廿七號星期一（十二月廿八）

讀英文。寫元胎，叔父，瞿兌之信。

校《古史辨》第二册稿六十頁，《古今僞書考》稿三十餘頁。録十八年所作文目録。

校《詩疑》。聽留聲機。

報載戴朱到粤後辭校長職而就董事，校長將屬之於金曾澄及沈鵬飛。語史研究所的壽命不知將如何。

一月廿八號星期二（十二月廿九）

鄭德坤來。編"劉歆"一章入講義，即爲《清華學報‧五德説與三統説》之豫備，終日得三千餘言。廣德來。來薰閣人來。

容女士與容琬來。

讀英文。

今日所作文，擬名爲《五德説及三統説下之歷史》。此文予自謂甚有心得，足以打碎僞古史之中堅。

一月廿九號星期三（十二月三十）

續作講義，得四千餘言。

吃年夜飯。與履安及二女，伏生擲骰爲戲。十一時眠。

一月三十號星期四（庚午正月初一　春節）

讀英文。理書桌。校《詩疑》。點《詩疑》附録。點《王制》。

與履安及二女同到大鐘寺，徒步往返。在寺前品茗。遇毅卿，兆瑾。到海甸。

擲骰子。

一月卅一號星期五（正月初二）

與履安到紹虞家賀年。續作講義得五千餘言。

容女士來。

今日以晚間多寫文，且至十一點始就寢，遂至失眠。起飲酒，至一點得眠。

一九三〇年二月

二月一號星期六（正月初三）

紹虞夫婦來賀年。續作講義（《世經》），三千餘言。

宴客，約費三小時許。

今午同席：佩弦　士嘉　毅卿　香林　兆瑾(以上客)　予(主)

二月二號星期日（正月初四）

六時許起，與艮男坐汽車進城，游南海，北海。送艮男至碧澂處。予至忠信堂赴壽林宴。

自忠信堂出，與壽林同乘電車到東單，予至碧澂處，并到陶友卿家小坐。與艮男同到前門，琉璃廠游覽購物，到一條龍吃夜飯。

乘七點公共汽車歸。校《古史辨》，怒甚。

今午同席：玄同　援庵　啓明　魯安　熊佛西　季明　傅楷　希白　沈揚　徐祖正　楊遇夫　予（以上客）　張壽林（主）

北京書局印《古史辨》，常將稿子遺失，改錯字亦不改完全，氣甚，幾不得眠。

二月三號星期一（正月初五）

續作講義（《世經》）四千餘言，略畢。

士嘉來。

寫北京印書局信。作《妙峰山瑣記》廣告。

此文（《世經》）共寫了八十頁，約二萬四千字。七天之間有此成績，大不易矣。

二月四號星期二（正月初六）

打電話與金甫。終日修改講義，約萬言。

碧澄來。寫玄同先生信。

重作末五頁。

玄同先生來書，悉姚際恒《春秋通論》鈔本竟爲倫哲如買到，大快，當覓鈔之。

二月五號星期三（正月初七）

改講義。到校，送講義稿。寫希白信。寫陶漱石，何叙父信。記日記六天。

修改講義四十頁。碧澄夫婦，子女（順官，慶官），陶太太來，伴游成府及朗潤園，送上六點汽車。

二月六號星期四（正月初八）

修改講義。校《古史辨》十頁。廣智來。

與履安到清華，訪志希夫人。又訪佩弦。修改講義。

近日因作文太多，致心臟病又發，夜眠不佳。因服黨參桂圓湯，慕愚所教也。

二月七號星期五（正月初九）

紹虞伴林培志女士來詢楊貴妃材料。校《詩疑》。

校《古史辨》六十頁。看適之先生《新文化運動與國民黨》一文。看《漢書補注》。

二月八號星期六（正月初十）

到希白處，借觀《文學副刊》。整理康長素先生遺稿，略畢，每扎寫一提要，凡十餘扎。剃頭。

碧澄與陶友卿先生來，進點後同游朗潤園及燕大，送他們上六點汽車。

登樸社賬并算之。

二月九號星期日（正月十一）

寫辛旨信。與履安，張媽坐人力車到西直門，張媽自去，予與履安到景山書社，往訪謝女士，不遇。到馬神廟吃飯。

到康同璧女士家，交整理稿，續取稿。到碧澄家，與履安同出，到王姨母處，又到何叙父處，又到西單購唱片。

送履安到王宅後，予即到南池子乘汽車，七點三刻歸家。

二月十號星期一（正月十二）

寫健常，黃乃鏞，王禮錫信。希白來。

校《古史辨》。改作講義二千言。媛女士來。聾校杜校長來。士嘉來。

看康媛所作戲劇。記日記五天。

二月十一號星期二（正月十三）

終日改講義，完畢。

紹虞來。

開話匣。校《古史辨》。

《世經》這一章講義，從上月二十八號寫起，到今日首尾十五天，實寫（連改）九天。紅格紙上得九十八頁。以二百八十字一頁計，得二萬七千餘字。平均每天得三千字。這已是用盡全力的了。

二月十二號星期三（正月十四）

作《五德説與三統説下的歷史》的總目。參考論五行來源之文。

校《詩疑》。寫香林，振鶴囑寫屏。到清華，訪金甫，并晤之椿。又到碧澄處，歸。

點適之先生論《易傳》書。

二月十三號星期四（正月十五）

豫備作《五德説與三統説下之歷史》，終日看《論語》，《中庸》，《漢書》，《史記》等集材料。又看《孔子改制考》。看《新學僞經考》未畢。

二月十四號星期五（正月十六）

希白來。鄭德坤來，論《山海經》。容女士來。

看《新學僞經考》，《史記探源》，《春秋復始》畢。校《古今僞書考》二十頁。寫慕愚信。

二月十五號星期六（正月十七）

齊魯大學教員張立志，張維華來。理研究《月令》材料。

校《古史辨》一百頁。士嘉來。

校講義。

閻錫山與蔣介石電，勸退位。此戰爭之導火綫也。

二月十六號星期日（正月十八）

六時起，冒雪送康媛，伏生進城，入德勝門，初見土城。到聾校，付學費。陶瑞伯來，與之同到北海，在五龍亭吃點。他歸，予到中央研究院，晤中舒。出，步至景山書社。

到定生處，到王姨母處，到碧澄處，到鮑仲嚴處，到陶漱石處，到馬隅卿處。六點半，到汽車行，七點半歸家。

校《詩疑》。

二月十七號星期一（正月十九）

到清華園，訪孟真，志希等。至十一點半，與孟真同乘汽車出，他進城，我歸家。

牟潤孫來。到校，上課二小時（《世經》）。士嘉來，與之同到紹虞處借書。松岑來。

校《古史辨》上編畢。記日記五天。

孟真欲予到清華，兼中央研究院研究員職，蓋因陳寅恪先生已辭職也。他說，清華與中央各出二百元。如一處塌臺，則其不塌臺之一處獨出四百元。唉，予豈不要錢，但不欲使生活又起波瀾耳。只得卻之。予現在的生活，從城中一班學閥看來，是"屏諸四夷，不與同中國"，從燕大的當權者看來，卻又是"屏諸中國，不與同四夷"，這真是超然的生活，研究學問的理想境界了。

孟真告我，聞其人言，予欲納妾生子。士嘉又告我，聞趙豐田言，我下學年將脫離燕大。何爲我造謠者之多耶！

二月十八號星期二（正月二十）

寫父大人及謝雲聲信。作《王制考》之《分州》訖，約四千言。容女士來。南冠來。

希白來。容女士來。潤孫來。芝生來。

記筆記數則。

二月十九號星期三（正月廿一）

班書閣來。填詳細履歷表交燕大。希白來。容女士來。

到校。開學術會議，上"上古史"一課（九州）。與容女士談話。校講義。

薛澄清，蔡春秋，林卓園來。寫玄同，仲嚴兩先生信。

容女士得家電，其母病重，擬假歸，《燕京學報》職務歸馮世五代。

今年學生太多，有廿五人，一個講堂容不下了。

二月二十號星期四（正月廿二）

張立志，維華來。作《詩疑》序，約寫三千言，未畢。容女士來，決歸。

與履安到校，又到達園，步歸。

二月廿一號星期五（正月廿三）

陳子清喪母，作唁函。容女士來。到容宅。續寫《詩疑》序千餘言。

謝劍文來。寫定生信。看安陽發掘報告。

吃早夜飯，與履安到大禮堂看演劇，十二點歸。

今夜看的戲是《綵樓配》，《游龍戲鳳》，《四郎探母》，《女起解》，《花田錯》。《花田錯》爲朱琴心作，甚好。余久不看戲，朱琴心尚是初次見。

燕大學生對於舊劇甚感興味，有幾位唱得很好。

二月廿二號星期六（正月廿四）

與履安到容宅，與希白媛女士道別。到士嘉處吃飯。

作《詩疑》序，畢，共六千餘言。校講義。士嘉來。

看郭沫若先生甲骨文考釋。

今午同席:韓叔信　齊思和　莊恭　予(以上客)　朱士嘉(主)

本學期正式選我功課的學生:

29505	李鏡池	甲
1079	韓叔信	甲
28336	齊思和	甲
890	葛啟揚	甲
29245	黃志民	丙
269	曹詩成	甲
29413	朱士嘉	甲
518	趙豐田	甲
827	楊寔	乙
29331	李從舜	丙
29334	劉學敏	丙
29335	呂芝山	乙
29340	王文坦	乙
901	穆潤琴	(未交)
29604	徐文珊	甲
28031	儲益謙	丙
28009	趙潔民	丙
29347	強一經	乙
W.29235	王介忱	丙
29330	藍見東	乙
29322	趙洪常	乙
W.29234	林惠卿	丙
29332	林志端	丙
29323	趙登岱	丙
28611	黃振鏞	(旁聽)

　　張立志　　　甲

　　張維華　　　甲

二月廿三號星期日（正月廿五）

　　作《古今僞書考》序，得四千餘言，畢。

　　與履安下棋。

　　終日下雨，無人來，故得一天寫成一篇文字。

二月廿四號星期一（正月廿六）

　　改所作兩文，未訖。記日記五天。

　　到校，上課二小時（《世經》）。與曹詩成同歸，談所作論文。

開留聲機。

　　心蕩愈甚，一個月中的工作實在太多了。予作事太急，亦是

一病，可惜習慣没法改。

二月廿五號星期二（正月廿七）

　　終日改《僞書考》及《詩疑》序，畢。

　　玄同先生來。芝生來。

　　兩序共一萬二千言，寫得似乎很快，終至費去六天。可見予

一天只能出二千字的貨，要多也多不來。

二月廿六號星期三（正月廿八）

　　將兩序再覆看一遍，發志强及河北兩局印件。《詩疑》序再寫

一分送《睿湖》。

　　到校，上課一小時（分州）。登樸社賬。杜女士來。寫玄同，

定生信。

　　爲杜女士集叢書材料。點《詩疑》序（送《睿湖》的），訖。

二月廿七號星期四（正月廿九）

到校，訪杜聯喆女士，并晤皮高品。到大陸銀行取薪。看《白虎通》。

爲《清華學報》寫《五德説下的歷史》數百字。張立志來。士嘉來。紹虞來。潤孫來。

與履安，艮男到校看天左師魔術，十二時歸。

日本人之魔術，予第一次見，覺頗可喜。是團以天勝娘爲領袖，惜她今宵未來。

二月廿八號星期五（二月初一）

爲《清華學報》寫《五德説下的歷史》約四千言。齊思和來。寫清華圖書館信。班書閣，牟傳楷來。金甫來。

記日記三天。鈔沫若致希白信。

春寒料峭，遂傷風，早起痰吐極多，類老年人了！

一九三〇年三月

三月一號星期六（二月初二）

續作《五德説下的歷史》三千餘言。盧季忱來，長談，留飯。士嘉來。潤孫與董允輝來。

開留聲片。看《野叟曝言》。

日來心蕩頗劇，失眠病雖不作而怔忡病竟成，夜間遂不敢工作矣。俟天暖，當運動。

季忱言，沫若已被上海警備司令部槍斃，聞之駭甚。然彼於上月十六日尚有致希白函，疑傳者之妄也。又彼言魯迅已發瘋。又彼言前年在北平，亦聞我反對國民黨，蓋他們爲我造謠是有計畫的。

三月二號星期日（二月初三）

續作文三千餘言。與履安到容宅，再與容太太同到校南門博宅吃飯。

校講義。

理書。點《王制駁議》。記筆記。

今午同席：黃子通　吳文藻夫婦　容太太　予夫婦（以上客）　博晨光夫婦及其子（以上主）

三月三號星期一（二月初四）

編講義約二千言（《月令》等）。

到校，上課二小時（《世經》）。寫玄同先生，謝劍文信。吳世昌來。紹虞來。

校《古今僞書考》。

精神極不爽快，胸骨忽作痛，恐生外症。

三月四號星期二（二月初五）

辦《燕京學報》事。編講義三千餘言（五帝五神，未畢）。班書閣來。

與履安到校，又到吳文藻君處談話，五點許歸。

今日下午晴光照人，春天到了，心情爲之一快，精神較前數日好得多。

三月五號星期三（二月初六）

編講義三千餘言（五帝五神，畢）。修綆堂人來。

到子通處，應宴，并開學術會議。上課一小時（分州畢）。子通來，潤生來。

記日記。

今午同席：吳校長　陳援庵　劉庭芳　博晨光　許地山　王克私　予（以上客）　黃子通（主）

三月六號星期四（二月初七）

改三日來所編講義，略畢，又改作二千言。

到碧澄處，到羨季處，到紹虞處。

今日以心中一急（講義處已鈔完了），頭又作痛，且痛在頂門，因以拜客爲散步，然仍不愈。

諸妒予者皆以予得名太驟，孰知予致疾痛之多乎！諸君如能有此"幹"的精神，何慮不如予也！

三月七號星期五（二月初八）

改好講義，到校送印。校《詩疑》序。

與王克私先生及燕大同學十人進城，參觀北大研究所國學門。又到孔德學校，晤隅卿，玄同諸先生。到市場吃飯。

與士嘉同到開明戲院看燕大義務戲。上午三點半回燕大，眠於士嘉室。

今日同參觀者：王克私　齊思和　韓叔信　朱士嘉　李鏡池　溫□□　張立志　張維華　趙豐田

今夜所看戲：

袁克文
馬連良　}《審頭刺湯》
王幼卿

溥侗——《鎮澶州》

郝壽臣
俞步蘭　}《法門寺》
王少樓

三月八號星期六（二月初九）

遲起，即歸。看予同所注《經學史》。到校，晤援庵先生，商印《歷代石經考》等。取講義。

毅卿，兆瑾來，與他們及履安同到碧雲寺游覽。一點半出，六點餘歸。留兩君夜飯。

校講義。

日來天氣好極，西山在望，今日始得游之，蓋不至者已五年矣。

三月九號星期日（二月初十）

作《五德説下的歷史》三千餘言。介泉夫人來，留飯，飯後同她及履安游燕東園，朗潤園，達園，燕大等處。

寫盧逢鈞信。

三月十號星期一（二月十一）

續作文千五百言。牟傳楷來。

到校，上兩課（《世經》畢）。謝劍文來。乘汽車進城。

到孟真處。彥堂邀往慶和堂吃飯。又到鑫園洗浴。宿孟真處，看其新作《大東小東説》。

三月十一號星期二（二月十二）

參觀中央研究院之圖書館，到丁山處進點。到濟之處看新發掘之器物。到孟真處，并晤伊齊賢（見思）。

飯後乘人力歸。玄同先生來。紹虞來。校《詩疑》序。

校《古史辨》第二册中編廿四頁。

三月十二號星期三（二月十三）

理印件。寫致介泉長信辦寓屋雜用事。牟傳楷來。

寫王禮錫信。寫《五德説》一文千餘言。看《習學記言》。朱士嘉來。

因病休息。

今晨起身後大泄兩次，想是慶和堂的兩次菜吃壞了。後來又大泄兩次，弄得身體疲倦得很。

介泉欺人太甚。實際占了我的便宜不必説，還寫信來在語言中占我的便宜，那只有去信揭穿其心了。

三月十三號星期四（二月十四）

寫父大人信。寫王禮錫信。看朝陽新寄到之《從天文曆法上推測堯典之編成時代》一文，畢。

看錢賓四《向歆父子年譜》一文，太長，未畢。寫筆記數頁。

兩日未吃飯，今日倦甚，只得多休息矣。

三月十四號星期五（二月十五）

看《向歆父子年譜》，仍未畢。終日編講義，得三千餘言（讖緯）。牟潤孫來。

謝劍文來。校《詩疑》序。士嘉來。

三月十五號星期六（二月十六）

鄭德坤來。改昨編講義，即送去。到校，取講義，開稿費支票請援庵簽字。

進城，與諸生到地質調查所參觀。出，步行至中央研究院，參觀殷虛出土物，由彥堂講之。到孟真處小坐。出，到小西天看雕刻。

乘七點車歸。飯後休息。

介泉來書，辭窮理屈，顧而言他，可發一笑！

三月十六號星期日（二月十七）

終日編講義，得五千餘言（讖緯的目録）。

記日記四天。

三月十七號星期一（二月十八）

編講義千餘言（讖緯）。

到校，上課兩小時（《月令》）。張真如來，同到子通處，并晤陳遠帆。

記筆記數則。

三月十八號星期二（二月十九）

改昨編講義。尋明堂材料。

剃頭。校《古史辨》五十餘頁。作"明堂考"千餘言。寫孟真信。與履安到黃宅，容宅。

理書。

三月十九號星期三（二月二十）

鈔集明堂材料。到校開研究所學術會議。

上課一小時（明堂）。校《詩疑》。

寫建功，仲嚴先生信。到費賓閏臣夫人處吃飯。飯後開談話會（專修史學諸生）。

今晚同席：援庵　善賞　王克私　慶美鑫　予（以上客）

費賓閏臣（主）

三月二十號星期四（二月廿一）

寫陳苕之信，唁其喪婦。覆看《五帝，夏，殷，周本紀》付鈔。

李鏡池來，長談。

點《新學僞經考》。

三月廿一號星期五（二月廿二）

覆看李鏡池所鈔《周易經傳》，畢。即作一書與之討論《易經傳》文，得二千餘言。

牟潤孫，董允輝來。

點《新學僞經考》。聽話匣子。

三月廿二號星期六（二月廿三）

點《新學僞經考》第一、二卷，完畢。

牟潤孫來兩次。碧澂來。

三月廿三號星期日（二月廿四）

編講義（緯書）約五千言。

士嘉來。

王姨母于一星期前産一女，今日履安始知之，即進城問候，晚歸。

三月廿四號星期一（二月廿五）

豫備下午功課，記筆記數則。修改昨編講義。

上課二小時（五帝，五神，畢）。編講義數百言。松岑來。

理書。

三月廿五號星期二（二月廿六）

續編講義四千餘言（緯書），未畢。

寫佩弦，振鶴香林，金甫信。班書閣，牟傳楷，玄同先生，子通，芝生，張壽林來。

玄同先生告我，北平城中，有某甲問于某乙曰："君等何以不慊於顧頡剛也?"乙曰："彼曾作一文，謂'站在學問的立場，不管是復辟黨或共產黨，是平等看的'，又云：'我們研究學問，在蔣介石治下如此，在張宗昌治下如此'，然則彼在黃龍旗下亦如此矣。魯迅之所以反對他，亦以此也。"按，上一言見於我所作《北大研究所周刊始刊詞》，下一言則我所未言，然我亦可作此言。學問而不離政治，必不能求真，此義我篤信之。彼輩以此攻擊我，端見其不知學也。

三月廿六號星期三（二月廿七）

續編講義千餘言。改昨編講義。

援庵先生偕董允輝來。到校，上課一小時（《月令》五神，畢）。與履安進城，到東興樓，赴孟真壽宴。九時許，乘清華汽車歸。

今晚同席：啓明　半農　志希夫婦　芝生夫婦　枚生夫婦　金甫　之椿　介泉　平伯　丁山　陳鈍　予夫婦（以上客）　孟真（主，卅五歲生日）

三月廿七號星期四（二月廿八）

作樸社緊急通告千餘言。寫師茂材信。登樸社賬。校對零稿。牟，班二君來。

編講義數百言。董允輝來，商改研究題。容太太來。到校，聽李濟之先生演講殷虛發掘。同出，到吳文藻處。

在文藻處吃飯。九時許歸。

今晚同席：李濟之　林東海　徐淑希　陸志韋　巴爾博　許世廉　博晨光　包貴思女士　予（以上客）　吳文藻（主）

三月廿八號星期五（二月廿九）

濟之與文藻來。與濟之同到燕東園，至希白家看古物，到朗潤園，十點，他進城。編講義千餘言（讖緯）。

擬《山海經》圖，草得十餘紙。碧澂來。

看《六譯館全書》，翻一過。

三月廿九號星期六（二月三十）

終日鈔集"泰一"材料，備作學報文，及下星期宣讀之用。鄭德坤來。世五及廣智送通告來看。

班書閣來，爲改其《五代史記注檢目序》。

三月三十號星期日（三月初一）

記日記四天。終日鈔集"泰一"材料，至睡。

寫胡文玉，蕭炳離信。黃振鏞來。士嘉來。紹虞來。

起大風數日，天驟寒，足上又生凍瘡矣。予之足不濟事如此，大約半亦因運動太少。

三月卅一號星期一（三月初二）

豫備下午功課。羅慕華來。寫黃振鏞信。

到校，上課二小時（緯書，未畢）。戴南冠來。趙惠人來。點《史記志疑》付鈔。

寫子通信。

海淀學校校長趙宗彝，號惠人，住海淀老虎洞穿堂門四號，由競進書社介紹，爲余鈔書，聞他的校長薪月僅八九元耳。

一九三〇年四月

四月一號星期二（三月初三）

鈔太一材料。立志來。黎光明來，留飯。

與光明同到清華，訪毅卿與兆瑾，同游清華一圈，歸。紹虞偕嚴群等來。玄同先生來。

看張立志所作《明末清初中西文化之衝突》，略改之。

四月二號星期三（三月初四）

鈔太一材料。改《五德說下的歷史》一文付鈔。馬幼漁先生來。

到校，開研究所會議。鈔太一材料。上課一小時（明堂，未畢）。陳援庵先生來，留飯。

到校，宣讀論文。九時許歸。

前答應爲《清華學報》所作之《五德說下之歷史》一文久而未成，今日金甫派余君前來鈔寫，不得不趕作矣。予所作文皆是逼出來的，無一篇爲自然寫成的，此亦一痛苦事也。

四月三號星期四（三月初五）

終日改《五德終始說下的政治和歷史》，約改四十紙。白壽彝來。

牟，班，董三君來。理書及紙。

與履安到校會餐。

新做抽屜櫃兩個，四十元，此後零碎紙張有着落矣。

今晚同席（成府會餐）：呂復及其女　瀛伯　紹虞夫婦　劉偉民　王素意姊妹　梁士詒之女　曹敬盤　張鴻鈞　楊藎卿夫婦　于振周　李術仁夫婦　皮高品　全希賢

四月四號星期五（三月初六）

早六時起，校《古史辨》。北大學生十三人來，同到校，與士嘉等同上汽車，游臥佛寺，鹿嚴精舍（周養庵別墅），碧雲寺，香山，在瓔珞岩下野餐。

飯畢，游雙清別墅，見心齋。出，參觀慈幼院。上車，到八大處，歷七寺（靈光寺起，秘魔崖止，長安寺未游），下山，游幻住園（葉遐庵別墅），上車，歸校，北大同學坐原車返城。

歸，休息。校《古史辨》。

今日同游者：朱士嘉　徐文珊　張立志（以上燕大）　師茂材　蕭炳黎　……

久不運動，今日乃跑數十里路，不免勞頓。然能與諸少年奔走山水間，不作落伍者，亦可自信不弱也。

四月五號星期六（三月初七　清明）

校朝陽《從天文曆法上推求堯典之編成年代》，畢。鄭德坤來。修改《五德說下的歷史》一文，改二十紙。士嘉來。趙惠人來。記日記五天。

四月六號星期日（三月初八）

翻看緯書，尋材料。

編講義約二千言（讖緯，未畢）。吳家明與馬仰曹兩女士來長談。理照片。

四月七號星期一（三月初九）

吳女士來。終日編講義，得六千言（讖緯，畢）。到校，送講義稿。

紹虞來。

今日履安與吳家明，馬仰曹兩女士游臥佛寺，香山，是爲她第一次騎驢。惜今日多風，天又陰，不及予前日游爲佳。

四月八號星期二（三月初十）

寫父大人信。又黃乃鏞信，算《妙峰山》等印價。終日理亂紙入抽屜櫃。

與履安到朗潤園及學校散步。

凍瘡又破了。

四月九號星期三（三月十一）

編《古史辨》第二册下編，未畢。編《書序辨》，亦未畢。校對《古史辨》稿數十頁。

四月十號星期四（三月十二）

到紹虞處，送講義到校。續作論文四千言（《世經》以前的古史系統，畢）。

嚴孟群來。與履安到圓明園散步。

因做得太急，頭痛了。

四月十一號星期五（三月十三）

續作論文五千言（五行相生説，畢）。紹虞來。

與艮男游燕農園，到金松岑家小坐。

今日做得胸悶。

四月十二號星期六（三月十四）

與履安乘人力車進城，到景山書社，到北大女生宿舍訪吳家明女士，到協和醫院及助產醫院訪楊女士，均未見。

到市場五芳齋吃飯。飯畢，與履安分道。予獨至吳郁周處送契據。到王姨母處，與履安同出到郝昺蘅處，又到建功處。出，游中海南海。

七點，乘汽車歸。改論文。

四月十三號星期日（三月十五）

竟日續作論文（《漢爲火德及秦爲金德說》，《漢爲堯後說》），成六千言。

士嘉來。叙父與其母等來（自溫泉），同游燕大，到冰心女士處。

右頰又腫了。不知是什麼病，以如意油塗之。

四月十四號星期一（三月十六）

校講義。改《漢爲火德及秦爲金德說》一章。修緶堂人來。

到校，上課二小時（緯書，未畢）。寫毅卿信。改《漢爲堯後說》一章。

夢裏又爲一度親，下山負得玉人身，湘音未絕忽驚覺，仍作天涯相望人。

四月十五號星期二（三月十七）

寫叔父，王伯祥，王翼之信，寄壽禮喪禮。又寄趙景深，魏瑞甫之喜禮。續作論文（《漢爲堯後說》，畢，《漢運中衰說》，未畢）約四千言。吳其昌來。戴南冠來。

芝生來。

四月十六號星期三（三月十八）

班書閣來，又偕謝剛主來。校《古史辨》，《古今僞書考》序，《燕京學報》等稿。請董允輝來寫黎家壽屏。彥堂來。

到校，出席學術會議。歸，豫備功課。爲倫明開學報稿費條。上課一小時（明堂，未畢）。與幼漁先生談。紹虞來。

作樸社報告。

凍瘡破處，爛甚，頗痛，不易舉步。

四月十七號星期四（三月十九）

續校《燕京學報》訖。記樸社賬。續作論文三千言（《漢應讓國説》及《再受命説》，未畢）。寫張茂春信。

到清華園，坐汽車進城，同車有金岳霖及平伯，晤芝生。

到何叙父家聽閩曲及音樂。十二時半宿其家。

陰曆今日爲何叙甫先生太夫人生日（六十六），事前未告我而招我去，聽福州戲（清唱）兩齣（《春香鬧學》，《親家相駡》），其聲調略似揚州戲及寧波文戲，一唱而衆和之。

四月十八號星期五（三月二十）

六時起，何，李兩先生已先起。六時半出，到汽車行，晤太玄及趙世泰。八點抵家。續作論文三千言（《漢再受命説》，畢）。

潤孫來兩次。白壽彝來。士嘉來。

與士嘉同至會議室，聽亮丞先生講林鳳，地山講掌中論。九點半歸。

昨眠太遲，今日起太早，精神甚不好。應酬真費精神也。

子水已歸國，住城內歐美同學會。

四月十九號星期六（三月廿一）

改昨作論文。鄭德坤來。記日記四天。

點《宋》，《齊》，《楚》，《秦》，《吳》，《越》諸世家，付鈔。吳亞農來。寫元胎信。牙足俱痛，甚不舒服，傍晚即眠。

在床上看《福建故事集》。

近日天氣驟熱，病者頗多。予亦內熱甚，牙根腫脹，頗痛。腳亦痛。

四月二十號星期日（三月廿二）

作論文（王莽及劉歆略史）約三千言，未畢。

覆看余君所鈔予論文，改定五十頁，付印。寫適之先生信。

校講義。

四月廿一號星期一（三月廿三）

續作論文約三千言（《左傳》著作者問題）。

寫仲川快信。到校，上課二小時（讖緯，未畢）。兆瑾，鄧叔良來。佩弦，趙萬里來。

編講義（《白虎通》）。

毅卿爲北平政府捕去，不知爲何事，或因反基督教運動。兆瑾來謀營救，但被何機關捕去固尚未知也。

前年在粵，光明，定生，毅卿，都是最好的學生，於學術上甚有希望者。過了一年多，定生墮入愛河了，毅卿要革命了，光明又以孟真之壓逼而失去學問之樂了。

四月廿二號星期二（三月廿四）

編講義二千言。寫子水，昺蘅信，又友忠信。續作論文四千餘言（《左傳》的著作者問題）。

齊思和來。芝生來。趙惠人來。

校《古史辨》。錄樸社賬。寫玄同先生信。

畏男年來知識頗開，去年年考得第一，本月月考亦得第一，畫地圖頗工整。

四月廿三號星期三（三月廿五）

看《掌故叢編》。張壽林來。校《劉向歆父子年譜》三十頁。寫倫哲如信。理書。

班書閣來。到援庵先生處。到校，上課一小時（明堂，完）。到清華，訪兆瑾，志希，自清，俱不遇。訪碧澄，遇之。

寫玄同先生，尚嚴，孟真，叙父信。

四月廿四號星期四（三月廿六）

編講義四千餘言（《白虎通》，畢；《風俗通》，未畢）。紹虞來。

續草論文。

右頰又腫了（此係第三次）。

四月廿五號星期五（三月廿七）

編講義，續草論文。班，牟二君來。

與履安至馮醫處。臥床，夜亦不得眠。

今日右頰終日流膿水，拂拭之，隨拭隨出，不知流了多少杯。馮醫謂予係胃熱致疾。

四月廿六號星期六（三月廿八）

王禮錫與陳公培來。臥床，不能張目，僵臥終日。紹虞來。碧澄來。馮醫來診病。

今日右頰愈腫，至目不能張。

我這一年太勤了，生病乃是納稅，蓋以數日之病換得一年之工作也。

四月廿七號星期日（三月廿九）

卧床，看唐叔達《三易集》。潤孫來。

士嘉來。文珊來。

　今日腫頗消，臉上結松香蓋，終日食粥。

　在床得一聯曰："好大喜功，永爲怨府；貪多務得，何有閑時。"此切中予病也。

四月廿八號星期一（三月三十）

看《劉向歆父子年譜》一遍，畢。紹虞來。

草一年來工作報告。徐文珊來。記日記五天。叔信，思和來。張兆瑾來。

看《吳越春秋演義》。

　臉上松香蓋漸脱。午進飯一碗。

四月廿九號星期二（四月初一）

理雜紙。續草論文五千言（炎帝神農氏，畢。全史五德終始表三難題，閏統問題，均畢）。班曉三來。

李鏡池來。潤孫來。鄭德坤來。

寫援庵先生信。校《古今僞書考》序。

　胃甚不好，不思食，亦吃不下。臉上松香蓋已脱光。

四月三十號星期三（四月初二）

寫驌先信，爲中大圖書館購書發票事。又寫又曾信。終日修改論文（《漢帝應讓國説》及《再受命説》，《五行相勝説》，《漢爲火德及秦爲金德説》，《漢爲堯後説》，均未盡，待覆看）。

寫健常，余遜信。續草論文（《少皞金天氏》）。鏡池與其同學廿餘人來詢游妙峰山事。

　曉起臨鏡，二毛愈多，幾成斑白。我真老了嗎？不伏，不伏！

一九三〇年五月

五月一號星期四（四月初三）

寫玄同先生，禮錫信。續作論文四千餘言（《太皥伏羲氏》，畢。《全史五德系統表的定本》，畢。《世經》的評判，未畢）。

李鏡池來。到紹虞處，晤常工。

點《史記》。

飯量復原。

五月二號星期五（四月初四）

點《史記》。終日修改論文，復改作二千餘言（《漢爲堯後説以上完工》）。

士嘉來。

五月三號星期六（四月初五）

續作論文二千餘言（《世經》的評判，未畢）。

到校，與學生七人同游萬壽寺。出，到藍靛廠，游西頂娘娘廟（廣仁宮）。還校，到黃振鏞，韓叔信兩君處小坐。

集作文材料。

今日同游者：韓叔信　齊思和　朱士嘉　李□　黃振鏞　林□

五月四號星期日（四月初六）

續作論文三千餘言（《世經》的評判，畢）。常工來。

士嘉來。早吃夜飯，與履安到余家，見其一家人，同到清華大學看十九周紀念會。

在場晤兆瑾，元任夫婦等。看到上午二時一刻始散，到家就眠已三時矣。

今夜所觀劇：

《蘇州夜話》《愛的冤家》　以上新劇，葳娜社作。

《游園》　潘，陳二女士作

《奇雙會》　溥侗，麗敦敏，朱琴心作

今晚雨勢之大，實少見，在傾盆雷雨中雜以雹子，一時交通爲之斷絶，清華之會遂延至九時許纔開。

五月五號星期一（四月初七）

因昨夜遲眠，今日上午九點半始起，倦甚，幾不能工作。校講義十五頁。曉三來。

豫備功課。到校上課兩小時（緯書中的古史，畢）。校《左氏春秋考證》。

金松岑來。編講義千餘言。

看夜戲最傷精神。

五月六號星期二（四月初八）

曉三來。編講義約五千言（《僞孔尚書序》，畢，《孔子家語五帝篇》，未畢）。傳楷來，侯君來，德坤來。禮錫來，談一切。

鏡池來。玄同來。芝生來。

五月七號星期三（四月初九）

點《古史辨》稿兩篇。作論文約二千言（《王莽的受禪》，未畢）。校《五德説》論文排稿二十餘頁。

豫備功課。到校，上課一小時（封國）。校《古史辨》校稿，《書序辨》排稿。紹虞來。

看《南國雜説》（田漢編）。

近日飯量不好，不思進食。大約因天氣潮濕之故。睡眠亦不佳，不易入睡，則以工作太忙之故。

五月八號星期四（四月初十）

寫啓明先生信。作論文約五千言（《王莽的受禪與改制》，未畢）。李辰冬來。

與履安到容宅。記日記六天。

這篇論文實在不能寫完了，只得先把上半篇送去印，剩下半篇明年再出。

五月九號星期五（四月十一）

乘八點車進城，到北海，晤彥堂。到景山書社，校《古史辨》。王禮錫來，簽字於契約。禮錫邀宴於森隆。

回書社，將《古史辨》稿校畢，即雇人力車出城，三點半到家。牟潤孫來。看焦氏遺書等。

到校，開學術會議，聽黃子通，博晨光二位講演。十時歸。看《左傳真偽考》。

今午同席：何殿英　馮世五　予（以上客）　王禮錫（主）

博先生見告，福開森先生已將我所作《周易故事》一文譯爲英文，在上海某雜志發表。

三次學術演講總記：

第一次	陳援庵先生	耶律楚材之生卒年
	予	泰皇泰帝泰一考
第二次	張亮塵先生	南洋殖民者林鳳
	許地山先生	掌中論（梵漢本）
第三次	黃子通先生	戴東原哲學
	博晨光先生	高本漢的左傳考

五月十號星期六（四月十二）

點《魯》《鄭》兩世家，畢。點《晋世家》，未畢。

子水偕鄭鐸宣來，同到燕東園訪徐淑希，未晤。到男校三樓，訪士嘉，與之同到女校各宿舍及聖哲樓，寧德樓，甲，乙樓，健身房等處參觀。晤志希夫婦及王以中等。與子水等同返家，他們旋歸。趙惠人來。紹虞來。

爲彦堂，長弓書扇各一柄。理書。

今日爲燕大畢業生返校日（每年一次），故放假。各處均開放，女生宿舍亦得參觀。

空庭雨後又微凉，喚起離愁亦自傷。何日林中重把臂，一揮積泪數千行？

五月十一號星期日（四月十三）

王以中來。彦堂偕開封第一女子師範學生十餘人來參觀，導之。續寫論文二千餘言，上半篇畢。

編講義約二千言（《孔子家語》，未畢）。董允輝來。

履安前日進城，今日歸，到協和醫院看，説是右腹内有瘤，須割治。她怕割，予囑其再到別一醫院診驗。

五月十二號星期一（四月十四）

編講義（《孔子家語》，未畢）。客來。

到校，上課二小時（《白虎通》，《風俗通》，畢）。文珊來。潤孫來。

校《古今僞書考》序及《燕京學報·向歆年譜》。寫牛鳳英女士及全紹文信。

今午同席：王禮錫　芝生　叔信　思和　世五(以上客)予(主)

五月十三號星期二（四月十五）

終日從《春秋經》中鈔出諸侯爵號，作一統計。光明來，留飯。立志來。

文珊來。

校《燕京學報》（《向歆年譜》）。

光明已與伍女士訂婚，從此得一新生命。可慰。

神州國光社工作：

予	史記　新學僞經考　史記志疑　孔子家語
黎光明君	尚書古文疏證　穆天子傳
鄭德坤君	山海經
李鏡池君	易經　易傳
徐文珊君	鈔史記注

五月十四號星期三（四月十六）

鈔録解釋《春秋經》中爵位之文。紹虞來。

到校，上課一小時（封國，未畢）。到援庵先生處兩次。

校《書序辨》及《左氏春秋考證》。

五月十五號星期四（四月十七）

寫光明，禮錫，孟真信。編講義六千言（《孔子家語五帝篇》，畢）。

鏡池來。

五月十六號星期五（四月十八）

修改昨編講義，增加一千字，畢。即送去。班書閣來。

看芝生講義。修改《五德説》一文，未畢。看《宏碧緣》。

今日以夜間工作太多，遂致失眠。

五月十七號星期六（四月十九）

看《王莽傳》，鈔出其應注意者。

振鶴，香林來，與同游海甸娘娘廟，又游藍靛廠娘娘廟，門閉，香林能開鎖，徑入。游約二小時，筆記不少。六點歸，并游一南海甸之娘娘廟。七時到家，留夜飯。約九時別去。

我決以全力研究"一，三，五"。一是泰一，三是三統，五是五德。這三種是一切僞史所由出。

娘娘九相，號"全娘娘"。

五月十八號星期日（四月二十）

點《晋世家》，畢。

看曹詩成君畢業論文（儒道墨三家之堯舜），齊思和君之《儒服孝》，并爲標出應改處。士嘉來。

五月十九號星期一（四月廿一）

看張立志君所作之《明末清初東西文化衝突》一文。校講義。寫博晨光信。

到校，上課兩小時（鄭玄王肅三皇五帝説）。看徐文珊君一文。寫崇年，筠如信。

看《戲考》中之《宏碧緣》劇本。

五月二十號星期二（四月廿二）

重作王莽略史一章約四千字入論文，未畢。寫康媛信。

余光庭來兩次。玄同先生來。文珊來。

記日記四天。校《古史辨》及《岡州遺稿》。

去年豢一小犬，名青兒，頗猛。近日不知何故，不能進食，不食已四天，奄奄無生氣，恐將死。

五月廿一號星期三（四月廿三）

豫備下午課。看學生課卷。點講義乙編鈔本。

到校，開學術會議。上課一小時（封國，未畢）。紹虞來。寫孟真書千餘言。

校《古史辨》。

孟真來信，仍要我到中央研究院及清華學校，却之。

五月廿二號星期四（四月廿四）

校《古史辨》五六十頁。郭太太來。

編講義約三千言（後期三統説，畢）。潤孫來。

小犬於今日死，豢之八個月。

五月廿三號星期五（四月廿五）

巡警來。終日編講義，約六千言（《潛夫論》，未畢）。修改昨編講義。

到校，送講義稿，到士嘉處。徐文珊來。

昨日犬死，昨夜即有賊來，把張媽單夾衣服盡行偷去，可謂禍不單行。

今日接容宅訃告，知容老太太果已逝世。

清華學校學生攻志希，請其自動辭校長，疑有政治背景。

五月廿四號星期六（四月廿六）

鈔《潛夫論·氏姓志》入講義，凡二千言。鄭德坤來。吳其昌來。

校《燕京學報》五十頁。與履安到容宅。予獨到芝生處及士嘉處送學報待校。

後腦右偏又腫痕了，與右頰一樣，討厭！

五月廿五號星期日（四月廿七）

校《燕京學報》三十頁，《劉向歆年譜》一文畢。改何觀洲，鄭德坤二君之《山海經》論文二篇，入《燕京學報》，未畢。

奉寬先生來，同到燕農園參觀，送至海甸。董允輝來。

校《詩辨妄》。

五月廿六號星期一（四月廿八）

改《山海經》二文，未畢。校講義，豫備功課。寫錢賓四信。又郭廷以信。

到校，上課二小時（《孔子家語五帝篇》，畢）。紹虞來。張兆瑾來。張長弓來。紹虞偕林培志，李滿樓二女士來。

改《山海經》二文，未畢。

今日馮先生又帶來一黑犬，較前犬為好看。

五月廿七號星期二（四月廿九）

寫林培志女士信。紹虞來取林女士所借書。改《山海經》二文訖。

編講義二千言（《潛夫論》畢，本學期講義畢）。玄同先生來。芝生來。

校《書序辨》。

五月廿八號星期三（五月初一）

算樸社賬。寫光明，張茂春，王禮錫，師茂材信。修綆堂人來送書。王以中與浦江清兩君來。修改昨編講義，訖。潤孫來。

豫備功課。到校，訪援庵先生，談朝陽，世五事。上課一小時（封國，未畢）。潤孫來。

與履安，艮男，馮先生到校，看舊劇股所演戲，十一時歸。

今晚所看戲：

《賣馬》，《南天門》（艾秀山，惲枚），《拾玉鐲》，《法門寺》
（楊肖彭），《紅鸞禧》（朱琴心，朱貴卿）。

五月廿九號星期四（五月初二）

寫旭生先生信。寫朝陽信，并以《僞書考序》入周刊。記日記
四天。競進書社來算賬。

修改論文，自第十七章至二十四章。

五月三十號星期五（五月初三）

改作論文第十三章（《王莽做到皇帝的經歷》），續寫三千字，
又改第十六章（《王莽的自本》）。又增作二十四章（《王莽改制》）
千餘言。修緪堂來算賬。

趙萬里，吳其昌，徐中舒來。

寫郭量于信。到校，聽芝生讀論文（《合同異，離堅白》）。

五月卅一號星期六（五月初四）

終日續作論文，約四千五百字（今古文問題，畢）。寫振鶴信。
羅香林來，爲題其黃公度墨迹。

裴雪峰來。徐文珊來。張兆瑾來。

李鏡池來。

一九三〇年六月

六月一號星期日（五月初五　端午）

修改昨作論文，畢。紹虞來。與紹虞同乘車到中央公園赴宴。
三時出，到景山書社，到鄭石君處。四點，上汽車，四點半到家。

續作論文，得二千餘言（《春秋左氏傳》的著作時代）。董允輝來。

記日記四天。

今午同席：鄧叔存　袁□□　楊金甫　陸品清　佩弦　紹虞　張申府　黎劭西　予等（以上客）　王禮錫（主）

六月二號星期一（五月初六）

續作論文二千言（《左傳》的著作人），畢。張長弓來。校講義。

到校，上課二小時（後期三統説，《潛夫論五德志》）。修改論文，畢，即交余光庭帶去。校《燕大月刊》中論《易傳》一文，并點洪水一文付《月刊》。

校《古史辨》。以筆記等裝入匣子。

《五德説》一文，自二月廿七號動手寫起，直到今天完畢，凡歷三個月又六天。這些日子中我的閑工夫一些也沒有了。此文寫了共十一萬言，只一半耳。尚有一半，希望下半年能寫成。

六月三號星期二（五月初七）

校《古史辨》。寫金甫，王克私，佩弦，戴南冠，魯弟信。

寫邱立塔，謝雲聲，伯祥，殷雲林，侃如夫婦，葉國慶，薛澄清，錢南揚，聖陶，玄珠，謝祚茝，父大人，又曾信。玄同先生來。

記樸社賬。

六月四號星期三（五月初八）

寫予同信。豫備下午課，鈔材料。校《月刊》稿。

到校，開學術會議。上課一小時（封國，未畢）。陳文仙女士偕山西平定李女士來，問纏足材料。寫適之先生信。潤孫來。

編《燕京學報》七期畢。

六月五號星期四（五月初九）

終日作本學期講義序録，畢，凡六千字。

校《燕大月刊》文。校《清華學報》文。

爲柏靈子所咬，夜不成眠。

履安今日到同仁醫院看腹疾，住王宅。

六月六號星期五（五月初十）

修改講義畢，即送校。到士嘉處。亮丞先生來。

天熱倦甚，看《名號的安慰》。常工來。允輝，壽彝來。嚴群及周君來。

校《尚書序辨》及《詩辨妄》。

予胸間肋骨頗痛，按摩之不愈，想是伏案太久之故，當謀所以調劑之者。

六月七號星期六（五月十一）

步至南門，乘車到東單，先到姨母處，與履安同到任宅，訪適之先生及衡哲女士。履安先歸，予談至十二時，返姨母處吃飯。

與履安同到景山書社，校《燕京學報》稿。乘四點車歸，車中與凌景埏談話。歸，到文藻處談公宴適之先生事。

看適之先生《中古哲學史》稿，第六章，訖。

今日在適之先生處所見他客：建功　維鈞　啓明　芝生　臺靜農　朱我農　侯景飛　平伯　江叔海　黃晦聞

適之先生此次來平，係因協和大學開董事會，十一日即離平南旋。

六月八號星期日（五月十二）

校講義，豫備明日功課，畢。

校《燕京學報》稿,《燕大月刊》稿。寫援庵,雪峰,史系同學信。士嘉來。

理書物。記日記三天。

本學期講義得 224 頁,每頁 500 字,凡 112 千字。又序錄 6 000 字,共十一萬八千字。

維鈞要到易州,予與建功擬同往,以此是殷與戰國之重要地方,不可不游也。

六月九號星期一 (五月十三)

適之先生來,談至十一點,同出,到博晨光家,又到謝冰心家,吃飯。曉三來。

到校上課二小時 (《潛夫論》,畢;封國,畢)。歸,寫蔣季和先生挽聯。坐車進城。

到建功處,住宿,晤白滌洲及常維鈞,十一點眠。

今午同席: 適之先生　金甫　芝生　博晨光夫婦　子通　紹虞 (以上客)　冰心夫婦　予夫婦 (以上主)

六月十號星期二 (五月十四)

五時許起,寫玄同先生信。與建功六時到團城,候久之,車及憲兵始來。八時開車,出西便門,二時許始到涿州,吃飯。

飯後開車,到淶水縣休息。七點許到易州,進城,至裕豐棧,投宿。晤考古團諸同人。

與建功等同往洗浴。

此次同行者: 建功　齊樹平　金九經　常維鈞　陳祥麟 (憲兵)

六月十一號星期三 (五月十五)

寫履安信。七點上騾車,出西門,游燕故城,由孟桂良君作導。循西面城行，到城角村，觀易水。東至練臺董家休息，吃飯。飯後游老母臺及武陽臺。六時許歸，由東門進。

洗澡，剃頭。

燕故城中臺極多，共有三十餘個，九女臺等極整齊，想見當時宮室之狀。燕故城在中易水之陽，北易水之陰，草木茂盛，有似江南，宜乎王亥以爲游牧之地也。

六月十二號星期四（五月十六）

七點上驟車，出西門，游清西陵。先至崇陵，次至泰陵，在泰陵之警所休息甚久，吃飯，又到昌陵。七點餘始抵家。

與尚嚴建功同洗浴。

驟車走得真慢，從易州城到泰陵，僅二十五里耳，乃走了五小時。崇陵本有松樹四萬株，今只存二百株矣，皆軍隊所砍也。

今日天氣極熱，又以三日的勞頓，遂中暑，幾暈，服了十滴藥水，仁丹等，始漸清醒。

六月十三號星期五（五月十七）

與建功，樹平，尚嚴同到西門城樓，沿城墻到臥佛寺，又到開元寺，又到高小校看真容碑。又與建功到清真寺，又到書鋪。

與諸同人同到龍興觀，看唐刻老子碑。到轆轤井陳宅，訪子蓬先生，觀其所藏古物。又同到西門外陳家花園游覽。暮歸。

到街買物。整理行裝。

開元寺中有一毗盧殿，康熙時塑三菩薩像，顏色妍麗實所少見。龍興觀有唐刻道德經三石，其一爲蘇靈芝書。

乘興南來作健游，忽思舊侶泪長流。知君正似中天月，已逐離人到易州。

六月十四號星期六（五月十八）

五點起，辭友出西門，六點開車，以道路泥濘，下午一點始到涿州，仍在西城館吃飯，以汽車恐被拉，改雇人力車行。

坐人力車到琉璃河，適有煤車過，遂附之行。到長辛店，樹平謂可改乘客車，遂下。待至七時，客車來，竟未上。

到合順成店內歇宿，臭蟲太多，終夜未眠。

戰爭期內，道路難行，聞郵政汽車尚被拉，予等所乘之車遂不敢前。其後乘火車，上煤車及貨車，有生以來第一次也。

六月十五號星期日（五月十九）

三點到站待車，四點上車，六點半到前門站。下車，即到南池子，候燕大汽車，八點到家。倦極，眠，午飯未進。

仍眠。毅卿與兆瑾來。寫王禮錫信。

潤孫來。

此次旅行，憊極了。其故，一由於車路之太不平，二由於天氣太熱，三由於身體漸不濟了！予體漸肥，因此，多汗易渴易倦。這肥不是好現象。

六月十六號星期一（五月二十）

曉三來。鏡池來。神州國光社趙君來送款。記日記七天。

董允輝來。校講義，畢。小眠。黃振鏞來。校清華一文。紹虞來。

看考卷。寫賓四快信。

今日還是極倦，昨天日夜睡了十五小時，還不濟事！

六月十七號星期二（五月廿一）

校《燕京學報》文四篇。張立志來道別。

潘由笙先生來道別。

梅貽寶先生來，爲雷海宗邀我到中央大學。

中央大學史學系主任雷海宗先生有意邀我去任專任教授，托適之，貽寶兩先生代邀。只得却之。

六月十八號星期三（五月廿二）

校《古史辨》。修綆堂人來。潤孫來。競進書社主人李維樸來。

到校，開學術會議。與援庵先生同車進城，到靜修處，晤元暉，到米糧庫，晤子水及丁山，同到同和居吃飯。到建功及玄同先生處，均未遇。

到靜心齋，晤彥堂中舒。住孟真處。

明日爲沈兼士先生之太夫人七十歲壽辰，予此半年絕未拜客，趁此機會，進城一天。

六月十九號星期四（五月廿三）

進早餐後，靜修元暉來，又到其家，付款。到曹成之處。到建功處。到劉經庵處。到丁宅。到十剎海會賢堂，賀沈老太太七十九歲壽。

與山立，既澄，禹蘦等談話。一時出，到地質調查所訪丁在君先生。到王以中處，晤方闓元（壯猷），與方同出，到吳子馨處。到文玉處，未晤。到景山書社，到盧逮曾處。乘七點車歸。

謝劍文來。看《史學雜志》。趙惠人來。

六月二十號星期五（五月廿四）

曉三來。校清華一文。張茂春來。校《詩辨妄》及《書序辨》。子通來。

校適之先生論《易》書及《元國姓考》。小眠。徐文珊來。士嘉來。看《積學齋叢書》。

鏡池來。寫文玉信。

前夜竊賊又來光顧，以東厢書屋未鎖，遂入取書。予書太亂，一時也檢查不出所失的是什麽。

六月廿一號星期六（五月廿五）

潤孫，文珊，壽彝，允輝來。記日記六天。到所，訪援庵先生。訪博先生，未遇。

校《山海經》及《南戲考》兩文。到校，訪博晨光先生，請簽字（學報款）。

看《清王公表》。看《隨盦徐氏叢書》。

六月廿二號星期日（五月廿六）

到子通處。校劉繼文《墓志跋》。看本期學生課卷，未畢。

看卷結果，燕大學生確比齊魯大學轉學來的好得多，知齊魯程度不高也。

六月廿三號星期一（五月廿七）

看本期學生課卷，畢。到校，送成績單，取奉寬稿費。修綆堂人來。校《清華學報》文稿。

爲人書屏扇九件。寫兆瑾，佩弦信。到清華，訪佩弦，不遇。訪碧澄，遇之。又訪芝生，亦遇之。又訪張壽林，亦遇之。在芝生處擬致賓四電報，在壽林處寫致仲嚴信。

余不能書，而到處有人命寫字，只得隨便拓之。

六月廿四號星期二（五月廿八）

校《古史辨》。到校，寫適之先生，王禮錫，父大人，起潛叔

信，未畢，寫又曾，丁在君，建功信，畢。與援庵先生商所事。修
緶堂人來。

潤孫來。校學報《釋巫》一篇。校《古史辨》，《左氏春秋考
證》。

與履安步至冰廠。又至清華，訪佩弦，并晤江清。仍步歸。

六月廿五號星期三（五月廿九）

整理去年講義。毅卿，兆瑾來道別。陳玉符來。點《古史辨》
第二册下編稿四篇付印。

寫辛樹幟，錢南揚，鮑仲嚴信。又將父大人，起潛叔，王禮錫
信寫畢。士嘉來。寫文玉信。

六月廿六號星期四（六月初一）

寫全希賢，金家鳳，玄同先生，援庵先生信。得賓四電，決就
燕大。記日記三天。整理康長素先生遺稿，未畢。

爲董允輝寫輔導委員會信。點《新學僞經考》卷三（《漢書藝
文志》辨僞），未畢。偵緝隊段君來。更夫來。董允輝偕胡君來。

昨夜十二時半，賊又來，據王媽言，渠望見有二人，搖其
門，因叫喊，馮君及張媽等應之，予與履安亦醒。至一時半，賊
始去。雖未失物，大家驚擾了一夜，因作書致庶務主任金君，請
其派職工二人住在我家，并在牆上黏玻璃屑，未識可辦到否。

六月廿七號星期五（六月初二）

續看學生課卷，寫注册部信，更正分數。點《新學僞經考》卷
三，仍未畢。趙惠人來。

校清華文稿。巡警三人來。

與履安到校，取信。

本月爲中頂（右安門外草橋）廟會，惜未能去。

六月廿八號星期六（六月初三）

點《新學僞經考》卷三，略畢，復看一卷。王以中來，并邀侯芸圻來，留飯而別。

牟潤孫來長談。訂標點《尚書》（謄清本）。爲吳君寫扇。

點書真不易，《僞經考》卷三雖分上下卷，原以爲一日事耳，今乃點了三天尚未完。豫計與實作相差至此！

北平大學欠薪三月，以中此來，分文未得，賠了往返盤費，下半年不來了。

六月廿九號星期日（六月初四）

乘八點車進城，到姨母處送附中章程。到景山書社。到維鈞處，未晤。到北池子訪幼漁先生，未得其門。到孔德，晤玄同，隅卿兩先生，與隅卿先生同到同和居。

飯畢到援庵先生處小坐。到書社，康媛，伏生已由馮先生接出，因四點無汽車，即雇人力車歸家。五點許抵成府。校清華文稿。

與兩女及伏生同到燕農園散步。記日記四天。

今午同席：援庵　隅卿　徐森玉　柯昌泗　劉儒林（雅齋）
季明　鮑仲嚴　予（以上客）　牟潤孫（主）

六月三十號星期一（六月初五）

看適之先生《我們走那一條路》和漱溟先生的《村治月刊》前兩期。

將《新學僞經》卷三覆看畢。田君來。白壽彝來。

與二女及伏生同到郭宅，又到校中散步，遇士嘉，參觀電汽廠。

胡，梁兩先生近來喜作政論，發表新主張。予久未暇觀，今日乃得費半天功夫觀之。胡先生主張中國成一現代國家，梁先生要取民族固有精神作民族自救運動。

一九三〇年七月

七月一號星期二（六月初六）

爲既澄寫條幅。韓叔信來。校尊經書院課藝目録。點《封國》一篇。

從康先生文稿中理出廖平《知聖篇》初稿定本，與今傳本不同，即爲校録，未訖。校《清華學報》文稿。王素意女士來，囑改所作書。

到子通處，又到芝生處。十時歸。

子通問我：“上月故宮博物院開圖書展覽會，去看否？”我答云未知，彼謂彼得到請柬。按，彼有請柬而我無之，可見守和忌我之深，浸潤之譖可畏哉！我設誓於此：以後如掌權，我決不妒忌人，決不排擠人，決不以別人施於我者更施之人，務使社會中消其乖戾之氣，真能爲天下得人。

七月二號星期三（六月初七）

校《古史辨》及《左氏春秋考證》。寫中央研究院，田驄，嚴既澄信。校《知聖篇》畢。修緪堂人來。

覆看《釋巫》畢，《燕京學報》第七期大功告成。理康氏文稿略畢。單紹良（北大史學系）董鍾林（北洋）又一清華學生來。

上樸社賬。寫何殿英，在君先生信。理書。

爲編《燕京學報》一期，費去我的時間如下：

辦事　約五小時

編輯　約卅四小時

校對　約五十六小時

共九十五小時。以一日作工十小時計，共費九天半。

本期於三月十三號付印，今日完工，凡歷三個半月。如此，則京華印書局作十天，我作一天。

七月三號星期四（六月初八）

寫光明，尚嚴信。逮曾偕梅心如，錢小姐同來，伴游燕東，朗潤，達園及學校。歸飯。

逮曾別去，予與梅錢兩君同到清華，訪葉石蓀，同游各處，晤戈紹龍。送梅君等上車後，與石蓀同到佩弦處。步歸。校《清華學報》稿十餘頁。

看陳衡哲女士《西洋史》。

七月四號星期五（六月初九）

編録"秦皇考"材料。余讓之來，留飯。齊致中來。寫適之先生信，托讓之帶去。

洗浴。浦江清來。羅香林來。競進社人來。

校《知聖篇》，畢。（補鈔諸章）

七月五號星期六（六月初十）

點《春秋繁露義證》之《三代改制質文篇》。潤孫與允輝來。

晝眠。碧澄來。鏡池來。士嘉來。理康氏稿。

點郭沫若先生《釋祖妣篇》，未畢。

今日熱甚，至九十五度。

七月六號星期日（六月十一）

子通來，長談。編録"秦皇考"材料。

畫眠。嚴學珊來要稿。看《南國》。

田漢所作《蘇州夜話》一劇，似乎以我的《古史辨自序》爲背景。蘇州，一也。北京之戰，二也。搜集孟姜女故事，三也。戰爭與藝術不相容，四也。

七月七號星期一（六月十二）

寫朝陽，王姨丈，緝熙，父大人，又曾，曹養吾信。

小眠。點《釋祖妣篇》，仍未畢。校清華文稿約四十頁。佩弦來。

看《小說月報》。

今日始吃西瓜。此間西瓜甚貴，一元七角只買六個。

七月八號星期三（六月十三）

略改清華文稿。點《剛齋經學四種舉要》，畢。校《古史辨》，《左氏春秋考證》，《書序辨》。寫碧澄信。

看張資平小說。

記日記。

終日大雨，北平久未有矣。寒暑表降至八十度。

七月九號星期三（六月十四）

點《釋祖妣篇》畢。寫芝生，謝劍文信。校清華文稿。寫定生信。

理書半日（西厢書齋）。寫彥堂，丁山信。

寫徐文珊，光明，鮑仲嚴，尚嚴，維鈞，建功信。記樸社賬，寫殿英信。

天一晴，依然這樣熱。

常用的書，半年未理了，今日始得騰半天功夫爲之。

七月十號星期日（六月十五）

關瑞梧女士來，問妾的材料。理抽屜。點世五履安半年來所鈔五德三統諸材料。

玄同先生來長談。

七月十一號星期五（六月十六）

競進書社人送書套來，并續取書去。修綆堂耿君來，送書箱及書。鄭德坤君來，以《山海經》稿交覽。點《金樓子·興王》篇，畢。

看《飛絮》，畢。點《袁術傳》，《劇秦美新》。碧澄來。

芝生來。記日記。

久不看新體小説，此次康媛歸，帶了幾種，午後倦怠，因取觀之，張資平之《飛絮》其一也。張君負小説重名，此次尚係初見，覺得他寫得很有力。惟此書太重視處女的貞操，似還脱不掉舊道德觀念。

芝生來，爲清華作最後之聘。

七月十二號星期六（六月十七）

希白姊妹昨還平，見訪，長談。理書及抽屜。

余光庭來。校《四部正譌》，畢。紹虞來。趙惠人來。

看《月令》等。

近日常甚早即醒，前日晨四點即覺，以夢入獄跳醒也。大約是看了康白珊女士的《獄中記》之故（載《南國》），她這篇文字給我以深刻的印象。今晨又四點即覺，以夢慕愚來我家，又驚醒也。大約是看了《飛絮》之故。唉，慕愚其終得爲琇霞乎，梅君之心固雖久而不變者也。

七月十三號星期日（六月十八）

看新購書。點《少室山房類稿》中之"辨"一卷。余光庭弟兄來。

看《月令》等材料。點《史記探源》中之《書序》部分付印，訖。點《古史甄微》中之年曆考異一章。余光庭來還留聲機。寫希白信，還《春秋通論》與倫哲如。

與履安自明到容宅談話，晤寇恩慈女士。

自放假後，遂不思出外，今日出門，覺得異樣。檢日記，知杜門者已十日矣。

七月十四號星期一（六月十九）

與希白，容琬，容琨，自珍同游頤和園，參觀仁壽殿，玉瀾堂，樂壽堂，在長廊吃點當飯。

三時歸，葉石蓀夫婦，翟俊千及二曾君來，導游燕東園，在希白處看古董，又游燕大全部，六時分別。

校清華文稿。

不至頤和園五年矣，今日重臨，不勝黯然。

七月十五號星期二（六月二十）

校清華文。競進送書套來。裝《民俗》等入書套。寫錢賓四，郭篤士，龍叔，元胎，商錫永，玄同先生，筠如，辛旨，光明信。德友堂書鋪王君來，送《南釋藏》樣本。寫馬季明信。

趙惠人來。理東屋書。容女士來。校點《少室山房類稿》文，訖。校《左氏春秋考證》，《古史辨》。

記日記。

今日檢書，乃知第二次賊來，竊去《通鑑綱目》最後兩套，凡十八本。他得了賣不出，我的一部大書卻不全了，笨賊！

得元胎信，知廣州中大之語史研究所已正式關門，連錫永之教授而亦去之。宵小之肆無忌憚一至於此，爲之一嘆！這是奇峰，叔儻，膚中的成功。

七月十六號星期三（六月廿一）

競進書社人來送書取書。校《古史辨》，《詩辨妄》。

校清華文稿約四十頁。子水來。寫隅卿信。碧澄來。

到希白處借《嘉量》拓本。記樸社賬。寫侃如，逮曾信。

清華一文，至今日始排畢。

七月十七號星期四（六月廿二）

寫鮑季貞，韓叔信，朱士嘉，黃仲琴，劉朝陽信。寫李鏡池信。作《嘉量説明》，插入文中。編《五德説》文之目録等。

唐軼林先生來，潤孫來，同游燕東園，到希白處小坐，到朗潤園，達園，在侯芸圻處小坐。送唐先生上汽車。與潤孫同歸，留飯，談目録學會事。

看《燕京學報》第七期。

軼林先生爲予中學校圖畫師，來平二十年，仍終爲中學校教師，列門牆者萬餘人矣。今日來，贈予以《寒林圖》。

七月十八號星期五（六月廿三）

理一年來信札。

寫伯祥，聖陶，振鐸，超如，君樸信。到清華，到學報社，浦江清，戈紹龍，吳碧澄，羅香林處。在碧澄處寫芝生信。在戈宅寫蔣廷黻信。到希白，子通處。

校《淮南子》，《易説》。

七月十九號星期六（六月廿四）

競進書社人來。理出書數十部付裝套。韓叔信來。

校點《淮南子》，《周易古義》，畢。到李鏡池處。剃頭。侯君來。

與履安到燕農園及海淀購物。

校點書籍，知又失去《國語正義》一部，這書難找，很可惜。這一定是懂書的人所竊，不是毛賊了。*

尋得了！不要瞎疑心。

七月二十號星期日（六月廿五）

競進書社人來。與履安同進城，予獨往碧澄處，晤之。到康同璧女士處，未晤。到平伯處，晤之。到兼士先生處，晤之，并晤沅君。到金家鳳處，晤之。到市場吃飯。

到馬幼漁先生處，觀其藏書。到景山書社，與士嘉同到西齋小坐。到孟真處，晤之。到陶漱石處，晤之。到援庵先生處，未晤。到地山處，未尋得。到贊廷叔祖處，晤之。到公園水榭，建功邀宴也。

飯畢，與履安，彥堂同到長美軒品茗，履安去王宅，予與彥堂同到中央研究院，洗浴。

城中友人久疏訪問，今日爲建功第一個女兒滿月之期，在水榭宴客（凡六桌），趁此機會，索性到城兩天，一意拜客。

七月廿一號星期一（六月廿六）

寫孟真，援庵信。到彥堂室中吃點，到中舒處小坐。出，至王姨母處，與履安同到陸宅，與侃如夫婦同到中海及公園，在長美軒

---

* 編按：此段後删。

吃飯。晤春臺，褚女士及芝生。

到潤孫處，未晤。到辛旨處，晤之。到春臺處，晤之。到梅心如處，晤之。到景山書社，又到仲澐處。出，到汽車行候車。遇鄭德坤等。

與履安同車歸，看新送來書。

昨夜又失眠，大約僅眠兩小時，因此今日精神十分疲倦，拜客雖未畢，亦只得歸來矣。

七月廿二號星期二（六月廿七）

理書。校《古史辨》，《左氏春秋考證》，清華文稿。

小眠。張立志來。容媛來，爲改作其《金石書目跋》。

記日記。點梁任公論康有爲一文。

七月廿三號星期三（六月廿八）

爲關瑞梧女士集妾制材料。羅香林來長談，留飯。容女士來。

寫紹虞信。毛汶來。齊思和來。

寫建功，贊廷叔祖，蔡先生，孟真信。

今晚汪精衛到平，不知此後有無希望。

七月廿四號星期四（六月廿九）

寫何殿英信。分出《燕京學報》應送與不應送處。鄭德坤來，寫浦江清處介紹信。寫孟真信。繼續鈔妾制。

尚嚴偕申女士來，伴游燕東園及朗潤園，六時去。

到李鏡池及張立志處。謝劍文來，長談。

申佩芳，字紉秋，在北大圖書館任事，能畫花卉。其妹申佩芬，字若俠，女師大國文系學生。遼寧鐵嶺人，與尚嚴爲表兄妹。

七月廿五號星期五（六月三十）

鈔妾制訖。容女士來。

晝眠。洗浴。士嘉來。關瑞梧女士來。點《三統曆》。

今日熱極矣。今年美國大熱，熱死數百人。北平如此熱，以前少見也。今日屋中至九十四度，院中至一百廿度以上。（如寒暑表高些，恐將升至一百卅度以上呢。）

芝生來電話，悉清華已聘朝陽爲史學系講師，授年代學，此心一定。

七月廿六號星期六（閏六月初一）

鈔傳經系統考材料，未盡。士嘉來。子水來，留飯。

看吳摯父日記。

予熱傷風了，喉頭炎又作了，因此精神上甚感不快。

梅心如來電話，邀我訪顧孟餘先生，未知有何事。

七月廿七號星期日（閏六月初二）

容女士來，長談。競進書社送書來，并檢書與之。理書。休息。校《書序辨》及《詩辨妄》。打電話數次。寫杜女士信。

續集傳經考材料。

傷風頗劇，又是天熱，實不能工作，奈何？真急煞！

今日本何叙父先生邀宴於來今雨軒，以身體不舒服，辭之。

覽報，悉王鴻一昨日在北平逝世。此後予《古史辨》陸續出版，倘不至被禁乎？王名朝俊，山東曹州人，曾任山東教育廳長，年五十五歲。

七月廿八號星期一（閏六月初三）

牟潤孫偕趙録綽及柯君來。到容女士處。修綆堂人來，留飯。

子水偕林徽音來，又到紹虞處，紹虞宴之，并招余。飯畢同游燕東園。

杜女士來。韓叔信來。校《左氏春秋考證》及《古史辨》。

左腰下忽酸痛，未知何病。我的病實在太多了。

七月廿九號星期二（閏六月初四）

乘車進城，到書社，到中山行館謁孟餘先生，并晤心如。到亮塵先生處，到馬季明先生處，回景山東街吃飯。

到叙父先生處，長談。到軼林先生處，到地山處，到楊鴻烈處，到士嘉處。到書社。乘七點汽車歸，晤林卓園及陳玉符夫婦。

休息。

孟餘先生有心研究中國歷史，謂不將歷史問題弄清，所有的政論都是空話。按此實一很大的覺悟也。

七月三十號星期三（閏六月初五）

伴履安到清華戈紹龍先生處看耳病，并晤周梅孫夫婦等。到志希夫人處。

容女士來。紹虞來。王克私先生來。校清華文稿，訖。校《古史辨》。

長沙爲共黨所據，焚毀公共機關及外人住宅，虐殺富户。慕愚家中不知如何。

七月卅一號星期四（閏六月初六）

寫士嘉，侃如，孟餘，援庵，劭西，懋德，玄同諸先生信。又寫君武，元胎，朝陽，郭廷以信。容女士來。羅根澤來。

到芝生處，郵政局，學報社，戈紹龍處，仍步歸。寫沈勤盧，聞野鶴信。寫周振鶴信。

宴客（餞別志希夫人）。寫致志希信。

今夜同席：羅志希夫人　戈樂天夫婦　黃子通夫婦（以上客）
予夫婦（主）

志希夫人云："熟皂隸打重板子。"此諺至確。閩粵中之攻擊
我者，清華中之攻擊志希者，皆熟皂隸也。

我來平一年，有許多可以不向我側目的人亦向我側目，求其
故蓋在閩粵反對我者近來都在北平，爲我放空氣也。前年有一人
爲我批命，其批此數年之命云："雖有陽春舒柳眼，須防夜雨損
花容。"噫，只要能舒柳眼，固無妨損花容矣。

一九三〇年八月

八月一號星期五（閏六月初七）

編《古史辨》第二册目錄，略訖。容女士來。到清華，應戈樂
天之宴。四時歸。

洗浴。點戴望所作《劉逢祿傳》。

今午同席：羅志希夫人　徐誦明　吳大夫　陳楨（次山）
徐小姐　予（以上客）　戈樂天夫婦（主）

南昌又爲共黨所據，數日之間連得兩省會，可畏哉！

八月二號星期六（閏六月初八）

寫慕愚，驪先，金甫，又曾，父大人信。競進書社送書來，并
檢書與之。爲希白書扇。嚴景珊來。

睡眠。寫劉經庵，蔣徑三，程仰之，葛毅卿信。

希白來，長談。看簡莊綴文。

八月三號星期日（閏六月初九）

理書。寫起潛叔，孟韜信。齊致中來。侃如沅君來，伴往郭宅。

寫夏樸山，羅根澤，顧鼎梅，章君疇，陳繩夫，婁子匡，田驄，王禮錫信。

理信札。

三年來無日不忙，信件終未一清理，今日又費大半天功夫，照這樣寫信，大概還要寫好幾天才能完。

久不雨，今日下了，又不大，驕陽轉瞬又來了，熱度仍不減。

八月四號星期一（閏六月初十）

競進書社送書來，又理書與之。理書。鄭德坤來。

看小説《女尸》。理書付裝套。重點《劉逢禄傳》。校《左氏春秋考證》。

校士嘉所點之《伽藍記》。

爲做書套而理書，今年夏間費了不少時間矣。此後書套做齊，予之書其可永遠不亂矣乎？此亦節省時間之一道也。

八月五號星期二（閏六月十一）

校《左氏春秋考證》。到希白處，晤柯璜及齊念衡，留飯。

飯後偕希白兄妹及念衡到頤和園，訪張懷西主任，參觀排雲殿所陳列之銅器瓷器，五時半出。

校《古史辨》。

八月六號星期三（閏六月十二）

校《書序辨》。趙惠人來。

點校明堂文數篇。看林徽音《綠》雜志。嚴景珊來。寫德坤信。點《僞經考》。

記樸社賬。寫玄同先生，士嘉，翁國樑信。

近日甚想多做事而體極倦，乃不任，未知何故。是不是真老了？

八月七號星期四（閏六月十三）

寫彥堂，殿英，仲嚴信。希白來。侯堮，謝國楨來。鄭德坤來。與希白到學校，訪吳校長，述下半年調查事。點《新學僞經考》。

寫辭絕作文信稿。援庵先生來。到張立志及李鏡池處。看張資平小說《植樹節》，未畢。

今日天氣較涼，本可工作，不料點了廿餘頁《僞經考》，肋骨又痛了，氣又悶了，只得停住。恨極，擬謝絕一切文字。我的野心與我的身體背道而馳，互相破壞，真無法。沒奈何，只得看小說了。

八月八號星期五（閏六月十四）

寫李鏡池信。容女士來。牟傳楷，董允輝來。看張資平《柘榴花》，《植樹節》，《苔莉》，俱畢。

洗浴。寫清華學報社信。

八月九號星期六（閏六月十五）

仰之來，與之游燕東園，朗潤園，燕大校園，圖書館訪侯堮，留飯。謝劍文來。

與仰之到芝生處，并晤子水，聽雨談至四時，到清華學校走一次，別歸。

休息。

八月十號星期日（閏六月十六）

到王克私處，未晤，到希白處，略談。口述《古史辨》第二册自序，囑履安書之，得三千言。

羅香林來。李貫英來，伴其游燕東園，到希白處，朗潤園，燕大校園等，留夜飯，留宿，談至十時。

貫英述伍叔儻在中大搗亂之狀，聞之嘆息。小人無忌憚，一至於斯！

得謝女士信，知其將入教部辦事，慕愚則在考試院中任事，桓連亦曾由武漢到寧。

八月十一號星期一 （閏六月十七）

寫謝卓茲女士信。記日記四天。寫李繼梅，錢南揚信。校《古史辨》，改第二册自序，訖。伴貫英談話，留飯，與同到呂健秋處去。

張立志來。競進書社來取書。

八月十二號星期二 （閏六月十八）

七點，雇人力車送康媛，伏生到聾校，晤杜校長。出，到貫英處，又到仰之處。到辛旨，覺群處，均未晤。到潤孫處。到文玉處，未晤。到士嘉處，留飯。

到書社。到殿英處。到謝剛主處。到雨亭處，未晤。到小市看書。到孔德學校，晤啓明，隔卿，逮曾。乘七點車歸，晤關女士。

草大九州圖樣。

一個月來進城三次矣，拜客之債快還清矣，大約還須進去一次，方可將此一年内所欠之債還清。

八月十三號星期三 （閏六月十九）

理書付作套。到王克私處，商研究生入學事。畫大九州圖，爲

《古史辨》第二册作封面。張聯潤來。修綆堂人來。余光庭來。楊鴻烈夫婦來（萬家淑女士），留飯，飯後導其參觀，送上車。

校《詩辨妄》及《書序辨》。作《辨僞叢刊》四種廣告，交張君帶去。

寫仰之信。理書桌。

八月十四號星期四（閏六月二十）

寫何殿英，玄同先生，士嘉信。容女士來。競進書社送書來兩次。

余光庭來。理書。理雜書及文稿入筒子。看李滋然文集。

盜汗之病久不作矣，近一月來乃又時作。初僅頸間有汗，今日乃至全背部皆出，衣如水浸矣。心頭爲一涼。

八月十五號星期五（閏六月廿一）

修改《古史辨》第二册自序，即寄書社。

點朱蓉生與康長素論學書札，訖。張長弓來。兩女生來。

看孫星衍文集。

迂客公所作《依園集》，前歲得之杭州。所刻《岡州遺稿》，父大人去歲得之上海。今日援庵先生又以新得《玉臺集》寫本見贈。

八月十六號星期六（閏六月廿二）

寫書套的籤。王克私來，爲研究生事，寫一快函與仰之。寫魏瑞甫信。

伴日本人在校參觀。到季明處。士嘉來。芝生偕計文甫來。

到希白處，請其題字，并談調查計畫。

今日參觀之日本九州大學法文學部外賓：重松俊章（教授）

國行一男（副手）　　三宅周賢　井邊房夫　井上健三　青野喜助
岡宮保美　遠藤實夫（以上學生）　　木島清道（通譯）（外務省
留學生，上海同文書院肄業）

八月十七號星期日（閏六月廿三）

與履安，艮男乘人力車進城，予到西四剃頭，到陳寅恪處，又
到黎劭西處。到士嘉處，到書社。到北海，應楊鴻烈之約（在漪瀾
堂）。飯後，予與履安到姨母處，與她們同到公園。予到書社，先
歸，她們住王宅。

校《古史辨》中諸廣告。看《王以仁的幻滅》。失眠。

今午同席：予夫婦（客）　　楊鴻烈夫婦（主）

失眠之疾久不作，今日一離履安，即又發。

八月十八號星期一（閏六月廿四）

校《左氏春秋考證》。校《古史辨》。趙惠人來。韓叔信來。
修綆堂人來。寫錢賓四信。

乘汽車進城，與履安，艮男及王姨母同到平安戲院看有聲電影
《銀河雙星》。出，至市場，又至書社。登車回。作《古史辨》廣
告，寫仲澐信。晤呂健秋，關女士。

裝釘《月令》等篇。

八月十九號星期二（閏六月廿五）

牟潤孫偕周君來。看《黑水先民傳》。張立志夫婦偕其子女四
人來。九經堂人來。德坤來。

校《月令》等篇鈔本。與希白同到司徒雷登處，談調查山西事。

張長弓來道別。容女士來。

游息數日，盜汗固不出了，但胸中仍悶，痰吐仍多，依舊不

能工作，奈何！

八月二十號星期三（閏六月廿六）

看《東方雜志》。校《月令》等篇鈔本，訖。貫英偕童，牛兩君來，留飯。

到松岑，鏡池處，均未晤。

到紫宸，子通處，均晤之。記日記七天。

早晨醒時，周身疼痛，胸前痕緊。肺病耶？發勞傷耶？心臟病耶？

八月廿一號星期四（閏六月廿七）

與鮑奉純同到校參觀。到齊思和處，到會計部取錢付之。白壽彝來。點讀《史記·天官書》。

與季明，子通紹虞同到小沙土園文昌館看封書。到商務書館購書。到景山書社。到中央研究院，晤中舒莘田。

到忠信堂，赴日人宴。到書社。到中央研究院。與中舒談話。寫聞野鶴信。

今晚同席：陳百年　陳援庵　楊遇夫　朱逷先　錢稻孫　賀□□　予（以上客）　重松俊章　三宅周賢　井邊房夫　青野喜助（以上主）

八月廿二號星期五（閏六月廿八）

寫介紹錫永到清華公函，致芝生，佩弦。獨到大西天游玩。與孟真，希白，彥堂，濟之談。到士嘉處，到書社，到陳百年先生處，未遇。看安陽發掘所得之古物。

到仿膳吃飯。到尚嚴處。到仰之處。到地山處未遇。到援庵先生處。到書社。乘七點車歸。

休息。

今午同席: 趙萬里　徐中舒　毛子水　予(以上客)　孟真(主)

八月廿三號星期六（閏六月廿九）

鄭德坤來。寫橋川時雄信。終日理書付製套。裝單本書入匣中，凡四十匣。

佩弦來。

到希白處。

八月廿四號星期日（七月初一）

終日理書。

裝小本書入匣中，凡四十匣。紹虞來。士嘉來。

盜汗前數日稍好，今日又發，夜中驚醒，爲之悲憤。

八月廿五號星期一（七月初二）

校改《古史辨》自序，編第二冊勘誤表，作仲澐《群經概論》之豫約廣告，寫北京印書局信。吳子馨與劉子植來。修綆堂人來。

容女士來，長談。

今日下雨後天頗涼，精神較爽。

與容女士言: 我生了廣東人的志氣，但還是江蘇人的身體。

八月廿六號星期二（七月初三）

寫三宅周賢，仲澐，聯潤信。點鈔件。校《詩辨妄》。方壯猷與侯芸圻來。羅香林來，留飯，寫條幅二幀。

看野鶴所贈《武陵山人遺書》。黎静修來，與同到校，送上車。編《漢碑徵緯考》目訖。

八月廿七號星期三（七月初四）

關女士來。記日記六天。修緶堂人來。趙惠人來。吳春晗與周，李二君來。寫全希賢信。

點所鈔《漢碑引經考》文，畢。士嘉來長談。

到希白處，看《亞洲學術雜志》。

近來早晨痰吐極多，但鼻已不塞。

八月廿八號星期四（七月初五）

潤孫偕其弟傳模來。陳玉符來，與同看周學章所住屋，爲遷移計。

到芸圻處午餐，餐畢與仰之到家，沙女士及二徐女士，徐君來，與仰之同去。徐旭生先生來，長談，乘其汽車進城。履安與容女士同進城，住數日。

到會賢堂，赴孟真宴。住孟真處，談至十二點，失眠。

蔣軍飛機昨日到平投下炸彈九枚，大約濟南破後，將長驅幽燕了。

今午同席：程仰之　予　吳子馨兄弟（以上客）　芸圻（主）

今晚同席：雷興　梁思永　寅恪　元任　彥堂　郭寶鈞　希白　莘田　予（以上客）　　孟真（主）

八月廿九號星期五（七月初六）

到書社，到雷興處，到孔德校晤季忒，隅卿，玄同先生。到真光，訪何殿英。到仰之處，并晤王訪漁。到市場東興樓吃飯。

飯後到書社，校《古史辨》。乘人力車歸，看崔皡甫先生書札。

到清華訪碧澄佩弦。到子通處長談。又失眠。

八月三十號星期六（七月初七）

子通來長談。羅根澤來。整理書籍。校松江韓氏書目，未畢。點《册府元龜》之五德部分，訖。李鏡池來長談。

又失眠。

八月卅一號星期日（七月初八）

校《古史辨》。九經堂人來，趙惠人來。履安自城歸。介泉與潘暢軒江伯屏來，留飯。飯後到紹虞處，燕東園，清華園，達園，燕大等處。到清華後佩弦亦加入同游。

到紫宸處晚餐，餐畢到希白處。

今晚同席：曾昭樺　黃子通　希白　蔡君　李榮芳　予（以上客）　趙紫宸（主）

介泉好意思來，甚怪。然當步行至三旗時，彼問何謂包衣，予答滿人之奴僕，彼即大聲嚷曰："這是外國人的狗，怪不得要架子大。"窺其意似乎借此罵我。唉，究竟我對他擺架子乎，還是他實有"不够朋友"者乎？至於我在外國人之機關作事，固有不慊於心，但試問在本國人之文化機關中能讓我如此安心治學否乎？爲功爲罪，百年之後自能明白，正不必與一班輕薄人作較量也。

介泉爲人如此，我下決心與他斷絕關係矣！

一九三〇年九月

九月一號星期一（七月初九）

牟潤孫來。葉國慶與林卓園來。覆看《匈奴王號考》及《鮮卑民族考》，未畢。

芸圻與儲皖峰來。看雁冰所作之《幻滅》。芸圻偕剛主來。

近來得一教訓，如終日在家不出，則夜間易有盜汗。如白天勞動一點，則可不有。

九月二號星期二（七月初十）

到達園，贈書與剛主，芸圻。芸圻留早餐，送剛主上車。校《左氏春秋考證》及《古史辨》（全部完）。終日看雁冰所作之《虹》長篇小說一冊畢。杜聯喆女士來。

趙惠人來。蔣廷黻來。

到達園外馬路一帶散步。

《虹》寫十年來青年心理，極好，與聖陶《倪焕之》略似。作者爲共黨中人，而所寫者依然爲小資産階級。蓋今日覺悟者本只爲小資産階級也。堪笑一班人提倡普羅文學，而不能到民間去，其能有成功乎！

九月三號星期三（七月十一）

容女士來。董允輝來。覆看《匈奴王號考》及《鮮卑民族考》畢。劉玉山來。葉國慶來。

寫方壯猷信。德坤來。吳春晗來。劉松青來。賓四自蘇來，即導觀前吉祥胡同及達園等處。夜飯後，與之同到紹虞處。士嘉來。

九月四號星期四（七月十二）

紹虞來。林卓園，葉國慶來。寫關瑞梧女士信。寫張茂春信。發《燕京學報》第八期稿。記日記七天。寫史學系主任信，爲朝陽房屋事。

留賓四及紹虞飯，飯後與賓四同到希白處，出，賓四即別去。校看《古史辨》第二冊樣本。杜女士來。楊遇夫先生偕日本人長澤規矩也來參觀圖書館，到季明處。廣志來，寫世五信。與履安，自珍到張立志家。

士嘉來。

九月五號星期五（七月十三）

看顏虛心《王莽嘉量考》。容女士來。潤孫來。到士嘉處，并晤趙泉澄。與士嘉同到達園，加入全體教職員會。到賓四處。

游福緣門，步歸。到馮仲平處，診病。以零本書裝入匣內。

與希白紹虞同到燕南園，訪洪煨蓮先生，并晤劉廷芳，范天祥。

馮醫謂我陰虧肝旺，胃强脾弱，并謂內有熱，故多痰。

九月六號星期六（七月十四）

以零本書裝入匣內。連昨得五十匣。校點《河圖洛書原舛篇》。紹虞來。洪煨蓮先生來，予介紹方欣安。

世五來，校《古史辨》及《左氏春秋考證》附錄。寫玄同先生，毛汶，嚴景珊，吳春晗信。點《史記探源》入《左氏春秋考證》，未畢。

容女士與容瑤來。

九月七號星期日（七月十五）

點《史記探源》之《左傳》部分，畢。理東厢書。士嘉，毛鳳濟，吳春晗來。朝陽夫婦來。校點《河圖洛書原舛篇》，畢。

與朝陽到清華，訪芝生，并晤槐西。又訪蔣廷黻，由西院出，歸。

與朝陽夫婦及履安，自珍到容宅，遇雨，踏水而歸。

九月八號星期一（七月十六）

希白來。寫全希賢信，爲朝陽住屋。洪煨蓮來，與朝陽談課務。樸社送《古史辨》第二冊五十本來，此書乃於今日出版矣。

賓四來。潘由笙丈來。士嘉來。

與朝陽夫婦及履安艮男同到學校走了一轉。

《古史辨》第二冊印刷八個月而出版。如要趕快，也不能少於半年。

九月九號星期二（七月十七）

與朝陽同乘人力車進城，訪方欣庵，未遇。到北平圖書館訪謝剛主，他請我們到瀛臺品茗。到團城訪顏虛心。到北海游覽，在漪瀾堂吃飯。

訪孟真彥堂等於研究所。到景山書社，與馮先生同到小市購物。七點歸。

看修綆堂送來之書。

今日得健常書，知其湘變後曾歸湘一次，挈其家人到寧，今服務內政部統計司。

今日爲北方國民政府成立之日，進城時滿街國旗飛揚。

九月十號星期三（七月十八）

趙惠人來。侯憲來。點《春秋復始》中之辨《左傳》部分，未畢。季忱與徐良佐來，導游燕東園，朗潤園，達園等處，留飯別。

競進書社送書來。余讓之來。

到清華訪芝生，晤之。訪他人均不遇。歸，看馮先生運劉家木器來。

九月十一號星期四（七月十九）

點《鮮卑語言考》略畢。希白來。與朝陽訪呂健秋。與朝陽夫婦及履安，自珍到容宅吃飯。

羅香林來。張頤年來。賓四來，長談。點《春秋復始》。點嚴可均論古史年代數文。看靜安先生《東山雜記》。

到煨蓮處，紹虞處，子通處贈《古史辨》，均晤之。

今午同席：朝陽夫婦、女　予夫婦、女　張德英女士（以上客）容氏一家（主）

九月十二號星期五（七月二十）

到廷芳處，俟其起身，談許久。到文藻處，晤其夫人。到校長及校務長處送《古史辨》，均未見。趙惠人來。亮丞先生來。

張頤年來。改王素意女士所作《小學校長》一書。牟潤孫來。葉國慶來。希白來，囑改李杲明挽聯。

呂健秋來答拜。

秋雨既下，扇以秋風，天氣頓寒，可穿夾衣矣。

服藥後盜汗已止，可慰。

九月十三號星期六（七月廿一）

牟潤孫來。譚其驤來。紹虞來。鄭德坤來。到校，訪馬季明，到圖書館搬《道藏》，到研究所，寫薛澄清，陳槃，玄同先生信。

到校務長室開會，予自此後遂代紹虞司記錄。四時散會，歸家。到朝陽新寓及三號屋，計劃遷徙事。爲侯憲寫何柏丞信。

看清華新印就之《五德終始説下的政治和歷史》。

仲澐於十日被捕，云有共黨嫌疑，勢甚嚴重，恐遭不測。

九月十四號星期日（七月廿二）

徐文珊來。寫日記六天。乘十點半車進城，到書社，馬幼漁先生處，到蓉園應宴。

飯後到書社，到孟真處，旭生處，均未遇。到李濟之處，亮塵處，建功處，仲嚴處，均遇之。乘七時半車歸。

看《五德說》文。

今午同席：沈兼士　黃晦聞　劉叔雅　馮友蘭　徐旭生夫婦
許守白　雲南某君　陳援庵　予（以上客）　陸侃如夫婦（主）

九月十五號星期一（七月廿三）

碧澄來。到庶務課，送修改新屋單。到達園，訪潘由笙及賓四。

朝陽來。思和來。玄同先生來，談聘錫永事。方欣安來，與同
到清華，訪蔣廷黻，未遇。訪佩弦，遇之。訪吳子馨，遇之，留飯。

與欣安同歸。

九月十六號星期二（七月廿四）

寫鄭介石，趙斐雲信。牟潤孫來。草《燕京學報》重定豫算
案，訖。宴客。

到校，上課半小時。山東于丹紱先生（明信）偕其女來。貫英來，
同到朝陽處。雷守廉女士來。鏡池來。到希白處，與聚賢談發掘事。

今午同席：衛聚賢　吳其昌　方壯猷　侯芸圻　容希白　鄭
德坤　錢賓四（以上客）　予（主）

今夜同席：衛聚賢　洪煨蓮　侯芸圻　予（以上客）　希白（主）

今年的學生：

（一）繼續選修的：

890	葛啟揚（史學系四年級）
	張立志（研究院）
518	趙豐田（史系四年）
	朱士嘉（研究院）
29604	徐文珊（文專科）
28336	齊思和（史系四年）

1079	韓叔信（史系四年）
28031	儲益謙
	穆潤琴
	李鏡池

（二）新選修者：

	董允輝（國研）
28089	沈鴻濟（史系三年）
423	易秉坤（國文系四年）
W. 29203	陳懋恒（史系四年）
	杜連輝
30414	邱繼繩（研究院）
30468	葉國慶（研究院）
29239	何振朝（四年）
30469	嚴星輔（研究院）
30451	譚其驤（研究院）
951	馮家昇（史系四年）
28055	高慶賜（國文系三年）
30615	龐　溥（國文系一年）
	趙　澄（國文系一年）
30614	欒植新（國文系一年）
	孫海波
	田　聰

九月十七號星期三（七月廿五）

　　容女士來。校《左氏春秋考證》附録。與履安同到新屋。

　　研究所開學術會議，并見新聘助理員。四時許歸。紹虞來。張頤年來。余讓之，吳宣宜來。

與希白同到校看電影《歐戰英雄》。

九月十八號星期四（七月廿六）

發贈書。趙惠人來。與履安同去看新屋。點吳貫因《尚書中史迹之疑案》一文。

到校，上課一小時。寫吳校長信。與紹虞到于先生處，未晤。到競進書社。

到希白處，與張頤年談旅行事。

九月十九號星期五（七月廿七）

發贈書。校改王女士《小學校長》一書。記日記五天。

訪張頤年。到朝陽處。羅香林來。孫海波來。孟雄來，與同散步。

裝零碎書入套。

今日報載張學良通電息戰，時局突變。

九月二十號星期六（七月廿八）

與李孟雄，馮世五夫婦，容希白，容女士，容琨，容琬，劉朝陽夫婦，履安，艮男，康媛等同游頤和園。到德和園開會，諧趣園吃飯，由後山行，至清宴舫吃茶，乘船到龍王廟，出，仍步歸（以拉車，故車少）。到達園，訪賓四，歸。

休息。

九月廿一號星期日（七月廿九）

與康媛，孟雄到三號看屋。看《康梁演義》。到校務長宅，與之同乘汽車進城，到忠信堂吃飯。

飯後到孟真處，晤之。到昂衡處，在君處，均未晤。到書社。

寫孟真，叔屏，師茂材，孟雄信。到鄭介石處，晤之。七點半歸。與譚紉就女士，朱士嘉君同車談話。

勤廬，賓四來，留勤廬宿。

北京中央黨部遷至石家莊。奉軍已到津，即來平。晉軍已退出。

貫英爲和孟真看家，而被叔儻所擠去，乃彼來平，絕不援手，真忍人哉！

今午同席：王克私　洪煨蓮　司徒雷登　吳雷川　陳援庵　馬季明　瞿兌之　朱士嘉　容希白　予（上以客）　張亮丞（主）

九月廿二號星期一（八月初一）

牟傳楷來。朝陽來。容女士來。與勤廬同到前吉祥胡同看寓所，又同到校。聽煨蓮演講。留勤廬，賓四，希白飯。穆潤琴來。終日理書，裝套七十。

競進社人來。容女士來。

九月廿三號星期二（八月初二）

看王素意著作畢。記日記四天。到勤廬處。欣安來。

到校，請假。到圖書館看書。理書，豫備搬家。

九月廿四號星期三（八月初三）

讓之勤廬來。今日起搬家至蔣家胡同三號。

香林來。

鏡池來。趙豐田嚴星圃來。

九月廿五號星期四（八月初四）

陳玉符來。繼續搬家，仍未畢。王禮錫來，留飯。

牟潤孫來。容女士來。

住入新屋。

九月廿六號星期五（八月初五）

繼續搬家，畢。

白壽彝來。紹虞夫婦來。學生三人來。

到王素意女士處吃飯。十時後歸。

今晚同席：洪煨蓮夫婦　李忕爾夫婦　傅利　予夫婦（以上客）　王素意姊妹（主）

九月廿七號星期六（八月初六）

寫注冊部信。寫香林信。張壽林來。顏希深來。與勤廬同到希白處吃飯。整日理書，兼寫書籤。

九月廿八號星期日（八月初七）

理書。朝陽來。與耿君同挂字畫。希白來。與吳校長，劉廷芳及希白同乘汽車到援庵先生處吃飯。

飯後與希白同到何叙父處談話，并晤李曉孫。到景山書社，校稿。寫瞿起模信。

到慶林春赴宴，與彥堂同回靜心齋。

今午同席：博晨光　王克私　吳雷川　劉廷芳　張亮丞　陸懋德　容希白　侯憲　黃孝可　予（以上客）　陳援庵（主）

今晚同席：黃仲良　丁道衡（仲良）　沈兼士　莊尚嚴　胡文玉　臺靜農　董彥堂　容希白　予（以上客）　常維鈞　魏建功（以上主）

九月廿九號星期一（八月初八）

四時起身，寫玄同先生，仲澐，聚賢，盈科信。到景山書社。到汽車行乘七點車歸。整日理書。王華坡來。牟傳楷來。

士嘉來。競進書社送書來。余讓之及張頤年來。

學生七人來，作《史記》實習，至十時去。

九月三十號星期二 （八月初九）

整日理書。

打電話與吳春晗，告以圖書館事已成。寫父大人信。馮世五夫人來送桂花。玄同，太玄來。到博晨光處，未遇。勤廬來。

寫康媛信。與履安到陳玉符處，其夫婦又同來。

一九三〇年十月

十月一號星期三 （八月初十）

理書。記日記八天。曉三，允輝來。春晗來，與同到校，訪侯芸圻。

到校開學術會議。理書，挂字畫。

學生來者十人，作《周本紀》研究。

今日以《燕京學報》稿費單請援庵先生簽字，他正在挑剔（這是老例，非此不足以表示其所長之地位），希白在旁插口道："你看文章太寬，什麼人的文章都是好的。"（這也是他的老話，今日又說一遍而已。）我被兩種氣夾攻，一時憤甚，即道："我不編了！"因此之故，終日頭痛，夜且失眠。予之爲人，在討論學問上極能容忍，而在辦事上竟不能容忍如此。《學報》事到年底必辭，記此勿忘。

十月二號星期四 （八月十一）

鏡池來。德坤來。容女士來。終日理書，寫書簽。寫定生信。競進書社送書來。

子水來。士嘉來。與春晗同到前吉祥胡同。寫朝陽信。

與春晗到前吉祥胡同定屋。寫緝熙，伯祥信。

十月三號星期五（八月十二）

張立志來。寫聞野鶴，楊德昭，陳繩夫，黃仲琴，胡傳楷，程仰之，譚健常，曹詩成，蔣崇年，吳安貞信。理書。競進書社，修綆堂來算賬。

賓四，勤廬來。

學生來者九人，作《魯世家》研究。

自己不覺得，本節欠競進書社做書套錢至二百元，修綆堂書賬至七百元。予真不能理財，債未還清，乃浪用如此。履安知之頗憤，予亦只得謝罪而已。今日付競進一百四十元，付修綆堂一百元。

十月四號星期六（八月十三）

金先生來。吳世昌來。孟岳良來。理書。希白夫婦來，同到校務長室預圖書館同人宴。

與希白同到子通處預宴。紹虞來。貫英來。陳懋恒女士來。孟岳良來。

白壽彝來。寫季明信。看《康梁演義》。

今午同席：洪煨蓮夫婦　馬季明夫婦　容希白夫婦　予（以上客）　鍾慧英　杜聯喆　皮高品　陳鴻舜　房兆穎　侯堮（以上主）

又：張東蓀　陳援庵　張亮丞　郭紹虞　容希白　祝廉先　予（以上客）　黃子通（主）

十月五號星期日（八月十四）

理書。伴客至希白處，回我家吃飯。

飯後伴彥堂至劉朝陽處，五點許，客去。沈勤廬，吳宣易來談。

看《康梁演義》。

今午同席：黃仲良　丁仲良　胡文玉　臺靜農　莊慕陵　魏建功　董彥堂　常維鈞（以上客）　希白　予（以上主）

聞希白言，適之先生已於昨日抵平。

十月六號星期一（八月十五　中秋）

理書。曉三來。

趙惠人來。看《康梁演義》畢。理書。孟岳良來。

以中秋，僅葛啓揚及田驄二人來。

班曉三來，言學生方面對我極欽佩，目爲本校第一流，且謂學力駕胡適之先生之上。予聽此話，心中懼甚。青年們的捧又來了！青年們的捧既來，同事們的排擠是不會不來的！

十月七號星期二（八月十六）

理書。到郵政局寄贈健常《古史辨》。希白來。

擬作雪如女士《北平歌謠續集》序，尋材料。玄同先生來。士嘉來。

到芝生處，晤之。到春晗勤廬處，均晤之。

十月八號星期三（八月十七）

班書閣送月餅來。到校，剃頭。

到校，加入圖書館中文購書委員會，討論至四時。牟潤孫來。張頤年來。

學生來者十一人，作《周本紀》研究。

今午同席：洪煨蓮　希白　馬季明　侯芸圻　房兆穎　郭閣疇　予（以上客）　援庵先生（主）

予苦怔忡，購天王補心丹服之，然因此又致大便不通。

十月九號星期四（八月十八）

葉國慶來。作《北平歌謠續集》序畢，二千餘言。看《茶花女遺事》。

容女士來。沈張二君來。劉朝陽來。牟潤孫來。到校，加入史學會年會。

與履安艮男到校看提燈及放花盒。

看林譯《茶花女遺事》，柔情宛轉，使我泪如雨下，沾巾盡濕。萬斛愁思，又鈎起矣。

十月十號星期五（八月十九）

與朝陽，勤廬同進城，訪適之先生及叔永夫婦。到市場東來順吃飯，飯畢即至故宮博物院，上神武門城樓。

匆匆參觀中路，西路，東路，出已五時矣。訪黎光明，已他遷。訪孟真，談久。七時乘車歸。

看《胡適文存》第三集。

故宮西路新開放慈寧宮花園，東路新開放景福宮（儲太平天國史料等）與閱是樓（儲戲本，戲衣，切末）。鐘粹宮之書畫，好極，得暇當專往觀之。

十月十一號星期六（八月二十）

終日理書及雜稿。

到吳春晗處。看《新月》上適之先生《四十自述》之一章。

吳春晗來。趙豐田來。

十月十二號星期日（八月廿一）

寫羅香林信。乘車進城，到孟真處，與孟真及于明信先生同游北平圖書館展覽會，與芝生同到會賢堂吃飯。

飯畢已三時，到歷史博物館看新陳列諸物，到同仁堂購藥。到三立處，未遇。到真光，訪殿英，遇之。到景山書社。乘車返校。

記日記。

今午同席：芝生　彥堂　建功　尚嚴　劉雅齋　希白　嵇文甫　維鈞　金午峰　陸達節　傅世銘　張怡蓀　鄭介石　黃仲良　陳仲驤　予（以上客）　胡文玉（主）

獨游歷史博物館，心中忽起無名之鬱抑。噫，余幸得有學問之嗜好與家庭之安慰耳，否則將不免於自殺。

十月十三號星期一（八月廿二）

與廣智合發贈書（《古史辨》及《易故事》，《五德説》兩文）。希白來。

寫致中山大學同學信，凡四千言。謝劍文來，徐文珊來。方欣安，鄭德坤來。陳懋恒女士來。沈勤廬來。

學生三人來，作《五帝本紀》研究。

中山大學一班學生，實有可造之材，別後久欲作書而未果，今日因發贈書，乃始抽暇爲之。不知他們接信之後有無反應。

王媽去，另一王媽來。

自本月起，每月給徐文珊君十五元，津貼其爲我鈔寫《史記注》。

十月十四號星期二（八月廿三）

到朝陽及欣安處。徐中舒來。劉廣志來。理書。校《書序辨》，《詩辨妄》，《左氏春秋考證》。

李安宅來。容女士來。牟潤孫，朱士嘉來。陳玉符來。

希白與中舒來，長談，中舒留宿。

十月十五號星期三（八月廿四）

競進書社人來。裝零本書入新製布桶子。修緶堂耿君來，爲寫書根，住在我家。

到校，爲開中文書購書委員會。趙惠人來。

學生八人來，作《周本紀》分析。

十月十六號星期四（八月廿五）

趙惠人來，潤孫來。寫杜女士信。理《漢學堂叢書》。賓四來。子馨來。理數年來著作稿入桶子。點陳援庵，張亮丞二先生文入《學報》。

文珊來。鮑仲嚴先生來。紹虞來。寫鮑季貞信。

與朝陽同到清華，參預其新教員之宴。飯畢，到子馨處談話，九點許歸。

今晚同席：蔣廷黻　吳子馨　吳之椿　朱佩弦　陳達（總？）馮芝生　史祿國等五十人。

十月十七號星期五（八月廿六）

續發贈書。寫邵君樸信。寫張亮丞信。曉三來。香林來。文友堂人來。寫玄同先生，辛旨，仲澐，定生信。希白來。

寫紹虞信。頤年來。校《匈奴王號考》。記樸社賬。文奎堂人來。與朝陽同到清華，參預迎新會，晤稻孫，兌之，廷黻，劉崇鋐，子馨諸君，六點許歸。

叔信來。學生來九人，作《魯世家》分析。

另一王媽又去，李媽來。

十月十八號星期六（八月廿七）

容太太來。齊思和來。鄭德坤來。嚴群來。理《燕京學報》稿。朝陽來。記日記四天。寫亮丞信。

到希白處，宴客。題嚴幾道手迹。看《三十年來燕京瑣録》一册，畢。點崔觶甫先生與玄同先生信。

芸圻偕劉盼遂兄弟來。寫自明信。

今午同席：明義士　博晨光　吳雷川　劉廷芳　洪煨蓮　馬季明　黃子通　張亮丞　陳援庵　侯憲（以上客）　希白　予（以上主）

十月十九號星期日（八月廿八）

與履安乘八時車進城，先到王姨母處。予獨到適之先生處。在適之先生處遇汪震（伯烈）。返王宅，與履安同到孔德學校，與逮曾等同到北海吃飯。

飯後到景山書社，又到市場，與履安同買物。乘六點半車歸。履安住王宅。

到思和處，爲仲良演講事。看郭沫若《古代中國社會研究》。失眠，起飲酒。

今午同席：牟贊禹夫婦　繆金源夫婦　予夫婦　陳□□（以上客）　季忱（主）　季忱之弟近曾。

《古史辨》第二册出版了四十天，售去約八百册，實在不算少了，在這兵亂學荒的時候，可見社會上對我尚有信用。此書已定再版，第一册亦已付再版矣。

十月二十號星期一（八月廿九）

趙惠人來。吳世昌來。將吳其昌君《矢彝考釋》略讀一過。此文凡四萬言。

方欣安來。士嘉來。到立志處。

學生來五人，作《五帝本紀》與《魯世家》分析。煨蓮先生來。

建功約於本星期六游房山，允之。

十月廿一號星期二（八月三十）

理書。寫何殿英信。鈔《矢彝》《矢敦》文。點《矢彝考釋》，未畢。

頤年來。到校，聽仲良道衡演説。晤玄同，太玄。

鈔《康梁演義》目。

仲良實不能演講，予爲介紹人，對學生有愧色矣。以後慎勿攬事。

爲學千年短，爲愁一日長。故人舍此去，令我永徬徨。獨坐千行泪，登高百轉腸。興居無一可，脉脉對斜陽。

十月廿二號星期三（九月朔）

理書。看徐旭生先生見贈之《西游日記》。點《矢彝考釋》，仍未畢。點崔觶甫先生與玄同先生信札。

到校，開學術會議。到研究所。潤生，壽林來。

學生十六人來。失眠，飲酒。

十月廿三號星期四（九月初二）

與羅香林君到校，訪煨蓮先生。校《古史辨》第一册排樣。點崔觶甫先生遺札，畢。

到希白處，吃飯，飯後談話至四時歸。文珊來，爲理雜志。容希白來。寫季明，博晨光，平伯，丁在君信。

到校務長室，赴博晨光之邀，加入研究院懇親會。寫祝廉先信。

今午同席：明義士　李榮芳　沈勤廬　予（以上客）　希白（主）

希白告予，徐信甫告倫哲如："顧頡剛買了數萬元書，不曾得一本好書。"蓋廣州買書向爲徐信甫專利，而校中乃囑我買，奪其利益，故作蜚語也。人情之險如此，予眞不敢作事矣。

十月廿四號星期五（九月初三）

發贈書。寫香林，錫永信。

到希白處。鮑季貞來。坐車進城，到建功處。到書社，寫齊樹平，黃仲良，馬叔平信，并贈書。

到孔德校，與建功同歸。夜飯後即眠。

房山同游者：徐旭生　徐森玉　李潤章　馬隅卿　魏建功　常維鈞　莊尚嚴　予

十月廿五號星期六（九月初四）

未明即起。六點到孔德校，諸人已齊集，六點半開汽車，到蘆溝橋稍息，吃豆腐腦。十一時到琉璃河，到飯店吃飯。入關王廟上轎。

坐轎到房山，經天開寺，看石佛。過下中院後，滿山紅葉，極美觀。到接待庵，已黃昏，即登山，攀援而上。兜率寺中人疑我輩爲盜，竟開一槍，遂不敢動，後與和尚同上。

到兜率寺，已九時，即吃飯，住九蓮居。予與建功旭生同一炕。

今日天氣甚暖，夜遂有雨。

房山之妙，不在於高而在於陡，群山壁立，下臨無地，狀極偉岸。

十月廿六號星期日（九月初五）

上午先在兜率寺中參觀，冒雨登山，游龍虎峪。回寺，休息，吃飯。十時上山，經摘星蛇，到雲水洞。洞極深，殆近兩里，入口處極狹，蛇行而入，膝皮爲之撐破。在洞內留兩小時，出見天光，覺得異樣。六點回寺，一路冒雨，兩鞋濕透。

圍火盆烤鞋。以經歷事作回目，笑談至十二時始眠。

西山之洞，予曾游觀音洞及滴水岩一洞，皆遠不及房山之大。聞廣西七星岩之洞亦無如此大。其中石鐘乳滴成人物之樣，甚可觀。尤奇者有一處能打出鼓聲與木魚聲。

十月廿七號星期一（九月初六）

早起吃飯下山，經下莊，流水清極。重度雲梯，似較易。到接待庵，小憩。十時上轎，一時到小西天，步行上山，山無道，頗難走。

在經峪吃飯，游雷音洞，看隋幢唐像，極好。下山，坐轎到西域寺，已夜矣。

拓碑人王老來議價。住寺中南客堂，夜游山門，歸仍作回目，十時許眠。

房山石經，自隋至宋，刻得數千石，而皆封在洞中，或砌入塔裏。雖嚴密，猶有散失，聞日本人頗得之。李潤章先生等議保存之，如能成事，實大佳也。

唐刻佛像，大半均已打去頭顱，一嘆。

十月廿八號星期二（九月初七）

上午先在寺內周游一下，出西域寺，游水源頭，重把兩足踏濕。回寺吃飯，十一點出發，坐轎至北務村，經圓村看水磨。

三點，到北務村，進觀音庵，二和尚備筵席相款。三點半上汽車，六點到長辛店。汽車缺油，停半小時許。七點到西便門，七點四十分到孔德學校。

李潤章在東安樓邀吃飯。住建功處，看四日來《大公報》。

此行八人，共用二百八十餘元，可謂闊甚。蓋徐森玉先生游山，常與闊老同行，以此場面向闊，而予等乃非其儔也。

此游作回目，予爲最多，建功隅卿次之。

西域寺藥師殿中所塑武士像聞係元代遺迹，生動之甚，可愛也。

此行較六月中易州之游少一日，而遠不如其累，可見夏天出門甚不宜也。

十月廿九號星期三（九月初八）

在建功處整理回目，得七十餘回。乘十二點車歸，遇呂健秋夫人。

看數日來各處來信。希白來。理杭州寄來書籍。潤孫來。寫請客片，及建功，旭生信。爲人寫條幅二。

學生二人來工作。

得萬章信，知中山大學之語言歷史學研究所確已停辦。鴟鴞鴟鴞，既取我子，又毀我室。不知與彼輩有何利益也？

慕愚來信。知其已遷出童宅，又在內政部服務，改名惕吾。

十月三十號星期四（九月初九）

遲起。與履安，希白夫婦，媛女士，文藻同乘汽車到何叔父處吃飯，重陽宴也。飯後三時許回校。

休息，早眠。

今午同席：商錫永夫婦　容希白夫婦　文藻　媛女士　予夫婦（以上客）　叔父兄弟（主）

今日叔父先生本擬邀赴景山登高，乃逢大雨，傾盆而下，至路絕行人。要是不乘汽車，竟不能赴宴矣。

十月卅一號星期五（九月初十）

曉三來。校《耶律楚材之生卒年》。德坤來。

賓四來。點王靜安先生《東山雜記》鈔本。士嘉來。

學生七人來工作。

昨夜大雪，今日下午放晴，雪即融。

一九三〇年十一月

十一月一號星期六（九月十一）

到研究所，爲仲嚴校費事。到圖書館，訪煨蓮，爲香林事。訪芸圻，春晗。錫永來。朝陽來。勤廬來。到許仕廉處，赴宴。

與援庵先生同乘車進城。到書社。訪徐旭生，晤之。到中央研究院，晤亞農等。訪仲澐，未晤。寫鮑仲嚴信。

到市場買鞋，宴客。住建功處。

今午同席：梁漱溟　李□□　吳雷川　司徒雷登　楊開道

蕭公權　予（以上客）　　許仕廉夫婦（主）

今晚同席：李書華　徐森玉　常維鈞　莊尚嚴　魏建功

馬隅卿（以上客）　　徐炳昶　予（以上主）

十一月二號星期日（九月十二）

早起，修改回目。乘九點車歸。到朝陽處，賀其生子。王姨母，表弟來，伴之游覽各處。寫建功信。

侯憲來，寫神州社信。點《東山雜記》。兆瑾來。張媽以夫喪歸。送姨母等上車。

到周學章處，赴宴。十時半歸。

今日大風，寒甚。房山之游虧得早了四天，否則風雪雨齊至，不但不能游，且不能歸矣。

　　今晚同席：馬季明　祝廉先　張東蓀　郭紹虞　薛瀛伯　普
煦儔　容希白　予　（以上客）　周學章（主）

十一月三號星期一（九月十三）

　　到校，訪博晨光，爲香林事。到研究所及會計課，爲仲嚴事。
寫香林信。鈔小川琢治《支那歷史地理研究》目録，畢。

　　寫王姨丈信。寫趙肖甫信。點《東山雜記》，未畢。

　　點《吕氏春秋》。

十一月四號星期二（九月十四）

　　到壯猷處，未晤。校《李馬奔真人考》。整日點《東山雜記》，
仍未畢。白壽彝，董允輝來。欣安來。

　　子馨來。玄同先生來。希白來。

　　文藻夫婦來。與自珍讀唐詩。

　　天陰，甚寒，他家俱生火，予家尚未也。

　　古物陳列所的房屋要歸故宮博物院，此甚是也。古物陳列所
的物品要移遼寧南京，此實不合。吳子馨作文反對，要求我簽一
名，應之。然故宮博物院方面之人又必對我生猜疑矣。予甚願韜
晦，而終未能，甚悵。（依我推測，古物陳列所之拆散，必係李
石曾之陰謀以爲見好於張學良之計，且將其房屋併入故宮博物
院也。）

十一月五號星期三（九月十五）

　　德坤來。點《東山雜記》，畢，爲編一目録，未畢。子馨來。
曉三來。惠人來。

　　檢書肆送來經部書。到校，開圖書委員會。發請柬。香林來。
傅楷來。

學生八人來工作。

十一月六號星期四（九月十六）

立志來。理書。惠人來。記日記。理書，裝桶子五十餘個。
到達園定菜，到賓四處。

十一月七號星期五（九月十七）

理書。錫永來，紹虞與張漢青來，均留飯。
與錫永同到清華訪佩弦，芝生。理書。錫永來。呂健秋先生來。
學生七人來工作。

今日《大公報》上將我等四人署名之文印出，當晚即接旭生
先生電話，謂北平研究院聘我爲史學研究會會員，兼北平志編輯
委員，此固未必與反對古物陳列所有關，但何以巧至於此，實亦
疑問。旭生先生又詢我，古物保管委員會開會何不到，我何嘗收
到開會通知乎！總之，城中事情，我實不能管，亦不願管。此次
反對之文，倘無子馨之邀，亦決無與李石曾爲難之心也。

十一月八號星期六（九月十八）

寫仲嚴先生信。終日理書，仍未畢。到校，訪援庵先生，未遇。
鏡池來。浦江清來。賓四來。吳世昌來。
乘六點車進城，到書社，到市場森隆入宴。與希白同住靜心
齋，與中舒談話，看其所作《象》文。

今晚同席：馬幼漁　叔平　徐旭生　徐森玉　錢稻孫　容希白
予（以上客）　　常維鈞　莊尚嚴　齊樹平　黃仲良（以上主）

十一月九號星期日（九月十九）

中舒留吃飯。九時，乘車歸。理書。文珊來理書。

宴客。三時，客去。點郭沫若評論《古史辨》之文。

點《吕氏春秋》。

　今午同席：張東蓀　薛瀜伯　祝廉先　馮芝生　趙紫宸　黄子通　郭紹虞　周學章　吴文藻（以上客）　予（主）

十一月十號星期一（九月二十）

理信札。校夏德《支那古代史》目録，訖。

幼漁先生來，以《緯攟》見借。

到希白處，選購書數種。到欣安處，未遇。

十一月十一號星期二（九月廿一）

寫父大人，簡香，毅卿信。校援庵亮丞二先生文稿（《燕京學報》第八期）。

嵇文甫來。點《十駕齋養新録》鈔件。玄同先生來。太玄來。

十一月十二號星期三（九月廿二）

與履安，容女士，容太太，容琬琨姊弟同游天然博物院，在豳風堂吃飯。五時許出，步至西直門雇車歸。

點《吕氏春秋》。

今日爲孫總理誕辰，放假。

以前農事試驗場所製之動物標本，爲天然博物院取去，此不足怪，惟卡片上悉寫"天然博物院製"，則大是無賴舉動，北平研究院如此之工於盜竊也。

十一月十三號星期四（九月廿三）

校《鮮卑語言考》竟日，畢。

王素意女士來。趙豐田來，爲作《康長素年譜》。平伯來。鏡池來。紹虞來。士嘉來。校《古史辨》第三冊稿。

爲《矢彝考釋》斷句。

《古史辨》第三冊，於上星期發稿，今日始校。第二冊於九月八日出版，至今兩月，初版一千五百冊已售罄，誠出意外，蓋現在的時代非前數年可比，討論學術之風已消歇也。

十一月十四號星期五（九月廿四）

爲《矢彝考釋》斷句，未畢。鄧嗣禹來。朝陽來。

希白兄妹來。與紹虞同到東蓀處，未遇。同到廉先處，遇之。

學生九人來工作。寫房兆穎信。

十一月十五號星期六（九月廿五）

記日記十天。史襄哉來，長談結集民俗學會事。

乘一點半車到城，與朝陽遇。到在君先生處，晤之。到陳光垚，隅卿，逮曾處，俱晤之。到斐雲處，未晤。到書社。到碧澄處。寫張茂春信，趙肖甫信及電。

到煤市街泰豐樓吃飯。住旭生先生家。

今晚同席：徐旭生　李潤章　常維鈞　莊尚嚴　予（以上客）　徐森玉　魏建功　馬隅卿（因病未至）（以上主）

泰豐樓爲老山東館子，已開二百年，李蒓客常往，予尚第一次也。菜極精緻，湯鮮甚。

十一月十六號星期日（九月廿六）

在徐宅吃點後到書社，到劉經庵，嵇文甫處，俱晤之。到市場購物。乘十二點車歸。

趙惠人來。寫房兆穎信。到紹虞處。寫魯弟，謝祚茝女士，張鑣棲信。希白來。到胡經甫處。

邀史襄哉及紹虞來家晚餐。馬仰曹，陳懋恒兩女士及齊思和來。

得祚苴信，彼從慕愚處聞我病，殷殷相問，盛意甚可感，因即作答。

十一月十七號星期一（九月廿七）

作中國民俗學會發起宣言，即送至襄哉處。

王素意女士來。作《聾啞學校》序，未成。林宰平先生來。到朝陽處。

與履安到容宅，宴客。十時歸。

今晚同席：杜聯喆女士　皮高品　侯芸圻　房兆穎　陳鴻舜（以上客）　希白夫婦，妹　予夫婦（以上主）

十一月十八號星期二（九月廿八）

作《聾啞學校》序，略成。修改《周易故事》一文。作王素意女士《小學校的校長》序，未成。

點《漢學堂逸書考》中之《河圖括地象》，以《緯攟》校之，未畢。

鄭騫來。

何大定君來信，謂我去信後，他們將此信登在《中山大學日刊》上，因此激起文史兩系教員的嫉恨，因函中說他們攻擊我，且現在無人指導也。予甚欲無咎無譽，而到處生咎譽，真無法辦。何君來信，又謂中大全校學生看見我信均甚感動。

十一月十九號星期三（九月廿九）

用《緯攟》及《古微書》校《河圖括地象》訖。牟潤孫來。

審查修緶堂送來書。到校訪援庵，請簽字稿費單，到圖書委員會，審購書籍。余遜之，吳春晗來。

學生六人來工作。

予作《太一考》，自謂創見，今日潤孫持大正十四年出版之《白鳥博士還歷紀念東洋史論叢》來，其中有津田左右助之《太一》一文，則固余之所欲言者也。雖材料不及余所集之多，而早余五年發見此題，殊爲可畏。

十一月二十號星期四（十月初一）

校改《周易卦爻辭故事》一文。到校，將支票交侯憲。到圖書館看杜女士，囑作文。葉國慶來。

點漢碑錄文中與緯書有關係之碑文。毛鳳濟來。編《古史辨》第三冊目錄。與履安到平伯處，晤之。到佩弦處，未晤。到子馨處，晤之。仍步歸。

校點吳貫因《尚書中史迹之疑案》一文，未畢。鏡池來。

陳援庵先生近年太受人捧，日益驕傲，且遇事包而不辦，又不容人辦，故燕大研究所雖有巨款而無成績，且無計畫，其施施之聲音顏色，直拒人於千里之外。此間有吳雷川作校長，有陳援庵作所長，自應成官僚化矣。予現在編《燕京學報》，不能不與之接觸，每見輒感不快，決定明年擺脱矣。

予之性質，亦甚剛愎，故任事以來，對於上司皆感不滿，僅朱騮先先生爲例外耳。然予自分極願人發展，凡人之有一才一技者必使展其所長，且日益進步，只此一念即與今之有權者大異其趨，蓋彼輩皆好同惡異，求維持其勢力，而自己懶得用功，遂畏他人之起而奪之，我則無是也。

十一月廿一號星期五（十月初二）

點吳貫因文訖。德坤來。子馨來。張頤年來兩次。希白來。競進書社送書來。

寫顏虛心信。校景山書社書目。曉三來。到容女士處。陳玉符來。

學生六人來工作。寫日記六天。

十一月廿二號星期六（十月初三）

容女士來長談。編景山書社書目。校《古史辨》第三冊的校樣。

乘三點半車進城，即到北平研究院，開史學研究會中之北平志編定委員會。八時許與旭生先生同到建功處，并晤王海帆先生及何樂夫夫婦。即宿建功處。

今晚同席：鮑仲巖　陳援庵　馬叔平　徐旭生　李潤章

瞿兌之　常維鈞　予　（北平研究院所請）

十一月廿三號星期日（十月初四）

五點即起。編景山書社書目，訖。八點半別建功出。到書社。到西齋剃頭。到在君先生處，并晤趙吉雲夫婦，留飯。

談至三時半出，到羅宅，與康女士談長素先生集事。出，到神州國光社取款。乘七時車歸，遇鏡池。

與履安同看回目（房山的）。

今午同席：楊鍾健夫婦　雷□□夫婦　予（以上客）　丁在君夫婦及其女（主）

十一月廿四號星期一（十月初五）

鄭德坤來。陳頌平先生來。作王女士《校長和小學》序畢，凡二千言。

容女士來。寫逯曾信。齊思和來。士嘉來。寫毛汶信。

學生二人來，即去。

十一月廿五號星期二（十月初六）

校《古史辨》排樣。寫北平圖書館，李潤章信。

到王女士處，送序稿。爲逮曾題其祖盧和堂先生手札。佩弦來。逮曾來，取傳文。

翻《淮南子》等。

逮曾囑爲其祖和堂先生傳，予實不能爲此等文字，因寄南京煩趙肖甫君代作，今日寄到，下午逮曾即來取矣。

王素意女士告我，燕大中已有説我壞話者。予受侮已多，此等悠悠之言聽諸天命而已。

十一月廿六號星期三（十月初七）

班曉三來。翻《呂氏春秋》等。

到校，開學術會議。到毛汶處。與履安到達園定菜，因訪賓四等，均未遇。

學生七人來工作。

十一月廿七號星期四（十月初八）

鈔《易》學材料，擬答適之先生二月中來書。希白來談《學報》事。

鮑季貞來。趙惠人來。到校，聽丁在君先生講演“蘇俄革命的教訓”，七時畢。遇吳文藻等。

十一月廿八號星期五（十月初九）

丁在君先生來。牟潤孫來。嚴孟群來。

鈔《易》學材料。士嘉來。平伯夫人來。張頤年來。徐文珊來。錫永來，留飯。寫張茂春信。

學生八人來工作。

十一月廿九號星期六（十月初十）

草《答適之先生論觀象制器書》，得四千餘言，未畢。到張宅午餐。

予近來真不能寫文，一寫即胸前作痕而心宕。今日勉強寫些，體已不勝矣，悲恨之甚。又近日半夜必醒，一醒即須歷一二小時方得眠。早起則痰吐甚多。

今午同席：吳雷川　全紹文　郭紹虞　劉廷芳　陸志韋　祝廉先　趙紫宸　予（以上客）　　張東蓀（主）

十一月三十號星期日（十月十一）

孟岳良來。乘十點半車進城。訪陳頌平先生，門不開，即到康女士處午餐。

到碧澄處。到書社。寫尚嚴，仲良，仲嚴信。到米糧庫，晤孟真及適之先生。乘六點半車歸。

看康長素先生文稿。

今午同席：予　羅氏兩妹（一關太太，一羅文湘）　麥曼宣夫人（即康同薇女士）（以上客）　　羅文仲夫婦及其子女（主）

一九三〇年十二月

十二月一號星期一（十月十二）

口述《周易》一文，由履安書之，得四千餘言，尚未畢。

容女士來。

到劉朝陽處，赴湯餅宴，十時歸。

今晚同席：紹虞夫婦　希白夫婦　呂鍾璧小姐　王太太　予夫婦（以上客）　　朝陽夫婦（主）

因寫字多便心宕，而此文又不能不作，故口授履安書之。

十二月二號星期二（十月十三）

點《漢石經》跋兩文入《古史辨》。搜集《易》學材料。欣安來。

士嘉來。容女士來。玄同先生來。賓四來。叔信，侯憲，思和來。

碧澄來。春晗，余遜來。看朱一新集。記日記八天。

十二月三號星期三（十月十四）

口述《周易》一文，得二千餘言。

寫玄同，莎菲信。潤孫，樸莊，壽彝來。到校，開圖書館購書會。到文藻處還錢，同出。作《曲園日記》提要。到毛汶處。

學生六人來工作。

十二月四號星期四（十月十五）

校《古史辨》稿。

修改《周易》文字。理抽屜尋杜女士文稿，未得。

到郭宅赴宴。子通等五人來。

今晚同席：朱逷先　顧羨季　錢賓四　周學章　祝廉先　黃子通　薛瀛伯　容希白　予（以上客）　郭紹虞（主）

十二月五號星期五（十月十六）

曉三來。鏡池來。賓四來。理抽屜，尋杜女士年表稿，得之，即寫函送去。

朝陽來。紹虞來。作《答適之先生書》三千言，仍口述履安筆記。到希白處，晤錫永。

學生七人來工作。記日記。

十二月六號星期六（十月十七）

理書。乘十點半車進城，到書社。又到團城訪顏希深與黃仲良，均晤之。到煤市街豐澤園，赴宴。

與適之先生及希白到中央研究院，赴歡迎會。出，到書社。到趙斐雲處，到市場吃飯，錫永所請。

到清華園洗浴，步歸孟真處，談至十一時。

今午同席：胡適之　林宰平　陳寅恪　張亮丞　馮芝生　容希白　黃子通　陸志韋　楊開道　邱大年　徐祖正　熊佛西　陳衡哲　許仕廉……（以上客）　張東蓀　吳文藻　陳博生　張奚若（主）

今晚同席：趙斐雲　容希白　予（以上客）　商錫永（主）

在仲良處，見其在新疆所得之漢竹簡，是爲予見竹簡之始。

十二月七號星期日（十月十八）

在孟真處校《學報》稿。介泉來。到王姨母處，與履安同到任宅赴宴。

自任宅出，與履安到市場及廊房頭條購紗燈。到書社，寫適之先生信，以紗燈贈之。又寫玄同先生及孟真信。

乘六點半車歸家。校《學報》稿，至十一時睡。

今午同席：適之先生夫婦　張子高夫婦　金岳霖情侶　丁在君夫婦　予夫婦（以上客）　陳衡哲女士（主）

夜中因飲羊乳，反胃惡心，因決停服。予大約不能多進補品。

十二月八號星期一（十月十九）

校點趙曾儔評《古史辨》一文。以失眠疲倦，休息。

士嘉來。到校，與賓四同游大佛寺（即大慧寺），五塔寺（即真覺寺），大鐘寺（即覺生寺），六點歸。

讀吳梅村詩集。

今晨三時醒後更不得眠，起身後手足冰冷，精神倦怠之甚，只得出游。夜眠便酣矣。

十二月九號星期二（十月二十）

校點《易傳探源》一稿入《古史辨》。李鏡池來。欣安來，同到長順和吃飯，討論地方志事。

思和來。玄同先生及太玄來，同到希白處。

履安進城三日，今晚歸。

今午同席：方欣安　朱士嘉　予（以上客）　　洪煨蓮（主）

十二月十號星期三（十月廿一）

校《古史辨》稿。寫所長信，辭編《燕京學報》。張聯潤來。

到校，開學術會議，三時歸。改班書閣所作之《書院考》，未畢。

學生六人來工作。

十二月十一號星期四（十月廿二）

校《三百篇之"之"》，畢。趙豐田來，編康先生文稿目。留飯。

葛啓揚來。許世廉來。潤孫來。寫趙肖甫，宋香舟信。到校，訪黎劭西，囑其校《學報》文字。改《書院考》，畢。

吳春晗來。寫黃暉信。寫戴季陶信，爲薦趙肖甫。

十二月十二號星期五（十月廿三）

看吳世昌君之《辛棄疾》稿，齊思和君之《評史之梯》稿。香林來。

田驄來。編《古史辨》第三冊。作適之先生函之書後。春晗，余遜來。士嘉來。清華學生二人來邀演講。

送張媽到容宅。李鏡池來。學生七人來工作。

十二月十三號星期六（十月廿四）

班書閣來。容女士來。記日記七天。齊思和來。賓四來。

點鈔件數種（讖緯材料等）。郭太太來。點鏡池與予通信，入
《古史辨》。

點余紹孟論《易》一文。開留聲機。

十二月十四號星期日（十月廿五）

點鈔件（《讀書偶記》中之秦漢郡等）八種，畢。寫援庵先生
信，催作傳文。

理信札。郭魯卿先生來。朱保雄來。點《公羊方言箋疏》，畢。
文藻來。

到達園訪賓四。編《燕京學報》。理書。

十二月十五號星期一（十月廿六）

鄭德坤來。容女士來。寫李安宅，徐文珊，牟潤孫，李鏡池，
趙豐田信。希白來，白壽彝來。校趙輯《七略別錄》。

趙惠人來。沈勤廬來。孟岳良來。葉谷馨來。李安宅來。到希
白處買畫。到校，訪侯憲未遇。訪季明士嘉，晤之。紹虞來。賓四
來。校《古史辨》稿。

士嘉來。葛啓揚來。校《左氏春秋考證》附錄。

十二月十六號星期二（十月廿七）

看許仕廉所著《儒學》。邱繼繩來。

朝陽來。邃雅齋來。紹虞來。校《左氏春秋考證》及《古史

辨》稿。容女士來。寫季明信。寫仕廉信。理書。芸圻來。

到清華，訪碧澄。應史學會講演。畢，開史學會常會。十時歸，寫文藻信。

清華史學會一定要邀我演講，而我既訥於口，且以南歸在即不能豫備，只得隨便敷衍了半小時。

十二月十七號星期三（十月廿八）

理信札，記出應答覆事。張立志來。侯憲來。譚其驤來。寫洪煨蓮，馬季明信。

與履安同坐汽車到王宅。改朱士嘉文稿。到書社，寫父大人，范仲澐，趙斐雲，嚴既澄信。到援庵先生處取所書傳文。校《古史辨》第三册稿。

履安來，同到胡宅祝壽。十時歸，寫尊元信。

今日爲適之先生四十生辰，賓客甚多。

十二月十八號星期四（十月廿九）

看《胡適文集》。訪丁山，未遇。到書社，寫世五信。黎光明來談。何殿英來談。

到東安市場潤明齋吃飯。到正陽門城樓，看國貨陳列館。到東車站，送芸圻賓四。晤欣安。歸王宅。與履安打電話問艮男病。

摘録信件提要。夜中煤毒，履安吐，予亦頭痛泛胃。

本約賓四，芸圻同行，昨王姨母告我，彼亦欲還家，而欲乞鐵路免票，須待尊元來信，遂不得不留待矣。

十二月十九號星期五（十月三十）

到書社，寫介生先生，余協中信。改作《聾啞學校》序訖，寫康媛信。打尊元電話。頭痛甚，歸，未吃飯。

到東車站，乃知車於四時行，大急，即歸王宅，告履安通知姨母，又打電話至書社請去二人占座位。自己雇車到旅行社購票，雇汽車一輛到王宅，三時半到站。行李一件退下，四時半車開。七時許到天津。

尊元到總站相接，車至東站下車，擠極。十時車開，毫無動彈餘地。

十二月二十號星期六（十一月初一）

車中愈來愈擠，自昨夜至今日下午六時到兗州，二十小時中，未飲食，未便溺，八弟大哭，亦無法辦。過兗州後始漸鬆動，茶房始來泡茶。（上午十點卅五分到濟南，下午十點五十分到徐州。）

十二月廿一號星期日（十一月初二）

上午九時許到浦口，渡江，遇風雪。乘十二時快車返蘇，脫車，直至夜八時始到。遇凌景埏君，與七姨母同到大陸飯店，通知陸綬青，將姨母八弟接去。十一時眠。

蘇州觀前街，現在不認識了，街道放寬了許多，并且只有大店而無小店。比了上海四馬路似乎還好些。

十二月廿二號星期一（十一月初三　冬至）

送物件至外祖母處，她對我哭。訪以中，未遇。到女職校訪潘健卿，遇之。到毛姨母處，留飯，并晤姨丈，朱質生夫人及其外孫女（姓宗）。

到振鶴處，未晤。回旅社，到大儒巷殷寓，晤薇生夫人。到家，晤叔父母及九嬸母。到賓四處，未晤。歸旅社，寫履安信。

健卿來，同出，他請我在自由農場吃飯。到欣伯處，未遇。歸旅社，寫父大人，譚女士信。

今晨醒來，目酸不能張。閉目起床，洗盥後漸好。當係途中勞頓之故。

今夜以在飯館中進咖啡一大杯，歸後又寫信，遂致達旦不能成眠。念健常密邇，不久可見，更爲興奮。

十二月廿三號星期二（十一月初四）

整理行裝，算賬，雇車返家。在叔父處進點後，即出，到蕭家巷口寄信。到殷宅訪舅嫂，已回鄉矣。到嚴衙前，晤竹庵叔祖及起潛叔，看吳清卿年譜稿及其材料。

出，到丹鳳吃麵。到毛宅訪錢五榮，交魯卿丈銀函。到賓四處，并晤其新夫人。出，到北街，見岳母并雙寧弟，歸。

到蓬瀛洗浴，買葡萄酒。歸，與叔父母談話，飲酒而眠，得眠。

竹庵叔祖告我，以中已偕殷氏姊妹游角直，觀此姻事可成。

十二月廿四號星期三（十一月初五）

欣伯來。雙寧弟來。起潛叔來，寫馬叔平信。欣伯邀往松鶴樓吃飯，菜甚好。

到振鶴處，晤之。到外祖母處，送父大人年儀。到蔣企翬處，拜蔣老太太之喪。

寫殷柏堅，郭紹虞，周尊元信。

今午同席：汪典存　王□（蘇中秘書）　起潛叔　予（以上客）　欣伯（主）

松鶴樓，真蘇州館也。

是夕雖飲酒，然至上午二時許即醒，輾轉不能成寐。

十二月廿五號星期四（十一月初六）

早起理物，到內屋開門，檢先母神像。十一時，坐車到車站，遇殷雲林，吳致覺。十二時車開，無坐位，站立至上海。

三點許到，住北站大旅館。即到商務印書館訪伯祥等。振鐸邀至其家談話。

夜，到北四川路新雅吃飯。是夕仍不成眠，飲酒無效，至上午四時後稍得迷着。

今晚同席：予（客）　　振鐸夫婦及其女　　聖陶　　予同　　徐調孚（以上主）

十二月廿六號星期五（十一月初七）

到商務書館，訪徑三，叔遷，柏丞，雲五，致覺，功甫等。出，到銀行公會訪魯弟。歸旅社，博文功甫來，同到橫濱橋中有天吃飯。

到神州國光社送稿，訪彭芳草，未遇。到亞東圖書館，訪汪孟鄒，未遇。到中法藥房購藥。到民厚里訪魯弟婦及鄂姑母等。出，到永安公司買物。上電車，遇剪絆，幸無損失。

到伯祥家吃飯，長談。九時出，歸社，孟鄒來談。服藥兩丸，得眠。

今午同席：范壽康　　某君　　予同　　予（以上客）　　徑三　　功甫　　博文（以上主）

Siclphonal 這種藥丸久不服了，今以失眠太苦，只得又購服之。

十二月廿七號星期六（十一月初八）

七時起身，八時到站，九時開車，下午二時到杭。

與父，母，又曾，簡香等談話，未出外。

服藥一丸，得安眠。

十二月廿八號星期日（十一月初九）

　　終日在家，看父大人所購古物，書畫，書籍。寫伯祥信。到簡香處，溢如來談。

　　父母招往湖濱三義樓吃母油鴨。和官，青元弟同去。七點許即歸。

　　今晚居然未服藥即得安眠，諒以起得早，睡得早之故。（父大人向來早起，予亦不能不隨之早起。至夜中則書房門閉，亦不下樓矣。）

　　得以中信，知婚事已定，此亦我介紹的成績也。

十二月廿九號星期一（十一月初十）

　　寫履安，世五，以中，惕吾，彭芳草，騮先，崇年信。

　　登賬，上日記。到城站抱經堂購書。到民政廳，晤伯剛及陳萬里。

　　過年，祀神。打牌。十一時眠，得眠。

　　同打牌之人：溢如　簡香　繼母　予居然贏。已四年不打矣。

　　父大人以我陽曆年底歸，遂改過陽曆年，一切叩頭禮節照例舉行。這是我料不到的。

十二月三十號星期二（十一月十一）

　　寫視之，雲聲信。剃頭。看父大人新購書畫竟日。

　　到萬里處，未遇，晤其夫人及章川島夫人。出，到清河坊買書，又遇川島，到翁隆盛買茶葉。

　　到邵宅吃飯。到萬宅小坐。

　　今晚同席：丁慕山　萬德懿　父大人　簡香　自琛　予又不相識者三人（以上客）　邵展成（主）

十二月卅一號星期三（十一月十二）

晨，父大人導往豐樂橋吃蝦仁麵，徒步往返。看碑帖竟日。
祀先。邀簡香夫婦同飯。

第七期《學報》

131 頁　學報正書　印一千六百份　每頁五元七角　共七百四十
六元七角

1500 本學報書皮　　　　　　　每本三分　　共四十五元

700 本　學報分訂單行書皮　　每本一分　　共七元

總共七百九十八元七角

《燕京學報》第七期

錢穆　劉向歆王莽年譜。

容庚

劉朝陽　從天文曆法推測堯典之編成書時代 22000

顧頡剛　尚書中的周初史料

牟傳楷　明史源流考

楊筠如

錢南揚　宋元南戲考

錢玄同　春秋

張星烺

?郭紹虞

△ 許地山　尚欠五十元（前交八十元第六期算三十元）　佛教的論理

張蔭麟　尚欠一百三十元

顧廷龍　吳愙齋年譜（傳，箸述考）

△ 黎錦熙　三百篇之之
（四元一千）

瞿兌之　釋巫

奉寬　　元國姓考

《燕京學報》第八期
劉朝陽　張騫以前之中外交通
　　　　馬司孛羅 H. Maspero 論中國文化之起源
顧頡剛　戰國時的士及士的故事

《詩辨妄》
　　本文（印畢）
64 附錄一（非詩辨妄）（印畢）

《書序辨》
　　書序　　　　　　　⎫
　　辨一　朱熹　　　　｜
　　辨二　蔡沈　　　　⎬均印畢
　　辨三　書序辨偽　　｜
148 辨四　史記探源　⎭

《左氏春秋考證》
　　本文　　　　　　　　⎫
　　附錄一　偽經考春秋　｜
110 附錄二　史記探源　⎬均印畢
　　附錄三　春秋復始　　⎭

《古史辨》第二册 報紙一千册 洋宣五百册　共 1500 份

内容	240 頁	每頁 $ 2. 55	合計 612. 00
書皮	1500 份		21. 73
英文加價	12 頁	0. 40	4. 80
石印圖	1 頁		13. 50
卷頭語	1 頁		2. 88
複頁紙	4 頁	1. 40	5. 60
改印紙價	6 頁	1. 40	8. 40
鋅版三塊，木版一塊			6. 04
裝訂	248 頁		29. 76
紙版	235 頁	0. 40	96. 00
			800. 71　　19. 9. 4

一九三一年
（民國二十年）

一九三一年一月

一月一號星期四（十一月十三）

拜年。與父大人，和官到萬，邵二家。到簡香家。寫援庵先生信。

萬君來，與父大人及予同到旗下，沿公園散步，趁汽車到中山公園，步至西泠印社，茗于四照閣。照相。仍趁汽車返旗下，坐車歸。

看《齊東野語》。

杭州商店及人家受省政府之命令，滿貼春聯，關閉店門，爆竹與鬧元宵聲不絕，真是新年了。移風易俗，故不難爲也。

一月二號星期五（十一月十四）

與和官同到城站買玩物。寫士嘉，希白，七姨母信。爲父大人裝書夾。萬律師邀寫字。

父大人導游金衙莊，和官同去。簡香夫婦邀我們全家同游旗下，到西園吃茶，到公園散步，到國貨陳列所買物，到三元坊奎元館吃蝦魚麵。

到萬里處，邀其到聚豐園吃飯。到孤雲草舍訪騮先先生，未晤，歸。

萬里此次游歐，經歷十四國，調查者九國。承贈外國幣十餘枚。

一月三號星期六（十一月十五）

為九嬸母作其父挽聯。七時起，未洗面，即到後湖訪驪先先生，尚未起，到孤山及西泠橋散步。復入，晤之。到圖書館訪以明，未晤。到靈隱，訪兌之，亦未晤。

歸飯，為簡香，德懿，展成，自琛等寫字四幅。寫于鶴年，履安，以中，楊亮功等三人，元胎，姚名達，以明，馬巽伯，趙肖甫信。到周氏善本書室。到城站復初齋及經訓堂兩處看書。

與和官，簡香夫人，汪和春同到城站看放烟火。

予于書法未嘗習練，而到處有人邀我寫字，膽子遂漸漸大了。這是意外之名。深望將來得暇能研習之，使實副其名耳。

一月四號星期日（十一月十六）

先母三十周忌設祭。日間十僧禮懺，夜間七僧放焰口。至十一時許畢。萬里，孟恕來看書畫。

以明來。寫惕吾信。周賚善來。驪先先生來。以明來。

到城站寄惕吾信。

今日來客：萬德懿夫婦及其太夫人　丁慕山夫婦　邵展成夫婦　萬里　孟恕　簡香夫婦　自琛　午刻男女各一席。

本約慕愚於六日到寧相晤，今日接王姨丈信，須在蘇會商行期，只得先到蘇州。恐慕愚盼望，又書一簡與之。不欲為人所見，於夜中私出寄之，亦可哂也。與彼之書，略謂人事困厄，即此一晤之緣亦復艱于把捉，為之一嘆。

一月五號星期一（十一月十七）

記日記，算賬。周賷善來。寫李蔭光，王君綱信。

將新城新藏《二十八宿起原說》點畢。德懿來送物。理物。到子震及陳其鹿（萍之）處，均未晤。

到青年會赴宴。到周氏善本書店。

　　今晚同席：陳劍翛夫婦　趙冕　任繼武　鄭曉滄　予（以上客）　楊以明（主）

　　在杭一旬，見父大人衰態愈甚，不獨鬚髮更無黑色，而痰多氣急亦較前爲劇。昨晚以僧人作法事，遲至九點半眠，即咳嗆不支。我爲自己計，實無捨去北方之研究環境之理。惟爲父大人計，爲家中產業計（所怕者叔父），實有不能不南歸之勢。此真使我心頭攪亂矣。

一月六號星期二（十一月十八）

六時半起，收拾物件。爲來根書對聯。九點到車站，簡香，自琛，德懿相送。在車上看《涵芬樓秘笈》第一集。

五點許到蘇州，遇雨，即歸家。到九嬸母處。看女廳新屋。

寫父大人，伯祥，履安信。記日記。上賬。

一月七號星期三（十一月十九）

到臨頓路買戈製半夏。到耀曾處，又曾處。到汪宅，見外祖母。到女中，與以中同去，到嘉餘坊，訪綏真，同出，到合作農場吃飯，商婚事手續。

到喬司空巷訪王姨丈未遇。到吳縣前，見毛姨丈母，并見王姨丈母。到三元坊訪典存，未晤，途遇子清。到來青閣購書。到采芝春買物，歸。

爲九嬸母寫馮子山太姻丈挽聯。寫柏堅信談璞庭婚事。寫起潛叔信，評《墨子學辨》。

今午同席：賓四　予（以上客）　　以中　璞庭（以上主）

璞庭侄極大方，極爽快，對于自己婚事侃侃而談，無絲毫瑟縮狀，甚可佩服。以中頗有女性，璞庭大有男性，結爲伉儷，相反正相成也。

一月八號星期四（十一月二十）

寫周贊善信。蔣司務來。到伯南先生處，晤之。到孟輯處，未晤。到新橋大東陽取物。到潘博山兄弟處。到沈伯安處。到竹庵叔祖處，途遇夏六房掌禮。

到新蘇飯店赴宴，中席而起，到嚴衙前又宴。出，到多貴橋張宅送物。到過駕橋同豐祥取物。到采芝齋，稻香村買物。歸，復出，到佩諍處。

到集寶齋，應博山兄弟之邀，到松鶴樓吃飯。遇季融五先生，長談。

今午同席：

（甲）新蘇飯店：王姨丈　蔣鏡寰（吟秋）　　彭家棹（純益校長）　蔣□□（萃英校長）　　晏城校長　予　余君（浙大教授）（以上客）　汪典存　陳偉士　廖家楠　陳允儀（以上主）

（乙）嚴衙前：王董戎　顧欣伯　王以中　潘博山　潘景鄭予（以上客）　竹庵叔祖　志騫叔　□□叔（以上主）

今夜同席：季融五　起潛叔　予（以上客）　潘博山兄弟孫伯淵（以上主）

一月九號星期五（十一月廿一）

寫陳了清，朱土嘉信。曹覲虞來，沈柏寒來。蔣司務來。理物。以中，綏真來，汪安之表弟來。入內室取物。

二時出發，三時五分開車，十時到寧。車上看上海小報十餘種及《活埋庵識小録》。

住下關榮鑫飯館。寫柏堅信。夜眠不佳。

今日大雪，天氣陡寒，以中等冒雪來送，殊爲不安。

一天風雪冷難支，爲約伊人不改期。我願見時便慟絕，勝留餘命更生離。

一月十號星期六（十一月廿二）

七時起，八時雇馬車進城，至中正街交通旅館稅駕。早起進城時極冷，致兩足失其知覺。即携物至內政部訪惕吾。出，到軍需署訪仲川，崇年等。出，到教育部訪祚萐，并晤舒楚石，鄭陽和。

歸寓，惕吾來，同飯。自一時起談至六時（她在部中請假半天）。寫父大人信，未畢。

惕吾邀至安樂酒店吃飯，徒步往返。歸寓，以神經甚緊張，服藥二丸而眠。

不見慕愚，一年半矣。情思鬱結，日益以深。今日相見，自惴將不止隕涕，直當暈絕。乃覿面之下，塵心盡滌，惟留敬念。其豐儀嚴整，消人鄙吝可知。今日天寒，南方詫爲數十年所未有。彼爲我買炭，手撥爐灰，竟六小時，我二人在一室中未嘗移席。嗚呼，發乎情，止乎禮，如我二人者殆造其極矣。

一月十一號星期日（十一月廿三）

寫父大人信畢。祚萐及沙秀娟女士來。慕愚來，同到通俗教育館，第一公園，古物保存所游覽。至中山門復興麵館吃麵當飯。

與慕愚游中山陵，徒步往返。五時，自中山門雇車到大油坊慕愚家。

在譚宅吃飯。八時許歸，服藥一丸。

今晚同席：譚彬夔（名雍）先生（其父）　譚彬夔夫人（其母）

譚煥達(名仁)先生(其兄)　慕愚　譚湘凰女士(其妹)(以上主)
予(客)

慕愚在内政部服務,月得二百四十元,悉以奉父母。其妹與
侄之學費亦由是出。自奉遂極菲薄,至以麻繩繫襪。如此始爲真
孝悌。

中山陵甚峻,石級近二百,不許人坐息。慕愚久不事游覽,
今日自十時出,至五時歸,始終步行,約五十里,而復陟此,亦
頗疲矣。郊野中寒風襲人,山雪未融,步履其間,直似置身西北
邊陲,覺得非常悲壯。此正是我二人之背景也。

一月十二號星期一（十一月廿四）

寫履安信。到中央大學訪驪先先生。到考試院訪香舟,士遠。
訪肖甫,未晤。到軍需署,與仲川等共飯。

飯後,仲川駕汽車同游玄武湖,崇年同行。歸軍需署,與崇年
談社務。到珍珠橋,晤謝沙雨女士及謝女士之妹,北大吴女士,曹
恢先,謝繼蘇(她的侄)。回軍需署,又寫履安信。

與崇年同到老萬全吃飯。八時許歸。歸時,譚湘凰女士送物
來,正坐待。談頃刻別去。趙肖甫來,談至十二時。

今晚同席:董伯豪先生　沈君匋　予　趙孟韜（以上客）
蔣仲川　陸慰萱　李期仙　蔣崇年（以上主）　老萬全在府東
街,一極老之飯店。

一月十三號星期二（十一月廿五）

寫慕愚,祚苴,姨丈母信。九時許出,到中央大學,晤驪先先
生及徐悲鴻,到圖書館參觀,晤楊公達及汪滌陳。

自中大出,信步至堂子巷,訪錫永,知其假中未歸。到愛皮西
西餐館吃飯。二時歸寓,寫日記,記賬。寫以中綏真,陳槃,劉萬

章，聞野鶴，王萃賢信。鈔出《周易》中與十三卦有關之文字，未畢。

崇年來，留飯。士遠香舟來。與崇年到夫子廟天韵樓聽女角唱戲，十一點許歸。

自天韵樓歸，見有慕愚名片一紙，知彼夜中曾見訪。昨聞其妹言，部中爲開内政會議，致星期日亦不放假，導游中山陵乃由請假來。近日早上七點即到部，晚間十時始歸，終日整理議案。其忙如此，猶來見顧，而我乃以聽歌相失，悵恨之甚。

一月十四號星期三（十一月廿六）

到内政部訪惕吾，未遇。到狀元境文林書局購書數種，歸讀之。中心鬱甚，無法排遣，看書亦看不進。

董伯豪先生來。理物。算賬。鈔《周易》畢。仰之偕沙女士來。文林書局人來。

到金陵春赴宴。

報載内政會議於勵志社開會，今日訪惕吾不在，當赴勵志社布置會場去矣。夜歸，有名片留在桌上，則其父與兄曾來，且有彼一簡。

今晚同席：章鐵民　徐佐良　謝卓兹姊妹及其侄　沙女士
予（以上客）　仰之（主）

一月十五號星期四（十一月廿七）

在旅館中點元胎所作《占卜的源流》一文，編入《古史辨》第三册。寫謝彥談，何大定，林超，邵君樸，錢南揚信。

肖甫來，同飯。崇年偕勤務兵來。三時到江邊。渡江上車，尚不擁擠。

七時車開。

崇年相送，亦由乞假。

王姨母本可同行，以得尊元弟寄去免票，填一月二十五日期，只得讓我先行。

祚茵在教育部作科員，月薪只九十元，亦須養母，月寄六十，自存卅元，在南京生活如何够用，遂受制于人。聞其常哭，可憐也。

一月十六號星期五（十一月廿八）

在津浦路途中。（上午六點四十五分到徐州，下午六點四十分到濟南。）

此次北返，座位較空，雖不可得眠，庶可看書。只以一腔哀怨，執書惟爲遮目，更不能印入心坎。但有窗外之黄沙白雪寫出荒凉滋味，我心乃與之作共鳴耳。

一月十七號星期六（十一月廿九）

八時到津，即換車赴平。十二點到。即雇車携物到景山書社。

坐人力車到家，約三時。理物，看各處來信。

與履安談話。陳玉符來。

在譚宅夜餐，纔進飯，慕愚覺米略生，即爲予易鍋底之飯。及半，又曰，飯冷矣，更爲予易較熱之飯。一飯之間，其關切予如此。然予與游中山陵，道中雪凝爲冰，地甚滑，予欲扶之，則斂手謝，其以禮自持又如此。予告以吾父年力日衰，擬南歸侍養，則曰，北平適于研究學問，不可輕離，不如迎至北平就養爲愈，其重視我之學業又如此。夫惟自愛者始能愛人，始能有真摯之愛，於慕愚見焉。

慕愚告我，童家誕先生甲午生，爲她校閲《歐洲戰後十年史》。又云，他近任四川某軍軍長駐京代表，酬應頗忙，即無事

亦止伴其母打牌。談到學問，慨嘆以爲即弄好亦無大益處。前祚
茝告我，謂慕愚已與彼結婚，但感情不好，今聞此言，頗似確
實。總之，慕愚個性太强，童先生則社會性較個性强耳。予與履
安談，謂彼二人或爲有實無名之夫婦，故離合自由。履安曰：
"我信譚女士是不作這種事的。"可見履安對于慕愚之人格實有甚
高之敬仰，惟個性不能如彼之强，故以彼爲可畏耳。

一月十八號星期日（十一月三十）

與肖甫到朝陽處。與履安談話甚久。到紹虞處，希白處，遇
兆穎。

廣志送物來，即理物。

理書。陳玉符來。

一月十九號星期一（十二月初一）

容女士來。到校訪士嘉，晤之。訪季明，煨蓮，均未晤。晤鳳
濟，鴻舜。

理書。耿，趙二君來。唐軼林先生來，寫君武，岷原兩函，爲
其作介，同到余稚臣先生處，又送其上燕大汽車。寫健常信。

校《古史辨》稿。到劉宅吃飯。

今晚同席：肖甫　予夫婦（以上客）　朝陽夫婦（主）

一月二十號星期二（十二月初二）

譚其驤來。理信札。寫謝女士信。

到史學系及研究所。希白來，同到校，整理善本書，晤季明，
煨蓮。五時歸。沈勤廬來。鄧嗣禹來。

吳春晗來。張頤年來。邱繼繩來。看試卷。

一月廿一號星期三（十二月初三）

鄭德坤來。衛聚賢來，留飯。牟傳楷來。廣志來。寫鮑仲嚴信。曉三，壽林來。到校，開中文書籍購書委員會。碧澄來。

看在杭所購小説。

援庵先生對于燕大購書委員會向來把持，別人不購的他偏要購，別人要購的他偏不購，以此同事都厭恨他。但今日却缺席了。缺席的緣故是説城中有應酬。我却知道，是爲北平研究院史學研究會開會，有出席費二十元的緣故。

一月廿二號星期四（十二月初四）

到王素意女士處。寫驪先先生信，薦仲琴，素意，伯剛。贈健常中西交通史料及《徐旭生西游日記》，親包扎。

到校，整理善本書。晤劭西。士嘉來。光明偕其夫人來，未晤。到季明處吃點。訪吳文藻，未晤。

寫春晗信。看《印雪軒隨筆》。

一月廿三號星期五（十二月初五）

張立志來。寫聖陶，予同信。看安陽發掘報告第二冊。校《古史辨》排樣。

蕭竹賢來。點紹孟論《易》文入《古史辨》，訖。錫永來。朝陽來。春晗來。叔信來。

清理七年來健常來書，繫以歲月，未畢。

父大人來信，謂此兩年中當來平住一個月。如此，則我將來只得歸去侍養矣。

一月廿四號星期六（十二月初六）

整理健常信札畢（尚未分月）。將一月來日記謄入冊中。

士嘉來。春晗來。與履安自明及趙君同游朗潤園。

看一月中之《大公報》。

《大公報》，爲北方最好之報，雖在天津而暢銷北平。此次南旋，予同、慕愚等并道其善，予在南京啜茗亦購得之，足證在南方亦復暢銷。"出其言善，千里應之"，不虛也。

予與慕愚一段情懷，從未道破，近日頗有箭在弦上，不得不發之勢。今晨醒來，天尚未明，思欲作書致之，以極簡單之詞約之曰："我二人相逢已晚，無可奈何。然此世俗之常情，萬流所共趨。以吾輩個性之強，自當超出恒蹊，別求慰藉。"終慮攪亂其心，不敢書也。

一月廿五號星期日（十二月初七）

寫蔣崇年，李貫英，程仰之，彭芳草，陳通伯，宋香舟信。算賬（此一月行旅）。

齊思和偕連士升來。洪煨蓮先生來。嚴星圃來。

看《續客窗閑話》。

今日算賬，此次南旋旅費共得下數：

旅費　九十二元八角五分
買書　五十九元四角
購物　十六元五角二分
交際　卅三元九角九分
雜費　二十元九角五分
代墊　二十九元三角五分
　　共二百五十三元〇六分

比較前年到北平兩月用去六百七十元者，尚爲省也。總之，用錢太易，可怕，可怕。

煨蓮先生來，渠新在燕大圖書館發見崔東壁《知非集》，持以交予，大快。從此東壁著作又多一種矣。

一月廿六號星期一（十二月初八）

葉國慶來。鄭德坤來。班書閣來。寫錢經宇信。理信札。

讓之，春晗來。馮家昇來。記人住址。士嘉來。

看一月中之《大公報》。

近日飯量頗壞，午餐不過碗半，多一口即吃不下。與七八年前，冬間每餐進四碗者，大不同矣。其年力就衰耶？抑愁恨不可堪耶？

一月廿七號星期二（十二月初九）

整理健常信札，爲之分月，未畢。整理照片。看試卷，略畢。

香林來。子通來。到紹虞處。到希白處。

孫海波來。看沈從文小説。

一月廿八號星期三（十二月初十）

嚴星圃來。李鏡池來。看試卷畢。

到校，開學術會議，三時半畢。到張孟劬先生處。到芝生處。到佩弦處，并晤江清。到平伯處。到金松岑處。

田驄來，看其論文。

日來百無聊賴，心思歷亂，飯量減損，睡眠不酣。推求其故，蓋有三端。父大人不肯就養平中，則我的職業地點成了問題，我十年來奮鬥而成之學問環境將動搖，一也。履安多病，近日又以多食致腹痛，肖甫診之，謂有痕疾，居鄉不易就醫，爲之悶損，二也。此次見慕愚，又給我以極強之刺戟，然轉眼分離，無異一夢，三也。爲此三事，遂使我雖有學術之環境而不能作學術之工作矣。每念孤負此志，爲之浩嘆。

一月廿九號星期四（十二月十一）

寫叔父，父大人，何定生，顧立章信。寫清華注冊部信。

鄭騫來。容女士來。寫陶希聖，元胎，宋楚才，孫仲基，王君綱，何竹淇，王以中，殷柏堅信。

看未回平時之《大公報》，畢。

與父大人書，再請其來平就養。不知許可否？

一月三十號星期五（十二月十二）

寫平伯信。點趙壽人評《古史辨》之文。文華堂張君送書來。

谷磬來。士嘉來。擬定進城會客單。與康媛筆談，并看其日記。白壽彝及清華安君來。開明書店送萬章匯款來。

點元胎《占卜的源流》，畢。

一月卅一號星期六（十二月十三）

寫浦江清，陳懋恒，毛汶信。到史學系，晤士嘉。與康媛乘十點半車進城。送她到聾校，晤杜校長夫婦。到黎光明處，晤伍女士及姚逸之。到維鈞處，未遇。到景山書社，吃飯，看賬。

到孟真處，見其侄。到適之先生處，見胡師母。到北平研究院，見維鈞及張次溪，取房山碑帖。到叔父處送碑，未晤。到書社，校《古史辨》第三冊稿。到康同璧夫人處，檢電通稿。到錫永處，未晤。到北海，晤孟真，濟之，彥堂，仲舒，光明，玄伯，叔平。

與孟真同步歸，吃飯後，予到適之先生處談話，歸，看孟真所作文。與孟真談話，至十一時就眠。一時始得眠。

此次中華文化委員會年會，決議年贈二十萬元與北大，設研究講座九人，專任教授十五人，助學金及獎學金各十五人，以五年爲期。今日孟真與適之先生均勸余改就北大專任教授，月薪四百五十元，課六小時。此事與予迎養父母極有利，以父母來平，予家至少須用三百餘元一月，非現在經濟狀態所可任也。他們要我作史學系主任，則力辭之。不但主任不作，即其他事務亦一概謝絕。總之，必與燕大過同樣之生活，然後可就。

小院風來自掩門，雪窗對話到黃昏。何須細數七年事，一度相逢一斷魂。

記十日事，三月廿四日補。

一九三一年二月

二月一號星期日（十二月十四）

自孟真處出，到仲澐處，到錫永處，俱晤之。到王姨母處，未晤。到殿英處，請借款。到忠信堂，應方君邀。

自忠信堂出，到姨母處，晤之。到聾校，接康媛及白貞。到景山書社，到汽車行，坐車返校。

看陳懋恒女士試卷。

久不得慕愚書，悵惘欲死。今日在車中得句云："可憐重會日，即是再離時。"爲之泫然。

是月二十七日足成一詩曰："五百日相思，比肩一慰饑。寒風吹雪道，落日照陵碑。對視渾如夢，無言自覺癡。只憐今日聚，又釀別離悲。"

今午同席：陳援庵　陳寅恪　徐中舒　黎劭西　林宰平　錢稻孫　傅佩青　予（以上客）　方欣庵（主）

二月二號星期一（十二月十五）

耿君來。朝陽來。楊開道來。

邱繼繩來。校《古史辨》第三册稿。

校《秀野公年譜》，未畢。

今日始接慕愚來信，知其因内政會議過于勞苦，睡眠不足，胃病復發。廿四日閉幕後，即在家休養，服藥二日。但到部辦公時，又因案牘層積，忙于處理矣。其勞如此，至爲憐念。

二月三號星期二（十二月十六）

看香林讀《古史辨》第二册及《吴越民族研究》兩稿，未畢。

徐文珊來。趙惠人來。到煨蓮先生處談《東壁遺書》事。校《秀野公自訂年譜》，畢。

二月四號星期三（十二月十七）

看香林《吴越民族研究》稿，畢。鮑季貞來。鈔《古今考》入筆記。

文華堂人來。寫清華，燕大兩注册部，香林，陳懋恒信。士嘉來。到校，開圖書館購書委員會，近六時歸。

寫慕愚信，粗畢。看楊開道君《吕氏鄉約考》。

久欲寫慕愚信，今日忍不住了。信中勸其向世界史及中國國民生活兩方面着力，將來好與我共作一部中國通史，我任上古至清，她任鴉片戰争以後至現在。要是這個工作真能作成，我二人精神之結合將歷千古而長存，不勝于百年之伉儷乎！只要她能答應，我的不安静的心就可安静了。

二月五號星期四（十二月十八）

重寫慕愚信，畢，約二千餘言。交自明鈔出。

季忱與趙憩之（蔭棠）來，接洽女師大"禮俗"稿。伴其游覽燕大。毛汶來，寫賓四履歷。容女士來。

看《吕氏鄉約考》，仍未畢。

二月六號星期五（十二月十九）

記日記。寫蔣夢麐先生信，詳述去就事，約二千言。付鈔。看仲澐所作陰陽五行一文。

耿君來。牟潤孫來。紹虞來。范仲澐來，同到朝陽處。吕健秋來。

宴客，爲玉符餞別。

今晚同席：陳玉符（其夫人因病未來）　容希白夫婦，及其妹　朝陽　肖甫（以上客）　予夫婦（主）

二月七號星期六（十二月二十）

修改士嘉《研究地方志的計劃》畢。接商務信，送至王素意女士處。

王女士來。容女士來。張兆瑾來。寫香林，江清信。

看陳光垚所作《漢族姓氏之研究》。

近日放假，客來頗多，遂失工作時間，甚悵惘。將來如遷入城中，當堅決拒客。并在學校中定會晤時間。除星期日外，更不使客到我家也。

以我會客寫信時間從事于一種外國文字之攻讀，必可精通。可惜我現在已爲社會上的人，更無求學之自由矣。

二月八號星期日（十二月廿一）

與白貞同到煨蓮處，同坐汽車進城。到魯校參觀，到小市看書，到西北科學考查團參觀。

赴仲良宴後，到林宰平先生處，未晤。到方欣安處，晤之。到何殿英處，未晤。到景山看賬。到適之先生處，未晤。與煨蓮，季明，紹虞同車歸。晤定生，略談。

赴王素意之宴，十一時歸。

今午同席：朱逖先　馬幼漁　叔平　魏建功　胡文玉　馬彝初　傅孟真　馮芝生　常維鈞　盧木齋　商錫永　田培林　董彥堂　李濟之　劉半農　沈兼士等共約五十人　黃仲良（主）

今晚同席：洪煨蓮　黃玉蓉女士　馬季明夫婦　予夫婦　黃子通夫婦（以上客）　王素意姊妹（主）

二月九號星期一（十二月廿二）

班書閣來。羅香林來。容女士來。與定生談話。玉符來。廣志來。寫適之先生信。

耿君來。看朝陽所作《殷曆質疑》，畢。到楊開道處。

到希白處，留飯。同編《學報》九期，覽會文書局所送書。

二月十號星期二（十二月廿三）

看衛聚賢所作《吳越民族》，畢。沈勤廬來。徐文珊來。朝陽來。校《古史辨》第三册稿及《左氏春秋考證》稿。

趙惠人來。朱士嘉來。齊思和來。看肖甫所作《知非集》第二跋。

與康媛筆談此後生活。履安到容宅打牌，十一時歸。

二月十一號星期三（十二月廿四）

鄭德坤來。容女士來。看魏了翁《古今考》，翻一過。接驪先先生電，即到王素意女士處接洽。

到校，開學術會議。到研究所及國文系。歸，牟潤孫來。韓叔信來。

看《貐子窩》譯本。

王素意女士，才幹頗好，辦燕大附屬中小學六年，甚著成績，遂爲人所不容。予爲薦于驪先先生處，果得中央大學之聘，任教育學院教授，兼附屬實驗學校主任。持電與覽，得其允可，此亦予爲人擇地，爲地擇人之一種苦心也。

二月十二號星期四（十二月廿五）

王素意來，寫驪先先生信。寄父大人書，寫香林信。到容宅取地山文稿，即送地山處。到圖書館，晤春晗。

記日記五天。到圖書館看書。點李鏡池《左國中易筮》一文入《古史辨》。平伯來。

續看《貔子窩》，仍未畢。

王姨母來電話，外祖母已逝世。當是姨母北返，生離死別之情縈于胸膈，過于悲痛所致，可傷也。

二月十三號星期五（十二月廿六）

記筆記。理書物。寫父大人信，切勸其北來就養，得千餘言。寫汪孟鄒，何柏丞，楊亮功，葉玉虎信。看樸社賬。韓叔信來。學生六人來，指示以各種版本。

二月十四號星期六（十二月廿七）

到圖書館訪芸圻。到研究所。乘十點半車進城，到王姨母處，到衛聚賢處，均晤之。到市場購物。到東興樓赴宴。

飯後與建功，希白同到孔德學校，晤隅卿，玄同兩先生。訪趙斐雲，未遇。到適之先生處。乘七點車歸。

到燕南園洪宅赴宴。

今午同席：袁希淵夫人　陳□□夫婦　黃仲良　魏建功　常維鈞　容希白　齊樹平　予（以上客）　丁道衡（主）

今晚同席：黃子通夫婦　容希白夫婦　胡經甫夫婦　予夫婦　王素意姊妹（以上客）　洪煨蓮夫婦（主）

二月十五號星期日（十二月廿八）

乘十點半車進城，到趙憩之處，到地山家赴宴。

與紹虞到景山書社，即同乘四點半車歸。車至大佛寺忽壞，歸家已黃昏矣。

看《東北叢刊》等。

今午同席：傅君（清華教員）　方君（師大教員）　洪煨蓮夫婦　紹虞　予（以上客）　許地山夫婦及其侄（主）

二月十六號星期一（十二月廿九）

應付各債戶。整理新做書套書，寫書簽。希白來。牟潤孫來。

春晗來。愈之與高君來。與愈之，紹虞同往清華訪佩弦不遇，參觀清華圖書館，遇史祿國，羅香林。看《貔子窩》，未畢。

李退厂送果子來。吃年夜飯，與履安及二女叉麻雀四圈。

今日付出之款：

修綆堂	五百四十元
競進書社	三十元
邃雅齋	二十元
希白手	二十元
文會書局	五元
趙惠人	十五元
共六百三十元	

今日所付款之來源：

景山版稅及借	三百元
《燕京學報》稿費	一百元
緝熙寄來伏生學費	一百元
借家用	一百三十元
共六百三十元	

愈之自費游學法國，去三年，只用六七千金，可謂甚省。

二月十七號星期二（正月初一　陰曆元旦）

到史祿國處。翟錫光來。陳彬龢來，留飯。同到張鴻鈞處，未晤，彬龢即別去。

看《貔子窩》譯本，畢。到容宅看新得古物。

與履安到馬宅赴宴。十一時許歸。

今晚同席：洪煨蓮夫婦　黄子通夫婦　予夫婦　王素意姊妹（以上客）　馬季明夫婦（主）

得慕愚書，承受了我的要求，自接信日起，每日抽出三四小時讀書，并作筆記，先從滿蒙，新疆，西藏等問題做起。俟見解成熟，再作論文以鍛煉發表能力。爲之大慰。只要她的學問有成就，我的生命也就有意義了。

二月十八號星期三（正月初二）

寫愈之快信，約其星期五來游。鈔寫湯秸《編纂中國史料外流篇提案》。得夢麐先生信，允予請。

理書。宜與謝君來。爲寫沈尹默，劉半農兩信，爲入農校。嚴星圃來。

玉符招宴。學生數人來，旋去。

今晚同席：清華傅尚霖　燕大汕頭學生五人　予夫婦（以上客）　陳玉符夫婦（主）

回平一月矣，方寸總不寧定，蓋有數因：（一）下半年的去就問題，（二）家父的事養問題，（三）對于慕愚的想念，（四）書房中無火爐，坐不住，臥室中又不能作功夫也。予前數年畏熱，今乃畏冷，氣質之變耶，身體之衰耶？

二月十九號星期四（正月初三）

鄭德坤來。接愈之電話。從日記中録出予與慕愚往還事實，未畢。

點《陝西通志》中地理文字。玉符與陳作樑來。

宴客。

今晚同席：王素意姊妹　洪煨蓮夫婦　馬季明夫婦　黃子通夫婦（以上客）　予夫婦（主）

二月二十號星期五（正月初四）

接佩弦電話，知愈之今日南歸，即到紹虞處告之。打適之先生電話，約定會晤時間。齊思和來。

繼續鈔録日記，未畢。豫備功課。寫七姨母信。朱士嘉來。

學生七人來工作。

二月廿一號星期六（正月初五）

理書。履安送康媛，伏生到校，艮男亦同進城。與陳玉符，陳作樑同進城，訪適之先生于文化基金會，不遇。至其寓所，見之。談至午刻出。

到景山書社，與履安等會，至馮世五宅吃飯。到碧澄家，小坐。予與履安等分路，到王姨母家放包裹。坐電車到蔣夢麐先生處長談。夢麐先生以汽車送歸。

看家譜。理慕愚信札，未畢。

容女士送還我家家譜，因將予直系祖先年齡作一統計，得平均數六十二歲，因此予之工作計畫亦只得定至六十歲。

在適之先生處見有某女士詩集（《繡餘草》）。記其《夫婦》句云：“欲訴衷情仍脉脉，他心印處即儂心。”頗愛之。

二月廿二號星期日（正月初六）

聾校杜校長來，談康媛事。終日整理慕愚信札，并作一目録，爲之提要，畢。朝陽來。

整理我寄慕愚函之有存稿者。記日記五天。

看艮男帶歸小説。

自民十三迄今，慕愚寄我函件得九十三通，有許多未填寫日期者，須考定其事實及其所用函箋，頗費事也。將慕愚寄我的信統看一遍，其人格直如晶瑩之寶石，有良心，有志氣，有魄力，洵爲超群軼倫之材，而頻遭夜行者之按劍，世無真知，我自憙爲九方皋矣。

慕愚性格，備具男性的勇敢與女性的溫存。故有堅决的意志與濃厚的同情心。上月我與之談，謂我欲造成人才而别人訛我利用青年，我欲提倡學術而别人訛我好出風頭。彼云："假性情人是必不能瞭解真性情人的。"她所以知我爲真性情，正因她自己是真性情耳。

二月廿三號星期一（正月初七）

寫驪先先生信，介紹王素意女士，即送去，并贈以杭州游覽指南，爲别。寫慕愚信，寄以湯秸提案（編中國史料外流篇）。林宰平先生來。鈔《左傳》中之周公史料。

葉國慶，林成章來，爲送兼士先生信。到校，聽《大公報》胡政之先生演講。侯芸圻來。

到春晗處。

予來燕大一年半，僅爲《學報》撰《周易卦爻辭中的故事》一文耳，未免慚愧。自今日起，即豫備作《尚書中周初史事的改造》一文，期以一個月作成。

二月廿四號星期二（正月初八）

鈔《淮南子》，《吕氏春秋》中之周公史料。牟傳楷來。方欣安來。韓叔信來。

到史學系，查選課學生。到吴文藻處。

與自珍，馮，趙二君到校看舊劇，十二時歸。

今日劇爲楊肖彭之《寶蓮燈》，麗敦敏之《春香鬧學》，朱琴心之《樊江關》。

二月廿五號星期三（正月初九）

録《淮南子》中之三統五德説畢。録《孟子》《論語》中之周公畢。希白來。耿君來。李媽于今晨與張媽相駡，辭去。

開學術會議。記筆記數則。

學生九人來工作。

二旬前我曾記道，如慕愚能答應我治學，則我心即可平静。唉，慕愚現在已答應我了，而此心之不平静乃如故，俯仰無歡，抑鬱欲死。情之所驅，固如是其可畏哉！現在所以維繫我的生命者，惟事業心耳。苟其無此，則必因感情之潰裂而作些不平常的事了。（即此可知，恒蹊正未易超出！）

"相見怎似不見，有情還是無情"，這是最好的辦法，但我又哪裏能做到！

二月廿六號星期四（正月初十）

陳玉符來。容女士來。履安來電話。鈔《禮記》中之周公，畢。記筆記十餘則。

到子通處未晤，到容女士處。

到陳玉符處，贈《古史辨》第一册。到清華訪碧澄，送鈔件。訪香林及佩弦，未晤。九時歸。

月下獨行，大有夢境。

得父大人來書，命我改就北大。至他們來的日子雖不可定，能來時一定來。

二月廿七號星期五（正月十一）

鈔《僞古文尚書》，《書序》，《尚書大傳》中之周公材料，畢。記筆記十餘條。

韓媽上工。送陳玉符夫婦行。到子通處，晤之。

學生六人來工作。

譚其驤君告我，張孟劬先生在講堂上說："現在的人讀得兩句書，就要疑古，真是不了。古代的事沒有假的。"蓋指予也。趙肖甫君告我，他以《古史辨》與夏震武先生看，夏先生說："想不到世界上竟有如此妄人！"

積雪庭前已漸融，寸心何事總忡忡？只緣爇了青春火，却避青春送與風。

是不敢勇嗎？是不能勇嗎？是不該勇嗎？

二月廿八號星期六（正月十二）

理書。鄭德坤來。余讓之來。到校，晤裘開明，兆穎，煨蓮，芸圻。香林來，長談，留飯。

與香林等進城，游白雲觀，參觀《道藏》。到天寧寺，看銅佛像及塔。步至西便門，乘車進城，飯于鴻春樓。

與自珍到王宅，與履安談話。

今日同游者：嚴孟群　侯芸圻　羅香林　韓叔信　齊思和　吳世昌　翁獨健　容太太　倫姨太太　容女士　自珍

夜飯同席：芸圻　香林　容女士　自珍　予爲主

予哀容女士有才無貌，年華已大，迄不得配偶，欲介紹與芸圻，芸圻固喪偶者也。今日兩人見面，談話頗多，茲事或有成功之望。予之好管閑事如此。

白雲觀不過爾爾，天寧寺則甚好，有銅製接引佛一尊，高二丈許，衣褶極生動，塔一，高七丈許。塑像武士美人各極其致。守者謂接引佛與塔均隋代之物。又三世佛塑像及韋馱銅像，亦甚好。又石製轉輪一，爲他處所未見。此寺甚多歷史美術興味，而名不彰，可惜。又一碑，係龔鼎孳之文，字則集董香光者，又是一篇《聖教序》也。

《古史辨》

每面十五行，每行四十三字，每面共六百四十五字。每一中頁共一千二百九十字。

第三册上編共一百七十中頁，假使下編亦如之，凡三百四十中頁。共四十三萬八千六百字。

一九三一年三月

三月一號星期日（正月十三）

到魯校繳自明及吳樹德學費160元。到爛熳胡同東莞舊館，履安等已先在，與張伯楨先生談話。與自珍同出，到西單市場吃飯。

與自珍到中天劇場看《茶花女》影片，觀者極擠。出，與履安，自珍同到東安門，履安回王宅取物，予與自珍到市場吃奶茶，買留聲片。乘六點半車歸。

看兩日中報紙。

《茶花女》影片，簡單化了，故刺激較淺。

單是感情强者，小説中可寫其狂熱。單是理知强者，小説中可寫其刻薄。但理知與感情俱强之人，小説中實不能描寫，以其不能償事，且不害人也。可是天下的事業是這班人做的。

看《茶花女》影片，以爲此悲劇皆亞猛之不度德，不量力，而一任感情之衝動所致，故記此。

三月二號星期一（正月十四）

寫適之先生，玄同先生，黎光明，孟真，在君，定生，韓叔信，北平研究院信。記賬。修緶堂耿，孫二君來。

士嘉來。邱繼繩來。寫七姨母信，寄百元。寫顧立章信，寄書款。齊思和來。吳春晗來。吳子馨來。

與履安到校，尋黑狗，未得。翻讀《墨子》。

思和見告，謂張孟劬先生在講堂上説："現在的人用了神經病的眼光，研究上古史，説堯舜沒有，正如説張爾田沒有一樣可笑。"

三月三號星期二（正月十五）

翻讀《墨子》，畢，鈔出周公史料，記筆記十頁。趙豐田來編康長素文集。

記日記。

到希白處。到子通看畫約廿軸。到士嘉處。

三月四號星期三（正月十六）

寫父大人，野鶴，予同，李一非，吳子馨，婁子匡信。理信札。

到校，開購書委員會，六時歸。

學生五人來，二人分配題目別去，三人留工作。

三月五號星期四（正月十七）

校《古史辨》排樣約四十面。

到季明處吃飯，今午同席：鮑仲嚴，郭紹虞，毛汶，房兆穎，予（以上客），季明（主）。飯後伴鮑仲嚴先生到紹虞處，予家，國文學會，到大學演講，爲之介紹。到司徒先生住宅商辭職事。還至演講處。晤黎光明君，與同歸家借與書籍。到校，乘汽車進城。

到東興樓宴客，十點半歸。

今晚同席：蔣夢麐　胡適之　沈尹默　徐炳昶　李聖章　王烈　何基鴻　朱逷先　張亮丞　裴開明　錢玄同　魏建功　馬叔平　馬幼漁　陳寅恪　趙元任　李濟之　傅孟真　唐擘黃　馮芝生　王捷俠　張子高　黎劭西　吳景周　劉半農等約三十五人左右（以上客）司徒雷登　劉廷芳　博晨光　洪煨蓮　馬季明　郭紹虞　黃子通　容希白　陳援庵　黃孝可　侯憲　予（以上主）

三月六號星期五（正月十八）

看五六年來之信稿，理出若干，送煨蓮覽之。告以不得不辭職之苦衷。牟潤孫來。賓四來。煨蓮來談。

與紹虞同到校務長室，歡送司徒先生。與文藻在學校內散步。

學生九人來工作。

昨司徒校務長招予茶點，勸予勿辭。予告以爲個人計實無捨去燕京之理，惟爲家庭計則不得不然。他答應我加薪及住入城內。今日煨蓮來，予以父大人，孟麟先生函示之，渠以爲可到北大一二年，再回燕大來，現在對燕大以請假名義離開。

三月七號星期六（正月十九）

班曉三來。鈔前數年筆記中關于《堯典》《皋謨》之文字入活葉片，未畢。理書。趙豐田來，爲寫丁在君介紹信。徐文珊，趙澄來。

與履安及容宅諸人游女校體育館。

寫致煨蓮信，約一千言。

煨蓮來書，爲我謀者甚摯，使我感激泪下。因作書報之。予自幸年來攻擊者固多，而表同情者亦不少，足稍平抑鬱也。

三月八號星期日（正月二十）

鈔致煨蓮書。校《古史辨》稿，翻《論語》。李女士與嚴菊生女士來。乘十點半車進城，到書社，到西長安街慶林春飯莊。

到東華門候子通來。同到古物陳列所看書畫。出，到琉璃廠書畫鋪看貨，到吳縣會館看區，到東安市場森隆吃茶點，乘七點車歸。

看梁周東評《古史辨》一文。

今午同席：波蘭人夏君，李君兄妹，宋女士，朱佩弦，許守白，予（以上客），吳辛旨（主）。

子通勸予勿就北大，以國立學校太不寧定，燕大如能增薪則不如不走之爲愈。聽之亦頗有理由，予真難處矣。

文華殿最好之書畫：

唐伯虎采蓮圖（文三橋書采蓮賦），

唐伯虎震澤烟樹圖，

夏珪溪山無盡卷，

宋徽宗書五律，

文徵明書七律，

九龍山人山水，

晁說之秋渚聚禽卷，

倪雲林山水。

三月九號星期一（正月廿一）

修綆堂孫君來。鈔前數年筆記中關于《堯典》《皋謨》之文字入活葉片，未畢。香林來。博晨光來。

士嘉來。張兆瑾偕毛君來。譚其驤來。德華木廠人來。與艮男到容宅。

看《東方雜志》。記日記六天。

博晨光來，亦勸予勿走，如必須走則以請假名義離校。

作字多，胸膈仍作痛，因囑德華木廠爲予作一高些之書桌，使予不過伏案。

肖甫來此，太喜説話，恐其進燕大圖書館後不減故態，致不安于位，故今夜勸誡之。

今日起，張媽往王姨母處看家，另雇一替工服務。

三月十號星期二（正月廿二）

衛聚賢來。鈔筆記中《堯典》《皋謨》材料入活葉片。欣安來，同到希白處。

謝劍文來。希白來。秸文甫來。玄同先生來。朝陽來。松岑來。

與朝陽同到清華赴宴，與濟之，文甫同車歸。

今晚同席：李濟之　史禄國　錢稻孫　錢端升　劉崇鋐　孔繁霨　劉朝陽　吳其昌　予（以上客）　蔣廷黻（主）

希白亦不願我到北大，謂薪金總有法想。因我一走，《燕京學報》事無人爲之幫忙也。

三月十一號星期三（正月廿三）

鈔筆記中《堯典》《皋謨》材料入活葉片。

到校，開學術會議。會散後與煨蓮，援庵，子通談去就事。到校照歷史學會相片。費賓閨臣夫人來，詢學生成績。

學生五人來工作。

煨蓮囑我勿到北大，需用若干，可開一豫算表，由他辦去。他又告我，前年在美國時，聞我到燕大，渠欣喜告人，人曰："顧頡剛是到一處鬧一處的，你不要喜歡，同你鬧散的日子不遠呢！"可見對于我的詆毀已傳至美洲，可謂甚遠。我進北大，介泉，紹原，緝齋均在，對我繼續攻擊自在意中，終以不去爲宜。

三月十二號星期四（正月廿四）

開下年豫算表，寫煨蓮信。

容女士來。鈔筆記中《典》《謨》材料入活葉片。楊四穆，葉石蓀來。德華木廠中送書桌來。

續寫煨蓮信。

余體稍高，前年伏案時間太多，遂成二疾，一心宕，一肋骨痛。近日心宕較好，而肋骨之痛依然，因囑德華木廠爲作一書桌。彼云有現成者。取以來，則比余常用之書桌尚低，只得令其携回重作。將來作成，當使人疑爲櫃臺也。

三月十三號星期五（正月廿五）

比較《堯典》《皋謨》與《大學》《中庸》之相同者。碧澄來。容女士來。木廠人來，量書桌尺寸。

譚其驤來。記《呂氏春秋》與《史記·殷本紀》有關係之殷代史事。豫備功課。

學生八人來工作。幾失眠，至十二時後得眠。

昨開豫算表，父大人如來，予家當年用六千元。如不購書，亦須五千餘元。因書告煨蓮，請其設法。書未發而四穆來，銜夢麔先生之命，邀予必去。予述燕大當局意，金錢，住屋，兼課三方面均使予滿意，無法擺脱。彼云："可用請假一年名義，到明年即久假不歸。至燕大功課，北大當亦許兼也。"然北大實是非之場，能不去時總不想去。

三月十四號星期六（正月廿六）

記筆記約十則。李宗武來。煨蓮來，留飯。

芸圻偕丁君來。校讀《二餘集》及《知非集》，未畢。看《小說月報》中之《愛的摧殘》一篇，甚感動。

瞿潤緡，蔣煥章來。

煨蓮來，謂渠與博晨光先生商量，本年秋後，予薪本定加至二百九十元，現在另行設法津貼二千元，則全年爲五千四百八十元，較北大反多些。至明年秋季，則改爲學侶，年薪可至六千元。

煨蓮告我，謂渠與博晨光商聘我爲學侶事，博云：“反對他的人這樣多，亦不便。”渠云：“只要請陳援庵爲第一個學侶，顧某爲第二個好了。”可見反對我的聲浪不但傳在中國人的耳裏，亦傳至外國人耳裏。煨蓮云：“許多人反對你，有三故，爲胡適之弟子，反胡者即反顧，一也。你自己的怨家，如魯迅等，常爲你宣傳，二也。在學問上，你自己打出一條新路，給人以不快，三也。”

三月十五號星期日（正月廿七）

校讀《知非集》，畢（初次）。記日記六天。

寫自明信。寫繆金源，王素意信。齊思和來。校殷元正《緯書》。看創造社小說。

有幾篇文章真該作了，但伏案時依然肋骨痛楚，實在沒辦法，焦急之至。可憐的頡剛，你經此挫折，以後總不可太刻苦了！

三月十六號星期一（正月廿八）

作《書序辨》序，未畢。

到達園，訪潘由笙丈及賓四。與賓四同到芸圻處，未遇。寫王素意女士信。

作《書序辨》序。

今日作文時又覺胸間悶痕，只得出游。

三月十七號星期二（正月廿九）

作《書序辨》序，未畢。

到清華，照史學系全體相。與吳子馨及朱保雄訪顧羨季。平伯夫人來。余讓之，李鏡池來。

作《書序辨》序。

履安爲予梳髮，嘆曰："白髮愈多了，幾成斑白了！"聞此憮然。予在此種身體之下究有成功之望否？

《書序辨》已印好，遣予作序，故兩日來均作此。惟《燕京學報》一文亦不容緩，希白常來催，故只得先作《學報》文矣。

三月十八號星期三（正月三十）

作《二十二人之各家説》，未畢。希白來，與談容女士親事。牟潤孫來。寫元胎信。

到校，開購書委員會。到史學系，寫適之先生，陳繩夫，宋楚材，王以中信。到圖書館訪芸圻，談親事。煨蓮來。

學生四人來工作。

予欲爲容女士與侯芸圻作媒，使他們生活安定。未知能成事否。予心太熱，此等事輒忍不住爲之。使介泉見此，必以予爲多事也。

煨蓮告我，燕大給我津貼，下學年一千六百元，已由董事會通過，盛意可感。然父大人如不來，此款不敢受也。再下一年，大約可改爲學侶，則不須津貼矣。

三月十九號星期四（二月初一）

作《二十二人之各家説》，略畢，作《九州之各家説》，未畢。容女士來，與之談親事。

寫徐旭生先生信。平伯來。教予移棋相間法。

到達園訪賓四，兼晤芸圻。

北大寄聘書來，遲矣！

三月二十號星期五（二月初二）

作《九州各家説》，略畢。

到合作社剃頭。思和來。丁學賢來，看《通鑑綱目》，尋漢代地域擴張材料。紹虞來。

學生來工作九人。

三月廿一號星期六（二月初三）

寫殷柏堅信。與履安，容女士到先農壇及陶然亭游覽。徒步往返，履安頗疲。十二時，同到何叙父先生家吃飯。

與叙父同出，到中山公園水榭，看圓明園遺物展覽會。出，與履安，容女士到東安市場，到五芳齋吃飯。在水榭遇孟真，對予不就北大頗不快。在市場遇謝女士之妹，悉謝女士腸病又作。歸即致彼一函。

與容女士同車歸。記日記六天。

多年不到先農壇，外壇全拆爲廣場矣。這公園中多的是三件，一兵士，一蜂場，一藥肆中設立之鹿囿。

三月廿二號星期日（二月初四）

與紹虞，賓四同進城，到景山書社，候履安來，同到適之先生處，并晤志摩。予與履安先行，到第四中學訪孟雄。出，到西單市場吃飯。

到西單買布。與履安到定生處，并晤楊次生。參觀省黨部及楊椒山祠。到贊廷叔祖處，見其一家人。出，到趙吉雲處。出，到昺蘅處。到東四購物。歸。

休息。

今日到叔祖家所見者：曾叔祖母戴太夫人　贊廷叔祖　贊廷叔祖母王夫人　揚廷叔祖　礽謙叔（尚有一大叔不在）　姑三人（尚有一長姑不在）

三月廿三號星期一（二月初五）

校《古史辨》排稿。續作論文千餘言。

白壽彝，董允輝來。碧澄來。

到希白處，未晤，晤容女士。

芸圻姻事，予爲容女士作介，詢之希白，甚同意，方欣其可成，乃希白對于其妹之不表示態度大不滿意，謂無論你怎樣，我總是這樣辦，并寄函廣東，具道其事，蓋以父母俱亡，己可作主也。容女士受時代洗禮，不願受壓迫，遂表示反對矣。事有不能性急者，而希白乃一意孤行，以致決裂，可一嘆也。

三月廿四號星期二（二月初六）

寫致夢麐先生長信（爲不進北大），約二千餘言。容女士來，長談家庭痛苦。

續作論文千餘言。嵇文甫來。

到希白處，談此次調查行程。

三月廿五號星期三（二月初七）

德和木廠送書架來。因書架挪動，借此機會理書。

到校，開學術會議。到研究所看新購造像。到圖書館晤芸圻，談親事。到史學系。理書。寫起潛叔信。請其緩來。容女士來。寫北大校長信（退還聘書）。

學生五人來工作。

三月廿六號星期四（二月初八）

寫房兆穎，侯憲信。希白來，商旅行事。終日理書，未畢。

寫致孟真道歉長信（爲不進北大），約二千言。

與履安，自珍到校看新劇，十一時半歸。

予到平兩載，書籍迄未理清，每當應用，輒覓之不得。今乘添做書架，爲之總清理一下。

今晚所觀劇：（一）求婚，（二）僞君子。次劇甚佳，飾戴度甫之楊詥祥，飾使女之步春生，尤佳。

三月廿七號星期五（二月初九）

終日理書，略畢。到煨蓮家吃飯，談旅行事。

錫永夫婦來，未晤。豫備功課。

學生九人來工作。

陳懋恒女士熟于經記，予時爲難倒，甚欽服之。選予課者廿餘人，天資比她好的固有，而根柢比她好的恐没有了。此人必設法使之成材。後生可畏，使予不敢不勉。既自慚，亦稱快也。

三月廿八號星期六（二月初十）

瞿潤緡，蔣煥章來。寫仲嚴信，爲瞿君紹介。齊思和，韓叔信來。徐文珊來。理書畢。趙惠人來。

理儲藏室內雜紙入大櫃內，自二時至十一時半，未畢。德和木廠掌櫃來。

理書理雜紙費了四天功夫，實在還只得一大概，如再要細分，只得待將來再作書架書箱之後矣。

三月廿九號星期日（二月十一）

理雜紙，訖。到紹虞處。校《古史辨》稿。理講義。宴客。

朝陽來。與履安等到吳宅。與祖望，思杜游全校一周。送他們上車。返吳宅見文藻之母，及其新得之子（名宗生），歸。

與履安到外院劉宅，劉氏夫婦來。朱士嘉來。

今午同席：適之先生夫婦　吳文藻夫婦　紹虞　賓四　胡祖望　思杜（以上客）　予夫婦（主）

三月三十號星期一（二月十二）

鄭德坤來。校《古史辨》排稿。閱李鏡池《周易筮辭考》。修綆堂孫君來。希白來。記日記八天。

紹虞偕志摩來，與志摩同到子通處。讀《秦始皇本紀》，記筆記五頁。馮家昇來。看賓四評予《五德説》一文。

寫煨蓮信。

志摩告我，北大中舊教員主張新聘專任教授每周須任課十二時。果爾，我幸得不去了。

三月卅一號星期二（二月十三）

寫玄同先生信。與鄭德坤君同到東安市場買途中應用物品，又到前門西車站打聽行車時刻，又到琉璃廠購物，訪山立，不遇。乘十二點車歸。

容女士來。謝剛主，劉盼遂來，同到海淀西園芸圻處吃飯，談至九時許出，同到欣安宿舍，又至學生宿舍，偕剛主，子馨歸，留二人宿。

今晚同席：潘由笙　錢賓四　容希白　吳子馨　方欣安　顏

虛心　謝剛主　劉盼遂　予（以上客）　　侯芸圻（主）

我生了湖南人的感情，却具了江蘇人的理智。我和廣東人同其魄力，却又與江蘇人同其身體。這應當怎麼辦？這應當怎麼辦！

一九三一年四月

四月一號星期三（二月十四）

德坤來。希白來。校《陝西通志》中諸文，訖。到校訪援庵先生。牟潤孫來。

文珊來。朝陽來。班曉三來。春晗來。爲希白，蕭竹賢，孫海波寫屏條。

學生二人來，予向其告假，到希白處吃夜飯，與煨蓮文藻等商旅行事。

近日早起痰吐極多，未知何故，如此次歸來時尚不愈，當往診治。

四月二號星期四（二月十五）

孫海波來。德坤來。爲謝女士改《社會教育》及《亡妹祚蘭傳》畢。寫謝女士信。容女士來。賓四來。

希白來。韓叔信來。作《古史辨與今文學》跋，未畢。豫備功課。

學生六人來工作。爲鄧嗣禹君寫蔣廷黻先生信。爲陳懋恒女士寫北平圖書館信。

賓四評予《五德終始說》一文，爲《古史辨與今文學》之篇，擬在《文學副刊》發表，故草答書，惟以將行，只得潦草從事耳。

四月三號星期五（二月十六）

德坤來。作《古史辨與今文學》之跋畢，約二千餘言。理行裝。

容女士來。孟雄來。寫曉三，楊開道，春晗，叔信，紹虞，朝陽，陶漱石，徐森玉信。寫賓四信。士嘉來，爲士嘉寫趙斐雲信。錫永來。算賬。

六時，上汽車。七時，到西車站。八時，到擷英吃飯。九時二十五分，車開，終夜倚壁假寐。

四月四號星期六

八時四十分，車到定州，住站旁吉興棧。整理行裝。飯後，十一時半出，進西關，游大道觀，中山靖王墓，平民教育社農業教育部，瘟司廟，城隍廟，衆春園。

到平民教育社參觀一過，到大塔，文廟，白果樹。

到會豐園吃飯。到古物陳列所參觀。十時歸棧。

四月五號星期日

六時起，八時半搭車至石家莊，十時到，入正太飯店。吃西餐。

飯後諸人多睡，予寫父大人，履安，惕吾，誠安，伯祥，張維華，劉子植信。到吳禄貞墓。到南大街古玩鋪購物。

在明盛飯莊吃飯。歸旅館，洗澡。寫自明信。

四月六號星期一

六時起，乘八點四十分慢車游正定。到天寧寺，大佛寺。在大佛寺費四小時之力照相，尋記載，露食。

到臨濟寺（青塔），廣慧寺（花塔），開元寺（方塔）。四時許，茗于十字街頭茶館。五時，雇人力車返石家莊，經鐵橋約十座。

七時抵石家莊。到明盛園吃飯。十時，搭車赴彰德，十一時半，開。

四月七號星期二

七時半，抵彰德。入中和茶園，吃飯。九時許，到小屯，看中央研究院發掘工作。十二時歸。進城，到鼓樓看古董，到五美齋吃飯。

游天寧寺，今爲中山公園。下午二時，回中和茶園，濟之，彥堂來談。理行李。六時，上車赴邯鄲。

九時半到，住和順棧，吃飯。購赴大名汽車票。

四月八號星期三

六時起，七點十六分汽車開。十二點四十五分到大名。遇郭鴻恩區長，導赴豫豐園吃飯。寫履安信。

到教育局訪郭局長，將行裝遷入。本地學界諸人來談。到劉家看古物。

到豫豐園吃飯。本地學界同人來談。十時許眠。

四月九號星期四

八時一刻上汽車，與郭鴻恩，李和軒二君同行。十時一刻，到魏縣，游關帝廟，文殊寺，城隍廟等。在故城中訪半湮之牌樓。回第六區公所吃飯。

到高等小學訪邢中道君，上禮賢臺。乘汽車到雙井村，見崔衍隨弟兄。又步行到小清化村，訪崔氏。看所謂崔述像。

宿雙井村崔家。到餃子鋪吃飯。歸，與崔氏弟兄談話。

晨夢游彰德天寧寺，健常與其女伴數人亦來，見予若不相識，呼之亦不應。凝視之，不回首也。醒來戚然，疑非佳兆。

四月十號星期五

早起，甚寒。調查紅槍會組織。到崔衍隨祖墓。上汽車，十時許回大名城。與悅明到縣署晚香堂。十二時，到師範學校，答訪校長。到豫豐館吃飯。

師範及女中校長到豫豐館邀演講。三時，回教育局。四時，赴校演講。聽者約五百人。

六時，到豫豐館赴宴。十時歸。

師大禮堂，滿貼標語作歡迎詞，令我慚汗。

四月十一號星期六

七時半到北大汽車公司。八時半車開。十二時到邯鄲，仍住和順棧，到共和軒吃飯。

進城，游叢臺，累受盤詰。歸，寫履安信。剃頭。

以明日搭早車，早眠。

四月十二號星期日

三時十五分起身。結束行裝畢，乘六時十分車赴彰德，即雇車赴洹上村，訪彥堂等。游袁家花園，袁世凱墓。

回中央研究院辦事處吃飯。下午，同進城，到鼓樓看古董，到教育局看所謂吳道子畫，游中山市場，訪明義士。

歸，將行裝遷入高級中學，到中院吃夜飯。

四月十三號星期一

終日整理大名所得材料，寫日記六千言。又寫適之先生信，履安信。

到高級中學。

到高級中學演講。九時，到中院話別，寫李和軒信，與彥堂談話。

四月十四號星期二

五時一刻起，到中院握別，濟之送至站，九時開車。

下午三時二十分到鄭州，進棧小憩。出，到市街間玩，到龍文書店購書。五時三刻，到小有天吃飯。

八點，上隴海站，八時五十分開車。十二點，到洛陽，住大金臺旅館。

車中對景懷人，情不自已，成一絶云："強顔歡笑何年歇，駘蕩春光去又來。心上創痕眼裏泪，拼隨生命化飛灰。"

四月十五號星期三

進城，訪郭翰臣（玉堂），到書鋪購書，古董鋪看古物。到醉仙樓吃飯。

游中山公園，看存古閣石刻，到寧心敬處購碑帖。回玉堂處，與同到張伯英處，未晤。到明德中學（文廟），看王基斷碑。又回玉堂處，晤明德中學校長李君，同到洛陽縣公署，請兵保護游龍門。

回旅館，在仙景樓吃飯。十一時，縣長送介紹信來。

四月十六號星期四

八時，雇人力車動身。到關帝廟，見焦區長，派民團三人伴送。十一時半，到龍門，游賓陽洞等處，在賓陽洞野餐。

龍門游畢，更至香山，上白居易墓。三時許，上車歸，飯於仙景樓。

寫履安，自珍信，編全山目録寄父大人。十二時，煨蓮，文藻行。

至今日，出門十四日矣，予真倦極矣，自龍門歸，即卧，幾憊不能醒。然以煨蓮等于夜半行，慮無呼之者，因于十一時許起，理信札。

四月十七號星期五

早，寧心敬來，郭玉堂來。與玉堂同到二十路總指揮部，見司法處長龔哲甫，在部吃飯。同出，游里仁村，訪始平王墓。

回部，見張伯英總指揮（鈁）。吃飯，三時半，又與龔處長等同游金墉寨。四時十分，到郭景星家，游白馬寺。汽車送回大金臺。

在里仁村見一墓志，唐李善之孫也，有著作數種，以五元購之。

四月十八號星期六

希白等同到金墉城買古物，予以疲乏，在旅館休息。里仁村送碑來。寧心敬來。賣唱本人來。寫父大人，履安，孟真，孟鄒，起潛叔，龔哲甫信。包扎書籍。

希白等冒雨歸。

龔處長送澠池縣長介紹信來。

大雨，天氣甚寒。

四月十九號星期日

寫元胎信。到郵局寄信及書。寧心敬來，邀往郭玉堂處吃飯。看玉堂所有墓志，擇購數方。

訪古物會長潘君，未遇。歸，商旅行事，決定予與悦明明日赴澠池，先至靈寶（隴海路盡頭處）。

寫韓縣長謝信，寫健常信。

玉堂謂予等購李善孫墓志，恐張總指揮聞之不悦。希白因即以贈指揮，而另在玉堂處選指揮所不要者數方。

希白以購古物，興致甚高，不能走，德坤爲其助理，亦不能走，遂決由予與悦明二人先出發。

四月二十號星期一

八時上車，下午五時半至靈寶，住大金臺，游函谷關。以興築鐵路，橋拆去，風大水猛，予不敢行鐵道橋，未能入關門。

車中追憶一月中晤健常時，渠問曰："近年有好的女弟子嗎？"因成一詩記之："樽前溫語叩從游，欲吐哀情又咽休。舊恨苦多心苦窄，更無餘隙種新愁。"當時予硬了心腸答之曰："有的，凡肯選我的乾燥的功課的，根柢一定不差。但恨我的根柢沒有打好耳。"因述從前隨便翻書之事。于是話就轉了方向了。其實，我心頭要說的話，是"除了你外更無別人"。所謂"美者自美，予不知其美也"。

本到澠池訪仰韶村石器時代遺址，予欲一觀函谷關，因至靈寶。車中聞人言，自靈寶到西安只半日程，悦明心動，勸予至西安。予以携錢不多，恐萬一去了不能歸，因計兩人所帶錢，作一豫算，如在西安住一二日尚敷用，遂購西安車票。

四月廿一號星期二

五時半起，六時半上車，車名義安。七時開。以上坡及橋梁之阻礙，九時始到函谷關。下午二時，始到潼關城內。凡歷七小時。到同春園吃飯。遇陳繼侯，談甚久。二點四十五分車開，三點四十五分到華陰廟，五點一刻到華縣，六點五分到渭南，已不及到西安，遂宿大同飯莊，到太西旅館吃飯。夜，與汽車夫談話。

有西人五同乘，故每逢關口，開車者即呼包車，得免查驗之煩。

四月廿二號星期三

六時起，七時半車開，九時到臨潼，匆匆游華清池。十時四十分到西安，十一時半入夏坊門街東來棧。十二時半，到聚樂亭吃飯。

出南門，游薦福寺小雁塔（離城五里），慈恩寺大雁塔（離城十二里）。回棧，到鐘樓街西安飯店吃飯。

到易俗社聽戲，十時即畢。寫履安，惕吾信。

四月廿三號星期四

雇騾車游漢故城，在月華樓吃飯。八時車，到漢故城之東門。九時半，到未央宫遺址。回棧，吃飯。

到陝西省立圖書館，參觀卧龍寺藏經。到碑林，訪陳繼侯，未遇。圖書館長張雋青，館員張文蔚來，引導參觀。同到碑貼鋪定拓本全分一分。寫煨蓮信。游華塔。欲上鼓樓，以駐兵未能。

在萬興樓吃飯。到梁家牌樓甘肅會館新舞臺看全本《馬今甫》，頗好。歸寓，西安通訊社訪員趙君來。

四月廿四號星期五

四時起，結束行李。六時，到汽車站。八時廿分開，客擠甚，直無容足地，且到一處即檢查一次，苦甚。

二時半到潼關，以車壞，不開，入潼關北街中華旅館。到慶樂園吃飯。與悦明同到關外游覽，又上城，得廣東兵一人爲導。

歸，六時即眠。勞甚，居然睡去。

查驗所以嚴者，防夾帶鴉片也。鴉片，陝西特賤，故能夾帶出境者即發財。官與民争利，故不許夾帶。每至一處，吏役即打開鋪蓋而嗅之。

四月廿五號星期六

四時起，理物。七時半，汽車開返靈寶。十一時半到，赴大金臺。與悦明進城游覽。

寫履安，伯祥，振鐸，陳繼侯信。進城寄信。回旅館無事，又寫履安信（此信至陝州發）。六時到站，七時上車，至陝州已九時。經過驗行李的麻煩，到大金臺已十時半。

十一時吃飯，十二時眠。

四月廿六號星期日

六時起，將鋪蓋結束後，即雇人力車游陝州城，至南大寺，羊角山，甘棠樹等處。八時半，還棧旁東華樓吃飯。九時上車。

約五時半到洛陽，入大金臺。一日大雨，泥濘不堪，下站無車，步至大金臺，鞋襪盡濕矣。在館洗足，吃飯。

點讀《呂氏春秋》。至上午一時，赴車站。兩點許車開。

四月廿七號星期一

到鄭州，與同車潘君談話。十時，到開封。希白，德坤在站相迓。同到鼓樓街大金臺旅館。到小大飯莊吃飯。

劉子植來。與悅明同游龍亭，鐵塔。到河南大學，訪子植未晤。晤施友忠君。同到施君寓中，晤王希和。與友忠同出南門，游禹王臺及繁塔，到教經胡同訪挑筋教遺址。

到小大飯店赴宴。寫履安信。

子植轉到健常信，欲與我同游泰山。予在石家莊時與子植信，囑其代收信，并謂我不能講演，萬勿以此事相招。乃今日子植與李廉方先生（河大文學院長）必欲强我講演。無法，只得應之。

四月廿八號星期二

許彥魯，施友忠來。到聖公會，看挑筋教碑。游博物館，由館長關百益伴同參觀，又至文廟看新鄭出土銅器等。出，友忠宴于雅北。

到相國寺聽大鼓書。歸，到河南大學演講"中國藝術的三個時期"。到子植室，參觀圖書館。

李廉方先生等設宴于合昇飯莊。友忠邀往浴堂洗澡。劉錫五，全右文來，強留一日。

既在河南大學演講，高級中學遂不肯見舍，"一客盡是客"，只得應之。希白不肯，因于明日先行。予只得不到石窟寺矣。

四月廿九號星期三

六時起。希白，德坤，悦明先到鞏縣，訪石窟寺。寫履安，惕吾信。彦魯來，同到許宅，見其父，看所編河南金石志。全右文君來，同出照像，到雅北吃飯。

歸，寫父大人信。子植來。全君來，同到第一高級中學講"史學方法"。出，同至合昇飯莊吃飯。

到第一師範講"治學態度"。錫五來。杜同力來，爲女師邀演講，却之。

既在高級中學演講，間壁師範來招，也不能不應了。在師範中隨便説了幾句話，倒也有力。

子植又轉來健常信，謂《婦女晨報》事忙，不得分身，泰山之游只得作罷。

四月三十號星期四

六時起。許彦魯來。七時離城，子植，錫五，右文來送行。九時廿分開車，下午四時到鞏縣。希白等來接，步行至東關，住中亞飯莊。

訪杜甫故里，見其裔孫。

寫履安，傅振倫，黎光明信。賣碑帖人來。

今日有最不樂之事。館役因昨希白等上車時人擠，頻催速行，匆遽中乃忘携手杖。此手杖乃七年前游居庸關時，以健常艱于步履，曾授之支撑者也，乃竟失于開封，悵惜之甚。

一九三一年五月

五月一號星期五

六時起，寫旭生，通伯信。雇人引導，步行至二十里鋪，游宋帝陵，先至仁宗陵，繼至英宗陵，在陵上野餐。

到二十里鋪村訪李伯修，并見其父允升先生，殷勤留食，食畢，爲具騾馬二乘送歸。五時許，到飯莊。

以明日須早行，夜早眠。

五月二號星期六

上午二時半起身，四時上站，五時登車。

下午八時到徐州，住新旅社。

到鴻宴酒樓吃飯，略觀徐州市街。

五月三號星期日

五時起，六時上站。正午至兗州，未出站，轉車赴濟寧。

三時開車，四時到。入金生棧（運河旁）。由棧役伴游禮拜寺，文廟，鐵塔寺，普照寺。又至各古董鋪。

到大興樓吃飯。寫履安信。

五月四號星期一

雇車到嘉祥。行十餘里，天漸晦。更行，漸下點，到新橋河，雨勢漸大，遂在一小飯店內避雨，自十時半直待至十二時半。炒鷄子作食。

道路泥濘，無法前進，乃退還濟寧。此三十里路，自十二時半起，直至七點半始到。困疲之極。

洗足，早眠。

在新橋河避雨時，追懷遠人，忽忽不樂，成一絕云：

狂風猛雨撲前溪，路上征人意盡迷。知否茅檐避雨客，有人苦憶石城西？

五月五號星期二

六時起，整理行裝。八時，上車站。九時，上車。十時許，到兗州。未出站，候車至曲阜。雨霏霏不絕。

到曲阜，入中西旅館。乘雨停之際，游某村（正集會）及曲阜賓館。歸館，雨漸大，終至覆盆。

終夜聽雨。寫履安信。

五月六號星期三

晨雨止，雇騾車進城，雨後路不易行，行甚緩。十時，至孔林。進城，至孔廟。遇于丹紱先生（明信）于途。到廟西飯和春吃飯。

出，復至聖廟看碑，進衍聖公府略望。到顏廟，棟折榱崩矣。與德坤同至第二師範訪于先生，同游泮池及城樓。七時，還旅館。

點讀《漢書·地理志》。寫煨蓮，援庵信。

五月七號星期四

五時許起。七時到站，候慢車。沿途停留處甚多，至十一時許始到泰安。下榻中西旅館。到雅觀樓吃飯。

游岱廟及蒿里山。觀岱廟壁畫天帝出巡圖。

寫履安信。賣碑帖人來，選購數種。十一時，眠。十二時，悅明病喉，起視，夜屢起。予亦屢醒。

五月八號星期五

五時起，悦明往就醫，至七時許歸。八時，上轎，游斗姆宫，遇丁仲良等北大地質系調查團八人。悦明以喉痛不愈，十一時，未到半山即別去，乘三點許平浦通車返平。

三時，至玉皇頂。四時，下山，六點半到旅社。希白亦覺喉痛，往泰安醫院診治。

到西關復興飯莊吃飯。送碑帖人來，未購。早眠。

五月九號星期六

六時起，在旅館中進點。到岱廟，大街，西關各書肆購泰山指南，不得。九時，到車站，以慢車須十點半來，漫步蒿里山，望見一殿頂，趨之則靈隱宮也。

三點四十分，到濟南，進北平大旅社。到三義樓吃飯。到齊魯大學，訪張西山，不晤。進城，游趵突泉。至西門大街購物。

回旅社，西山在待，出所轉各信。到涌泉池洗澡。寫夢麐先生，適之先生，健常信。遲眠，幾失眠。

張西山君轉到健常信，悉健常以到内政部逾半年，例須由銓叙部審查資格，而渠已改名，恐北大豫科畢業證書無效，囑我向蔣，胡二先生言之。然我以耽游覽，來濟已逾期，審查期亦已過，悵甚。即寫夢麐先生信，答應下學年在北大兼課事，請其即速證明健常資格。

五月十號星期日

六時起，到十樂坊吃點。到郵局發快信，乃未至時。九時，喚車遷行李到齊魯大學。晤西山，及林濟青院長，魏培修。將行李遷入陳鴻飛室。西山伴游濟南圖書館，晤王獻唐館長，導游各室。游大明湖中歷下亭，鐵公祠，張公祠等處。

游布政司小街，大街之各古玩鋪，書籍鋪，逢原閣書買最多，一百廿餘元。

到宴賓樓吃飯。九時歸，林院長來談。寫履安信。

五月十一號星期一

寫思和，父大人信。何院長來談。十時，西山伴我們出，雇人力車至龍洞，十二時到王家莊，一時到龍洞莊。

喚小孩領路，步往，凡八里，爇火游洞。又至佛峪，匆匆出。五時半歸，七時許回校。

到林院長家吃飯。聽談禁烟事。十時，歸。

五月十二號星期二

侯君來談津校聘教員事。與希白，德坤雇車至千佛山麓。十時許下山，到大陸銀行取錢，中國旅行社購車票。

到布政司街各書肆購書，到宴賓樓吃飯。到趵突泉觀瀾亭聽大鼓書。五時回校。送希白，德坤上車。

到西門大街吃飯。到澤雅齋購書。西山來談。理物。

同行六人，煨蓮，文藻於四月十六日別，悅明以五月八日別，德坤，希白予今日別，至今夜只剩予一人矣。希白勸予同歸，予不肯，蓋以膠濟路尚未走過也。予興致太好，自己按捺不住，不畏踽踽之獨行也。

五月十三號星期三

魏培修邀吃早點。舒舍予來談。將學校，希白及予所購書籍打包寄出。將行李遷至西山處。張，王二君來邀演講。

寫伯祥，聖陶，希白，履安，王姨丈，驪先生信。記日記十四天。看《熙朝新語》。

到化學樓講"華北訪古之經過",半小時。鈔吳秋輝文入筆記。十時許眠。

予所以不即行者,以此次旅行,回校須作報告,而所見既多,如不於客中記出,回平後人事苦多,一擱起勢必忘記,故在張維華君家住數天,先記出一大概。

五月十四號星期四

記日記二十五天。記此次旅行所見人士。

四時,與西山同游公園,買照片,到舜井街訪舜井。

鈔吳秋輝文入筆記。

五月十五號星期五

算賬。

四時,與西山同出,欲至青大工學院看譚故城遺物,門扃,未得入。游工學院後之金綫泉。到趵突泉購唱本。

訪欒調甫,未遇。訪魏培修,舒舍予,均遇之,即道別。

五月十六號星期六

七時,與西山同出。八時半上膠濟車,九時十一分,到龍山,至農村服務社寄物。到城子窪訪譚故城,拾石陶器,予得石斧一,黑陶碎片若干。又到平陵故城,漢築也。

還龍山站,到正興館吃飯。別西山,上車。十二時五十八分開,三時五十八分到辛店。下車,轉乘辛石路汽車赴臨淄,以車壞,到已五時。入城,持西山介紹函訪縣立中學王星南君,不遇。晤校長王立卓君,道來意,承允留宿。由王校長伴游臨淄故城,又上今臨淄城望城外高冢。又到縣立小學看漢畫及劉漢所作石獅。

與校中教員團坐談話。縣黨部委員吳鏡仙來。宿王星南君室。

五月十七號星期日

早餐後，王校長與劉芳畦與予同出，出東門，游黔敖墓，又到南門外第二小學觀漢畫。還校，雇驢到淄河店。路經三士冢，冢大，其上猶有壕溝之迹。十一時到站，吃飯。

十二時許，上車。一時許，到青州。雇人力車進城，到文廟，持劉芳畦君介紹函訪益都公立圖書館長張子元君。承允留宿，且導觀館中所藏漢畫及魏造像等。又到衡王府，看石牌樓，胭脂井，四松園等遺迹。上南門，望雲門山，循城牆，步至東門，游文昌宮，觀大齊碑。由城外至北門，看東陽故城。進北門，游萬年橋，玄武廟，看龍興寺鐘。

回館，吃飯。看《益都縣志》，寫履安，希白信。宿教育局中。

青州是從前的一個文化中心，惜不克久留。雲門山亦以有土匪，不得去。

五月十八號星期一

進點後，與張館長同出西門，路經齊王府遺址，到范公亭，看井亭及明清詩刻，游城隍廟，欲到法慶寺，以有軍隊駐扎，不果。回館碑估來。爲校購碑帖廿餘種。

雇車到站，吃飯。原意趁一點許車赴青島，因購票太擠，予購得時已車來，又無脚夫搬運，只得待四點一班。在站挨過四小時，上車。于下午十一時許到青島，下榻瀛洲大旅社。

五月十九號星期二

寫履安，惕吾信。到觀象臺訪王姨丈，到青島大學訪今甫。今甫邀予住入學校，允之，即坐汽車到旅社取行李，置入第八校舍。午刻，譚戡曾邀往其家吃飯，并晤王矩之，陳景廬等。

皮高品來。丁伯弢來，導游日本神社及德國人所築之大港，皆甚雄偉。訪趙録績，不遇。到勸商場購畫片。

夜，今甫邀宴于順興樓。九時歸，一多，令孺來談。洗浴，用任初之具。

今晚同席：宋還吾　劉庸甫　黃任初　聞一多　梁實秋　趙太侔　方令孺女士　黃淬伯　王昆玉　陳季超　鄧仲純　予（以上客）　楊今甫（主）

五月二十號星期三

淬伯邀同游第一公園，會泉炮臺。櫻花猶有殘存者。炮臺，燃燈而入，重廊複室，德人血迹猶未消也。淬伯邀至炮臺旁一俄國咖啡館吃飯。

游海濱公園及海濱浴場。還校。步行至觀象臺，與姨丈表弟同出，觀市政府，又至棧橋觀海。

姨丈邀至百花村西餐館，吃飯。游第四公園。歸。到一多，任初處。

既在青島大學，即無法却絶演講。今日青市各報已將此消息登出，并在街上大貼廣告，歡迎來賓，見此急甚。

五月廿一號星期四

丁伯豰先生來，同出，參觀市立圖書館。到中華書局，購青島圖。乘汽車到四方，游公園，即在園内食堂吃飯。

乘汽車到李村，游農林事務分所，觀犢牛牡牛諸舍。沙鳳芝君導。回校，到伯豰處，觀其所藏尺牘。豫備演講稿。姨丈表弟來。

七時半，到大學演講"黃河流域訪古之經過"，歷時一小時二十分。到一多處談話。

我究竟不是一個能演講的人，今日費時雖多，但聽衆無甚興味。先走者甚多。我想，即以此爲我演講的末次吧！

五月廿二號星期五

淬伯及王貫三君與我同游嶗山，坐汽車至柳樹臺，步行上山，至北九水，吃飯。自此至大嶗觀，在大石流泉中走，甚不易。雖說十六里，不啻三十里也。

游大嶗觀，到俄國飯店飲汽水及咖啡，價甚貴。汽車在大嶗相待，即上車，經于仙姑塔，下車觀之。回校，王昆玉來。丁伯弢來。譚戡曾囑予寫字三幅，又一聯。

劉康甫君邀宴。歸，洗浴。

五月廿三號星期六

五時起，整理物件。七時一刻，坐汽車出，王昆玉，曲繼皋二君同行。黃任初先生送至小港碼頭，訪方少珩君，介紹至海燕船。九時開船，十二時至海圻艦，謁方艦長，未晤。見副艦長董君，適軍隊上岸操練，即坐小艇登岸，由海軍中人送至太清宮。

在太清宮參觀一過，吃飯。飯畢已下午三時，由童子前導，游明霞洞及上清宮。自上清宮小徑下行，在巨石中攀接而下。到觀，天已黑。

看太清宮所藏萬曆本《道藏》。

五月廿四號星期日

五時起，將太清宮更游一過。早飯後啓行，由童子送至青山村。另雇人背囊上華嚴庵。海軍海戰隊亦來，與其副官閻金鑾君談。

在庵飯後，參觀康熙藏經及明刻書。出，到白雲洞，上巨石觀海，極欣快，久坐。

道人來講道家故事。

五月廿五號星期一

五時起，欲觀日出，而日已早出矣。六時，別道人下山。乞一行恒者檐囊前導，經小王家莊。八時，到王家莊，茗於三官廟，飯於公盛棧。

一時，到大嶗村，乘三寶公共汽車返青島市。

五月廿六號星期二

到今甫處，看黃任初先生所藏書畫，爲題王陽明，沈石田兩卷。出，同游提督樓，今爲市長官舍。參觀青島大學圖畫館。與皮高品同至方令孺女士處。出，到觀象臺，與王姨丈道別。

到譚敔曾處吃飯。與曲繼皋君同到東鎮，購唱本，且聽山東硼硼戲。步行歸。

陳季超君招宴。

五月廿七號星期三

五時起，結束行裝。六時一刻，坐汽車到膠濟路站。黃任初先生送行。王姨丈及膺東表弟亦來。七時十分，車開。

下午七時到濟南，下榻昇平街國民大旅社。

五月廿八號星期四（四月十二）

到三馬路照相館選購照片。配錶面。買草帽。剃頭。回旅社，看報。

游游藝園，看《麻瘋女》新劇。未畢，出，吃點當飯。

六時，到津浦路站。六時四十分，車開。

五月廿九號星期五（四月十三）

七時到津，十一點○九分到北平東站，雇車到美富行，乘十二點車到燕大。遇商錫永。

歸家，吃飯。理帶歸物件。看兩月來友人信件。孫海波來。
趙豐田來。容女士來。

五月三十號星期六（四月十四）

劉朝陽來。到希白處。到校訪煨蓮及芸圻，致中，德坤。到紹
虞處。

寫父大人信。乘三點半車進城訪莊澤宣，邀亮丞來，與之同到
中央公園，飯于長美軒。九時許出，同到景山書社。予到中央飯店
留宿，看景山賬。

五月卅一號星期日（四月十五）

六時起，結清賬目，即到王姨母處，談外祖母喪後事。到景山
書社。到適之先生處。到孟真處，未遇。到市場五芳齋，吃飯。遇
吳之椿。寫旭生，靜修，悅明信。

到孔德學校，晤隅卿。到盼遂處，與之同到剛主處，未遇。又
到景山書社，乘四點半車回校。張立志來。賓四來。

看報，休息。

一九三一年六月

六月一號星期一（四月十六）

到子通處，未遇。到朝陽處。黎靜修夫婦來，留飯。希白來。
朱士嘉來。徐文珊來。羅香林來。韓叔信，齊思和來。
嚴星圃來。外院劉君來。

六月二號星期二（四月十七）

容女士來。班曉三，董允輝來。算賬，未畢。修緶堂孫君來。

牟潤孫來。錢賓四來。盧季忱來，留飯。

寫以中，起潛叔兩快信。孫海波來。到校，出席歷史學會，選下任職員。進茶點。散會後，煨蓮邀予談話，且留飯，至夜十時半而歸。

右臉腫，且有瘇水，與去年相似。塗以同仁堂萬應錠。

六月三號星期三（四月十八）

理唱本。班書閣來。作一年來研究報告。算賬，畢。紹虞來。到校，開學術會議。

容女士來。李貫英來。到校，作張立志碩士口試委員。余讓之，吳春晗來。爲人寫屏條。葛啓揚來。

易秉坤，翟錫光來。記日記六天。理書。

　　今日同試委員：陳援庵　張孟劬　許地山　博晨光
黃子通　予

六月四號星期四（四月十九）

趙豐田來編康氏文目。牟潤孫來。審查葛啓揚周公論文。朝陽來。

寫黃任初，黃淬伯信，爲朝陽介紹且還借款。到煨蓮處，作朱士嘉碩士口試委員。

編最簡單的訪日錄，訖。

　　今日同試委員：費賓閨臣　博晨光　洪煨蓮　張蔭棠　馬季
明　予

六月五號星期五（四月二十）

整理唱本，未畢。重謄旅行用費，訖，即送希白處。希白來。到容希白家請寫對聯。歐陽純獻來。譚其驤，鄧嗣禹來。

與履安到文藻家吃飯。

今晚同席：洪煨蓮夫婦　容希白夫婦　予夫婦　德坤（以上客）　吳文藻夫婦及其母（主）

六月六號星期六（四月廿一）

班書閣來。德坤來。寫殷柏堅信。審查趙君所作《康長素年譜》。朱士嘉來。容女士來。

寫健常信。

六月七號星期日（四月廿二）

與文藻同到東單真真照相館看此行照片。出，至協和醫院視林悦明君疾。與文藻別。到建功處。出，到報子街聚賢堂，賀顧冶仲嫁女。晤贊廷叔祖，辛揆，郁周，漢威，哲如。

到女師大訪宗真甫，不遇。到劉海胡同 36 其家訪之，又不遇。到康媛處，晤杜先生。到旭生先生處，作久談。到彦堂家（冰窖胡同 2），不遇。到静心齋訪之，久談。到夢廎先生處，不遇。到景山書社。到楊四穆家，不遇。到市場。趁七時車歸。

看報，休息。

六月八號星期一（四月廿三）

潤孫來。丁迪豪來。福建涵江圖書館主任康修其來校參觀，對鄭樵事有所問訊，因到校導其來家，留飯。幼漁先生來，亦留飯。

趙豐田來。審查《康長素年譜》畢，即交豐田。易秉坤，翟錫光來。丁迪豪又來。

到清華訪芝生，佩弦，不遇。訪平伯，遇之。到達園訪賓四，遇之。

康修其，名爵，莆田人。

六月九號星期二（四月廿四）

班書閣來。點信件鈔本數通。整理唱本，畢。理信札，未畢。整理書室，略畢。韓叔信來。

吳春晗來。葛啓揚來。思和，叔信，世昌來。理青州所購碑帖。

浦江清來。到希白處送書物。與蔣煥章同出。十一時眠。

自歸家後，至今日始將書室一理，自後可作上軌道之工作矣。

六月十號星期三（四月廿五）

瞿潤緡來。董允輝來道別。鄭德坤來，遂看旅行地圖。修緶堂耿君來。孫海波來。容女士來。記日記七天。

寫謝女士及自明信。理信札。芝生來，與同到達園訪賓四。嚴星圃來。

理濟南青州等處爲父大人所購碑帖，訖。

昨日咳嗽似已愈，以昨日雨，今日風，天氣稍寒，今日又作。予傷風已歷一月矣，不知能早愈否？

客來太多，竟無法作上軌道之工作。

六月十一號星期四（四月廿六）

寫父大人長函，勸來平後住城內。徐文珊來。張頤年來。校《左氏春秋考證書後》。方欣安來，留飯。

理書。擬本屆試題四十條。寫容元胎，黃仲琴，劉半農，來青閣信。張頤年又來，朱士嘉來。

容女士來。點《蘇州唱本叙錄》，未畢。

六月十二號星期五（四月廿七）

點《蘇州唱本序錄》畢。寫敬文，子匡信。作《蘇州唱本叙錄》序，寄《民俗集刊》。爲人寫扇二。羅香林來。德坤來。

寫予同，緝熙，陳通伯，陳繩夫，起潛叔，聞野鶴信。吳校長來。吳北明來。趙惠人來。張頤年來。楊今甫來。

侯芸圻來。將致予同信鈔出。

孟真有函來，謂"燕京有何可戀，豈先爲亡國之準備乎"？我入燕京爲功爲罪，百年之後自有公評，不必辨也。

中國學校聘外國教員亦多，豈此外國教員亦爲作亡國之準備乎？

六月十三號星期六（四月廿八）

寫聖陶，賀昌群，齊思和信。寫董允輝信。錫永來。到校，開購書委員會。

寫嚴既澄，衛聚賢，清華注冊部，王君綱，王伯祥，王禮錫，彭芳草，魏瑞甫信。紹虞來談。邱繼繩來。

六月十四號星期日（四月廿九）

與履安坐人力車進城，予至適之先生處，未晤。至逮曾處，亦未晤。至景山書社。至趙蔭棠處。到王姨母處，與履安同出，到五芳齋吃飯，遇賓四，勤廬。

在市場遇文甫，與履安同到吳碧澄處，董彥堂家。到黎光明處，未遇，晤馬孟擇。予與履安分路，到趙斐雲處，到玄同先生處，并晤建功，隅卿。到今甫處。冒雨到汽車站，與履安同歸。

看報，休息。

六月十五號星期一（四月三十）

晨三時忽醒，至五時又眠，故晏起。看趙斐雲所輯詞。容女士來。修綆堂耿君來。競進社人來。看《太平寰宇記》。

侯芸圻來。寫清試題四十條。張立志來。與紹虞到吳校長，遇雨折回。

朱士嘉，聶崇岐來。

在趙輯《漱玉詞存疑》中，有《浪淘沙》一闋云："簾外五更風，吹夢無踪。畫樓重上與誰同？記得玉釵斜撥火，寶篆成空。　　回首紫金峰，雨潤烟濃。一江春浪醉醒中。留得羅襟前日泪，彈與征鴻。"此首宛然寫我心事，爲惆悵者久之。

六月十六號星期二（五月初一）

寫李仲九信。到校，交印考題。勤盧來。到悦明處，看照片。寫以中，君樸信。

寫《戰國秦漢間堯典的本子》擬目。朝陽來。文藻來。由笙先生偕賓四來。與紹虞到吳校長處。

到前吉祥胡同，訪勤盧，未遇，晤春晗，讓之，頤年。

六月十七號星期三（五月初二）

馮家昇來。爲曉三寫扇三，爲易秉坤寫屏條二。理賬單。

到校，取考題。德坤，文藻來，編照片目錄。希白來。頤年來。

到希白處開學報編輯委員會，吃飯。

今夜同席：鋼和泰　博晨光　洪煨蓮　馬季明　劉廷芳（未入席即行）　郭紹虞　黃子通　予（以上客）　希白（主）

六月十八號星期四（五月初三）

嚴星圃來。到校監試，寫孟真信。到圖書館，訪房兆穎，未遇。丁迪豪來。孫海波來。

文藻，德坤來，一同編照片目錄。讓之，春晗來。子通來看照片。

張立志，葉國慶來。劉太太來。理照片。

六月十九號星期五（五月初四）

編照片目録，畢。德坤來助編目。

許燕卿，黃文宗，吳劍群三女士來。文藻來。胡鑑初先生來，爲亞東詢《東壁遺書》。與之同到清華，參觀圖書館等。又至燕京參觀，送之上車。悦明偕余日森來。

到長山飯莊赴宴。飯畢，到合作社吃冰淇淋。看《泰山娘娘寶卷》（明刻）。

昨在講堂寫致孟真長函，履安勸勿寄，免多口舌，聽之。

今晚同席：聶崇岐（筱珊）　李書春（笠農）　羅玉東　侯憲予（以上客）　齊思和　朱士嘉　莊泰（以上主）

六月二十號星期六（五月初五）

閱試卷，未畢。楊以明來，同到清華圖書館參觀，留飯，看照片，送其上車。

鏡池來，與之同到校務長宅歡迎司徒先生回校。星甫來，寫士嘉信。

士嘉來長談，看照片。

今午同席：楊以明　施廷鏞　裘開明　房兆穎　趙肖甫　馮世五　侯芸圻　陳鴻舜（以上客，侯，陳二君未入席即去）　予（主）

六月廿一號星期日（五月初六）

嚴孟群來。將試卷閱畢。寫楊以明信。記日記。

希白來，同到校，爲展覽會寫卡片，至六時半畢，出。文藻與其妹亦來合作。悦明與劉耀真，德坤與黃文宗均來。

容女士來。徐文珊來。

六月廿二號星期一（五月初七）

改煨蓮所作《東壁故里記問記》。容女士來，與之同出，到校，整理照片。與煨蓮同到悦明處，同歸留飯。

與煨蓮，希白商研究所事。余光庭來。子植，希深來。

改《東壁故里訪問記》畢。十一時眠。

六月廿三號星期二（五月初八）

寫芸圻，研究所信。爲人寫扇面二。到校，招待照片展覽會來賓。十一時歸，到希白處。宴子植等。

余讓之，吳春晗來。平伯，佩弦，江清來，同到紹虞處，又同到校看照片展覽會。寫起潛叔書。

寫姚達人信。理抽屜。

今午同席：劉子植　顏希深　謝剛主　侯芸圻　容希白　鄭德坤　趙肖甫（以上客）　予（主）

臨眠前讀《燕大年刊》中之小説《捉摸》，精神上頗受刺戟，又致失眠。

六月廿四號星期三（五月初九）

寫驪先先生信。寫賓四，曾傳薪信。曉三，潤孫來。爲趙肖甫檢大名地理書。希白來。

乘一時半車進城，到青年會訪子植，晤之。到東石槽訪田叟，未晤。到黃米胡同訪兌之，亦未晤。到同福夾道訪經庵，晤之。到書社。到静心齋，參加歡迎蔡子民先生會。辛旨來訪。

希白邀宴于中興樓。住静心齋。洗浴。

今晚同席：趙斐雲　徐中舒　董彥堂　蕭綸徽　予（以上客）　希白（主）

孟真謂余，彼寫此信，蓋欲挑得余之覆信，而竟無覆信，殊出意外。并謂此不像我的態度。此誠知我，非履安之阻，固早如其所料矣。

六月廿五號星期四（五月初十）

與彦堂，中舒同到北平圖書館，參加開幕禮，晤君武，通伯等。禮畢，參觀全館。十二時出，希白約赴同和居吃飯。

到長安飯店訪君武，未晤。到史家胡同訪通伯，晤之。到景山書社。到靜心齋，晤孟真等。到府右街訪李一非，未晤。回靜心齋，與容女士同出，到聾啞校，未見康媛。出，到積水潭，坐人力車歸。

士嘉與思和來。

今午同席：吳元俊女士　予（以上客）　希白兄妹（主）

今日遇舊同學章元善，彼云：“多年不見，蒼了！”孟真亦問予曰：“何白髮之多也？”嗟乎，歲月不居，倏忽已老，再不自立，當如之何！

六月廿六號星期五（五月十一）

乘早車進城，到女師大（師大第二院）參與畢業典禮。十二時，乘午車歸。

寫賓四信。寫馮家昇信。張頤年來，爲寫援庵先生信。與子通到芸圻處。與子通到海淀看房屋，由李安宅君爲導。

礽謙叔來。羅忠恕來。

六月廿七號星期六（五月十二）

看故宮書影。容女士來。德坤來。英國教士修中誠偕吳世昌來。爲人寫屏條。

記日記四天。點《知非集》，未畢。理物。

乘六點車進城，訪君武未遇。到市場買物。到東興樓赴宴。到靜心齋住宿。請希白寫亞農喜聯。寫孟真信。

歸家已一月，未嘗有一日之閑，而亦竟未做甚事。人事日繁，心中日亂，如再不收束，非變成政客不止。決意在海淀租屋爲讀書之所矣！

今晚同席：蔡子民先生等四十人（客） 中央研究院語史研究所同人（主）

六月廿八號星期日（五月十三）

上午五時半起，六時出北海，到景山書社。乘七點車歸，八點到家。寫彥堂信。開始寫旅行報告，得三千五百餘言。

以昨夜失眠，午睡兩小時許。

今日居然無客人來，得開始寫文矣，可慰。

六月廿九號星期一（五月十四）

寫煨蓮信。葛啓揚，趙豐田來。續寫報告，得四千五百言。潘介泉夫人來，留飯。

田仲嚴來。

馮家昇來。侯芸圻來。

六月三十號星期二（五月十五）

葉國慶來。續作旅行報告，得四千餘言。朝陽來。

劉承章來。

一九三一年七月

七月一號星期三（五月十六）

乘八點車進城，訪君武于沈芹池處，未晤。到楊儷閣處，晤之。再訪君武，晤之，與之同出，游歷史博物館，見各城門之舊炮，又至青雲閣吃茶，君武以有人邀宴，別去。予吃飯。

到全聚德訪君武等。與何君及翟俊，千狄，晝三同到天壇，參觀中央防疫處。出，到前門購物。到書社，到會賢堂，賀張含清結婚。

到西長安街廣和飯莊，應趙憩之邀宴。逮曾邀宿其家。

今晚同席：錢玄同　馬幼漁　馬隅卿　張鴻來（號少元，天津人，住琉璃廠西門外北極閣九號）　李益華　盧逮曾　劉半農　趙斐雲　予（以上客）　趙蔭棠（主）

何其昌（紹文，西山療養院院長）

余濱（幼塵，中央防疫處技正）

七月二號星期四（五月十七）

乘七點車歸，八時到家。德坤來道別。續作報告二千餘言。寫李一非，陳通伯信。

李鏡池來道別。

到清華，訪江清，不遇。訪碧澄，遇之，并晤李戲漁。

李濂，號戲漁，河南濟源人，今在清華秘書處爲助理，專研究美術。今日入其室，覺其勤奮，將來可有成就。

七月三號星期五（五月十八）

爲朝陽寫金甫，任初，王姨丈函。續作報告三千言。到朝陽處話別。

到合作社，剃頭。容女士來。

蔣煥章來。趙泉澄偕陳懋恒來。

七月四號星期六（五月十九）

續作報告三千言。紹虞來。通伯夫婦來。

芸圻來。

到顧羨季處，未晤。看《右臺山館筆記》。

七月五號星期日（五月二十）

寫方欣安信。上日記四天。希白來。羨季來。續作報告三千言。
校《東壁故里訪問記》，看肖甫所作地名説明。張兆瑾來。
看《右臺山館筆記》。齊思和來。

七月六號星期一（五月廿一）

續作報告二千餘言。潤孫，壽彝來。十一時半，坐人力車進
城。到自明處。出，至北海，賀亞農喜事，爲之作家長代表，略説
話。出，到靜心齋候雨停，與孟真，彥堂談話。

到西長安街大陸春，贊廷叔祖設宴也。宿顧宅。

今晚同席：顧冶仲　張劍秋　沈恩森（植之）　交大職員數
人　程羽儀（靜軒）　程屏藩（植人）　顧贊廷　顧孟剛

七月七號星期二（五月廿二）

終日大雨如注，續作報告三千餘言。

楊次生來。寫定生信。

七月八號星期三（五月廿三）

爲初宛族姑作結婚頌詞。九時，與履安自珍進城（雇汽車）到
顧宅。予偕孟剛叔到中央飯店，布置一切。午飯，晤吳寄荃先生。
下午四時半，行結婚禮。五時即布席，男女客一百四十人。予乘七
時汽車歸，遇季明。

看報，休息。

今日同席：吳郁周　章元善　祝叔屏　劉式訓　盧逮曾　趙
憩之　陳頌平　吳寄荃等百餘人

新郎程屏藩，在湖北水利局服務。新娘顧礽宛，在師大附屬小學做教員。程，湖北應城人。

望白門來書，日日成空。事忙耶？形極勢禁耶？以此情無歸宿，欲學太上之忘情耶？思之常不堪其抑鬱。今夜讀王君綱寄來《別離詞選》，亦思作詞，因成《菩薩蠻》一闋云："馬蹄踏碎凝冰路，鑪灰撥到天垂暮。來去太匆匆，夢中幾度逢。任憑音信絕，此意終難滅。未敢報伊知，去書一樣遲。"

七月九號星期四（五月廿四）

到紹虞處。乘八時車進城。到贊廷叔祖處。出，到李一非處。還顧宅，與履安，自珍同出，到西斜街顧冶仲先生處。又到史家胡同陳通伯處。

出，到市場五芳齋吃飯。飯畢，與履安等分手。予到尚賢公寓訪黃淬伯。到景山書社，晤蔣景輝。到子植處，未晤。到米糧庫，晤適之，志摩兩先生。到聾校接自明，樹德，坐洋車歸。

譚其驤來。看《鄮縣志》。羅根澤來。

七月十號星期五（五月廿五）

寫予同，嵇文甫，起潛叔，子植，南揚，蕭友梅信。容女士來。鈔《鄮縣志》炎陵入筆記。良秀玉女士來，留食宿。修緜堂耿君來。

續作旅行報告三千言。到紹虞處。爲肖甫改《大名地圖附説》。劉松青來。

到容宅送稿，與容女士談話。

今日學校送聘書來，任予爲歷史學系教授，月薪三百六十元。國學研究所之名遂取消矣。

七月十一號星期六（五月廿六）

寫吳三立，丁迪豪信。記日記六天。朱士嘉來。侃如夫婦來。續作報告三千言。韓叔信來。紹虞來，邀至其家午飯。

到清華，訪佩弦，并遇江清。

今午同席：魏秀瀛女士　魏培修（其弟）　予（客）　紹虞夫婦（主）

七月十二號星期日（五月廿七）

乘八時車進城。到文甫處，到打磨廠訪劉錫五，與錫五同出，訪袁君。到八面糟淮陽飯莊吃飯。

飯後到建功處，到平伯處。到吳家明女士處，未遇。到書社。到黃仲良處，遇大雨。到裘開明處。到援庵先生處，未遇。到羅根澤處。乘七點車歸。

看報，休息。

今午同席：袁汝驪(俊青,汲縣十二中學校長)　嵇文甫　郝昺蘅　吳□□　姚廷芳(馨塵)　于賡虞　予(以上客)　劉錫五(主)

七月十三號星期一（五月廿八）

寫贊廷叔祖信。編《古史辨》第三冊。到校，訪煨蓮，談朝陽等事，午歸。

到清華，訪蔣廷黻及芝生，爲朝陽，子植等事。點《詩經的厄運與幸運》一文入《古史辨》第三冊下編。侯芸圻來。吳子馨來。

七月十四號星期二（五月廿九）

寫朝陽，今甫信。點《論詩經所錄全爲樂歌》一文入《古史辨》第三冊下編。到希白家看《華制存考》等。

校《崔東壁故里訪問記》。容女士來。

希白來。

七月十五號星期三（六月初一）

編《古史辨》第三册下編，未畢。衛聚賢來。宴客。希白來。容女士來。寫孟真，平伯信。

嚴星甫來。仲健叔來。

今午同席：陳通伯夫婦　蔣廷黻　黃淬伯　劉子植　吳其昌　朱佩弦　浦江清（以上客）　予夫婦（主）

今日康媛發熱，熱度高攝氏表四十度。請校中辛大夫治之。

得慕愚書，知其調入高等考試襄試處辦事，試畢仍回內政部。

七月十六號星期四（六月初二）

記日記五天。寫張定宇，羅香林，筠如，斠玄，張聯芬信。曹詩成（號子美）來，寫陳光垚，姚名達信。希白來。

寫父大人，鏡池，以中，仰之，賓四，李素庵（雲南嵩明縣），唐軼林，伯祥信。李晋華來。到希白處。

七月十七號星期五（六月初三）

寫愈之，玄同先生信。到芸圻家，作報告一千八百言。

編《古史辨》第三册下編，未畢。寫葛毅卿信。孫海波來。

余在家人事太多，且無運動機會，故設桌椅于芸圻家，每日來往海淀一次，走六里路，且每日準能工作半天。

七月十八號星期六（六月初四）

到芸圻家，作報告三千言。到煨蓮家吃飯，四時半歸。

競進書社來取書作套。校點所鈔材料。

今日以三小時寫三千言，在家所未有也。可見只要靜謐，便可縮短時間而增加工作。

今午同席：鄧文如　黃子通　張孟劬　張東蓀　張亮丞　梅貽

寶　蔡一諤　郭紹虞　容希白　朱士嘉　予(以上客)　洪煨蓮(主)

七月十九號星期日（六月初五）

與履安同進城，訪謝女士，未能得其家，至吳家明女士處，乃知之。出，到汪逢春處，爲履安診疾。又到謝女士處，晤之。到西單市場吃飯。

飯後，訪定生，未晤，晤楊次生及李恢鵬。出，與履安分道，她往公園賀王太太嫁女。予到首善公寓訪侃如夫婦及聚賢，到安華公寓訪劉芸之，到青年會訪子植。出，到景山書社，與履安會，同到騎河樓清華同學會賀佩弦訂婚。到市場買物，乘七時車歸。

看報，休息。朱士嘉來。

履安近來身體愈弱。左耳完全失聰，與之語稍低輒不聽見。胃亦弱，昨食西瓜後腹即作痛，泄四五次不止，今晨又數次。月經則不準，過期又來。到協和，同順諸醫院去數次，毫無效驗。今日姑就中醫治之。中醫謂血虧太甚，進以平肝補血之劑。

七月二十號星期一（六月初六）

寫士嘉，適之先生，子植，君樸，錫侯，劉芸之信。到海淀，作報告三千言。

編《古史辨》第三冊下編，未畢。

溫《尚書》。記筆記二則。

如以後均能照今天樣，上午作文，下午編書，夜間讀書，則是理想的境界實現矣。

七月廿一號星期二（六月初七）

到海淀，作報告二千八百言。到注冊部取報名單。宴客。

李鏡池來。丁迪豪來。寫李晉華，王素意，德坤，通伯，毛以亨信。宋女士來。希白來。

温《尚書》。

今午同席：謝祚苣女士　謝天惠女士　吳家明女士　馬仰曹女士　謝繼蘇君（以上客）　予夫婦（主）

七月廿二號星期三（六月初八）

與希白全家坐汽車到朝陽庵（八大處之南）李瑞德住宅。飯後，容宅全家歸。

煨蓮與希白及予商研究所印書及研究生事，達上午十二時半。

七月廿三號星期四（六月初九）

看《科學的古史家崔述》全稿，畢，看《康南海自編年譜》，未畢。希白，煨蓮于今晨還城。

一人住山上，毫無雜事侵擾，作事殊速。將來能在山上弄一所房子，最好，非隱居，正爲工作計也。

七月廿四號星期五（六月初十）

看《康南海自編年譜》，畢。

下午，洪宅全家乘汽車來，予即附之歸。錫侯來。洗浴。

七月廿五號星期六（六月十一）

到海淀，作報告一千七百字。何峻機女士偕林君良弼來，留飯，爲作注冊部函。

編《古史辨》第三册下編，張聯潤來，付稿七篇。黎光明來，長談。

七月廿六號星期日（六月十二）

八時車進城，訪孟真，又大鬧。訪適之先生，晤之。訪騮先先生，晤之。訪王姨母。訪吳子馨，留飯。并晤周書龄。

訪平伯，不遇。訪建功，遇之。到市場購鞋。訪玄同先生，不遇。到景山書社。訪仲良，不遇。訪錫侯，亦不遇。坐人力車歸。

容女士來。貫英來。到張孟劬，紹虞處。寫信十通，邀後日午飯。

今日天甚熱，像夏天了。南方到處發水，京滬車至停開。

七月廿七號星期一（六月十三）

寫建功信。到海淀，作報告二千言。十一時歸，錫侯已來，留飯。

飯後偕錫侯往參觀燕大，又到清華訪張子高先生，參觀化學系等處。六時偕錫侯歸。吃夜飯。耿君來。

送錫侯到達園。在愛蓮軒賞月。步歸。

七月廿八號星期二（六月十四）

整理書房，以備宴客。記日記六天。宴客。

伴朱騮先先生參觀燕大，又同至天然博物院，與趙，翁二君茗于豳風堂。七時歸。

休息。

今午同席：朱騮先　蔣夢麐　趙吉雲　翁叔泉　吳雷川　洪煨蓮（以上客）　予（主）

邀而未至者，適之先生，旭生先生，孟真。又司徒校務長及在君先生則避暑北戴河及秦皇島，故未來。

七月廿九號星期三（六月十五）

到海淀，續作報告二千四百言。

編《古史辨》第三冊下編。洗浴。

七月三十號星期四（六月十六）

到海淀，續作報告二千四百言。

編《古史辨》第三冊下編。寫沈勤廬，繆金源信。容女士來。

七月卅一號星期五（六月十七）

到海淀，續作報告一千二百言，初稿畢。

編《古史辨》第三冊下編。何叙父伴其母，其妹（適馬氏），其表妹（貴州華琨）來游燕大，伴之游。寫平伯，玄同先生信。

到希白處。

一九三一年八月

八月一號星期六（六月十八）

鈔《呂氏春秋》及《淮南子》中之堯舜材料，略畢。

錫侯來。

八月二號星期日（六月十九）

雇車到達園，與錫侯同到八大處，至朝陽庵一號李瑞德宅進午餐。

由山道至靈光寺，極不好走。繼續游八大處畢。七時回寓。

談至十一時眠。

八大處全爲人家租來避暑，無一室空者，足見北平尚富。因此，許多地方不能去。

八月三號星期一（六月二十）

早起看《殷商史徵》，未畢。早餐後下山，雇人力車至平則門，到錫侯家進午餐。

伯屏來談。坐人力車還家。休息，看報。

芸圻來。

西山至平則門間之馬路，今日是第一次經過。所經之村有亮甲店，田村，八里莊等。八里莊最大，將來當更游之。

八月四號星期二（六月廿一）

到海淀，鈔《孟子》中之堯舜材料，未畢。芸圻來談。

何峻機女士來試國文專科，留住宿。吳子馨，唐蘭，劉子植來。編《古史辨》第三冊下編。容女士來。

鄧嗣禹來。到紹虞處。到希白處，偕陳黃榮及容女士還家，十時他們去。

八月五號星期三（六月廿二）

寫朱佩弦信。到海淀，鈔《孟子》中之堯舜，畢，作筆記。何女士還城。

記日記六天。寫筆記（《孟子》中之堯舜）七頁。

嚴星圃來。

八月六號星期四（六月廿三）

到海淀，鈔《荀子》中之堯舜，畢。

希白來道別。點平伯《詩經》論文。寫筆記（《荀子》中之堯舜）八頁。洗浴。

紹虞來。邱繼繩來。

八月七號星期五（六月廿四）

到海淀，點讀《西漢會要》中之《西域》,《西南夷傳》等篇，記其與《堯典》有關係者。

紹虞與蔣焕章來。看乃乾所贈書。

八月八號星期六（六月廿五）

點讀《匈奴傳》。十一時，乘人力車進城，到郹薌家吃飯。

飯畢，到齊樹平家，談齊魯大學事。出，到何叙父家，看其新編之《古歡集》等。乘七點車還家。

看報，休息。

今午同席：張亮丞　張怡蓀　駱鴻凱　潘介泉　丁山　范仲澐　齊樹平　臺靜農　予（以上客）　郝郹薌（主）

八月九號星期日（六月廿六）

到海淀，見芸圻。作漢武帝年表，記筆記九頁。

八月十號星期一（六月廿七）

寫李貫英，朱士嘉信。到海淀，見芸圻。讀《通鑑·武帝紀》，錄出其與《堯典》有關係者，記筆記七頁。

近日作研究《堯典》工作，所得甚多，惜爲時間所限，不能從容爲之耳。

八月十一號星期二（六月廿八）

以雨未到海淀，從《通鑑》中鈔錄《堯典》考材料，未畢。記筆記十四頁。葉國慶來。

寫葉石蓀信。乘六時車進城，到丁山處定宿，到西四同和居吃飯。回丁山處，談話至十二時。

今晚同席：高閬仙　孫人和　楊遇夫　張孟劬　黃晦聞　徐

森玉　倫哲如　駱鴻凱　予（以上客）　　馬幼漁（主）

八月十二號星期三（六月廿九）

看《漢書·帝紀》。八時半，離丁家，到書社。到孔德校訪玄同先生，并晤李召貽。到東安門抓藥。訪黎静修，知已歸蜀。到十刹海會賢堂吃飯。

飯後到趙憩之處，到繆金源處，到建功處，到平伯處，到叔平先生處，到東安門取藥，到書社。寫朱士嘉，何定生信。

乘七點車歸。容女士來。嚴星圃來。與劉廷芳夫人談。

今午同席：汪緝齋　毛子水　郝昺衡　俞端甫　姚逸之　予（以上客）　　丁山（主）

八月十三號星期四（六月三十）

記日記六天。讀《通鑑》，記筆記十頁（漢武帝巡狩封禪）。

看書肆送來書。吴世昌伴英人修中誠來談古史。

譚其驤，葉國慶來。容女士來。

八月十四號星期五（七月初一）

寫鄧嗣禹信。讀《漢書·帝紀》及司馬相如《封禪文》，記筆記十九頁。謝劍文來。

到紹虞處午飯。馮芝生夫婦來。耿君來。鄭德坤來。

今午同席：朱佩弦夫婦　馮芝生夫婦　予夫婦　許地山（以上客）　　郭紹虞夫婦（主）

八月十五號星期六（七月初二）

寫李晋華，魯弟信。搜集"朔方"材料，記筆記二十頁。通伯來，與同至紹虞處，又同至容宅。

八月十六號星期日（七月初三）

記筆記六頁。江清來，爲錢稻孫寫何殿英信。爲張辛元寫扇。馬巽伯來。

仲良來，同到孟劬先生處。六時去。李貫英來，道別。容女士來，與同到燕東園。予往子通處，又到容宅。

看《尚書》學書。

八月十七號星期一（七月初四）

寫自明，通伯，定生，仲澐信。寫予同，贊廷叔祖信。齊思和，韓叔信來道別。林悅明來。

校《史記》中之《堯典》。讀《詩古微》，記筆記十一頁。看《春秋繁露》。

譚其驤來。余讓之，吳春晗來。

八月十八號星期二（七月初五）

寫煨蓮，廷黻，研究所信。記《春秋繁露》中材料入筆記，得十三頁。

看《墨子》，集材料。

八月十九號星期三（七月初六）

到海淀，讀《堯典正義》，未畢。歸，記筆記一則。

編《古史辨》第三冊。到煨蓮處談兩小時。碧澂來。

看《大戴禮記》，集材料。

八月二十號星期四（七月初七）

作《戰國秦漢間堯典的本子》文，約一千言。丁山，昺蘅來，留飯。伴游燕大及燕東園，朗潤園等處。六時，送其上車。佩弦來道別。校《古史辨》。

與履安到冰心家，慶七夕。十時半歸。

今晚同席：馬季明夫婦　郭紹虞夫婦　劉廷芳母子　予夫婦（以上客）　吳文藻夫婦（主）

八月廿一號星期五（七月初八）

校《古史辨》。與履安自珍進城，到前門購物，送至碧澄家。到汪逢春處，為履安視疾。到吳縣會館。到東四吃飯。

飯後與履安等分路。予至書社。到幼漁先生處。到南海訪佩弦，不遇。到蓉園，賀張任父嘉禮。七時乘車歸。寫杭州精古齋信。

休息，看報。

昨夜看牛女，今日游南海，在人為良辰美景，而我觸景興懷，愈益悵惘。

八月廿二號星期六（七月初九）

作《堯典》論文，約六千言。

以竟日雨，無客來，得寫六千字，大不易。

八月廿三號星期日（七月初十）

續作《堯典》論文，約三千言。聞野鶴，賀昌群，向覺明來，留飯。伴游燕大，三時別。

容女士來。碧贗來，送還木器，即布置書室。

看《禮記》一冊。

八月廿四號星期一（七月十一）

寫適之先生，啓明先生，趙惠人，玄同先生信。寫劉大白信。裘開明來。侯芸圻來。牟潤孫來。

續作《堯典》論文，約三千言。容女士來。

看《禮記》兩冊。

日來以趕作論文，心臟又有些反常，夜半必醒，恐又致去年之疾，決意謝客，俾得減輕事務。

八月廿五號星期二（七月十二）

到海淀，校《古史辨》第三冊下編，約五十頁。趙惠人來。

謝扶雅，何格思及梁君來。點平伯《谷風》一文。丁迪豪來。

點與適之先生論《詩序》書。

八月廿六號星期三（七月十三）

寫陳援庵信。到趙宅訪謝扶雅，并晤曾女士。到海淀，作論文二千言。又草《謝客啓事》一千餘言。與履安訪王素意，未值。

續草論文一千言。將《謝客啓事》手寫上石印紙。寫衛聚賢信。葉國慶來。

嚴星輔來。記日記。看《禮記》。

早得噩夢，爲之不怡竟日。噩夢者何？有人持一照片示我，爲健常與其妹，皆穿白衣，裹白巾，而健常哭，其妹笑，似非佳讖也。

八月廿七號星期四（七月十四）

到海淀，草論文二千五百言（幽州）。

點勘《茸芷繚衡室讀詩札記》，付印入《古史辨》。亮丞先生來。楊四穆與金耐仙女士來。德坤來。

與履安到洪宅赴宴。十一時眠。

今晚同席：王素意女士　黃子通夫婦　馬季明夫婦　林東海予夫婦（以上客）　洪煨蓮夫婦（主）

八月廿八號星期五（七月十五）

容女士來。文珊來。到海淀，寫論文二千四百言（《墨子》與《堯典》，未畢）。

與履安到馬宅吃飯。檢《朱子語類》等書作《古史辨》第三冊之卷頭語。

與履安，自珍，馮世五到校，參加游藝會，看電影（仇敵）等，十一時歸。

今午同席：王素意女士　洪煨蓮　予夫婦（以上客）　馬季明夫婦（主）

八月廿九號星期六（七月十六）

到海淀，寫論文二千言（《墨子》，畢。《荀子》，未畢）。到銀行。到文珊處。丁迪豪來，借錢赴汴。

寫煨蓮，豐田，起潛叔，康同璧信。寫論文二千言（《荀子》，未畢）。聶崇岐來。

看魏了翁《古今考》。

八月三十號星期日（七月十七）

看《西北遠征記》。作論文六百言（《荀子》，畢）。容女士來。陳懋恒女士來。

到李榮芳家吃飯。看其所藏古物（元代銅印，希臘，羅馬之陶燈）。劉松青來。看武漢《文學》，《文哲季刊》。

點適之先生《談談詩經》文訖。以昨日失眠，早眠。

今午同席：全紹聞　馬季明夫婦　紹虞夫婦　予夫婦（以上客）　李榮芳夫婦（主）

昨夜胸腹間不舒服，今晨一時半即醒，竟不能眠，在床看黃今秋之《西北遠征記》，幾盡一冊。以下半夜未眠，今日身子軟甚。

八月卅一號星期一（七月十八）

寫玄同先生，適之先生信。作論文千餘言（秦始皇與《堯典》，未畢）。

趙吉雲夫婦及二子來，導至燕東園，朗潤園，達園，燕大等處游覽。歸家進點，送之上車。六時許回。

紹虞來。煨蓮來，士嘉來談，至十時。履安腹病大作，予亦頭痛甚，至十二時外服安眠藥而眠。

一九三一年九月

九月一號星期二（七月十九）

作論文千餘言（秦始皇與《堯典》，未畢）。

與煨蓮乘汽車進城，訪姚野浣，取崔家稿件。到何叙父處，未遇，見其夫人，看拓本。歸，到五塔寺一游。

容女士來。校《古史辨》。

九月二號星期三（七月二十）

鄭德坤來。作論文三千言（秦始皇，未畢）。寫孟真，劉朝陽，陳懋恒女士信。

吳春晗來。馮家昇來。石兆原來。葉國慶，薛澄清來。到希白處，看其到滬後所攝之劉惠之藏器照片四百餘。在希白家晚餐。與煨蓮等談至十時歸。

九月三號星期四（七月廿一）

修改論文（秦始皇，畢）。馮家昇來。姚廷芳來。

校《古史辨》第三册下編稿，并編輯稿件。容女士來，侯芸圻來。

容女士來。

九月四號星期五（七月廿二）

沈勤廬來。士嘉來。牟潤孫，白壽彝來。張壽林來。編《古史辨》第三册下編。寫何定生，蔣廷黻，袁守和，黃仲良，蔣崇年信。寫房兆穎信。

記日記四天。校《古史辨》排稿約卅頁。容女士來。

鈔賓四文入筆記。寫羅根澤信。

九月五號星期六（七月廿三）

到海淀，寫論文二千餘言（墨子尚賢的三表法）。

校《古史辨》稿。到勤廬處，到希白處。記筆記二則。續草論文一千言（尚賢與世官，未畢）。

看《全上古文》一册，集材料。

九月六號星期日（七月廿四）

到海淀，寫筆記一千五百言，作論文一千五百言（尚賢與世官，未畢）。

到校務長室，陪宴。飯畢伴江亢虎參觀圖書館，到吳校長家，到清華參觀圖書館，到芝生家。出，別歸。石兆原來。

看《全上古文》一册，集材料。

今午同席：江亢虎及其女　吳文藻夫婦　劉廷芳　洪煨蓮予（以上客）　司徒雷登（主）

九月七號星期一（七月廿五）

寫適之先生，康同璧女士信。到海淀，記筆記一千三百言。履安偕君樸至，伴君樸到校內參觀。留君樸飯，一時半別去。耿君來。

理物，找鄭德坤文稿，幸得之。德坤來。容女士來。鄧嗣禹來。寫趙豐田信。

理物。到紹虞處談話。

近日睡眠頗不佳，上午三時必覺，至五時許始得眠。心臟又感異樣，擬休息數日。

與適之先生書云：連上數函，迄未得覆，甚爲惶恐。未知是我有所開罪于先生呢，還是有人爲我飛短流長，致使先生起疑呢？如有所開罪于先生，請直加斥責，勿放在肚裏，因爲在我們的交誼上是不該放在肚裏的。如有人爲我飛短流長，則請徐察之。去年有人告我，劉半農先生説我罵他。這真正是想不到的事，但因我們的交誼淺，覺得不必申辨，聽之而已。如果先生亦聽見同樣的話，那我不敢不"垂涕泣而道之"。如有暇閑，願詳告我。

九月八號星期二（七月廿六）

何峻機女士來，導至紹虞處，同歸，爲選排功課。記筆記一千五百言。

記筆記一千言。邃雅齋人來。澤涵來，導至煨蓮處。樹幟來，導游燕京及清華，訪孔雲卿。與樹幟同歸，留食宿。

與樹幟談話。陳玉符夫婦來。

樹幟告我，渠努力研究生物，爲科學社所忌。此次西陲學術考察團曾列其名，秉農山謂如此則彼將退出。在中山大學時，住在校內即説爲占用公屋，住在校外即説爲私通女僕。不料科學社亦氣量逼窄如此。

九月九號星期三（七月廿七）

寫夢廬先生信。與樹幟談話，別去。寫適之先生及孟真信。趙澄來。記筆記一千餘言。

邵君樸偕馮國治來。希白及其妹來。記筆記千餘言。振鐸，地山，紹虞來。

與紹虞送地山，振鐸至南門。嚴星甫來，爲寫北平圖書館函。

振鐸告我，謂滬上流言，北平教育界有三個後臺老板，一胡適之，一傅孟真，一顧頡剛也。噫，如予之屏息郊外，乃亦有後臺老板之資格耶？可怕！

九月十號星期四（七月廿八）

紹虞來。記筆記八頁。整理《古史辨》稿付印。容女士來。宴陳玉符夫婦。

到校，上課一小時（《尚書》學大意）。胡鑑初來。侯芸圻來。呂健秋來。

記筆記二頁。

玉符述此次高等考試浪費之狀，戴季陶吃飯，四五人同席，每席至十五元。典試委員每人取三個月薪之外，更給公費七百元。上次素意女士來，渠述此次國民會議，渠列席旁聽，亦取得公費二百四十元。即此可知國民政府依然只見有官而不見有國民。

至侯憲所述，考外交官而出經書題，則對于選用人才之觀念與清季無殊矣。

九月十一號星期五（七月廿九）

編《古史辨》第三册，擬應進行各事。

起潛叔來，與之同到希白處。平伯來。與賓四到清華，訪蔣廷黻。趙泉澄，陳戀恒女士來。

與起潛叔履安等到校，看迎新游藝會，十一時歸。

今夜所看舊劇爲楊肖彭，薛卓鎔之《女起解》，楊詒祥，步春生，顧華曾之《青春的悲哀》。

九月十二號星期六（八月初一）

校《古史辨》稿。寫孟真信。九時許，與履安，自珍，容女士，容琬同到玉泉山，登塔，到泉畔吃飯。

遇郭氏全家。與郭太太等同游琉璃塔及白石塔。更與沈勤廬及容女士上北峰欲登鑽子塔，荊棘塞路，竟不可上。與馮世五，趙肖甫及起潛叔同游琉璃塔及白石塔，步歸。

聞野鶴來，留宿。希白，潤緡，煥章來。

予記玉泉山石洞中有遼金造像，今來乃不見。又記山後有大銅佛，高二丈許，今來亦不見。則物之被盜者多矣。

九月十三號星期日（八月初二）

別野鶴等，與履安同進城。到賓四家，到以中家，到澤涵家。與履安分道，她去看病，予到適之先生家。晤小柳司氣太等。到會賢堂吃飯。

飯後到玄同先生處，未遇。到以中家，履安乃未至。到書社。到劉子植處。到裱褙胡同，與履安道遇，同到市場購物，再到以中處。五時半，雇人力車歸。

看報及信。

今午同席：馮芝生　嵇文甫　容希白　胡文玉　張西堂　董彥堂　予（以上客）　黃仲良（主）

九月十四號星期一（八月初三）

寫李晉華，陳通伯信。容女士來。與起潛叔同到校訪煨蓮，紹虞，辦選課事。書鋪四家來。編《古史辨》稿。

文珊來。鄧文如來。馮家昇來。記筆記三頁。與起潛叔到朗潤園散步。

寫父大人信，健常信。

與健常書曰："來書所言，至表同情。但望立定志向，不激不隨地做去，則月計不足，年計有餘。且即此耳聞目睹之事何一非學問材料，只要隨處運用思想，積以歲年，自然可使片段的成爲系統的。諺云：'不如意事什八九'，固是真理；但'有志者事竟成'，亦何嘗非真理。環境之壓迫，惟忍耐可以戰勝之也。"

九月十五號星期二（八月初四）

到海淀，點讀《堯典》各家注，豫備下午課。到校務長室，開圖書館委員會。

會畢吃飯。上"尚書研究"課二小時（鈔《堯典》）。到紹虞處，與振鐸談。

作《尚書講義》一千言。

夜中作文，睡眠便不爽快，還是不作的好。

九月十六號星期三（八月初五）

到海淀，鈔賓四《戰國繫年通表》，畢。牟潤孫來，同歸。班曉三來。

爲班曉三題《湯文正遺墨册》。洗浴。讀《皋陶謨》各家注。

到希白家晚飯。談至十點歸。

今晚同席：起潛叔　潤緡　煥章　予夫婦　勤廬（以上客）希白夫婦及其妹（主）

九月十七號星期四（八月初六）

到海淀，讀《皋陶謨》各家注。到校務長室，晤司徒先生，開圖書館委員會。聚餐。

到校，上課一小時（《皋陶謨》）。與士嘉談話。

集講義材料。

今午同席：洪煨蓮　博愛理　麥倩曾　田洪都　房兆穎　馬季明　陳鴻舜　容希白　予

津報載小香水在天津大舞臺演劇，頗動聽歌之想。寒假南歸時，未知能一見否也。

九月十八號星期五（八月初七）

寫賓四信。寫煨蓮信，爲賓四著述付印事。編講義四千餘言（《堯典》），未畢。

九月十九號星期六（八月初八）

乘八點車進城。訪張西堂。到北大一院，晤子水，賓四，黎東方，讓之。上課一小時許。到二院謁夢麐先生。出，到市場購物，吃飯。晤費鴻年夫婦及容太太。

到迎賢公寓訪陶希聖，振鐸來，同到北大三院看明清史料，到北平圖書館看賑災展覽會，書甚多，晤斐雲，稻孫，森玉等。五時出，乘人力車歸。

趙澄，于道源，欒志新來。競進書社人來，談印講義事。

日本兵于昨晚占領遼寧。以彼之處心積慮，自是遲早必有之事。以中國人之不爭氣，即使人不來亡我，我亦自亡。譬如第三期肺病人，終于一死，死固可悲，但有何法挽回之乎！遙想健常聞之，又不知將如何悲憤矣。

九月二十號星期日（八月初九）

到勤廬處。略作講義。以中夫婦及賓四夫人來，同到瞿潤緡處。又同到成府街。歸。周國亭來談道教問題。

宴客，下午三時，同到清華，訪浦江清，并晤吳雨僧。游一周，送以中夫婦等上汽車進城。予與起潛叔等步行歸。

嚴星甫來。寫以中信。

今午同席：王以中夫婦　錢賓四夫人　郭紹虞夫婦　起潛叔　勤廬　潤緗（以上客）　予夫婦（主）

九月廿一號星期一（八月初十）

寫玄同先生，文玉，余讓之信。發通伯電。編講義（《堯典》）三千言，未畢。衛聚賢來。書肆兩家來。

與起潛叔至達園散步，謁由笙先生。

到振鐸處送書。起潛叔來談。

九月廿二號星期二（八月十一）

改昨作講義。到海淀，讀《禹貢》。與芸圻談。

改昨作講義。到校，上課二小時（《禹貢》）。到李瑞德家，開史學系教授會，七時許歸。

紹虞，振鐸來談。與肖甫談話。

日本兵又于昨日占領吉林。燕大學生臂均繫黑紗，上書"恥"字。但希望一班青年能永遠幹下去，不要有了些刺戟才動，刺戟一過又忘了。

今日以下午多講話，精神興奮，眠又不佳。

九月廿三號星期三（八月十二）

記日記六天。到海淀，讀《尚書後案》之《堯典》，未畢。

點《尚書講義》。雇人力車入城，到北大上課，課畢仍雇人力車歸。兩至海淀競進書社索所印講義。

點黎光明文及鼎堂《毛公鼎之年代》，未畢。

九月廿四號星期四（八月十三）

寫通伯，西堂信。曉三來。芸圻來。讀《漢書·西域傳》。

到季明家，吃飯，開中文書委員會。到校，上課一小時（《堯典》）。容女士來。到紹虞處，與振鐸談。與劭西，煨蓮談。

薛澄清，葉國慶來。點黎光明文，未畢。

今午同席：鄧文如　田洪都　予（以上客）　馬季明（主）

九月廿五號星期五（八月十四）

寫牟潤孫信。讀《漢書》，記筆記五頁。潤孫來。修綆堂耿君來算賬。

續編講義（《堯典》）一千五百字。到希白家挑選旅行照片付印，在希白家吃飯。并晤錫永。

起潛叔來談。

本節書賬約三百元強。

九月廿六號星期六（八月十五）

校《古史辨》稿七十餘頁。劉太太來。

續編講義二千餘言（《堯典》，仍未畢）。與起潛叔散步燕農園，至燕南園而還。

校《古史辨》。

九月廿七號星期日（八月十六）

與履安，自珍及潛叔起同進城，到聾校，交吳樹德學費。到贊廷叔祖處。到王姨母處，到觀象臺參觀。與履安同到儂香園吃飯。

與履安同到中海，茗于大禮堂後。游懷仁堂，與姨母，小牛弟，康，艮二女遇。同出，到市場購物。予與艮男歸，履安住王家。

編《古史辨》第三冊，畢。秋風大起，聽之失眠。

今午同席：錢賓四夫婦　江清　勤盧　姜亮夫　陶聖閑　予夫婦（以上客）　以中夫婦（主）

怒濤奔馬是秋聲，打入愁懷夢不成。却看紙窗寒月色，南都此夕應同明。

每臨佳景，即起長愁。哀哉不能言，惟有鬱抑！

九月廿八號星期一（八月十七）

寫張西堂，羅香林，洪煨蓮，丁在君，衛聚賢信。發香林電。改講義稿。記日記。邵君樸來，留飯。牟潤孫來。

續編講義二千言（《堯典》，未畢）。張西堂來，長談。寫紹虞信。振鐸來。

到振鐸處，看其新購明板圖畫。

起潛叔于今日遷往南宿舍。

九月廿九號星期二（八月十八）

到競進問講義。到海淀，讀《尚書後案》（《堯典》中星）。記筆記數頁。

豫備功課。到校上課二小時（《堯典》）。

芸圻，盼遂來談。

江南滴秋雨，冀北發秋風。等是愁資料，愁心將毋同？

九月三十號星期三（八月十九）

到海淀，讀《尚書後案》（《堯典》）。子馨來談。

乘一點半車進城。訪以亨，堅留宿。到北大上課二小時（《堯典》)。回以亨處。

與以亨母妻及子水同到市場，又到西單哈爾飛戲園看戲。十二點半歸。

清華大學于今日起停課三星期作軍事訓練。

劇場中有民國大學學生來演說，呼座客起喊口號。

今夕所看戲爲朱麟童，王盛意之《坐樓殺惜》，文素娟之《玉堂春》，趙盛璧之《花蝴蝶》。五年餘未觀平市劇矣，今日以亨堅邀往觀，乃得一見，頗有物是人非之感。

本學期燕大選課者：

翟錫光　高錦璞　惲枚　鄧嗣禹　高慶賜　郭德浩　李延增　翁獨健　余鴻發　邱繼繩　葉國慶　趙澄　胡坤達　欒植新　于道源　陳源遠　馮家昇　姚家積　俞大綱　班書閣　陳戀恒　劉恩源　以上正式選課者二十二人

沈國華　譚其驤　蔣焕章

一九三一年十月

十月一號星期四（八月二十）

校講義。別以亨出，到北大，晤讓之，鈔選課人名單。到李晉華處，略談。到子水處，參觀北大圖書館。到書社。乘十二點汽車歸。

豫備功課，到校上課一小時（《堯典》）。希白兄妹偕何君來。趙豐田來。與士嘉，其驤談。邱繼繩來。

到勤廬處，到振鐸處。

其驤告我，鄧文如先生評我：“人甚誠懇，亦甚用功，惟疑古人了迷，成爲成見，往往無中生有，爲可惜耳。”

十月二號星期五（八月廿一）

寫煨蓮信。修改所草《堯典》講義。鈔其驤來書二千餘言。

草《答其驤論漢武帝十三州書》，得千八百言，不愜意。由笙丈來。杜廷輝來。鄭德坤來。

到希白處。留起潛叔吃蟹。

此一月中，每日必兩次下便，腸中恐有變態。

十月三號星期六（八月廿二）

寫請客片。重草《答譚其驤君書》，得四千五百言，畢，甚快。（久不作論學之文矣，今日奮筆而下，幾有腦充血之感。）

到校，理髮。與起潛叔到藍旗營散步。

記日記五天。聽留聲片。

健常來信，謂上月到滬患白喉，病臥醫院三星期，近身體甚弱，心悸甚。甚念之。

報載京市婦女協會組織婦女抗日義勇團，健常被推爲籌備委員。

十月四號星期日（八月廿三）

看改講義稿付印。看筆記本集材料。乘十點半車進城，遇劉澄清。到張西堂處鈔話。到豐順胡同譚宅赴宴。二時許，與煨蓮，季明同坐汽車歸。

胡鑑初來。吳子馨來。看筆記本。

點黎光明文，訖。寫孟真信。

今午同席：孟心史　尹石公　黃晦聞　洪煨蓮　鄧文如　馬季明　許地山　譚瑑青　予（以上客）　陳援庵（主）

十月五號星期一（八月廿四）

寫邵君樸，王銳信。續編《堯典》講義。

到平伯處，振鐸處。振鐸來。張頤年來。

十月六號星期二（八月廿五）

到海淀，改作《答其驤書》，又得二千言，即加入。

到校，上課二小時（《堯典》）。到校務長室，參加茶話會。與槃盦君樸同游。送其上車。

到希白處宴客。九時半歸。

今夜同席：林濟青　欒調甫　鄧文如　鄭振鐸　鄭德坤　高厚德　何伯龍（以上客）　希白　予（以上主）

十月七號星期三（八月廿六）

到海淀，依《孔傳》點《僞古文尚書》。歸，理講義。

乘一時半車進城，到書社，寫緝熙，尚嚴，玄同先生信。到北大，上課二小時。到青年會，訪劉子植。乘六時半清華車歸。李晋華來。寫讓之信。

到校務長室赴宴，九時歸。

今夜同席：金陵大學校長陳裕光　協和大學校長林景潤　嶺南大學校長香雅谷　齊魯大學文理院長林濟青及來賓　本校教職員約十餘人　司徒雷登（主）

十月八號星期四（八月廿七）

希白來談救國事。到海淀，改講義稿。送競進。到校，訪煨蓮，爲張頤年事。

豫備功課。到校，上課一小時。趙惠人來。扐謙叔來，同到起潛叔處，同歸，留飯。談至八點。予至紹虞處赴宴。

今夜同席：林景潤　王治心　陳其田　洪煨蓮　嚴群　蕭君

馮芝生　予（以上客）　郭紹虞（主）

十月九號星期五（八月廿八）

寫定生，希聖信。其驤來。校《古史辨》稿六十餘面。

看其驤來信。聞野鶴來，與同到校，及達園，朗潤園，吉祥胡同等，談至十一點。

勤廬，子陵來。欒植新來。

其驤熟于史事，予自顧不如。此次爭論，漢武十三部問題，予當屈服矣。

今晚同席：聞野鶴　朱士嘉　蔣煥章　起潛叔　予

十月十號星期六（八月廿九）

送野鶴去。改作《堯典》講義，約三千言。班曉三來。

容女士與何伯龍來。向覺明與賀昌群來，與同訪振鐸，不遇。送之至清華。

休息，早眠。

予屢夢見祖母，而尤以停尸靈床爲多。今夜又夢，哭而醒。大約平生創痛，惟此爲最，故下意識中時時浮現也。

十月十一號星期日（九月初一）

記日記六天。記筆記二則。改講義。羅根澤來。廣州中大諸同學來，飯前與同游清華園，飯後與同游朗潤園，達園，圓明園，還家看照片。六時，別去。

何峻機女士來。振鐸，紹虞來。

改講義。

今午同席：陳槃　羅根澤　何定生　趙肖甫　邵君樸　馮世五　陳黃榮　陳遠生　馮國治　胡德煌（以上客）　予（主）

圓明園西洋樓遺物大減少了，再過幾年要不見了。

十月十二號星期一（九月初二）

理講義，寫余讓之信。編《尚書講義》戊種之一（《堯典》的著作時代問題），畢。

嚴星圃來。到希白處，開抗日十人團第一團成立會，十一時歸。

此次日軍暴行事，希白極熱心抵制，創設十人團，邀予加入。十人者：煨蓮，紹虞，煥章，余玹堯，子通，媛女士，文藻，吳世昌，希白，予。惟予爲功課壓迫，終日無閑，苟非放棄職務，勢不能多盡力耳。

十月十三號星期二（九月初三）

到海淀，續編講義一千五百言。

到校上課二小時（《堯典》）。在史學系看書。赴本校中國教職員抗日會，至八時始歸飯。

肖甫于今日遷往前吉祥胡同職員宿舍，計住此九閱月矣。

今日開會，舉委員五人，希白，煨蓮，子通，陳其田，胡經甫。

十月十四號星期三（九月初四）

編講義，大翻書。到校，圖書館開購書委員會，直至下午一時始歸飯。

喚人力車進城，到書社。到北大，上課二小時（《堯典》）。寫李晉華信。與希聖同上車，七時歸。

宴客。與希聖振鐸談至十一點。

今晚同席：鄭振鐸夫婦　吳文藻夫婦　陶希聖　俞平伯夫婦（以上客）　予夫婦（主）

十月十五號星期四（九月初五）

伴希聖游燕農園及燕東園。改講義稿。振鐸來，與之同到其家吃飯。

張西堂來道別。豫備功課。到校，上課一小時（漢武十三州）。送希聖上車，別歸。

芸圻偕魏君來。校《古史辨》稿。

今午同席：希聖　向覺明　劉女士　予（以上客）　振鐸夫婦及其女

今日在振鐸處見北平《晨報》及《世界日報》，載有日軍在瀋陽殺人照片，有將人倒立而埋葬者，有用刺刀從背上刺入者，苟非假造，則日軍之殘忍極矣，閱之甚不快。

十月十六號星期五（九月初六）

到振鐸處送借與賀昌群之錢。編《尚書講義》（《堯典》根據）三千餘字，旋覺不滿，重集材料而改作之。

趙豐田來。振鐸妻女偕劉女士來。

容女士來。陳戀恒女士來。校《古史辨》稿。

十月十七號星期六（九月初七）

容女士來。編《尚書講義》（《堯典》根據，未畢），約寫三千言。容女士來。

文珊來。點其驤來信付印。

孫海波，班書閣來。

十月十八號星期日（九月初八）

校《古史辨》稿。馮君來。十時，與履安乘車進城。與希白同到醫院看容太太。與履安同到元任家，未晤。與履安到慶林春赴宴。

　　二時許，飯畢，與以中夫婦同到歷史博物館參觀，五時半出。
與履安到市場買物。

　　獨乘汽車歸。校《古史辨》。肖甫來。失眠，飲酒，看《聊齋》。

　　今午同席：潘由笙丈　吳郁周夫婦　王以中夫婦　郭紹虞夫
婦　予夫婦（以上客）　　錢賓四夫婦（主）

　　北平圖書館聘予爲中文購書組委員，未知何故忽然思及予。

十月十九號星期一（九月初九）

　　寫玄同先生，讓之信。肖甫來。編《尚書講義》（《堯典》根
據，畢），得三千言。聚賢來。潤孫來。

　　校講義稿。

　　看《集古遺文》。記日記九天。

十月二十號星期二（九月初十）

　　寫健常信，論救國事。編講義戊種之二（堯舜禹禪讓問題），
未畢。履安由城歸。

　　豫備功課。到校，上課二小時（《堯典》）。

　　沈國華來。到校，開購書委員會，十時歸。

十月廿一號星期三（九月十一）

　　到海淀，編講義戊種之二，訖。張任父來談。

　　乘汽車進城，到春臺處，并晤其新夫人。到胡鑑初處送稿。到
北大，上課二小時。乘汽車歸，與劉氏夫婦同行。

　　士嘉來。看《集古遺文》。

十月廿二號星期四（九月十二）

　　到海淀，編《古史辨》第三册之目録，未畢。

豫備功課。到校，上課一小時。歸後，知彥堂中舒來校，即往晤之，送其上車，并晤黎劭西。

校對講義稿。趙澄（巨淵）來，看照相。

十月廿三號星期五（九月十三）

校《古史辨》第三册稿。編《古史辨》第三册目，訖。寫平伯，馮國治信。

胡鑑初來，商量《東壁遺書》索引文字。同到趙肖甫處。五時別去，下半天完矣！錫永來。

校《古史辨》稿。編排此册後之廣告。

本月薪金，賑灾與抗日共扣去五十元。賑灾限三月，抗日則無期。從此只得少買書矣。

十月廿四號星期六（九月十四）

作《再答譚其驤書》，論漢代十三州事，得三千言，畢。

兆瑾來。聽留聲片。

記日記五天。

得毅卿書，知羅膺中極忌我，并忌及我曾教之學生，謂中山大學本年暑假畢業生爲受顧之餘毒者，并設法破壞之。惜昔年問業之學生爲我而受累耳。

十月廿五號星期日（九月十五）

到三樓訪馮國治君，與之乘八點車進城。到集賢訪君樸，槃盦，黃榮，與同到陶然亭及抱冰堂。到彰儀門，吃飯。

飯後，雇車到蘆溝橋，風狂甚，頭爲痛。三時到，下橋到渾河上看流沙。四時歸，六時到城，七時半還家。

趙肖甫來。頭痛早眠。

在陶然亭求籤，得三十一籤，云"萬里哀鳴向蜀門"，又云"分明怨恨曲中論"。意者渠終歸于重慶君耶？爲之不懌。然亦可奈何哉？

十月廿六號星期一（九月十六）

續編《堯典》講義三千言。

發出贈大名，青州，臨淄，李素庵，潘博山書籍。振鐸來。邱繼繩來。豫備功課。

十月廿七號星期二（九月十七）

修改昨作講義。豫備功課。作《古史辨》第三冊自序一千餘言。

到校上課二小時。訪煨蓮不遇，留一函。訪洪都亦不遇，留一函。看梁任公《中國歷史研究法》。

理講義，準備明日進城諸事。

十月廿八號星期三（九月十八）

乘八點車進城，到書社。到牙醫處拔牙，十二時出，到五芳齋吃飯。

到書社，點《僞古文尚書》付北大印。到北大，上課二小時。晤子水，讓之，晉華。

七點歸。看北大學生課卷。

予下顎一牙搖動已七八年，今晨始脫。往甘雨胡同舒厚德醫生（美國牙科博士）處欲裝牙，彼謂上顎門牙之根亦在作癰，須拔去，遂忍痛拔之，拔後牙根腫甚，唇亦爲腫。予上顎自十四歲拔牙後，久缺一牙，許多人勸予裝而予懶甚，今可總解決矣。

十月廿九號星期四（九月十九）

續編《堯典》講義，得二千言。

譚其驤來。經濟系楊君來。到校，上課一小時。

修改《堯典》講義。

十月三十號星期五（九月二十）

班曉三來。寫馮國治，煨蓮，豐田，錢稻孫信。點黃孝可所譯《那珂通世傳》及姚晉檠來書等付鈔入《東壁遺書》。

錫永來，因邀起潛叔，勤廬，子陵等同飯，爲寫屏聯若干，至十一時眠。錫永留宿。

十月卅一號星期六（九月廿一）

有餘墨，寫屏聯若干。作《古史辨》第三册自序，略訖。

到紹虞處。

到希白處，理予所購徐氏書籍。

藝術學院教授徐瑾，號瀛從，梅縣人，生平好蓄書，今年病沒，其家人根據其售入之價打八折出售，予購日本人所作經子注多種（最早爲文元版），及其他書若干種，凡百元。希白約購百五十元。文人身後如此，不勝感愴。

一九三一年十一月

十一月一號星期日（九月廿二）

葉國慶來。看新購徐瀛從書籍。終日修改《古史辨》自序。校石印講義。

王鞏之來。何峻機女士來。紹虞來，與同到振鐸處。

寫潤孫信。

自序得五千餘言，雖以限于時間未能暢言，總算把近年所懷一抒之矣。

十一月二號星期一（九月廿三）

改自序訖付排。寫讓之信。記日記六天。編《尚書研究講義》戊種之三（朔方問題）。

到校，開十人團會議，十時歸。

十一月三號星期二（九月廿四）

續編"朔方問題"講義。

到校，上課二小時。到文藻家吃飯。

到圖書館開購書委員會，十時歸。

今晚同席：振鐸　紹虞　予（以上客）　　文藻夫婦（主）

十一月四號星期三（九月廿五）

乘八點車進城，到牙醫處安牙模。出，到市場吃飯。到景山書社，修改講義。

到中央研究院，晤孟真丁山。到北大上課二小時。

到孟真處晚飯，并留宿。十一時眠。

夜夢履安出一巨緘授予，啓之，則皆予致健常之函。履安曰："你害了她了！"予驟然心跳而醒。唉，我寄健常之信，隔膜甚矣，而夢中猶以爲慮，何其怯也！

十一月五號星期四

六時半起。八點，與孟真到西車站。上專車，先到坨里，再到周口店，在煤礦公司吃飯。飯後上山入洞，看出現北京人頭骨之地。上專車歸。六點半到平。到孟真處晚飯。看《桃花影》等，至上午一時許始眠。

今日同游者：裴文中　高滔　潘銘紫　聞□□　孫雲鑄（鐵仙）　周澤岐　傅孟真

坨清高綫公司債權銀行團管理處。

周口店興寶煤業公司。

"北京人"爲四十萬年前之人骨，爲中國歷史之第一天。予今日下洞，雖以地質知識過少無所知，然自喜。

十一月六號星期五

乘七點車歸家。編"朔方問題"講義。

到希白處爲賑災會寫字九幅，爲友人寫字六七幅。在希白家夜餐，十時半歸。

十一月七號星期六

編"朔方問題"講義。

容女士與何伯龍來。紹虞來。陳懋恒女士來。

看金石書，尋莽京材料。

十一月八號星期日

編丙種之一講義（《堯典》）。

到希白處。到勤廬處。到振鐸處。

開留聲機。看金石書，尋莽京材料。勤廬來。

十一月九號星期一

編丙種之一講義。牟潤孫來。

胡鑑初來。

開留聲機。修改"朔方問題"講義。

四日來專編講義，成萬餘言。頗累矣。

十一月十號星期二

重鈔莽京材料，畢。丁迪豪來。

到校，上課二小時。記日記九天。

到廷芳家吃飯。

今晚同席：振鐸夫婦　文藻夫婦　紹虞夫婦　陳其田　許地山　俞平伯　予（以上客）　廷芳夫婦及其母（主）

十一月十一號星期三

乘八點車進城，到景山書社，寫自明信，送物去。到舒原德牙醫處裝牙，晤黃玉蓉女士。出，到市場東來順吃飯，晤文甫，他還鈔。

到書社，改講義按語。寫父大人，魯弟，伯祥信。到北大，上課二小時。

到孟真處，吃飯，留宿。

十一月十二號星期四

在孟真處進點後，出至以中處，并晤子植。到丁山處，并晤怡蓀。到援庵先生處，看書畫。到邱祖胡同太和里，訪盼遂。到希聖處，未晤。到羅雨亭處，并晤衛聚賢。

回以中處吃飯。飯後到景山書社，到趙斐雲處，并晤徐森玉。到孔德學校訪玄同先生，未晤。到福壽堂賀讓之結婚。出，到市場買藥，看書。

乘六點車歸。休息。

十一月十三號星期五

編《漢武帝十三州問題・附說》約三千言。

錫永來。校石印講義。容女士來。

翻看地理書，尋材料。

十一月十四號星期六

趙肖甫來。韓叔信來。續作昨文千餘言，修改一過。未畢。

容女士來。校《古史辨》自序及目錄。

校履安所鈔材料。編《古史辨》廣告。

十一月十五號星期日

覆校《古史辨》序等。寫孟真信。編丙種之一講義二千言。

何峻機女士來。李戲漁，碧澂來。記日記。

寫何殿英，張頤年，余讓之信。看《東壁遺書校勘》。

　何女士來云，昨夜十二時，校中得電話，西苑某旅兵將變，舍監因囑勿睡，驚惶終夜。予等在成府，故無所知。但若真有此事，則首先被禍者必吾等，以住在胡同，且門面爲成府各屋之最也。將來事平，必遷城內。

十一月十六號星期一

寫士嘉信。白壽彝來。編戊種之三講義。士嘉等來午飯。

到鄧文如先生處，并晤其驥。容女士來。

豫備明日功課。校黎静修《李馬奔》一文。

　今午同席：士嘉　馮家昇　趙豐田　起潛叔（以上客）　予（主）

　本約叔信來餐，彼乃忘之。

十一月十七號星期二

編丙種之一講義。牟潤孫來。

到校，上課二小時。課畢，到李瑞德處，開史學系茶話會。

到圖書館，開購書委員會，十時許歸。

得健常來信，知任京市婦女義勇團軍事組正組長職務。又加入內政部之義勇軍。兩方面均從事軍式操。其熱忱不減五卅時也。

十一月十八號星期三

乘八點車進城，到牙醫處。出，到景山書社，編講義乙種，略畢。到中山食堂吃飯。何殿英來談。到北大，晤柯昌泗及白眉初。

到適之先生處，未晤。到孟真處，與之同游鼉壇，看安陽發掘所得，晤濟之。到北大，晤受頤讓之，上課一小時。

乘車歸家。休息。

日來城中六點即戒嚴，店鋪即關門，歸車中所見行人無幾。

十一月十九號星期四

編丙種之一講義約二千言。吳君偕美國人柏君來。

到校，上課一小時。其驤來談。

校昨編講義。點馮承鈞一文。

十一月二十號星期五

草講義丙種之一約三千言。曹敬盤來，爲學校捐錢。

錫永來，留食宿，并寫字，至十一時而散。希白，起潛叔，勤廬，子陵俱來，予亦寫字甚多。趙惠人來。

黑龍江省城果于十八日失去，馬占山將軍孤軍苦守，人皆敬之，英文報上至稱爲中國惟一之好官。國人捐助其軍餉者甚多。

十一月廿一號星期六

乘八點車，與希白，季明，洪都同進城，到朱松子女醫士家，觀其故夫所藏書帖，爲校爲己各購若干。出，到和順居（即沙鍋居）吃白肉。

二時半，坐人力車返家。看《漳州民間故事》。邱繼繩來。修改講義。

紹虞來。與同到振鐸處，談至九時半，出。

今午同席：江紹原，黃石，許地山，馬季明，田洪都，容希白，予。七人吃去三元許，已甚飽矣。聞此館自明開設，已歷四百年。

徐志摩于前日由南京乘飛機回平，至濟南附近遇霧，撞在山上，汽鍋發火，此惟一之乘客乃與機師二人同時燒死。真可憐。

吳其昌全家以絕食請願，聞不知所往。

十一月廿二號星期日

作講義丙種之一千餘言，此篇略畢。羅雨亭來。張福慶來，導游燕大，留飯。飯後伴游清華，訪劉冠勛。

陳槃與李光信同來，導游燕農園，南宿舍，蔚秀園，五時半別。晤韓叔信，侯憲等。

士嘉來。寫自明信。

予久欲整理讖緯而事冗不果。北大一年級張福慶君程度甚好，有意爲之，遂舉所集材料付之。張君，鄭州人，曾任中學教員兩年。

十一月廿三號星期一

寫振鐸，讓之信。修改講義丙種之一，畢。潤孫來。耿君來。到合作社理髮。

吳子盤內弟來。校石印講義。記日記七天。徐文珊，趙澄來。

與紹虞到生物學樓看道夫孟映瀋陽事件幻燈片。

論《堯典》一文，始作于八月一號，至九月初，歷四十日，未及三分之一而上課。其後即以所搜集之材料編講義，自九月十五日起，至今歷七旬，得五萬言，未暢論也。總計關于此文，已費四閱月之工夫矣。然未解決之問題尚不知多少，研究之難如是。

十一月廿四號星期二

編戊種之三講義畢。點《僞古文尚書》，畢。豫備功課。

寫競進信，取講義。到校，上課二小時。

整理明日到平應辦事。

晤吳校長，彼問我是否遷到別處住了若干天。此事毫無根由。大約因抗日會開會總在星期三下午，而我以到北大上課未能參加，遂有人爲我造謠言也。憶夏間旅行歸來，有幾人詢我是否回平多日，住在城裏。可見彼時亦有人見我久不歸，爲我造謠也。予在此間，處處退避，甚不欲入人們之記憶，而他人竟不能相忘，并對我常作猜測，宛如視政界之大人物然，奇哉？獨不可相捨乎？

十一月廿五號星期三

乘八時車進城。到景山書社，寫玄同先生，康同璧女士，鮑季貞，倫哲如信。校《古史辨》第三册自序及目錄。校康長素文稿目。

到後門吃飯。到以中處，晤綏貞。到北大，上課二小時。季忱來談。張福慶來談。乘六點車歸。

讀《夏小正》

師範大學研究院歷史科學門聘予爲導師。因函玄同先生，請改爲名譽職。

十一月廿六號星期四

校北大印就之戊種之三講義。搜集天文材料，記筆記若干則。

丁迪豪來。譚其驤來。趙惠人來。

今日以學生議決赴京請願，罷課。此事由吳子馨兄弟起，清華學生隨之，今燕大又隨之。

十一月廿七號星期五

編戊種之四講義（虞廷九官問題），未畢。振鐸來。

爲聖陶寫救國答案。錫永來。芝生來。到校，參加教職員抗日大會。

十一月廿八號星期六

班曉三來。續編戊種之四講義，仍未畢。趙澄來。

爲起潛叔看所作《晉辟雍碑考》。

十一月廿九號星期日

與起潛叔進城，訪倫哲如，參觀其藏書。到前門一條龍吃點。到吳縣會館游覽。

到白肉館吃飯。飯後同游萬生園。四時半出，以雇不到車，步行回家。

校《建安文學概論》。校講義稿。

十一月三十號星期一

寫余讓之信。編戊種之四講義。

定生偕其姊來，長談，四時半別。到振鐸處，觀其所購物。

編講義。讀《山海經》。

自本日起，爲救國運動周，停課一星期。每日討論救國問題。學生不到者以缺席論。予爲講義等務所壓迫，只得不去，甚慚也。聞吳校長及許多外國人均參加游行，更愧。

一九三一年十二月

十二月一號星期二

編戊種之四講義三千餘言，未畢。

容女士來。到校，參加教職員抗日會；流會，與煨蓮談話。校《古史辨》第三册目録。

到肖甫處。到希白處。記日記八天。

　閲報，北大自今日起亦罷課，即南下請願。

十二月二號星期三

審核《東壁遺書》句讀。

乘一點半車進城，到趙巨淵處，爲寫字二幅。到北大，上課二小時。晤玄同先生，晉華。乘六點車歸。

校石印講義。校鉛印講義。到振鐸處談話。

十二月三號星期四

審核《東壁遺書》句讀。競進書社來取書作套。

審核《東壁遺書》句讀，畢。寫康同璧信。爲起潛叔閲《晉辟雍碑考》。

到子通處晚餐。到振鐸處看《元人書目遺寶卷》。

　今晚同席：吳雷川　祝廉先　鄭振鐸　郭紹虞　容希白　俞平伯　予（以上客）　黃子通（主）

十二月四號星期五

續寫《尚書講義討論之一（十三州問題）附説》三千餘言。

鄭德坤來。校石印講義。

將李光信論十二州一函鈔出，并爲修改。

十二月五號星期六

修改講義戊種之四略畢。續集材料。劉師儀女士及振鐸夫人來。
朱士嘉來。譚其驤來。

班書閣來。

停課一星期，忽忽畢矣。予之成績爲審核《東壁遺書》一過，
及編講義二萬言。予自信予之工作可救國，惟不能收速效耳。

十二月六號星期日

乘八點車進城，到集賢樓晤槃盦等。到書社，到適之先生處，
進點，與鑑初談《東壁遺書》事。到盧季忱處。到北大，參加徐志
摩先生追悼會。回書社。

到市場五芳齋吃飯。到子馨處，未遇。到建功處，遇之。到康
同璧處，談良久。到以中處，并晤賓四，仲舒，由笙先生等。乘五
點半車歸。

寫牟傳楷，余讓之信。點李本道《五德終始》一文。

以北平學生請願太多，車輛無法容納，而學生又不肯散，將
東車站封鎖，平津交通爲之斷絕，《大公報》未來。

十二月七號星期一

寫鮑季貞信。記日記五天。寫陳邠丞信。衛聚賢來。寫李貫英
信。綏貞來，留飯。

容女士來，寫芸圻信。點梅鷟《尚書考異》。施美司夫人來。
芸圻送綏貞來。

與綏貞同到子通處看畫，談至十時，歸。十一時眠。

近日便秘甚，想以生火也。

濰縣陳邠丞君托張同俊君見贈張石州手稿《顧亭林先生年譜》一册，甚可感，因作函謝之。

此册於抗戰中爲日寇攫去，大可惜。

十二月八號星期二

以中來，早飯後，偕以中夫婦游朗潤園及蔚秀園。步至侯芸圻處，吃午飯。

飯畢，予步歸，將存在芸圻處之物件帶回。到校，上課二小時（《堯典》，未畢）。與朱士嘉談話。馮家昇及沈君來。

爲希白改《秦漢金文録》序。孫海波來。趙澄來。

今午同席：王以中夫婦　姜亮夫　陶秋英　予夫婦（以上客）
侯芸圻（主）

昨北平《晨報》社論云：今中國所需要者，不僅爲一民族英雄，而在能洞燭世界大勢，提挈整個民族，樹立其信，而己不必居於領袖，以數十年之奮鬥，成爲普遍之潛勢，内掃封建殘骸，外抗帝國主義，如是人物，方爲上上。

此言予甚謂然，予將努力爲之。

十二月九號星期三

希白來。點讀《尚書考異》一卷許。改講義戊種之一付印。容女士來。

寫蔣崇年，袁守和，恒慕義信。趙惠人來。校《學報》馮承鈞文。

田仲嚴來。校《古史辨》清樣。

十二月十號星期四

寫聞野鶴，潘尊行，徐文珊，黃仲琴，郭鴻恩，徐祖正，林培廬，程仰之，牟傳楷，王伯祥，父大人，自明信。理書桌。

豫備功課。到校，上課一小時（丙種之一，畢）。馮家昇，沈國華來。

十二月十一號星期五

點讀梅鷟《尚書考異》。校《古史辨》第三冊，作勘誤表。

錫永來。

十二月十二號星期六

校《古史辨》，作勘誤表。

牟潤孫來，與之同到校，看水災籌賑會及研究所懇親會。與德坤同歸，肖甫等來。

作勘誤表。

拂曉，夢在蘇州家中，慕愚來，及去，誤取予之書包。予送之出門，嫣然一笑而別。予入室，見彼之皮包，視之，皆部中公文也。急追之，已去遠，且上車赴南京矣。一惱而醒。予每夢彼，必在天曉。何也？豈半夜之夢，醒來皆已不記，惟記拂曉者乎？抑冥冥之中給我暗示，謂人生如夢，必在夢將殘時始得與彼近耶？

十二月十三號星期日

點王鳴盛《尚書後辨·大禹謨篇》，將其偽證鈔入片子。校講義丙種之一，作勘誤表。

寫陳槃，李晉華，玄同先生，余讓之信。

十二月十四號星期一

鈔《大禹謨》偽證入片。寫賓四信。

乘一點半車進城，到市場買物，到北大及書社。到北平圖書館，謁覺明，以中等，參加購書委員會，五時半，先退席，乘六時車歸。遇譚其驤。

鈔《大禹謨》僞證入片。爲容女士改《學術界消息》稿。

北平圖書館購書委員會爲下列諸人：陳援庵（主席），胡適之，陳寅恪，傅孟真，袁守和，任叔永，趙萬里，徐森玉，予。

今日所討論者爲買蔣孟蘋所藏明人文集三千餘册事。

十二月十五號星期二

豫備下午功課。筆記數頁。

到校，上課二小時（朔方）。與士嘉談話。邱繼繩，張家良，余鴻發來。趙惠人來。

碧澂來。到圖書館整理徐瑾遺書，予又買數種。

今日大風，寒甚。

十二月十六號星期三

希白來。鈔惠棟所集《大禹謨》根據材料入片子，重爲排比。再補了些。侯芸圻來。通學齋人來。耿君來。

看《十六國春秋・前趙》三卷。

報載蔣介石下野，粵委即入京。父大人未知能卸職否。

十二月十七號星期四

點讀《古文尚書考》。寫碧澂，容女士信，爲書記報名。班書閣來。希白來。

希白偕倫哲如來，偕往振鐸處看書。到校，上課一小時（朔方）。爲龍叔校晉碑跋。到研究所，看書記報名者。

校《古史辨》勘誤表。點讀《古文尚書考》。

近日夜飯身體甚倦，筋肉酸痛，胃中作噁，未知是何病。豈將近冬至，發節氣乎？

　　燕京學報社招考一書記，報名者百餘人，有大學畢業者，有曾作科員者，有在前清進士館，實錄館任事者，有但求吃飯不須薪金者。翻覽一過，殊覺世上可憐人之多。

十二月十八號星期五

　　改講義戊種之二付印。記日記九天。侯憲來。鈔《尚書考異》材料入片子。

　　爲《燕大附屬學校季刊》作弁言。錫永來，與之同到振鐸家，與劉叔度女士等同到希白家，看古物，與錫永歸，留之宿，并邀起潛叔留宿，開留聲機至十一時。

十二月十九號星期六

　　續編"虞廷九官問題"，未畢。丁文禮來。衛聚賢來，留飯。
　　祝廉先來談。記筆記四頁（交阯，交州問題）。
　　與履安到振鐸處吃飯。飯畢又至煨蓮處，與德人何君談話。十時半歸。
　　今晚同席：劉廷芳夫婦　郭紹虞夫婦　吳文藻夫婦　俞平伯夫婦　予夫婦　陳其田　劉師儀（以上客）　振鐸夫婦（主）
　　德人 Hefter（譯名何富德）精通中國文字，曾譯靜安先生之《明堂廟寢通考》。以生計困乏來中國。今日見之，操中國語極純粹，可佩也。

十二月二十號星期日

　　續編"九官問題"，畢。寫玄同先生，李晋華，余讓之信。
　　定生偕其姊及陳遠生來談半日。競進送書來。校《古史辨》第一册再版校樣。趙肖甫來。

到希白處，合宴何富德及煨蓮等。十時歸。

今晚同席：何富德夫婦　　洪煨蓮夫婦　　張文理（以上客）
希白夫婦　容女士　予夫婦　起潛叔（以上主）

十二月廿一號星期一

校履安，世五所鈔史料。點《管子・幼官》，《國語》。記筆記
七頁。

仲健叔來。煨蓮希白來，留飯，商研究所事及《燕京學報》事。

十二月廿二號星期二

豫備功課。讀《趙世家》。記筆記數則。

到校，上課二小時（朔方問題，畢）。寫吳世昌信。泉澄等
來談。

宴客。寫聖誕節宴客片。

今晚同席：趙泉澄　陳懋恒　沈勤盧　朱士嘉　蔣煥章　瞿
子陵　起潛叔（以上客）　予　履安　自珍（主）

十二月廿三號星期三

寫周學章信。將“朔方問題”講義加標點，備付石印。

丁在君先生來。楊君來。吳春晗來。爲經濟學系開清代經濟史
料書目，畢。到張君勱處。到適樓，開抗日會。

碧澄來，留飯。

十二月廿四號星期四

校北大講義戊種之四。寫朱士嘉，瞿子陵，毛汶，侯芸圻信，
爲測量事。寫余讓之信。

到研究所，寫煨蓮信。遇芸圻。上課一小時（漢武十三州）。

紹虞，振鐸來談。

理書。

覽報，悉鄭楚生（國材）病急性肺炎死，此後定生職業大是問題，恐又須飄泊矣。

十二月廿五號星期五

理信札。子植，芸圻來，留子植飯。整理子書。容女士來。

錫永來。鑑初來，審核《東壁遺書》句讀。

宴研究院同學。

今晚同席：譚其驤　葉國慶　薛澄清　俞大綱　姚家積　邱繼繩　王敬琛　陳源遠　趙豐田　馮家昇　趙澄　樂植新　馮世五　予

各處來信，年餘未理，擬在數日一清之。

十二月廿六號星期六

理信札。記日記九天。

羅雨亭來。張兆瑾來。理信札，訖。凡扎八包。與履安到平伯處夜宴，十時許歸。

今晚同席：鄭振鐸夫婦　黃子通夫婦　郭紹虞夫婦　劉廷芳　劉師儀　予夫婦（以上客）　俞平伯夫婦（以上主）

十二月廿七號星期日

寫朱逷先，北大文牘課，何定生，王重民，蔣仲川，容元胎，魏應麒，郭篤士，彭芳草，謝雲聲，劉朝陽，謝卓茲，譚健常信。又寫答賀年片十五通。校競進所印講義九頁。

與健常書曰："在今日之時勢中出《古史辨》，恐將爲人所笑。但我以爲如不能改變舊思想，即不能改變舊生活，亦即無以建設新國家。我編此書之宗旨，欲使古書僅爲古書而不爲現代知識，欲使古史僅爲古史而不爲現代政治與倫理，欲使古人僅爲古人而不爲現代思想的權威者。"

十二月廿八號星期一

寫父大人，朱驪先，恒慕義，煨蓮，浦江清，趙孝孟信。讀《樂記》，記筆記三頁。

于兢生來，又寫煨蓮信。五時，到穆樓，爲丁在君先生測量人體。六時，量畢，同到君勱先生處吃飯。飯畢至文藻家小談。

今晚同席：丁在君　吳文藻　予（以上客）　張君勱（主）地山家于昨日失火。

予後腦骨不突出，常疑爲初生時多睡所致。丁先生今日量予，乃謂是江蘇人與東三省人之特徵。憶七姨母亦然，則丁先生之言爲確。

十二月廿九號星期二

豫備功課，記筆記三頁。

剛主來。到校，上課二小時（九官問題）。其驤來，爲寫致李瑞德信。到謝求處。歸，剛主，芸圻來，留飯。

與剛主同到振鐸處。留剛主芸圻宿。

《古史辨》第三册于今日出版。

十二月三十號星期三

與剛主乘八時車進城，車上遇施友忠君及張君勱夫人。予到聾校，晤杜校長及康媛。出，到書社，校《古史辨》第一册樣。

到西單吃飯。到希聖處。到贊廷叔祖處。回書社。到北大上課二小時（《堯典》，二十二人）。乘六時車歸，仍遇友忠。

看丁玲小説《一個人的誕生》。看元胎所贈《海鹽顧氏家譜》。

今日康媛帶小哈叭狗一頭歸，予家乃有二犬矣。

十二月卅一號星期四

豫備功課，記筆記數則。聾啞學校教員金君來，留飯。

訪容女士，未晤。到校，上課一小時（九官問題）。德坤來談。發答賀年片約二十分。

與履安共定送《古史辨》第三册之人。

一九三二年

（民國廿一年）

一九三二年一月

一月一號星期五

作與張福慶君書，論"九族問題"，畢。得二千餘言，即修正付印。與履安到施美士家，赴宴。

劉恩源來。

今午同席：富路特夫婦　吳文藻夫婦　予夫婦（以上客）
施美士夫婦及其長女（主）

一月二號星期六

乘八時車，與履安，起潛叔及自珍同進城，到聚賢堂，賀孟剛叔喜事。十時許，到謝剛主家宴會。

飯後回至聚賢堂，與諸賀客談話。三時半行婚禮，四時許即入席。飯畢照相，五時許與履安等出，到二道橋王家。

與錫永，賓四，立庵，以中夫婦等談話。住王宅。

今午同席：孟心史　徐森玉　吳子馨　鄭振鐸　侯芸圻　王以中　瞿菊農（？）　劉子植　向覺明　予（以上客）　謝剛主（主）

錦州于今日失守，且聞馮張之間內戰將起，如此內憂外患，不逼人爲共黨不止也。

一月三號星期日

修改講義序目。與自珍同到江澤涵家，見其夫婦及子丕桓。回二道橋。與錫永等同游孔廟，國子監。到東四中美樓吃飯。

飯後到朝陽門外東嶽廟游覽。出，到朝陽市場。五點許，歸。晤唐立庵，劉師儀。履安自珍到王姨母處住宿。

修改講義序目訖。與賓四，錫永談話。

今日同游及午刻同席：錢賓四夫婦　王以中夫婦　予夫婦及自珍　起潛叔（以上客）　商錫永夫婦（主）

一月四號星期一

在王宅進點後，到景山書社，到北大送講義，雇車歸。十一點到，看來信及試卷。寫余遜，傅斯年，陳槃信。

馬太玄來。寫日記八天。發答賀年片十餘。邱繼繩，余鴻發來。容女士來。譚其驤來。

審查譚其驤畢業論文。

一月五號星期二

記筆記數頁。豫備下午功課。

楊鴻烈夫婦來。到校上課二小時（九官）（十三州）。

評定試卷分數。

一月六號星期三

評定試卷分數。校講義，理講義。豫備功課。

乘一點半車進城，到書社發出贈書。到北大上課二小時。鑑初，晉華，福慶來談。六點車歸。

校《古史辨》第一册排樣。

小犬爲大犬所咬，瞎其左眼。同類相殘，獸之本性。自珍見之，爲之大哭。有同情心者其惟人類乎？

一月七號星期四

豫備功課。到希白處算書賬，到振鐸處贈書。

到校，上課一小時（九官，畢）。孟剛叔嫜來。

鄧嗣禹來。班書閣來。閱考卷。

一月八號星期五

看衛聚賢論文四篇，審查葉國慶畢業論文一篇。希白兄妹來。通學齋，修綆堂人來。

錫永來。紹虞來。士嘉來。

宴客。至九時半散。

今晚同席：施友忠　容希白　郭紹虞　鄭德坤（以上客）　予（主）

一月九號星期六（十二月初二）

寫蔣廷黻，馮芝生，俞平伯，浦江清，吳其昌，吳春晗信。鈔撮衛聚賢文入筆記，得四千餘言。

鑑初來，同到肖甫處，未遇。寫聚賢信。到子通處。

張頤年，魏守謨，吳春晗來。

一月十號星期日（十二月初三）

容女士來。續寫"九族問題"函一千六百言，加入前作。王銳來。

何定生，陳遠生來，留飯，長談。肖甫來。寫羅雨亭，許地山，余讓之信。

定生勸予接受唯物史觀。此事予非不願，予亦知許多歷史現象，非用此說明之不可。然予現在無法研究，若不成熟而惟取寵于人，則"畫虎不成反類狗"，内疚神明矣。且從時髦而失敗者，魯迅是也。予不願受青年之捧，即使將來研究有得，亦不願輕易發表。

一月十一號星期一（十二月初四）

寫王重民，玄同先生，侯芸圻，黄仲良信。發贈書十八册。寫陳衡哲，謝劍文，趙豐田，范仲澐信。

牟潤孫來。朱士嘉來。梁愈來。譚其驤來。整理講義。趙惠人來。

點所鈔《厚岡文集》諸文。

一月十二號星期二（十二月初五）

趙澄，欒植新來。點所鈔《厚岡文集》諸文。通學齋人來。班書閣來。

寫翟錫光信。容女士來。謝劍文來。吴惟平來。改作槃庵代草題沈三白畫二絶，即寫上。寫煨蓮信。到文如處，送回沈畫。點《厚岡文集》。

到校，開圖書館購書委員會。十時半歸。

一月十三號星期三（十二月初六）

改肖甫代作《陸士衡詩注》序。到丙樓，監譚其驤君筆試，與鄧文如先生長談。鮑季貞來。

到君勵先生處午餐，談至三時歸。點所鈔《厚岡文集》數文。寫昂衡信。容女士來。吕健秋先生來。陳懋恒女士來。

登錄學生考分。寫注册部信。看《明代勅撰書考》。

今午同席：雷興父女三人　煨蓮夫婦　予（以上客）　君勵夫婦（主）

一月十四號星期四（十二月初七）

包發寄外《古史辨》第三册約四十册。朱倧（遏先先生之子）來取款送書。

張長弓來。寫楊遇夫，浦江清，袁洪銘信。寫士嘉信。芝生來。校講義稿。魏守謨來。看徐志摩《自剖》，略畢。

外院劉宅開留聲機，予在室中聞之，告履安，她到院中聽不見，到二門，開門聽之，亦復不聞。她耳聾竟到此程度，可嘆。

今日左手大拇指作痛，不能屈伸，不知何故。

一月十五號星期五（十二月初八）

寫劉澤民信。理物，爲歸計。唐智送書來。到振鐸家訪劉女士，未遇。請起潛叔寫鄭楚生挽聯。

李退庵來。看德坤所著《黃河流域地名層化》一文，爲之修改。寫定生，晉華信。錫永來。

到煨蓮處吃飯，聽張文理組織生産黨意見，十一時許歸。

慕愚來書，謂南京抗日空氣已歸沈寂，甚悲觀。此後決當定心忍性，作切實工作，不再隨人浮動。又言内政部易部長後多裁人，其職業不知可保否。倘亦被裁，當來平。聞之甚爲憂慮。

一月十六號星期六（十二月初九）

記筆記三則（秦之都邑）。亮丞先生來談。理物。

點沈濤《史記太初元年歲名辨》。請起潛叔爲季達，鑑初等寫字。

到校，開圖書購買委員會。

一月十七號星期日（十二月初十）

點沈濤文訖。寫魯弟，李鏡池，劉大白，蔣崇年，伯祥，胡鑑初，丁在君，叔父，父大人，袁守和，健常，翟佩琦信。

牟傳楷來。譚其驤來。

理物。振鐸夫人劉女士來。算鮑季貞鈔書賬。點李榮陞文。

致健常書，囑其將所作荒地統計工作擇要鈔出，以免萬一被裁，致成廢紙，辜負此一年來之辛苦，且可藉此喚起國民對于移民之觀念。

牟潤孫研究外族內徙史，譚其驤研究內地移民史，健常又研究移民之實際計畫，此三種工作甚有聯絡之可能。

一月十八號星期一（十二月十一）

理物。翻《東塾讀書記》。修綆堂人來。寫洪都信。

通學齋人來。到校，爲譚其驤，葉國慶二君畢業考試。

譚其驤來。朱士嘉來。到紹虞處。點鈔件。

本日考試委員會：

（一）葉國慶：煨蓮　陳其田　地山　予
（二）譚其驤：煨蓮　楊開道　子通　鄧文如　予

一月十九號星期二（十二月十二）

理物。班書閣來。葉國慶來。連士升來。

到希白處，到司徒先生處，到吳校長處，到祝廉先處，到呂健秋處，到子通處。

理物。

一月二十號星期三（十二月十三）

理《東壁遺書》稿。

羅香林來。寫煨蓮信。與履安，起潛叔同進城，到以中處。予至李晋華，李光信處，書社。訪唐立厂，未遇。歸，到商宅夜餐，看錫永寫字，談至十一時眠。

一月廿一號星期四（十二月十四）

修改講義。到肖甫處，并晤義利印書館經理李君。到旅行社購票，到市場東來順吃飯。

到王姨母處，又到旅行社，回以中處。三時許，與履安，起潛叔，綏真同到車站，賓四來送行。五點一刻開車。

磕睡。

坐三等車，車中不潔，以冬天，咳嗽吐痰者不絕，幾疑是病人車。

一月廿二號星期五

終日在車中，看《張衡年譜》（孫文菁稿），《來青閣書目》等。

在車中作詩云："是樂是哀渾莫知，別期似暫又似遲。百千量度都須廢，只此愁心不可移。"又云："只緣思極心翻木，更以情多見總羞。拼把吾生千斛泪，年年倒向腹中流。"噫，南歸心事，誰知我耶？

一月廿三號星期六

八時半到浦口，渡江，坐汽車到中正街交通旅館，盥洗。十一時，到內政部訪健常，與之同歸其家，吃午飯，見其父母妹及黃一中。下午回旅館，到教育部訪祚茞，到軍需署訪仲川，慰萱，崇年。在署吃晚飯。乘汽車歸館，仲川，慰萱，崇年同來。祚茞來，談至九點別去。

寫履安信。

黃厚端，字一中，黃克强先生之次子，日本留學生，在内政部參事室任事。健常與之同事，且同鄉，甚相契合。今日同在譚家吃飯，覺其人非浮夸之流，深喜健常之有托。予極愛健常，顧我義不當與之接近，且不願彼爲我而有痛苦，八年來之交誼率在躲躲閃閃中，未嘗一自表白。予既不能施愛，復不望彼之受愛，故今日之聚，一方因以自悲，但一方亦甚爲彼幸。且彼之得有安慰，即足使愛彼者亦得安慰，復何恨焉。所惆悵者，從此友誼不得繼續，即此躲躲閃閃之機會亦不易得耳。

一月廿四號星期日

八時半始起，寫世五，希白信，整理物件。校閲《東壁遺書》稿。崇年來談，同飯。

一時半，仲川借予汽車一輛，到謝女士處，同出，到振玉處，沙女士亦來，與謝沙兩位同到仰之處。與謝女士到志希處，又同游五洲公園，送謝歸家。訪君武，未遇。歸。到長樂巷洪思伯處觀其藏書。

志希夫婦來，洪思伯來，振玉來。校閲《東壁遺書》。十時許眠。

昨在内政部時，健常云："下午要不要找謝祚茝去？"予聆此言，即覺空氣突變。及至譚宅見黃君，始恍然。今日果與祚茝同游矣。白門兩度新年，竟是兩種景色，令我長喚奈何。今晚歸寓，館役以健常及其父所贈蘋果一簍，橘子一簍，荔枝一匣，桂圓一匣進，謂于下午二時送來，以我不在，約晚間再來。予在寓待之，終不至，益知其情矣。對此贈物，只是呆視。噫，橘其決耶？荔其離耶？然有桂圓，似猶有望也。予之希望築在迷信上，亦無聊甚矣。然情之所驅，固不容不爾。且讖語實有奇應。予去歲住交通旅館，門外有"別苑"一額。予默禱而卜之于《易》，得“黃離元吉”一爻，兩占皆然。今彼果有黃君之麗矣。予亦果與之別矣。繼今以往，不識天之安排我與顛倒我者將如何也？

予與健常交凡八年，可括以二語曰：“行乎情之所不得不行，止乎義之所不得不止。”此所謂義，當然是時代的。若社會組織既變更，彼不致因此而感痛苦，且不致害別人，使別人爲我而受痛苦者，我又何所畏乎！廿三日，圍爐討論國事，健常曰：“若處處審慎，顧忌太多，必不能成事。”此固論政府之不敢主戰，或亦用以譏予。噫，予心之苦，健常安得知之乎！（我儘能打破舊道德，但終不能打破我的同情心。）

一月廿五號星期一

七時起，仲川派汽車來，送至車站。值大雨。在車看晦木齋書目等。

三時半到蘇州，入中央飯店，理送人物。剃頭。

寫履安，健常，祚茝，崇年，仲川信。

今夜寫健常信，謝其贈物，且試探其此後是否不再與我通信。如其不來，我亦決不做討厭人，擾亂他們的和平空氣，惟默爲祝福而已。

一月廿六號星期二

到寶積寺。到家。到潘儒巷吊陳萬里母喪。到吳岳母處。到陳欽溇處看病。到殷宅。到欣伯處，未遇。到竹庵叔祖處。到子清處。回飯店吃午飯。

到汪姨母家。到公安局訪安之。到毛姨母處，長談。歸中央飯店。安之來。

到觀前街買物。理物。

近以受寒咳嗽，廿四日喉忽失音，此予向所未有，因于今日到欽溙處醫之。

一月廿七號星期三

到殷宅。到家。到潘宅吊喪。回家，理物。到九孀母處送錢。嚴舜欽來。在叔父處吃飯。

與叔父舜欽同到觀前，至貞明公司定電燈料。回中央飯店，取物上車。乘二點車赴滬。在站遇揚廷叔祖。五時，到滬，入義興旅館。

到新聞路訪魯弟，吃飯，留宿，與午姑母魯弟婦等談話。看群兒嬉戲。

一月廿八號星期四

與魯弟及張姑丈談話。到亞東訪胡鑑初。到四馬路尋來青閣，未得。到閘北，訪伯祥等，何柏丞。到北四川路中有天吃飯。

回旅館，上滬杭車。三點開，八時半到杭。在滬杭車中看小報及《申報》等。

到家，父大人已睡，與繼母談至十一點，睡。

今午同席：予（客），伯祥，聖陶，調孚，功甫，徑三，振鐸（主）。

今早魯弟告予，銀行公會得息，日本兵思動，勸早走。看本日《時報》，上標"下午六時，難關"紅字。到商務書館，則同人頗安閑，以吳鐵城已簽字，答應日人無理要求，且抗日會已封閉也。然閘北遷家者甚多，自飯館中出，寶山路車馬已塞斷，予步行至旅館，又到行李房取出行李重結票。自飯館出已二時矣，得上三時車。危極險極，此是北站開杭之末班車矣！

一月廿九號星期五

到姑母處。邵展成來。理送人物。

到城站剃頭。到沂園洗浴。到萬邵兩家送物。

姑母，姑丈，簡香，又曾來談。

昨夜日軍在滬啓釁，我軍勝，閘北大火。諸友人之生命財產未識如何。杭州空氣甚緊張。

一月三十號星期六

寫履安快信。萬德懿來。寫崇年信。看父大人所藏書畫。

仍看書畫。與和官到城站買扯鈴。

與父大人等談話。

上海人自南站逃杭者甚多，旅館客滿。

七年前夢中得句云"誤我庚寅二十年"，久不得解。偶在臥室抽屜中得去年曆本，檢之則民國二十年之陰曆正月固赫然庚寅也。健常與我之落漠其殆始于是時耶？

一月卅一號星期日

父大人邀又曾暨予到清和坊吃麵。到西泠印社四照閣品茗。十一時許歸，看報。

到姑母家聽留聲片，吃點。

過年。與父大人，又曾簡香打牌四圈，十一時許眠。

政府遷洛陽，未知慕愚，祚苴何如？與日戰既決，蘇杭未知將如何？予能歸平否？心緒甚亂。

一九三二年二月

二月一號星期一

寫履安，魯弟信，朱士嘉快信，到城站付寄，并看報。寫聖陶，伯祥，振鐸信，慰問。歸，記日記等。

點《知非集》,《二餘集》,《針餘稿》等。

與又曾,父大人談話。

二月二號星期二

理《東壁遺書・評論,傳狀》等。

與和官到清和坊購紙筆及教科書。整理《東壁遺書・附録》。寫履安,煨蓮,肖甫信。

與姑母,又曾等談話。

二月三號星期三

整理《東壁遺書》。

到郵局寄信。到孫述萬處,未遇。到陳萬里處,亦未遇。歸,整理《東壁遺書》。

寫元胎信。姑母家過年,往打牌四圈。十二時眠。

拂曉,夢慕愚演《三笑因緣》劇,唱梆子腔,酷類小香水。未竟,而嫁妝已至,雜沓盈臺,戲亦輟演矣。噫,此劇終以不了了之耶?

二月四號星期四

整日雨雪,整理《東壁遺書》稿。

寫履安信。與又曾簡香等談話。

二月五號星期五

覆看《東壁遺書・序目,傳狀》。到孫述萬處,接洽購書事。孫述萬來。

祭先。吃年夜飯。金元達來。打牌。

二月六號星期六（元旦）

寫希白信。到姑母家拜年。向父母拜年。

到姑母家打牌八攪。

寫履安信。擲洋，擲狀元籌。

二月七號星期日

看父大人所購書。與父大人等同到邵，萬兩家拜年。

寫履安，祚莅，洪都，賓四信。看父大人新購書。與和官及和春嬉。

與繼母談話。

二月八號星期一

寫楊壽祺，趙肖甫，王以中夫婦信。萬，邵兩君來。士慧弟來。終日覆看《知非集》，畢。覆電與履安。

寫履安，起潛叔信。

與繼母談話。

今午得履安來電，尚不知我在何處，蓋滬戰之後郵務停滯也。又悉此電之前已發過一電，但未到。即此可知履安之發急。因發電與之，告以路阻難行，聘賓四代課事。

二月九號星期二

終日理《東壁遺書》稿（二餘集，針餘吟，親友事文彙輯）。

寫君疇，鑑初信。

到姑丈家吃飯。看打牌，看《鬼董狐》。十一時眠。

《鬼董狐》中有妾薄命長詩一首，大有《離騷》意味，可錄出之，編入性情集。

二月十號星期三

寫履安快信，紹虞信。覆看《東壁遺書・事文彙輯》。

到城站寄信。剃頭。與又曾簡香同到黃龍洞，臥雲洞，金鼓澗，香山洞游覽，到湖濱進點。

與父大人，又曾，簡香談話。

二月十一號星期四

終日整理《東壁遺書》（親友事文彙輯，評論）。

邵子莊來。孫述萬來。與又曾和官同到自來水廠參觀。寫煨蓮快信，余遜信。到城站修錶。

看《齊東野語》。鈔《先秦經籍考》序。又曾等來談。

二月十二號星期五

作《二餘集》按語。寫士嘉，選課同學（快），履安，希白信。

與又曾簡香乘火車到南星橋，游江頭，坐汽車到湖濱，游陳列所，吃素麵。歸，寫趙肖甫，胡鑑初，金元達信。

與又曾等談話。看《齊東野語》。

日方又大增兵，準備一劇戰。

二月十三號星期六

寫適之先生，玄同先生，何殿英，羅雨亭，張西堂信。看肖甫代編之《崔東壁遺書》序。

寫牟潤孫，李晉華，容希白，羅志希信。作《針餘吟》稿及《訪問記》按語。

姑母來。

今日中國大勝，殺敵千餘人。

二月十四號星期日

與父大人到三元坊奎元館吃飯。回家，寫履安信。萬里來談。

與又曾，簡香，父、母，和官同出，到西湖，游康莊及西湖博物館，到湖濱天香樓吃飯，又曾邀宴也。七時半，歸。

到姑母處談話。

二月十五號星期一

寫通伯，魯弟信。到城站買郵票。寫芝生，聖陶信。

作《東壁書》小序（事文彙輯，序目）。到葵巷剃頭。

宴萬老太太及姑母全家，與姑母等談話。

二月十六號星期二

寫履安，楊鴻烈，肖甫信。作《東壁書》小序（傳狀）。

作《知非集》小序，未畢。與又曾，簡香，姑丈同乘火車至閘口，游虎跑。六時半歸。

與又曾等談話。

二月十七號星期三

作《知非集》小序畢。覆看《東壁遺書》，記出一總目及應檢材料。寫上海郵政總局，煨蓮信。看父大人藏石。

姑丈母等來談。覆看《東壁遺書》稿，記頁數。朱菊人來談。到姑母處打牌。

與繼母等談話。看和官寫字，教之。

二月十八號星期四

寫履安，康媛，艮男信。看父大人所藏法帖。增編《東壁遺書》稿。

　　與萬文淵，嚴劍侯（紹興郵局長），又曾，萬正純小姐，同游
靈隱，韜光，北高峰。回城，到湖濱大達吃點。

　　又曾等來談。

　　北高峰兩犬迎吠，知游客到者絕少。然其地乃爲一財神殿，
則未免殺風景。

　　韜光觀海亭邊，翠竹千竿，寒梅一樹，若見伊人豐姿，頗涉
冥想。倘得從此撒手，則以後吾廬之前亦當如此種植，庶永得見
其精神與風態也。

二月十九號星期五

　　寫緝熙，伯祥，殿英信。萬文淵偕羅霞天來訪。整日作《東壁
遺書》序三千餘言。

　　又曾等來談。失眠。

二月二十號星期六

　　寫履安，希白，賓四信。作《東壁遺書》序千餘言。整理河南
寄來碑帖。

　　教和官讀書。寫名達，秋白信。看父大人書籍碑帖。

　　又曾，簡香來談。元宵，家祭。

　　昨夜失眠，今日精神便困頓。予之不能作文如此！一作文就
睡不着，其靈驗乃至于此。

　　爲父大人近來違和，故和官讀書暫由予教。

二月廿一號星期日

　　剃頭。姑母來談。父大人感風寒，醫來。寫崇年信。收喜神。

　　看父大人所購碑帖。寫聖陶，履安信。圖書館陳有爲來。

　　看打牌。宴萬君。

二月廿二號星期一

作《東壁書》序千餘言。重作《傳狀》按語一千言。王永泉來。

與萬文淵到羅霞天處。歸，續作三百言。到經訓堂朱菊人處，購書數種。教和官讀書。

與父大人談話。朱菊人來。

二月廿三號星期二

寫履安，元達，鑑初，煨蓮，希白，君疇信。致希白電。寫《東壁書》序一千餘言。

寫吳校長信。翻看張澍《養素堂文集》。爲又曾，耀曾，簡香寫屏三，聯一。徐仰之來。教和官讀書。

又曾等來談。看《蘿藦亭札記》。

賓四以課忙，不能代予課，而學校開課已久，不便久延，因于今日致希白電，囑在劉節，唐蘭，劉盼遂三君中擇一聘之。

予此來不曾帶印章，而又和人寫起屏聯來了。因此，又曾贈與我石章二方，將托梁友三先生刻之。

二月廿四號星期三

寫《崔書》序一千餘言。

到清和坊購書物。看《鬼董狐》，《國學概論》，伴和官讀書。

伴和官讀書。看《蘿藦亭札記》。

二月廿五號星期四

重作《東壁書·序目》按語千餘言。續作《遺書》序千餘言。

與又曾簡香到葛嶺，登初陽臺，由小徑至寶石山，下山步至第六公園小憩。到湖濱正興館吃點。買鞋及帽。乘車歸。

伴和官讀書。

近日有人在財部及省署誣告父大人貪贓八十萬者。父大人云："只須我有八萬，我便可不做事了！"又謂某督銷局長爲父大人之乾兒子。此更無影響，誰聞有此乾兒子耶！因此，父大人頗灰心，向周運使乞休，但不見許。

二月廿六號星期五

鈔賓四文入《東壁書・評論》。續作序二千言。

鈔宋人楊惠之塑像詩入筆記。烏冠軍來，出畫軸共觀。伴和官讀書。寫履安信。

姑丈母，又曾，簡香來談。

今晨日機來十五架，至筧橋兵營及飛機場投彈，死傷數十人。下午又到城，未投彈。

二月廿七號星期六

寫夢麐先生，陳受頤，唐立厂，余讓之信，爲北大代課事。作《東壁書》序二千言。

寫履安快信。到三元坊寄信。到大方伯剃頭。徐仰之來。

又曾來談。

北大課亦須代，但他人不能如我之盡義務，故薦唐立厂于蔣，陳兩先生，請其照講師例支薪。

二月廿八號星期日

終日點讀《呂氏春秋》本文及注十七篇。

陳有爲來。

姑母，簡香，又曾來談。

希白催爲《燕京學報》作文，因自今日起，放下《東壁遺書》工作，讀《呂氏春秋》，搜集老子材料。呂氏書，欲細讀者久矣，苦不得暇，今乘侍養之時，合本文及注讀之，雖不能細加咀嚼，終得一字字地讀下去矣。

二月廿九號星期一

終日點讀《吕氏春秋》十五篇。

到大方伯散步。到徽徽書店訪王永泉，購書數種。姑丈母將於明日避難嚴州，因往話別。陳有爲送廿四史書箱來。徐仰之來。

姑丈母來話別。

一九三二年三月

三月一號星期二

點讀《吕氏春秋》十八篇。

到候潮門散步。歸，寫履安，伯祥，希白，八爱信。徐仰之來。陳有爲來。

看和官讀書。

三月二號星期三

點讀《吕氏春秋》十一篇。

與又曾簡香到城隍山，轉紫陽山，從亂石山徑中下。到胡慶餘堂，看鹿。到陸聚館吃麵，步歸。

鈔吕氏書材料，備作文。

三月三號星期四

點讀吕氏書十八篇。理書入書箱書櫥。

與又曾到許衙巷，大方伯看無綫電。全喜弟來。徐仰之來。看父大人所藏書畫。

又曾來談。

三月四號星期五

點《呂氏春秋》廿一篇，第四册畢。

到大方伯看無綫電。到葵巷剃頭。到丁慕三處賀其三十壽辰。又曾來談。

寫履安信。

得肖甫書，知履安前不得我書時，慮我在滬遭難，涕泣不止，面容愈瘦。聞之殊爲不安，因去一信，切實慰之。

三月五號星期六

讀呂氏書十六篇。寫履安，竹庵叔祖，章君疇信。到城站寄信。石渠閣人來。

簡香，全喜弟來。打和官，爲其讀書太不用心之故。

三月六號星期日

與父大人到豐樂橋老聚勝吃蝦炮鱔麵。點讀《呂氏春秋》十一篇。

與又曾簡香乘車至清漣寺山門口，東行至丁氏墓廬，又至靈峰，在徠鶴亭小憩，到湖濱，在正元館吃點，步歸。

以履安待我之摯，在良心上甚欲忘健常，然在靈峰一見清冷之竹與梅，又不禁起我遐思。噫，我之行爲可以意志制之，我之感情豈尚有制之者耶？

三月七號星期一

點讀《呂氏春秋》二十三篇。石渠閣陳士奎來。

寫叔父信，勸其避杭。送又曾，自琛上船。到拱宸橋游覽，以火車往。爲捉差運兵，故無船。到大馬路，福海里，海關等處游覽一過，即至橋西，乘汽車歸。

晨夢健常來吾家，惟匆遽即去，未爲繼母所見。

淞戰起後，蘇州情勢愈險迫，逃難者踵接。叔父一家在蘇，因作函勸其遷杭，以杭州比較尚安全也。又曾自琛今日回蘇接眷，此函托其帶去。

三月八號星期二

讀呂氏書四篇，全書讀畢，即整理一過。周青侖來。點讀《老子》一過。翻看王式丹詩集，檢出秀野公材料數事。

鈔出呂氏書中材料。寫履安信，寄信，看無綫電。徐仰之及紹興金君來，送書樣。

看《能改齋漫録》。

三月九號星期三

終日鈔《呂氏春秋》材料，備作文，未畢。周來善來，送書樣。

記日記。看《能改齋漫録》。

三月十號星期四

鈔呂氏書材料，畢。

到大方伯剃頭，看壁報。到壽安路等處，買物。歸，爲秋白弟寫字二幅。編《呂氏春秋》引書引語表。

簡香來談。

晨三時又醒，但五時後略得眠。

三月十一號星期五

寫履安，羅雨亭，鄭德坤，王以中，誠安弟信。徐仰之來。

寫朱士嘉，希白信。周來善來。到郵局寄信。到望江門，鳳山門散步。歸，寫李晉華信。

寫章君疇，伯祥，班曉三信。

晨四時半醒，得睡六時許，較前昨日爲佳。

下午到城站寄信時，適日本飛機一架來偵察，一時城上之高射炮與城下之鐵甲車同擊之，彼依然安飛而去。子彈乃落至吾家庭院。

履安來信，謂慕愚無信到平，竟遂與我絕耶？思之悵惘，誦晏殊"無可奈何花落去"之詞，宛然道予心事矣。

在望江門一裱褙鋪中，見有一聯，文云："能受天磨真好漢，不招人忌是庸才。"頗表同情。予受天磨亦既烈矣，稍一用心，即致失眠。然予必不灰心，每日走城門以鬆散之。

三月十二號星期六

寫煨蓮長信，道數事，凡四千餘言。金元達來，爲崔氏書事。

到壽安坊寄信，到大方伯買書，由清河坊轉河沿歸。點讀《淮南子》二卷半，未連注讀。

簡香來談。看《能改齋漫錄》。

寫煨蓮信所道事：（1）編刻《尚書》學，（2）買書，（3）編民族史，（4）李晉華君學業。

三月十三號星期日

寫履安，馬季明，田洪都，希白，振鐸信。到城站寄信。點《淮南子》四卷半，第二冊畢。

到簡香處聽留聲片，周來善來。

又曾夫婦及自琛自蘇州來，來談。

前夜得眠七時，但昨夜只眠五時，想以昨日寫信費心思故。

下午下雪甚大。

　　曉夢萬文淵告我，慕愚之入國家協會，係信我之言。又知慕愚已到北平，在黨部服務。

三月十四號星期一

　　點《淮南子》三卷，第三册畢。寫袁洪銘，張福慶，李儼信。寄煨蓮，李儼，洪都書籍。

　　下午，到又曾家小坐。寫其驤信。與自琛之子許曜生到東街路，慶春門，弼教坊一帶散步。在大方伯遇敬文，到民衆教育館小坐。聞徑三，秋子俱在附近。點《淮南》一卷。

　　簡香來談。

　　予到杭後不出訪友，敬文因亦未見。今日在大方伯看壁報，因與相晤。

　　寫其驤信，略云："一個人有了志願，固然是一件很痛苦的事（因爲決不能使事實與志願符合），但也是一件很快樂的事（因爲事實有一分的接近志願時，就有兩分的高興）。"又云："能有計畫，則一個人的生命永遠是充實的，不會因外界的誘惑而變志，也不會因外界的摧殘而灰心了。"因勸其以數年之力作西北移民之具體計畫。

三月十五號星期二

　　點讀《淮南子》四卷半（12下—16）。

　　寫履安，起潛叔信。出外，由馬市街一直走至艮山門附近，在東街路剃頭，歸。

　　又曾來談。

三月十六號星期三

點讀《淮南子》四卷許（17—21上）。

出清波門，游錢王祠，進涌金門，歸。揚廷叔祖來，與之同出，到湖濱，游公園及西冷橋，在天香樓吃飯歸。

昨夜居然得眠七時半。

揚廷叔祖久托我薦事，來杭後函告君疇，居然成功。今日由蘇州來，明日即往奉化。

三月十七號星期四

五時起，出門雇車。五時半，送揚廷叔祖到三郎廟第一碼頭上船，步歸。點《淮南》畢，整理一過。寫履安，適之先生，陳懋恒女士信。

到城站寄信。與自琛曜生步至胡慶餘堂看鹿，買天王補心丹。上城隍山，到東嶽廟，看香會中佛婆數百人念佛環行，到茶館，吃油酥餅（甜的）。下山，由清河坊步歸。

寫伯祥信。又曾來談。

城隍山油酥餅，聞名廿餘年矣，終未一嘗。聞帶敲竹杠性質，不問價有貴至數元者。今日往吃一枚，問價四角。油酥極重，故鬆。

三月十八號星期五

寫牟潤孫，白壽彝，煨蓮信。終日點《淮南注》一冊。

看《古文舊書考》。

寫煨蓮信，爲薦愈之也。予覺商務書館散出一班人中，以愈之爲最好，頗欲引至北平。

三月十九號星期六

點高誘《淮南注》一冊（第二冊，畢）。

寫履安信。與又曾，簡香同到大禮堂，看《戀愛之夢》電影。到花市路聚賢館，赴敬文招。十時歸。

此兩日中，居然得眠八時。將以服食天王補心丹之效乎？

今晚同席：戴望舒　鄭曉滄　劉拓　予（以上客）　鍾敬文（主）

三月二十號星期日

略點《淮南注》。剃頭。儲皖峰來。梁友三來，出代刻印章二。

與又曾簡香之全家及繼母和官，凡十人，游三潭印月，紀念塔，公園。回，至金德其吃點心。六時許歸。

又曾，簡香來談。

三月廿一號星期一

終日點《淮南注》二冊（三冊半—五半）。爲所寫字鈐印。

寫履安信。步行出清泰門，欲觀海塘而未得。步至定海村之東，已近十里矣。凡往返十九里許，出二小時半。

伴和官讀書，以其不用心，打之。

三月廿二號星期二

點讀《淮南子高注》，畢。

看梁任公《古書真僞及其年代》，未畢。

與又曾談話。

昨夜又夢慕愚，但以在中夜，已不記其事，只記履安嗔語云："她一來來了十八點鐘。"

三月廿三號星期三

看《古書真僞及其年代》，畢。看《古籍解題及其讀法》，未畢。金元達，楊見心，劉雲叔來，爲崔氏藏書事。

與又曾，簡香游七堡等處，人力車往返約四十餘里。五時半歸。寫履安，君疇信。

看《清異録》。

此數日雖服天王補心丹量漸多，然只能眠七時矣。

今日所到之村，廟：頭堡，二堡……七堡，資福庵（未至彭埠），彭埠，章家壩，夏新廟（在章家壩），明月橋，葉家埭，新塘鎮，中新廟（在新塘），嚴家衖（此後即至太平門東街）。此皆清泰，慶春兩門外之鄉也。

三月廿四號星期四

看《要籍解題》，畢。寫何殿英，羅雨亭信，爲印《古史辨》第四册事，即到城站寄發。梁友三來拓造像。點青侖所鈔朱竹坨論《尚書》兩文。

青侖來。鈔《古書真僞及其時代》文字入《東壁遺書・附録》。看父大人所購古物。到大方伯買信箋，牙刷等。

寫履安信，未畢。

校中既通過印予所編《尚書》學，故即雇人鈔寫材料。青侖正無事，即以交之。

三月廿五號星期五

寫履安信，畢，付寄。終日理《東壁遺書》稿，清出六種（序目，傳狀，訪問記，知非集，針餘吟，評論）付寄，寫鑑初函。徐仰之送所購書來，點之，置入樓上書櫃中。

又曾，簡香來談。

三月廿六號星期六

終日以墨筆點《淮南子》斷句，竟三册。

夏樸三來。徐仰之來。課和官書。剃頭。

又曾，簡香，自琛來，談蘇州事。

三月廿七號星期日

與父大人到西園，吃點，予訪萬里。回西園，與父大人到國貨陳列所買物，歸。終日以墨筆點《淮南子》一冊（第四冊）。

寫羅雨亭，吳春晗，履安，揚廷叔祖信。又曾，簡香來長談。

看《烟嶼樓筆記》。

三月廿八號星期一

寫容女士，馮世五，趙肖甫信，即到站寄。終日點《淮南子》一冊（第五冊）。

伴繼母到大禮堂看電影（《狂風暴雨》）。到慶餘堂購補心丸，步歸。

又曾來談。

三月廿九號星期二

以墨筆點《淮南子》一冊（第六冊）。

爲袁洪銘寫一單條。校青侖所鈔諸文。寫履安信，未畢。

又曾，簡香，自琛來談。

三月三十號星期三

寫履安信，畢。寫樸山信，謝不游富陽。到車站寄信，并取履安寄來衣服。終日分類鈔《淮南子》中材料，得一冊半。

徐仰之來。校青侖所鈔文。

三月卅一號星期四

終日分鈔《淮南子》中材料，盡一册半。

徑三來。到葵巷剃頭。到敬文處小坐。到浙江大學訪儲皖峰，并晤錢琢如，石聲漢。至六時許，別。

看《花雨樓叢鈔》。服藥而眠。

兩夜均只睡五小時，上午三時必醒，蓋少運動之故，而藥性之疲亦其一因也。

一九三二年四月

四月一號星期五

寫履安信。終日分類鈔《淮南子》材料，盡二册。

四時，到浙大，訪皖峰，琢如，談天文曆法。到城站散步。

看《花雨樓叢鈔》。仍服藥眠。

以服藥故，昨夜得眠七小時。

四月二號星期六

鈔《淮南子》中材料，畢。

校點青侖所鈔《尚書》文字。鈔《吕氏春秋》中之《尚書》，畢。鈔《淮南子》中之《尚書》，未畢。到石渠閣，看書。

看《花雨樓叢鈔》。

仍得眠七小時。晨五時許，夢見慕愚全家避難至予蘇州家，予留之。設三榻，其父東，其母西，慕愚中。予乃與慕愚同臥，然不及于亂。時慕愚正作中西交通史畢業論文，予助其集材，篇中稱"顧師"云。此夢甚長，幾歷一小時。嗚呼，僅夢中許作此溫存乎！夢中又見燈甚多，鏡甚多，不知主何讖。將謂如鏡中花，燈中焰之易滅乎，然此心此志則不易滅也。將謂明鏡反映燈光，使其愈昭明乎，是固予之願也。

四月三號星期日

鈔《淮南子》中之《尚書》，畢。鈔"太一考"材料，并加整理。點青龠所鈔文。

與父，母，和官同到靈隱，上翠微亭，到公園品茗，到湖濱公園小坐，到三義樓吃夜飯。遇健卿。到精古齋。

歸後又出，到湖濱旅館訪健卿。歸，失眠。

今晚失眠之故，以晚飯吃得太早，至就寢時酒力已消失也。

四月四號星期一

終日草《從呂氏春秋中推測老子之成書年代》一文，三千言。寫履安信，出寄。整理"太一考"材料。

與又曾簡香談話。周來善來。

又曾來談。

四月五號星期二

續寫論文三千言。方聯元來。

與又曾，簡香同游淨慈寺，張蒼水墓，玉皇山，慈雲嶺，江蘇會館等處。六時歸。

寫履安信，未畢。與繼母談話。

今日所見，以玉皇山之紫來洞，慈雲嶺之石佛殿為最勝。石佛殿僅一遺址，其雕刻佛像甚有龍門奉先寺意味，恐是唐刻。然何以未聞表彰之者也？天殆將假手于予耶？

湖上春光之艷，今日飽領之。桃花楊柳，艷得蕩了！

四月六號星期三

續草文，約二千言。寫履安信畢，即付寄。剃頭。

伴繼母和官到城站看十九路軍抗日電影。徐仰之來。又曾，簡香，自琛來談話。

看《生活周刊》。

晨間偶翻李義山詩，忽心動，閉目卜之，指得垂柳詩"紅燭近高舂"句。《淮南子》云："日至于淵虞，是謂高舂。"意者予于垂暮之年乃得與之燒紅燭耶？苟其如是，亦無憾焉。因憶去年占得"黃離元吉"，恰與此"紅燭高舂"相對，亦一奇巧事。可書以爲聯，待驗焉。

四月七號星期四

到壽安坊買紅色補丸。終日草文約二千言。到郵局取款，未得。

看《荀子》，尋文材。鄭石君來。徐仰之來。又曾，自琛，簡香來談。

又曾，簡香來談。

天王補心丸，吃得疲了，適看報上紅色補丸廣告似甚適合我體，因購服之，未敢告家人也。

四月八號星期五

看《荀子》，略畢。寫履安，煨蓮，殿英，士嘉，紹虞，希白信。

丁暮山來談。寫晉華信。到城站郵局取款。到大方伯買書。歸，鈔《荀子》中材料，訖。

看《越絕書》。

四月九號星期六

點《莊子·天下篇》，鈔出材料。

到城站換錢。將《呂氏春秋》及《淮南子》補翻一過，更集材料。又曾夫婦邀到杭州影戲院，看《歌女紅牡丹》，六時歸。

看《進士題名碑録》。青侖來。

四月十號星期日

周來善來。整理文稿。讀《莊子》。

爲人寫單條中堂之幅。又曾來談。青侖來借錢。寫履安信。

又曾，簡香，自琛來談。

四月十一號星期一

審核石渠閣，今古書店，善本書室之賬單，改訂其價，將送來頭本整理一過，即寫田洪都信。

樊漱圃先生來，看《樊宗師集》。到大方伯，遇徑三，敬文，即至徑三家談。出，剃頭，購筆，冒雨歸。

看父大人打和官，亦以其讀書太不用心也。

四月十二號星期二

作文二千餘言。徐仰之來。

漱圃來，同到孫康侯先生處，視《琬琰集》。出，同至三忠祠看浙江圖書館所藏版片。歸，修改上午所作。寫羅雨亭，何殿英信。到簡香處，祝其廿八歲壽。

寫履安信，未畢。周來善來。又曾來談。

自本日起，將《老子》一文正式寫定。

四月十三號星期三

終日作文三千言。

與又曾及簡香夫婦同到城站，看電影《如此天堂》。到石渠閣。

經香樓人來，賣舊《申報》。周來善來。徐仰之來。寫田洪都信二通。又曾來談。

聞電影明星胡蝶之名久矣，而尚未見過。今日乃始見其《如此天堂》一劇。

四月十四號星期四

作文千餘言。陳士奎，方聯元，徐仰之來。梁友三來。

與繼母及又曾夫人，簡香夫人同到大世界，看新劇《代理丈夫》《空谷蘭》。予又獨至影戲場，唱書場，紹興戲，南詞戲，京戲等場徘徊一過。到麵館吃點，七時歸。

朱惠淥，周來善，周青侖來。寫洪都信。又曾來談。

四月十五號星期五

終日作文五千言。漱圃來。

周來善來。爲寫洪都信。

又曾來談。

四月十六號星期六

終日作文五千言。朱惠淥來。

看《呂氏春秋》。

四月十七號星期日

六時起，改所作文。八時出，剃頭，到鄭石君處，渠已赴平。到漱圃處，與其子漢永同出，游可園，又出清波門游汪莊。歸，飯。

李雁晴，夏癯禪，夏樸山，蔣徑三來，出吾家所藏書畫共觀。至三時別去。作文二千言。寫履安信，希白信。

金元達來，接洽書事。又曾來談。

以兩日來作文過多，上午三時許即醒。醒前又夢歸家見祖母，與慕愚訂約。予所夢見者，以此二人爲最多。

四月十八號星期一

終日作文三千餘言。朱惠涼來，下午，與之到板兒巷看某家日文書。與又曾，簡香到梁友三處，未遇。

到壽安坊買紅色補丸。

仍三時半醒，得眠五時半。上午三時，夢慕愚在吾家工字廳中，面南坐，扎鞋底。履安與祖母北向坐木炕上。予坐外中間，靠門檻。履安疲甚，欲到鄉間養病。慕愚俯首，盡力刺針。予頻頻望之，彼亦偶然舉首相望，但四目不正交耳。噫，昨游湖上，燕子掠身而過，楊花撲面而飛，春色繚人，殆不可堪。歸來寫"去年天氣"一詞，為之泣下。此夢殆所以慰予耶？殆以扎鞋底象徵情之有所底止，彼將努力以成其事耶？抑示予以履安之可憐耶？醒而思之，且悲且喜，又不禁泪之墮也。

四月十九號星期二

作文三千言，又修改。

點讀《莊子》一冊，心蕩甚。徐仰之來。看《涵芬樓秘笈》第二集。

近日工作太劇烈，致心跳蕩不已。因看筆記書以弛緩之。

四月二十號星期三

作文三千餘言（《老子》的總估計等），本文略畢，又修改。

為經香樓寫田洪都信。

四月廿一號星期四

八時，到定香庵，為竹妹十周年拜懺。在庵點讀《莊子》一冊，畢。

將《老子》一文修改，并以朱筆斷句。庵尼悟清來談。

夜十一時半，放焰口畢，乃歸。與又曾談。

本日來客：又曾夫婦，子女，簡香夫婦，和春，自琛，曜生。

午晚各一桌。繼母，予，和官。父大人未去。

四月廿二號星期五（三月十七）

補作一段（《老子》與《齊物論》之比較），畢。約二千言。朱菊人來。

朱惠涼來。徐仰之來。將所作統看一遍，訖。編一目錄，凡十六章。即包扎。左鼻忽出鼻血，即仰臥。將《莊子》翻一過。

寫希白，八爰信。

此文實作十日，得三萬言。

自今日以上五天，爲予全神貫注于《老子》一文之時，其他任何事都未做。

四月廿三號星期六（三月十八）

補記日記五天。八時，出外，剃頭。寄所作文。雇車到之江大學，晤夏樸山，李雁晴，并晤吳文祺，同在校中游覽一過。還雁晴處，并晤夏癯禪，顧雍如，同出，到山下小店吃飯。

飯後，文祺別去。余等游五雲山，在真際寺小憩。復至郎當嶺，獅子山。一路雲濃霧重，如行海島，如游瀟湘烟雨圖中，快絕，然衣履盡濕矣。七時，回六和塔。

雇車回寓，已八時半矣。又曾來談。

近每過神祠，輒冥思一數而索之籤，時有"秋以爲期"之兆，且有"桂"字，與伊人贈予"桂圓"之讖合。如爲期太近，對于第三者實有不忍。嗟乎，哀樂中人，迷信一至于此！

四月廿四號星期日（三月十九）

與父大人同到城站正興館吃蝦魚麵。歸，寫履安信。八時三刻出發，十時三刻到雲棲，上山觀刳竹引泉，長逾一里。下，吃素齋。

在寺，看青林高會圖（趙宦光，董其昌，陳繼儒，婁堅，蓮池大師等）。出，至虎跑，品茗，照相。六時，歸。

又曾，簡香來談。

後四日爲予四十生辰，又曾簡香爲我豫祝，以我家皆未到過雲棲，特設素筵相款。

今晨夢見慕愚墮大海中，予跳身入海救之。以不諳水性，未得援出，急呼一舟人救之。既出險，問舟人欲得酬金若干，答三十元。予乃贈以五十元焉。

四月廿五號星期一（三月二十）

樊漱圃，屠叙臣來。寫章君疇，履安，田洪都（二通）信。

寫誠安，賓四，以中，春晗，德坤，今甫，伯祥，曉三信。與又曾到萬文淵家，見其夫人。朱菊人來。到城站寄信。到簡香家看畫報。

又曾簡香來談。看虎跑照片。

早二時咳醒，即不得眠。

四月廿六號星期二（三月廿一）

寫姚達人，趙巨川信。上街買信封信箋。歸，寫履安信。文淵來。

寫羅雨亭，袁洪銘，煨蓮，自明，其驤，國慶信。看生產計畫。

點《莊子》。又曾來談。

昨夜居然眠足八小時。

四月廿七號星期三（三月廿二）

寫唐立厂，張福慶信。到郵局寄信取錢。朱菊人來，爲寫洪都信。寫牟潤孫，謝祚茞信。點讀《莊子》。

課和官書。寫履安，馮世五，希白信。出，買藥，書。剃頭。歸，與文淵，又曾等談話。

休息，聽繼母爲我生日備菜事與父親相罵。

予本厭惡作生日。四十之年，學問未立，加以國難，到處瘡痍，更何心作生日。而父母及又曾等必欲爲我作之，爲圖老親快樂，只得應允。然明日之菜是自備抑外定，繼母終疑滯莫決。昨日言自燒，然至今日下午尚未買菜。父親質之，遂至相罵。爲我作生日，本是快樂事，今乃動"壽氣"矣！可嘆！

四月廿八號星期四（三月廿三日）

繼母爲予點天香。點讀《漢書·地理志》校本二十頁。向父母賀喜。又曾等來拜壽。

李雁晴，夏樸山，許文玉來。寫北大哲學會信。與又曾，簡香，父，母打牌八圈，輸千五百文。

宴全寓。

拂曉得夢，有人告余曰："慕愚死矣！有遺物在某律師處。"予趨至某律師處，則出一金約指授予曰："是彼臨終時囑贈君者也。"受之，心爲痛絶，哭而醒。醒而思之，亦復隕泪。然一轉念間，覺得"環"亦未嘗不是佳兆。又夢盤牙脱落，未知是何徵象。

四月廿九號星期五

點《漢書》校本六頁。寫緝熙信，陳士奎來。校《尚書》材料若干篇。

顧立章來。徐仰之來。寫士嘉及選課同學信。

四月三十號星期六

校點《尚書》材料（《古文舊書考》等）。顧立章來，爲寫洪都信。寫履安信。

又曾簡香邀赴大禮堂看《誰是蝙蝠》電影。汽車往，泛湖歸。予挈和官同往。到慶餘堂，爲履安購調經丸。

看《生活週報》。朱惠涼來。

上午四時，夢與慕愚同在一校爲學生，且同住一室（此一室中，有三男生，二女生）。予與慕愚爭辨洞庭湖與太湖之大小，予謂洞庭大于太湖，彼反之。既非言語所可決，予遂前捉其指，就地圖上量之。彼不拒，予一喜而醒。醒時，覺滑澤猶存手指間也。因念此一月中，予輒夢彼，或每夜必夢，惟不遽醒者乃不記耳。予雖失之于人間，而猶得之于夢寐，亦聊足自慰。

一九三二年五月

五月一號星期日

到金元達處，并晤漱圃，錦仁，同到楊見心家，同出，到寶極觀巷崔家，見崔調卿，看其所藏書。十時起，在崔家進飯。

看書至五時許，出（盡一室）。歸，到小有天，與父母及和官同吃點心。剃頭。

看各處來信。以夜飯未飲酒，又失眠，服藥。

崔永安，廣東駐防，進士，曾任杭嘉湖道，順天府尹，護理直隸總督等官。其人頗好收書，以文集爲最多。逝世在五年前，年七十餘。身後其家無讀書者，而書籍占屋甚多，以爲可厭，故求售。予今發見其所藏姚際恒《儀禮通論》鈔本一部，大以爲快，即向其借出鈔之。

五月二號星期一

校點青侖所鈔《尚書》材料（《愛日精廬藏書志》等）。經香樓朱惠涼來，又選取書十種。寫田洪都信。

寫履安信。到運使署，訪漱圃，同出，到崔家看書三小時，盡一室。六時歸。

元達來談崔家書事。看抱經堂新印書目。

五月三號星期二

寫元達，玄同先生信。理書。

寫君疇信。到運署訪漱圃，同往崔宅看書。樓上所藏看畢。歸，看各處信。

天氣熱甚，休息。

五月四號星期三

點《尚書》材料（《說文引經考證》）。寫履安信。

寫煨蓮信。到城站修錶。到運署，與漱圃同到崔宅看書。六時，冒雨歸。

看《生活周報》。

五月五號星期四

看抱經堂書目。點《尚書》材料（《說文引經考證》，畢）。鈔錢大昕文兩篇。續集"太一考"材料。抱經堂許克如來，爲寫洪都信。

元達來，同到運使署，與漱圃偕出，到崔氏看書，畢。與元達同到楊見心處囑與崔氏商書價。

休息。

昨夜起下雨，今日驟涼，可穿兩夾。數日間，炎涼之變如此。

聞政府將解決十九路軍，蔣介石真該死！

五月六號星期五

寫履安，肖甫，崇年，希白信。到城站寄信。周賚善來，爲寫洪都信。

到城站剃頭，到經香樓選書，到元達家選書。歸，到姑母家談話。

又曾來談。

姑丈母于今日由嚴州歸。

五月七號星期六

終日作崔氏書籍報告，復分析其書目。鈔《陳仲魚家譜》入筆記。朱惠淉來，爲寫洪都信。姑母來談。

與自琛，簡香同到城站散步。

又曾來談。

晨夢有一詩選，爲我與慕愚合選者。

五月八號星期日

作《明代勑撰書考》序一千言。元達來，談崔氏書事。陳有爲，顧立章來，各爲寫洪都函一。

與繼母和官同到大舞臺看《貍貓換太子》，《空城計》，《女君子》（即《鐵弓緣》，小楊月樓演）。歸，寫元達信。徐仰之來，爲寫洪都信。

與又曾簡香同到萬家預宴。

今晚同席：阮毅成（中央大學政治系教授）　章桂齡（陸軍第六師參謀長）　周□□（浙江警官學校教授）　又曾　簡香　予（以上客，凡十一人）　萬文淵（主）

王媽于今日去，幾留兩月，大不易矣。

晨夢有人告我，我之名爲石似雅，慕愚之名爲石似癯。

五月九號星期一

修改昨作文，并謄清，全文凡一千二百字。即寫肖甫書，囑其重改。快函寄去，到城站發信。記日記及賬。

寫晋華，伯祥，聖陶，洪都，文珊，名達，煨蓮，希白，八爰，履安，士嘉，樸山，賓四，誠安信。

元達來談。

五月十號星期二

記筆記四條。寫張福慶，聞野鶴，魏瑞甫，馮芝生，牟潤孫，白壽彝信。加寫晋華信。到城站寄信。朱惠涼偕顧佩卿來，爲觶廬先生遺書刻版事。

到抱經堂，復初齋看書。到浙大訪皖峰。歸，課和官讀書。

看陳漱琴女士所編《詩經情詩今譯》。

今日心頗宕，想以兩日來寫信太多之故。故外出散步。

五月十一號星期三

校《尚書研究講義》。爲阮毅成寫條幅。

校《儀禮通論》。顧立章來，爲寫洪都信。看《黃嬭餘話》，記筆記三則。徐仰之來。

看《儀禮》。敬文來。

今日心仍宕。

五月十二號星期四

乘七點廿六分車，與又曾簡香到閘口，游之江大學，會雁晴。

九時一刻，從大學出，由小徑行，極不易走，十一時一刻，到五雲山真際寺。

十二時四十分，到篦簹嶺武雲寺。一點三刻到天竺，吃飯。到靈隱。到玉泉。四點五十分出，到岳墳，雇船到旗營，六時到。道遇顧立章，到善本書店。剃頭。

看報。又曾簡香來談。

早三時許即醒，未得眠。

今日游山，以前數日雨，到處游泉，漸漸瀱瀱，極快心目。行路當在五十里上。

上次游五雲山，曾在華光大帝前心卜得數籤，當時未鈔。今日在籤牌前品茗，因得鈔其全文：

第三十籤（上上）：桂花春將至，雲衢路莫欺。天書從遠降，便得貴人扶。

第四十籤（上上）：無頭終見尾，何用意留連。有信相將至，中秋月在天。

第七十籤（大吉）：相逢時節至，春後稱心懷。所說前程事，花萎又重開。

五月十三號星期五

漱圃來。寫履安信。到郵局取款。終日校《儀禮通論》五十頁。陳士奎，周來善來。

姑丈母來談。看《宮閨聯名譜》。

昨游山時，右腿屈一筋，今日猶痛。

五月十四號星期六

作《詩經情詩今譯》序一千五百言。寫皖峰信。爲皖峰漱琴修改《情詩今譯》。陳時文來。

《儀禮通論》，校畢一冊。聲漢來。賚善來。敬文偕婁子匡來。看《宮閨聯名譜》。

五月十五號星期日

到敬文處，將《呂氏春秋》及《淮南子》中之風俗記載鈔出。與敬文及陳秋子女士同出，到三義樓吃飯。

材料鈔畢後，即作《周漢風俗瑣記》，約寫五千字。尚仲衣來。敬文留飯。

文未畢而頭痛，八時歸。到又曾處，與姑丈母及又曾簡香談。

十一時，父大人客散。就眠。

五月十六號星期一

校《儀禮通論》一卷。陳士奎，屠叙臣來。寫元達，敬文，希白信。爲朱惠淶寫扇。

爲崔氏書事，到元達處。歸，理朱惠淶帶來新收書，挑選若干種。

寫費景韓，履安信。看《藝風堂文集》。

五月十七號星期二

終日校《儀禮通論》半冊。算鈔書賬。李雁晴來。

到葵巷理髮。儲皖峰與汪靜之來。修改《情詩今譯》序畢，即寫皖峰信。

爲某估寫扇。爲自琛寫條幅兩堂，聯一。

五月十八號星期三

終日校《儀禮通論》，第二冊畢。喚裁縫製夏衣。陳士奎來。

費景韓來。陳君來，《元詩選》配全。續作《周漢風俗記》，未畢。

看丁本《徐霞客游記》。與又曾談話。失眠，服藥。

五月十九號星期四

寫履安信。崇年來，同出，到郵局取款，到第一樓啜茗，到小有天吃飯，與之同歸，見父大人，囑介紹財廳。

校《儀禮通論》第一册，略畢。君疇來。陳有爲來。陳士奎來。錢琢如，蘇毓棻（叔嶽）來。

周來善來。與又曾談話。

五月二十號星期五

終日校《儀禮通論》半册許。陳士奎，徐仰之，周來善來，寫洪都二信。崇年來。

宴君疇等。九時許，客散。看《左海集》。

今晚同席：章君疇　蔣崇年　子倫姑丈　又曾　簡香　自琛（以上客）　父大人　予（以上主）

五月廿一號星期六

終日校《儀禮通論》三卷。

懲戒和官。婁子匡來。陳士奎來。朱菊人來。

看《左海集》。續作風俗文。

五月廿二號星期日

修改《周漢風俗瑣記》文畢。夏癯禪來。十時，出，到新民路剃頭，到汪靜之家。出，雇車，到杏花村赴宴。途遇雍如。在茅亭坐，遇雨。在杏花村遇胡肇椿。

三時許出，予與敬文到法院路訪子匡，同訪孫福熙，未遇。子匡導觀反省分院（第一監獄中），到湖濱公園散步，遇陳萬里，吳掌衡。

子匡邀至三義樓吃飯。飯畢游開明書店。歸已十時餘。

今午同席：鍾鍾山　王默思　邵祖平（潭秋）　鍾敬文　許文玉　予（以上客）　李雁晴　夏瘤禪　夏廷棫　顧雍如（以上主）

今晚同席：鍾敬文，予（以上客），婿子匡（主）。

今日在杏花村中見一女子，身段，修款，容態，酷似慕愚，雖明知其非而終望其是，一時悵惘之情奮集，友人與予談話，竟不能聞其辭。

五月廿三號星期一

漱圃來。胡肇椿來，長談。終日校《儀禮通論》兩卷。

朱菊人來，爲寫洪都信。徐仰之來。陳有煒來。周來善來。孫福熙來，觀畫。

昨所見女子，今日詢之肇椿，乃其夫人也。盛姓，粵香山人，隨父宦浙，畢業于燕大教育系者。予昨日去見之，倘天之憐我，使我似漢武帝之望見李夫人耶？予尚有真見彼人之期耶？思之心頭酸楚。

五月廿四號星期二

寫履安信，以郵工罷工，未寫畢。萬文淵來，與文淵，又曾，簡香同到吉祥巷反省院參觀。爲人書單條。到簡香家吃飯。校《儀禮通論》，畢工。

元達來。陳士奎來。

到又曾家吃飯，飯畢打牌。予贏兩底。

本日爲又曾之子家駒寄名與簡香夫婦，兩家午晚備飯，邀予一家參加。夜，同予打牌者爲又曾，簡香，自琛，凡三攪。

五月廿五號星期三

校所鈔《尚書》材料若干篇。朱惠淥來。顧立章來，爲寫洪都信。爲來根寫扇。費景韓先生來。

到元達處，與同至田家園王綏珊處，討論崔氏書事，參觀其藏書。歸，寫儲皖峰信。

爲子匡作《西藏情歌》題詞。元達來。與又曾談。

五月廿六號星期四

發電與履安，告歸期。爲梁友三寫扇。記日記。校《尚書》材料。理書。文淵來。

子匡來，與予及又曾簡香同往反省分院及第一監獄，晤典獄長陶初。出，到旗營購物，吃點。與又曾等別。理髮。

到天真西菜館，應元達之邀。歸，看抱經堂及善本書店送來書。

今晚同席：劉雲叔（錦仁）　予（以上客）　金元達（主）

今日參觀男女監及木工，織工，藝術工，裁縫工，印刷工等場，甚廣識見。

行期既定，以郵局罷工，發電與履安，因想此次過寧，迥非以前心理，一陣心酸，百事懶爲矣。唉，笑在我的臉上，酸在我的心頭，痛哉！

五月廿七號星期五

審查善本書店，抱經堂，徐仰之送來書。朱，徐二估來。理書，編一此行購入書目。

編目訖。皖峰來。周資善來。算此次南還賬。

算賬略畢。終日下雨，甚寒。

今日算賬，結果知：買書二百九十一元餘，他種用度三百五十五元餘。爲之咋舌不止！如其失業，將何以度日？非別謀生產之道不可。

五月廿八號星期六

寫履安，誠安，叔父，樹幟，名達信。漱圃來。屠叙臣來。

爲漱圃題《紹述集》，成四百餘言。到新民路購物，訪劉雲叔，未遇。

元達來。修改題《紹述集》文。

五月廿九號星期日

鈔昨作跋入《張庚注》。到漱圃處，送去。到胡肇椿處。到第一中學訪烏以鐸，未遇。到高級中學訪許維周，王孟恕，并晤陳博文，戴家祥，王默思，維周留飯。

歸，校《尚書》材料。劉雲叔來。陳士奎，徐仰之，朱菊人，周賚善，許克如來。

烏冠軍來談。

　　今午同席：王默思　王孟恕　予（以上客）　許惟周（主）

五月三十號星期一

校《尚書》學材料。漱圃來。周賚善來。到元達處，同到鄭健閭處看書。一時半自鄭家出，到城站正興館吃飯。

理書，付包寄。許克如，朱菊人，徐仰之，周賚善，陳士奎來。王綏珊來。到浙江大學，晤聲漢，皖峰，蘇叔嶽。

張文理君來，留夜飯。

上午二時許即醒，迷蒙不得眠，不知何故。

五月卅一號星期二

朱菊人來。到清泰第二旅館訪文理，同往肇椿處。歸，理物。

金元達來。鄭健庵來。鄭君來。

剃頭。到湖濱取照片。購物。到運署訪漱圃，道遇時文，同歸。又出，到鄭宅（豐家塥卅三號），見重銘子彝父子，選書九十餘種。到文淵，展成處辭行。到姑母處辭行。理物。

姑丈母，又曾，簡香來話別。

此次到杭，搜得吾家文獻如下：

1. 迂客公校刻《白沙集》，
2. 俠君公《桂林集》（初印），
3. 配全《元詩選》初集，
4. 俠君公手批《文選》殘本，
5. 《江左十五子詩選》，
6. 有兑書印之《温飛卿集》。

　　到滬又得一種：

7. 《元詩選》二集（初印）。

一九三二年六月

六月一號星期三

理物畢，寫婁子匡信。文淵，肇椿來。九時許，辭別諸人上車。看汪静之著《翠英及其夫的故事》。

下午二時到滬，住三馬路新惠中旅舍。洗浴。寫履安，又曾信。記日記，算賬。到魯弟處。到胡鑑初處。

在魯弟家夜飯。歸旅社，潘博山來談。汪孟鄒來。

到站相送者：萬文淵，許維周，樊漱圃，張文理，胡肇椿，張又曾，許自琛，吳簡香，許曜生，朱菊人，許克如。

下車時一望閘北，皆頹垣也。唉，想不到我竟看了它最後一日之繁榮。此仇何日報？我將何以自任報仇的工作？

六月二號星期四

六時出，到重九弟處，進點。到愈之處，到伯祥處。與伯祥同出，到圓明園路訪姚達人，午飯。

二時出，與伯祥到神州國光社，問禮錫地址。與伯祥同到來青閣，晤楊壽祺，選書若干種。別伯祥，到神州編譯所訪禮錫，并晤彭芳草。到亞東編譯所，爲《東壁書》事有所商榷。

孟鄒邀宴于二馬路美國飯店。鑑初到旅社談話。

今午同席：伯祥　予（客）　　達人（主）

今晚同席：鑑初　予（客）　　孟鄒（主）

上海商業蕭瑟，游藝場票，買一張送一張，店鋪懸"大減價"之牌子者甚多。

六月三號星期五

魯弟來，同到博山處談。與冬侄，瑞菊侄女同上車站，乘九點廿五分車離滬，車上看上海小報。十一時許到蘇州，雇車歸家。

過端午節，祀先。潘景鄭來。寫履安信，打書籍包裹付郵。出，到君疇處談話。訪殷氏，未得。到吳苑，與景鄭同到百雙樓，晤百耐，選書。回吳苑。

到觀前易和園吃飯。十時半步歸，父大人已睡。

今晚同席：吳癯庵　王佩諍　申□□　誠安　予（以上客）
潘博山　景鄭（主）

今日予于早歸，魯弟等以晚歸，父大人亦以晚歸，一家團聚，得十四人：父大人，叔父，嬸母，予，魯弟，弟婦，龍弟，九妹，豫妹，冬侄，瑞菊侄女，四侄女（祥媛），五侄（德武），六侄（德泰）。

六月四號星期六

早六時，與父大人，魯弟，冬官同出，到平江路吃點，上船。

十時，到行春橋，上本生祖父母，嗣祖母，母親，竹妹，宋外祖父母，舅父母，嬭母，吳夫人之墓祭掃。在船看《尚書讀法》，《東壁書》稿。

一時半回船，吃飯。四時許到家。到九嬭母處。君疇來，約吃飯，談話。與父大人同到內室，檢視物件。

與弟妹及姪等談話。

我家兩房凡十九人，所未至者：繼母，和官，殷夫人，康媛，艮媛五人耳。叔父云："昔人詩曰：'家如明月圓時少。'今日之聚已不易矣。"

此十九人中：在杭者三人，在蘇者五人，在滬者七人，在平者四人。

六月五號星期日

早六時許，在家進點。上船。同舟爲父，叔，魯弟，龍弟，九妹，豫妹，冬姪，瑞菊，凡九人。十時許，到山東浜，上德安公，少游公，蓉庵公，雨香公，東生公，半樵公，仞之公等墳。十二時許，回船吃飯。在船看《群碧樓書目》。

三時許歸，吳三嬭爲我捉痧括痧。寫君疇信，辭不赴宴。

臥床，未進夜餐。弟妹姪等到床前談話。

昨夜大雨，田徑道極泥濘，幾不能舉步。

今晨予腹瀉，到墳時似又欲瀉，以不便，忍止之。腹甚痛，午飯吃不下，頭重發熱矣。吳三嬭爲我捉痧，色甚黑。又服十滴藥水。

珠圓九妹頗似慕愚，眉目較長，有英秀之氣，一也。雙眼皮，二也。顴骨略高，三也。脣略厚，四也。齒微露，五也。肩背挺甚，六也。剪髮齊領而不齊肩，七也。所異者，妹膚較黑，頰略肥耳。舟中數數視之，稍解渴想。

六月六號星期一

竟日臥床，進薄粥兩次。王佩諍來。章君疇來。陳子清來。在床看《厓山集》，《傍松亭雜記》（涵芬樓秘笈本），《博物志》，《尤射》，《拾遺記》（《漢魏叢書》本）。

魯弟來談甚久。屈伯剛來。

父大人述三十年前吾家事。

今日寒熱雖退而骨節痛甚，蓋蘊濕也。胃呆甚，不思進食。

本日爲先嬸母補作二十周年（此魯弟一家之所以歸），在大乘庵拜懺，予竟未能去。

六月七號星期二

上午起床，服父大人爲我到觀前所買之馮了性藥酒。喚匠剃頭。與父大人同到內室，整理物件，關閉窗户。理行裝。

記日記七天。記賬。到博山處，未遇。到佩諍處，觀其所藏吳中掌故書。到伯剛處，觀其藏書。到欣伯處，談話甚久，并晤高中教員羅，米二君。道遇琯生。

與君疇同出，到中央飯店吃飯，九時半歸。

今晚同席：程國任　顏亞偉　張吉如　吳漁臣　顧欣伯　黃俊保　徐偉士　予（以上客）　章君疇（主）

本日骨痛稍好。夜中胃口略開，量仍不佳。以三日減食，身體軟甚。

六月八號星期三

與家中諸人談話，魯弟爲攝一影。到九嬸母處贈錢。九時三刻，與魯弟同到車站，君疇來送行，在車站對面茶館喝茶。十一時四十分上車，車中看上海各報。

脱車（以運兵故），本應五點一刻到寧，今乃延至六點三刻始到。即乘輪渡江上車，已七點一刻矣。七點半車開，已遲半小時。
早眠。未進夜餐。

以身體不好，只得坐二等車，票價四十八元四角，又臥車票
六元。

九嬸母兩子，大誦唐，到角直學生意逃回來。次誦虞，在校
中偷教員錢被開除。嬸母早歲喪夫，繼復喪父，此二子又不長
進，可謂命苦。予家與之接近，存物頗有可危。

六月九號星期四

在車，終日看汪靜之《李杜詩研究》。

中午到餐車吃大餐一頓後，滯積胃中甚痕。夜餐，但吃麵包
一方耳。

天熱甚，開了電風扇仍汗如雨下。本日室中僅予一客，過濟
南後始來一人。

六月十號星期五

早到天津，在總站及東站停車時間寫父大人，叔父，魯弟三
函。車中看《國學概論》（錢穆著）。十一時十分到站，即乘人力
車到南池子汽車站，遇賓四，一時許到家。

容女士來。打開書郵包，理書。希白來。紹虞來。外院劉君來。
看各處來信，理各處寄來印刷品。

歸來之日，檢各處來書中果無健常之簡。惟《各省荒地概況
統計》一冊，系彼所寄。上書"頡剛吾師教正"，亦出彼手筆。
署時為四月三日。彼不與我信而猶有此，足證其環境中不容作
書，而彼與我固無惡感存也。如果如此，予亦無憾。蓋以彼年
齡，如再無歸宿，則其精神上之痛苦將更甚于我思彼之痛苦矣。

六月十一號星期六

到校，訪田洪都，馬季明，煨蓮，肖甫，士嘉，容女士等。到文藻家。與煨蓮談研究所事至十二時出。紹虞，白也，勤廬來。

德坤來。邱繼繩來。小眠。馮先生取衣箱綱籃來，即理物。趙澄，欒植新，翟錫光來。馮家昇來。到外院劉家。

到容宅，寫志希快信，薦元胎。起潛叔偕子陵來。

中山大學及嶺南大學均將文科停辦，野鶴，元胎均將失業。適志希來函索聘國文教員，因以元胎薦，如能成，亦大佳事也。

六月十二號星期日

到紹虞處。劉太太來。與履安同乘人力車進城，到綏貞處，晤以中賓四。途遇侃如夫婦。

與履安同到大陸春赴程氏湯餅筵，到西單購綢緞送禮。到贊廷叔祖家，與履安還王宅。與賓四，以中，錫永，唐立厂談。

在以中處夜飯後到錫永處談話，與履安同宿以中家。

今午同席：王拱之　顧冶仲　周□□　蔣傳綸　起潛叔　贊廷叔祖　孟剛叔　太叔祖母　予夫婦　女客一桌（以上客）　程夫人（顧礽宛）（主）

六月十三號星期一

在以中處進點後出，包一車（一天，一元二角）到適之先生處，并晤澤涵。到孟真處，遇之。到國慶，仲良處，均未遇。到子植，其驤處，遇之。到援庵先生處，未遇。到冶仲處，遇之。拜其夫人之靈。到羅雨亭處，晤其夫人。到殿英處，潤孫處，均遇。到玄同先生處，未遇。到市場吃飯。

到北大，訪張福慶，遇之。到景山書社，看賬。到晋華處，光信處，國慶處，均遇之。到北海，晤亞農，槃厂，君樸，中舒，彦

堂，濟之。到七姨母處，與履安同出。汽車已開，乘電車到西直
門，坐人力車歸。

到家已八時三刻，天初黑。看報。魏守謨，丁迪豪來。

小香水前月在北平，今又行矣。眼福薄劣至此。豈緣盡耶？
一嘆（她是在民國初年給我最大的安慰與痛苦的人，我決不能忘
掉她）。

今日見三四月中舊報紙，見她與金鋼鑽，陳艷濤，趙紫雲等
在廣德樓演劇，皆女伶也。所演劇爲《玉虎墜》，《柳金蟬》，
《燒骨計》，《王華買父》，《妻黨同惡報》等。似她仍唱青衣。戲
價池座三角或四角，足見其已不能號召，較之梅蘭芳之售一二元
者，迥不侔矣。她們也間在哈爾飛大戲院出演。

六月十四號星期二

理書桌。徐文珊來。趙豐田來。牟潤孫，班曉三來。劉盼遂
來。芸圻來。朱士嘉來。趙澄，欒植新，于道源等來。

鄧嗣禹來。定生姊弟來。到鄧文如處。到子通處，未遇。到振
鐸處。到吳校長，祝廉先處。希白來商所事。看錢玄同先生《新學
僞經考》序。

到煨蓮處夜飯，十時歸。

今晚同席：吳校長　馬文綽　李炳華　黃子通　郭紹虞　鄭
振鐸　鄧文如　滕白也　予（以上客）　　洪煨蓮（主）

六月十五號星期三

薛澄清來。到司徒校務長處。與振鐸同歸。理書，略畢。與鄭
成坤談。班曉三來。

到清華，訪春晗，未遇。訪芝生，遇之。歸。吳子馨來。祝廉
先來。沈勤廬來道別。趙泉澄，陳女士來。紹虞來，寫季明信。

到季明家吃飯，開購書委員會。十一時半歸。

今晚同席：煨蓮　希白　文如　予　洪都（以上客）　季明（主）

六月十六號星期四

校《老子》一文，畢。耿長來來。趙泉澄，陳懋恒女士來。沈國華來。滕白也來。黃仲良來，留飯。

飯後同到張孟劬先生處。又到希白處，晤羅雨亭，同歸，寫芝生信。吳春晗來。嚴星圃來。記日記七天。

到肖甫處，遇陳鴻舜。

李晉華君《明代勅撰書考》出版，予序經肖甫所改。頗有不通順處，不意肖甫之筆乃如此笨重，只得加以改削，請引得社重刊矣。肖甫爲人，好自用而頗不慧，亦非大器。

六月十七號星期五

改作《明代勅撰書考》序。趙澄來。班書閣來。到研究所，與煨蓮，希白，地山商所事。晤王克私先生，與地山同返家，留飯。寫季明信。

到振鐸處，與希聖談，五時，與希聖同歸，至七時別去。吳校長來。振鐸來，攝一影。競進書社丁君來。

到子通處，談至十時。

此次來平，見者均謂予臉肥，氣色好。想因此半年中，在父親處吃得好，且較專心，無雜務故耳。

健常所贈文竹，六年矣。三年前回平，特盛。去年張媽分爲五處，乃漸枯萎。今次歸家，乃僅有兩盆未萎盡，草木之榮枯倘詔我以人情之冷暖耶？若真以此爲象徵者，則可悲甚矣。

六月十八號星期六

爲陳玉符，劉纕英，沈國華寫屛條三件。看《辛壬春秋》。唐立厂來，留飯。

牟潤孫來。爲肖甫，筱珊（聶崇岐），心餘（馬錫用），夏公輔，藍志辛，趙巨川，陳鴻舜等寫屛聯等十一件。嚴孟群來。肖甫來，留飯。看學生試卷。

自明自校歸。容女士來。記日記。

歸九日矣，未嘗得一日閑，又欲到芸圻處作工矣。

六月十九號星期日

七時，到紹虞處，與紹虞自明同上汽車進城。予進城，到玄同先生處，未晤。到幼漁先生處，談至十一時半，冒雨上車到蓉園吃飯。

三時客散，冒雨至東安市場。到咖啡館飲茶，打電話。到各書攤看書。五時到森隆夜飯。

九點散，與芸圻賓四到立厂處談。回以中家，錫永來談，十一時眠。

今午同席：胡適之　馬幼漁　錢玄同　劉半農　劉叔銘　徐旭生　郭紹虞　鄭振鐸　勞君展（許楚生夫人）　尤女士　熊□□　凌宴池　馮芝生（以上客）　侃如夫婦（主）

今晚同席：賓四夫婦　盼遂　以中夫婦　中舒　起潛叔　嚴既澄　臺靜農　予（以上客）　侯芸圻（主）

六月二十號星期一

五時半起，六時半冒雨上汽車，七時半又冒雨到家。班曉三來。寫志希，通伯信，爲薦元胎，子馨。寫宴客片。紹虞來。士嘉來。趙巨川來，寫屛聯六件。

賀昌群來。到研究所，審查學生成績，定下學年頒獎學金者，草取不取者二函。與容女士同步歸。

寫錢琢如，趙憩之，元胎，幼漁先生，晉華信。

今日評定領獎學金者八人：

（甲）舊生　鄭德坤　馮家昇　羅香林　顧廷龍

（乙）新生　翁獨健　吳世昌　李晉華　張維華

六月廿一號星期二

爲龐博泉等寫屏聯三件。孫海波來。鄭德坤來。吳世昌來。玄同先生，胡師母來。送胡師母到子通處。錫永，希白來。子通夫婦來。

宴客。與起潛叔談。譚其驤來。張福慶來。吳子馨來。邱繼繩來。牟潤孫，班曉三來。趙巨川，樂志辛，龐溥來。

容女士來。看《儒學警悟》。

今午同席：適之先生及師母　子通夫人　玄同先生　錫永　希白　紹虞　起潛叔　肖甫（以上客）　予（主）

本日爲燕大第十六屆畢業典禮，邀適之先生演講。起潛叔于本日受碩士學位。

六月廿二號星期三

與紹虞八點進城。到中央公園，看座位。到水榭看凌宴池夫婦書畫展覽會，看鄧秋□洋畫展覽會，到歷史博物館看洪承疇遺物展覽。回至公園，在來今雨軒啜茗待客。

宴客。玄同先生與建功談至四時許始離座，與建功同至水榭看畫展。六時，建功別去，予至來今雨軒赴宴。

至玉華臺赴立庵宴，十時，回以中家眠。

今午同席：侃如夫婦　君勱夫婦　馬幼漁　黎劭西　錢玄同　魏建功　侯芸圻　馬季明（以上客）　紹虞　振鐸及其女　予

夫婦（以上主）

　今晚同席：（一）侃如夫婦　予（以上客）　子植　斐雲　剛主（以上主）　（二）馬叔平　徐森玉　劉盼遂　吳子馨　侯芸圻蔣炳南　錢賓四　商錫永　容希白　予（以上客）　唐立庵（主）

六月廿三號星期四

　在以中處進點後，出，到趙懲之家，晤之。到唐立庵處，亦晤之。同到馬幼漁先生處，遇汪怡（一庵）。還立厂處，進點。乘十二點車歸。

　小眠。班曉三來。劉纕英女士來。校《老子》一文。紹虞來。士嘉來。

　士嘉與泉澄來。看《中學生》。

　凌宴池，名鳳霄，江蘇海門人。其夫人名賀啓蘭，長沙人，皆能書畫。宴池畫山水花卉，夫人畫仕女。夫人作小楷至工，今世所罕睹。

六月廿四號星期五

　寫春晗信。耿長來來。侯芸圻來。沈國華來。作一年來工作報告二千餘言。文珊之弟來。

　振鐸來。小眠。起潛叔來談。記日記。清華黃君來。

　爲世五等寫屏聯四件。

　天熱體倦，下午必思眠，而一方面工作不容休息，一方面又人事太多，門鈴電話鈴常不絕，邀吃飯之片又時來，一進城動須一日，身世直如娼妓，憤惱之甚，幾于流入頹廢，嗟乎，予其終爲政客乎！

六月廿五號星期六

乘八點車進城，到王姨母處談一小時許。到殿英處，談社事。到丁山處，晤之。到西車站食堂赴宴。

飯畢即雇人力車歸。謝祚茝女士偕繼蘇來，留飯，黃昏別去。與起潛叔談。

爲人寫屛聯等十餘件。肖甫，頤年，建猷，春晗來。

今午同席：侃如夫婦　芝生夫婦　予(以上客)　旭生夫婦(主)

謝女士來，出不意，聞渠三數日內即返寧。體較前爲健。部中僅發維持費月六十元。謝女士云："現在的社會還是男子的社會，女子欲在社會上得到地位者，非先與有勢力的男子有苟且之行不可。"予云："何必女子，男子何嘗不如是！凡欲在社會上立足者，必自納其身于某派某系，而捧一人焉以爲之主。何嘗有獨立自由之人格以服務于社會哉！"

丁山告我，孟真將其免職。去年丁山來我家，告之孟真，大遭揶揄，孟真之忌我如此，真無聊！但我能使這驕人相忌，亦大不易事。再過數年，看如何。

六月廿六號星期日

五時許起，校《老子》一文，未畢。到研究所看陶俑。乘八點車進城，到景山書社，校《老子》一文畢。到旭生先生處，未晤。到亮丞處，亦未晤。到尚嚴處，晤其夫人。到聾校，晤杜校長及自明。到會賢堂，赴宴。

二時許，由會賢堂出，看小戲。到旭生先生處，仍未晤。到援庵先生處，晤之。到希聖處，亦晤之。到剛主處，盼遂處，均未晤。到旭生先生處，送錢，并晤文甫。七時許，雇人力車歸。八時一刻到。

容女士來。看報及信。

今午同席：袁希淵　馮芝生　魏建功　容希白　胡文玉　商

錫永　董彥堂　予（以上客）　黃仲良（主）

六月廿七號星期一

到紹虞處。寫父大人，志希，文甫，王禮錫，辛樹幟信。到校取竹庵叔祖寄款。訪洪都不遇。希白來。

寫竹庵叔祖，元胎，元達信。紹虞來。張西堂來。薛澄清夫婦來。德坤來。家昇來。洪都來。本巷一號盧君來。

與履安同到振鐸處談話，十時歸。

前日到七姨母處，見其腋下汗濕，乃知予之多汗，且尤重于腋下者，蓋由于母系之遺傳。又予後腦骨扁平，七姨母亦然，尤爲顯證。又周氏表兄弟多髭，予亦然。

六月廿八號星期二

寫沈勤廬，胡文玉，李貫英，吳簡香，張又曾，朱驪先，章君疇，劉朝陽信。援庵先生來。

寫陳士奎，胡肇椿，朱菊人，黃仲琴，黎光明，葛毅卿信。劉子植來。小眠。

身體疲倦，與履安談話至十時。

六月廿九號星期三

寫鄭子彝，陸步青，王君綱信。理信札。煨蓮召集會議，商牟，班，白三君獎學金事，十時至十二時半。

理信札。寫朱遂翔，羅香林，袁洪銘，費景韓，吳緝熙信。容女士來兩次。德坤來。士嘉來。到芸圻處，未晤，仍步歸。

記日記。校石印講義。

六月三十號星期四

乘八時車進城，到孔德學校訪玄同先生及金梅仙女士。到斐雲處，與玄同先生談至十一時半別，到市場東興樓吃飯。

到景山書社，寫殿英信，編排杭州書單。到中央研究院，晤孟真，夢麐先生及守和。到北平圖書館，訪文玉，向覺明。到讓之處，未晤。到綏真處，并晤賓四。到文甫處，子馨處，并未晤。乘六時半車歸，遇張東蓀。

與履安同到子通處吃夜飯，十時半歸。

今晚同席：洪煨蓮夫婦　予夫婦（以上客）　　子通夫婦（主）

傅仲德女士去年十一月中爲太湖匪所綁，閱七月餘，至本月十四日，爲匪逼投太湖以死，尸浮至無錫。傷哉，這一個高傲的人這樣地做了時代的犧牲！若她肯嫁，何必到洞庭東山教書，亦哪裏會被綁。她既不肯委身于男子，又要到民間去，在這樣的時代中，死其分也！

七月四日，曉夢其未死，臥病我家。告我云，先給匪絞頭，以足踢其腹，而投之水。出其指，指甲皆黑。醒來不禁黯然。予所識女子，個性最強烈者莫過于仲德與慕愚。今仲德永不可見矣，慕愚其猶可見耶？

一九三二年七月

七月一號星期五

寫淬伯筠如，元胎，鄧深澤，阮毅成信。羅雨亭來。侯芸圻來。點十三州材料。

小眠。德坤來。看《七經孟子考文》。看《儀禮》及《四庫》引得。劉師儀女士來。趙惠人來。

鄧嗣禹來。記日記。

近日下午時覺困倦，今日更加以骨痛，欲作事而不能，不勝頹唐之感。若予生即此了，則心頗不甘。要之，此後若不屏絕人事，確定生活，則予生亦終于無望矣。

七月二號星期六

乘八時車進城，送自珍到聾校。到立厂處，送代課薪。到建功處，晤之。到潤孫處，晤之，送獎學金支票。到來今雨軒，赴宴。

到董事會看三角畫會。到北海靜心齋，道晤郝昺衡。四時，開歡迎蔡孑民先生會，照相。到彥堂處，與旭生，莘田，中舒談。到歐美同學會赴宴。

因蔡先生先赴張學良之宴，九時半始來，故席散已十一時矣。到以中處住宿。

今午同席：馬叔平　陳寅恪　徐森玉　劉子植　向覺明　侯芸圻　于思泊　容希白　商錫永　劉盼遂　唐立厂　徐中舒　趙斐雲　予（以上客）　吳子馨（主）

今晚同席：蔡孑民　任叔永　陳通伯　金叔初　周詒春（以上客）　王烈　王承傳　王訪漁　李四光　李方桂　李宗侗　李濟　李麟玉　何基鴻　汪敬熙　沈尹默　沈兼士　秉志　周炳琳　胡先驌　徐炳昶　徐中舒　徐鴻翼　唐鉞　孫洪芬　袁復禮　袁同禮　翁文灝　梅貽琦　馬衡　馬叙倫　馬裕藻　陳垣　張頤　張準　黃文弼　陶孟和　馮友蘭　傅斯年　裘善元　楊亮功　樊際昌　劉樹杞　劉復　蔡樂生　黎錦熙　錢玄同　盧于道　謝壽康　羅常培　嚴濟慈　予（以上主）

七月三號星期日

在以中處早餐後出，到子馨處，未晤。到通伯處，晤之，寫伯祥信。到西堂處，晤之。到景山書社。乘十二時車返校。

一時歸，倦甚，小眠，洗澡。葛啓揚，趙豐田來。士嘉來。

寫伯祥，南揚，子馨，適之先生，朱惠淥信。

七月四號星期一（六月初一）

寫文玉信。通伯來。楊敬之來。牟潤孫來，與之同訪芝生。寫徑三，迪豪，昌群信。通伯來，留飯。

小眠。看《大公報》（淞戰時者）。吳子馨來。

到平伯處，未晤。到碧澂處，并晤李戲漁。天雨，急歸，肖甫來談至十一點，雨大，留之宿。

予向不打午覺，雖炎暑亦然。近年身體漸胖，粵中又熱甚，故寓東山時飯後已必睡。日來酷熱，日睡一二小時。惟予不幸，午睡起必頭痛。今日痛尤甚，致不能作事。予不習慣弛緩生活，一不作事輒若内疚神明，有"朽木不可雕"之嘆，頗恨恨也。

曉夢作健常書，盈六紙，措詞頗有分寸。醒來心頭一酸，不覺泪下。唉，我只能在夢中寫信嗎？

七月五號星期二（六月初二）

寫通伯信。補録一月二十——卅一，六月一——九日日記入此册。班曉三來。自珍二日進城後未歸，履安于今晨進城，將以明日歸，馮世五亦于昨日進城，故今日予一人看家。

小眠。德坤來。于道源偕其姊及博山某君來。寫祚萇信。補録去年旅行時日記入此册，未畢，十二時眠。

爲于道源寫立幅。

朝陽來書云："觀象臺長有將拙著地磁力之新周期提出太平洋會議之意，同事中妒忌甚深，多方掣肘，無理取鬧，務使不能安心。惡劣至此，真出意料之外。"在學術機關而不許有研究成績，聞之悵然。昨晚肖甫告我，謂渠在中山大學時，聞人言"戴季陶，朱家驊之任校長，不如顧頡剛之編三種周刊"，以其影響大，且使中大名譽增高也。夫然，安得使人不對我妒忌而排擊乎？予幸來燕京耳，若在國立大學，正不知此三年中將被毀至何程度。衆人有此心理，學術界安得不奄奄無生氣！這真是人類蟊賊！

七月六號星期三（六月初三）

補録去年旅行時日記入此册，略畢。登記旅行時用賬。寫通伯，史襄哉信。紹虞來，同往煨蓮處，同進城赴宴。

自慶林春飯莊出，同到仁立號看地毯，東安市場看古董。仍乘汽車歸。到煨蓮處談話一小時許。履安，康嬡，艮男同歸。

補録本年二月中日記入册。

予前勸祚茞整理舊教科書（《三字經》之類），茲擬表格及問題寄之，且朂其努力奮鬥。予自問因材施教之心極熱烈。孟真常言我好利用青年；我何嘗存利用之心，不過要青年們自發展其才具，且自求得其安心立命之地耳。

七月七號星期四（六月初四）

班曉三來問教歷史課法。看《僞經考》錢序。補録本年三月，四月中日記入補册中。

振鐸來。子水來，與同到紹虞處。肖甫來，囑爲何伯龍等寫屏聯等七件。到振鐸處，與之同到平伯處。

昨午同席：陳援庵　洪煨蓮　黃子通　容希白　郭紹虞　馬季明　馮芝生　張壽林　予（以上客）　班曉三　牟傳楷（以上主）

七月八號星期五（六月初五）

乘八時車進城，在市場民國理髮館剃頭，到前門爲履安購打氣機，未得。進城，到昺薲處，未晤（適渠來吾家）。到陳衡哲夫人處，并晤上沅夫人。到玉華臺赴宴。

飯後到市場購物。到子植處談話，乘四時半清華車歸。季明來。芸圻來。紹虞來。理書。

理物。

今午同席：馬叔平　李濟之　商錫永　劉子植　唐立厂　方壯猷　王以中　趙斐雲　予（以上客）　徐中舒（主）

修綆堂送《廣雅叢書》全部來。此書予極願得，而手頭不裕，又甚畏得。一時喜懼兼并，而履安亦愠色現于面矣。

七月九號星期六（六月初六）

五時半起，結束行裝，六時到煨蓮處，進點。八時，離校。乘人力車行，十時，至白家疃，進茶。十二時，抵環谷園。

一時，到金仙庵，吃飯。胡泛舟來。到泛舟處。游覽全寺。鈔錢琢如《太一考》四千餘言。

七月十號星期日（六月初七）

鈔《太一考》四千餘言。

與煨蓮談話，自飯後起，直至十時就眠。

煨蓮述張文理，江啓泰諸君讀我所作文字，均甚感動，謂態度肫摯，言無不盡。叔信云：“見顧先生，不必聽其説話，只須看他面孔，已使人不忍不做研究工作。”予竟能如此感動青年，可見一個人不必做僞，亦不必擺架子，始得服人也。

七月十一號星期一（六月初八）

鈔《太一考》，幾寫萬字，鈔畢。

與煨蓮談話。與煨蓮同步至瓜打石，看張宗昌修廟碑。歸，與泛舟談話。

十一時許眠。

在山寺中無人事，此心甚定，真可多做工作。惟洪家飯菜口味不適于我，且長擾人家亦覺不安，故定明日歸，接履安同來，作較久之住宿。

七月十二號星期二（六月初九）

覆看所鈔《太一考》，改正誤字。到泛舟處。與煨蓮步行下山，至北安河，騎驢到溫泉。在溫泉食堂吃飯。

到旭生先生處談話。二時半，乘人力車返燕，經黑龍潭，西北旺，上義師範學校（在黑山扈），均駐車。到煨蓮家少憩，七時歸。

看報及信。

旭生先生今年四十五，而甚有少年精神，家住溫泉，工作則在二里外小山上土屋中做。今日談教育之弊，幾使我淚下。

車中默想，健常今日不與我通書，正足證其以前通書時非尋常之友誼，亦可自慰。又思我對于彼絕未施以挑逗，所以然者，不欲以我故妨礙彼之終身也，今彼已有托，予求仁得仁矣，更可自慰。

七月十三號星期三（六月初十）

看前數日報紙。鈔本年五月中日記入補冊中。與履安商居山應帶物品。

小眠。容女士來。肖甫來。德坤來。譚其驤來。編校本年與履安書札五十餘通，交康媛貼之。

趙泉澄來。

今晨三時，大雷雨，霹靂四五擊，似極近，震耳欲聾，遂不得眠，至天明後始復睡。今日終日雨。

七月十四號星期四（六月十一）

鈔十六年六七月中日記入補册中。

紹虞來。小眠。寫胡文玉信。

到煨蓮處夜餐。

　　今晚同席：富路特　　宋□□　　予（以上客）　　煨蓮（主）

　　終日雨，氣候頗涼。

七月十五號星期五（六月十二）

鈔十六年八九兩月及五月分之一部日記入補册中。薛澄清來。通學齋人來。

寫煨蓮，殿英信。李光信來，送《天壇考》。小眠。到呂健秋處，希白處。

朱士嘉來。

　　數年中，予之日記未嘗間斷，而因旅行之故未謄入册者，有：

　　　　十六年四月至十月（在滬杭購書時），

　　　　二十年四月至五月（在豫魯調查時），

　　　　廿一年一月至六月（在杭州侍養時），

總計不止一年。久欲補記，卒卒未暇。日來費六日之力，大致補清矣。即此可見一歲所費于日記上之時間約有十日也。（補鈔時寫快，且有簡略處。）

七月十六號星期六（六月十三）

補記十六年日記畢。寫玄同先生信。容女士來。馬太玄來，同到富路特處，振鐸處，均未晤。

看《啼笑因緣》三分之二，至十一時半電燈熄始眠，因此失眠。

《啼笑因緣》爲潛山張恨水所作，爲近年最著名之小説，上海明星，大華兩影戲院爲爭演權而涉訟，新劇界秦哈哈等來平演此而被捕，宴會中常聞朋輩以此爲談話資料。予苦忙，尚未知其内容也。今日偷半日之閑，解衣臥床而讀之，總算是這暑假中的享福。其書富于傳奇意味，多半是舊思想下之作品。然其文筆甚流利，寫個性甚顯明。實不愧一作家。新文學提倡十餘年，可與抗者尚無幾也。

書中女主人公三，沈鳳喜似陳秋子，關秀姑似譚健常，何麗娜在予友中尚無其人，惟褚保權略似之。看此後，新愁舊恨又被鈎起不少。一念國勢如此，振作之不暇，更何能趨入頹廢，爲之悵然。

七月十七號星期日（六月十四）

將《啼笑因緣》看畢。剃面，整理書室。張兆瑾來。宴客。振鐸來。肖甫來。浦江清，向覺明來。點李紱《尚書》論兩篇。希白來。

今午同席：富路特　施美士　洪煨蓮　容希白（以上客）　予（主）

今日體極倦怠。

七月十八號星期一（六月十五）

與康媛筆談。馬彥祥來，看孟姜女材料。

小眠。理信，理物。寫錢琢如，起潛叔，紹虞，昺蘅，丁山，父大人，簡香，伯祥，聖陶，德坤，田洪都信。容女士來。

寫南揚信。振鐸來。芸圻來。寫煨蓮信。

康媛好看小説，且以廢疾，多愁多恨，慨慨無聊。予勸其努力讀書，以忙忘憂。今日與之筆談者甚久。

七月十九號星期二（六月十六）

寫吳文祺，傅孟真，婁子匡，王禮錫，馬叔平，適之先生，劉朝陽，容元胎信。彥堂到希白處，希白因邀予同飯。

與彥堂同歸。張壽林來。與彥堂同到紹虞處。小眠。洗浴。

寫志希，晉華，王姨母，以中，賓四，白壽彝信。

近日天熱，午後不能不眠，而一眠即精神倦怠，有如病後。體弱如此，爲之短氣。似乎這個時代中已不該有我這類人了。既恨自己，亦恨祖先。

七月二十號星期三（六月十七）

五時起，六點半上車，行至紅山口，因昨夜大雨，山水已發，未能前進，退歸。看《來青閣書目》。寫全希聖信。整理《史記》鈔稿。

鄧文如來。德坤來。整理東耳房書籍，略畢。

日本飛機昨日進窺熱河，擲彈數十，人民死傷不少。在如此情形之下，哪裏有心研究學問！故只以理書自遣。

十五年，張作霖入關，聽了幾十天的炮聲，反而不驚，蓋以其爲局部問題也，今則成世界問題矣。

七月廿一號星期四（六月十八）

整理西間書箱，換挂書畫。整理西耳房及東耳房書籍講義。

德坤來。寫容女士信。洗浴。

到校剃頭。理《諭摺彙存》。

遷寓兩載，而書箱內之書籍始終未理，其忙可知。今日奮勇爲之，短衫濕透數次。客廳及書房所懸書畫，亦兩年未換，今乃更之。起潛叔爲余所書"晚成堂"一額，亦于今早高懸于書箱頂上矣。

七月廿二號星期五（六月十九）

五時起，五時三刻登車，在白家疃休息。十一時，到北安河，雇驢兩頭，予與履安乘之上山，又雇挑夫三人負物上山。近十二時，抵金仙庵。到洪宅吃飯，胡泛舟來。

收拾臥室，灑掃一過。泛舟爲雇一人，名王永曾，又與代買家用什物。到泛舟處送物。與履安同出散步。泛舟備夜飯，送來。

擦脚。與洪宅僕人吳春林談話，高小畢業生也。九時安眠。大風雨，頗寒。

足上濕瘡發甚劇，此尚是在廣東所得之疾，綿延至今。

泛舟假大殿南厢爲予住所，有南北窗而無東西曬，甚感之。

七月廿三號星期六（六月二十）

五時起，到山上看《五德終始説》一文，集文材。九時許，泛舟邀予與谷君同游，先到秀峰寺，晤丁在君夫人。到地震研究室，晤賈連亨。到楊家花園，吃茶。到小工，看地。

到北安河，進家庭工業社，晤張君夫婦。泛舟爲購食物，吃飯，參觀工場。二時許，與谷君同步歸。到响福觀小憩，到朝陽庵游覽。歸，渴甚，飲泉水七八杯，始止。到山上看《五德説》文，未畢。

洗身。擦藥于脚。

秀峰寺在响福觀南里許，爲林行規之産，改建後甚適于居家。楊家花園又在其南，名香林山館，爲楊以德子之産。小工在其東南，圍牆之厚五尺，大約爲明閹生壙，與大工有相連之關係者也。

七月廿四號星期日（六月廿一）

續看《五德説》文，晚看畢。獨上塔院，看光緒二年陸潤庠所撰碑。

與谷君及洪太太騎驢至七爺墳，游覽一過，四時半歸。

洗足，涂藥。與谷君談話。一夜大雨。

予不慣騎驢，無論如何練，膽子終練不大。上山猶可，下山則慄慄危懼，惟恐其墜矣。今日游醇王墳，自金仙庵直下，不得不下驢而步，爲驢夫所笑，殊自慚也。

醇王寢園，房屋頗多，棄置可惜，且破敗日甚，不久將坍塌。墳上無石人石馬，松林甚佳，有泉水。

七月廿五號星期一（六月廿二）

終日看《上古史研究講義》，第一學期，畢。

略整理"太一"史料。看《路史》。與履安同至朝陽院游覽。

晨四時，夢見慕愚來我家小住。一日，家人盡出，予與慕愚同飯，不勝惜別之情，頻頻顧之。既而童先生來，同在院中喝茶。予知彼將去，顧之更亟。問之云："我今天有半天空，明天也有半天空，能同游嗎？"答云："明天我有一個演講，豫備講得激烈些，怕要被捕。"予勸其勿如此，俾多做工作。予有事暫別，請其"坐一坐"。既行，猶聞彼即以此言轉囑童先生曰"坐一坐"。醒來雨聲淅瀝，悲心更甚，泪不自禁矣。予久不夢慕愚，今乃見之，面龐較前稍瘦，亦較老。未識現在彼之政治興趣果如予夢否也？

七月廿六號星期二（六月廿三）

草《古史辨》第四册序，未畢。終日看《上古史研究講義》，第二學期，畢。

草《三皇考》章節目。與履安步至山神廟。與泛舟談話。

看《尚書》材料。寫康媛信。

前數夜以己室中霉氣重，住洪家。自今日起，改住己室，睡炕上。每日晚飯後與履安同出散步，亦養生之一道。

七月廿七號星期三（六月廿四）

終日草《三皇考》，成四千餘言，凡五題。

讀《離騷》三遍。與履安同步至石家花園，歸已八時一刻。

讀《楚辭》一冊，十時眠。

家中吃的是西貢米，出于法屬安南。山上吃的是仰光米，出于英屬緬甸。到處吃的外國貨，這真非小事。

理智問：

思九州之博大兮，豈惟是其有女？何所獨無芳草兮，爾何懷乎故宇？

情感答：

曾歔欷余鬱邑兮，哀朕時之不當。苟余情其信姱以練要兮，長顑頷亦何傷？

七月廿八號星期四（六月廿五）

丁在君先生偕其弟文禮，其內妹一人，內侄女二人（均史小姐）同來，陪同游玩全寺，并汽水公司。終日草《三皇考》，五千言，四題。

小眠。與泛舟，杏春談話。

看《過庭錄》。

晚飯後，因雨，未與履安出游。獨步山下，見有核桃樹，戲摘一果，以指甲剝之，核出，而十指皆黑，洗之不去。以是知我輩得食核桃，不知黑了工人幾雙手也。

七月廿九號星期五（六月廿六）

五時起，看《繹史》。終日作《三皇考》，約六千言，三題。（終日雨，惟下午稍止。）

小眠。與履安步至駱駝石，冒雨歸。

看《儀禮》一冊。

早四時醒。醒前夢慕愚來我家，同坐汽車到前門，似購物，又似聽戲。以在中夜，記不真矣。又夢鞋上縫白布，大非佳兆，望勿驗也。

邇來每到下午，即覺精神不支，旁晚更覺有虛熱，四肢無力，體甚衰弱。俟回校後當服補藥，并確定休息時間。觀近日予每天作八小時工作，倒也做得不少，足證成功不在性急也。

七月三十號星期六（六月廿七）

寫陳槃，馮芝生，王姨母，父大人信。終日草《三皇考》，約六千言，二題。

以雨未出游，與泛舟杏春談話。

看《儀禮》半冊。

日來傷風，當以受涼之故。睡至半夜（約上午三時），忽奇寒發抖，其後漸熱，發燒，至天明退涼。

七月卅一號星期日（六月廿八）

終日臥床，未進食物。看《張季直先生傳記》。

下大便。

履安猜我的病是瘧。

我哪有避暑的福分和閑情，我只有作苦工的義務耳。彼蒼者天，乃必欲我于閑暇中度日乎？

讀《張季直傳》，覺得他的性格和我極相同，都是極積極，雖失敗而不灰心的人。只是我沒有他的幹才耳。

報載南京氣象研究所人談話云，近日天氣奇熱，原因係因日本東海一帶高氣壓不能向長江一帶流動，風多由西南來，故奇熱不止。至于在四川一帶之低氣壓，因風向連帶關係，亦不能來長江一帶，而轉至華北，故連日徐州以北皆已得大雨。如低氣壓能照常由四川而湖北，而安徽，而南京時，則經過一帶可以得雨。

又覽報，山西及東三省皆大雨，故馬占山之軍事暫行停頓。

大雨，非西山事，亦非北平事，即此可知。

一九三二年八月

八月一號星期一（六月廿九）

早起，寫康媛，馮世五信。到山上大便。看《儀禮》完。點《漢書·地理志》。

中午，吃挂麵一碗。三時許，足又冷，就床眠。泛舟，杏春來談。夜飯吃餃子一小碗。

至上午二時半後，始得略略合眼，然一霎時便醒。

自下午七時起，發燒。至九時許，熱度極高，幾將噴血，一夜未能合眼。小便頻數，半小時許即起一次。害得履安一夜沒有睡好，且爲余捶背。余每病，必發神經痛，此一夜中好似給人打了一頓，筋骨無處不作痛者。此次歸後，必勉將此病治好，否則病上加病，太苦矣。此來本爲作文，原非避暑，而不意竟來生病，如不即愈則文亦不能作矣。命苦如此，尚有何言。

八月二號星期二（七月初一）

晨出汗，然寒熱未退，尚有二度（100.8），倦甚，仍臥床。看《儀禮》，《張季直傳》。大便，尚暢，色黑。泛舟來。杏春來，送報。中午吃稀飯一碗。履安與洪太太今晨回校取衣物及予之藥。七時，步行下山。自北安河至成府，以久雨，聞道路積水有至數尺者。

記日記四天。仍食粥，然實吃不下，僅喝半碗湯耳。

看《張季直傳》。十二時許，得履安書，知住溫泉，即服藥。

四十之年，古人謂之"強"者，今乃得至如此，思之自慚。

非下決心弄好身體，則將來必一事無成。弄好之法有二，一運動，一服食補品。

履安待我太好，把她整個的心和力都給我了。在別的時候還不覺得，生了病便清楚。我決不該對她懷二心，我也決不該對她發脾氣。今天她爲了買金雞納霜給我吃，且爲我帶幾套衣服來，回校去一次，而下午三四時乃傾盆大雨，未知受寒否。予自分報施之念甚强，人家有一分施給我，我必願以一分半報給人家。若履安之待我，真不知將何以報之。唉，我的天呵，怎樣可以解決我的矛盾的情感？

因多日未正式進食，故身體軟得不成樣子。小便是火黃色的。腎臟如欲墜然。不餓，且不渴。

八月三號星期三（七月初二）

早起，到山上大便，色黑而少。小便仍短赤。谷君來談。八時許，履安偕洪太太來。看齊思和信，甚感動。午飯吃不下，僅喝粥湯半碗。

洪家借帆布床與我，因此整理床鋪，十日來的土炕生涯改了。飯後又上山大便，色黃，稍多。看《張季直傳記》。二時許，倦，就眠，醒來則已有熱，服阿司匹靈一丸，出汗頗多。五時後，熱漸高，以表量之得一百〇一度六，常人爲九十八度，溢出幾四度。

夜飯未進。夜眠不佳，大約只睡兩小時。

昨夜服金雞納霜藥水，苦極幾嘔。本日服兩次。今日出汗多，筋肉骨節不痛，與前日異。一夜流汗不止，短衫，夾襖，被，褥，枕，皆濕。半夜起易衣，以出汗多，口渴甚，飲茶甚多。所異者，手心及腳底乃無汗耳。

履安來，知康媛亦已發熱四五日。

八月四號星期四（七月初三）

上午，寒熱似退净，但因多日未進食及昨日大出汗之故，身體疲倦甚，坐了站不起。記日記。終日讀《楚辭》。中午，馮世五來，道康媛昨日熱又作，且甚高，家中無主，臨時與郭太太商量，終不便，促我二人速歸。因作煨蓮信，問其汽車何時來，擬乘以歸。又作杜校長信，請其看康媛病如重，即移入城内醫院。又作紹虞信，囑其代管數日。又作康媛信，囑其延李大夫看，是否瘧疾，因其病情與我甚相類也。飯後，世五去，適逢大雨。上下午均吃挂麵，量稍好。

服藥得眠。汗仍多。

我與康媛兩處同時生病，世五又不敢負責任，路又太遠，履安不能兩處跑，爲之躊躇無計，可謂“禍不單行”矣。

昨履安歸，述前日事，謂往時地但泥濘而已，未積水也。一點到家，匆匆料理畢，于二點半上車，到西北旺而大雨，避雨一小茶館中，歷一小時，雨止而行，則積水淺者及腰，深處及肩，車箱中亦浸水，褲，襪，鞋盡濕。雖一人拉，一人推，亦不濟事。適有村人九，來助，將車高舉于頂，始得前。到黑龍潭後，地勢較高，無積水，此九人始別去。時已暮色蒼茫，八時外矣。到温泉，已十時許。以車夫之介紹，寓張溥泉之女僕室中，到温泉洗浴。卧炕，洪太太以不慣，一夜未眠。次晨，自温泉雇驢上山。綜計此行用費，履安十三元，洪太太六元餘。數固巨，然車夫之苦亦可知也。又云，在此大水中，路已分不清，但因村民走本地路熟，尚能辨認。然某處有溝，某處有橋，亦須留意，故由此九人中先去一人探之，探得而後行，舉了一輛車過去，再舉一輛車過去。又云，雨後看山水衝下，勢急而力巨。又云，過紅山口法國天主教堂附近，見一人持梃以待，恐是截路者，對履安們看了幾眼。所以未敢下手者，以此連車夫凡六人，彼只一人也。

此人面瘦，似是吃白麵的。

八月五號星期五（七月初四）

今日又當瘧期，然服金雞納霜已三日矣，瘧竟未作。以表驗之，尚不到平度，然小便依然黃赤，則熱固未盡也。今日天熱，寒暑至華氏九十六度，而予竟不覺熱，手足俱無汗。終日讀《楚辭》，畢。上午吃挂麵，下午吃片兒湯。

八月六號星期六（七月初五）

終日看《漢書・魏相丙吉傳，何武王嘉師丹傳，外戚傳，元后傳》。昨病未作，則瘧已退矣。然七日未吃飯，手足無力甚，尚不能工作。

小眠。洪太太來談契事，且贈雞一隻，牛乳一罐。

夜眠甚佳。

上午，履安與洪太太同到温泉中學打電話，欲詢康媛病，孰知電話綫適壞，竟白走了一趟。騎驢上山，累甚。午，得洪先生信，知近日不來此。得世五信，知康媛熱度大減低，且由李大夫證明爲瘧疾，我二人遂不必急歸矣。

八月七號星期日（七月初六）

上山大便，甚赤熱，小便則已漸淡且長。在泉水旁徘徊一過，多日未至矣。終日看《漢書・薛宣朱博傳，翟方進傳，揚雄傳，王商史丹傅喜傳，匡衡張禹孔光馬宣傳，宣元六王傳，馮奉世傳》。中午吃飯一碗半，有加厘雞，雞湯，西紅柿炒蛋等菜，甚開胃。記日記四天。午後小眠。

終日大雨。仍服金雞納霜，每日一格。

夢中游孟真別墅，孟真見，曰：“你何來得這樣勤？”我説：

"是夢攝我來的。"他厲聲斥我道："原來你的心是這樣不定的呵！"余大愧而醒。蓋必方寸不寧者始得爲外物所攝也。孟真之喝，正中予病。

八月八號星期一（七月初七）

寫自明，世五，振鐸，禮錫，君疇信。王永增辭，到胡泛舟處，囑留之。

記《漢書》中事于筆記，得十頁。小眠。泛舟夫人送蜜來。看《漢書·蕭望之，谷永杜鄴，酷吏，貨殖，游俠，佞幸傳》。步至山神廟，與泛舟等共步歸。

早大風，且雨，溫度低至六十七度。下午放晴，日光映麗，步至山神廟，天青山綠，極可愛，精神爲之一爽。

看報，悉瀋陽義勇軍甚活躍，聞之甚喜。

今日飯量較佳。

八月九號星期二（七月初八）

五時起，看《眭兩夏侯京翼李傳》，記筆記三頁半。理物。終日作文五千言，二題。

與履安步至朝陽庵茶棚，遇泛舟。

晚得艮男信，知康媛熱尚未退。

今日大便不通，食沙果甚多，無效。

八月十號星期三（七月初九）

寫康，艮信。大便不暢。終日作文四千餘言，三題。履安與洪氏全家游溫泉，大覺寺，在溫泉吃飯。八時去，下午四時許歸。履安與洪氏二女騎驢。

下山至駱駝石散步，出了一身汗，覺得爽快些。

晚飯又吃不下。看《女性中心説》，早眠。

看三天報，悉汪精衛辭行政院長職，勸張學良下野，以其截留國税，猶向中央屢索款，而頓兵不抵抗也。事情是要這樣辦，但不知北平治安有無影響耳。

八月十一號星期四（七月初十）

終日作文五千餘言，二題，《三皇考》略畢矣。記筆記八頁，皆病時所觀書。午飯得羊肉，大爲佳饌。

與履安上山，予獨步至小廟。

看《漢書·文三王，景十三王傳》。十時眠。

近數日秋風甚厲，早起頗寒。

昨履安到温泉打電話，今日接馮世五信，均言康媛熱已退，瘧已不作，惟體力未復原耳。

日來勉力作文，常覺體力不勝，背酸，臂痛，神倦，諸病兼作，大非大石作時代可以心力集中者比。然彼時作小題，易了；今則不作則已，一作必大，非費長時間之功夫不可。所以尚能挺下去者，猶賴此學問上之野心耳。否則回去作紳士乃予最適宜之生活矣。爲之一嘆。

八月十二號星期五（七月十一）

記筆記三頁。鈔輯《儀禮》中之皇字。點俞理初關于"太一"論文三篇，看毛奇齡《河圖洛書原舛編》，補草《河圖洛書》一章入《三皇考》，寫千餘字，未畢。

與履安步至駱駝石。

歸，與泛舟，杏春談話。

便秘，精神遂覺興奮，夜眠又服藥。近日山中正賣沙果，予得大嚼，每日輒十數枚，以便秘故也。

八月十三號星期六（七月十二）

上午七時，偕谷杏春，洪藹蓮，藹梅姊妹出，他們騎驢，予步行。八時，過瓜打石後，予亦騎驢行數里。九時，到廟兒窪，少休。下山，至大槐樹處，又少休。十時半，到澗溝吳家，吃茶。上山，十一時半至妙峰，游廟。十二時，在廟吃飯。今日游妙峰，沿路所見瀑布，大好，爲前數次所未遇。

下午十二時三刻，下山，游關帝殿，喜神殿，迴香亭。下山，到瀑布處休息兩次。到廟兒窪摘歐梨。到瓜打石小憩。五時許，回金仙庵，憊甚，大飲其茶，夜飯量增。

看《楚元王傳》。

在妙峰關帝廟得第七十五籤，其故事爲"劉小姐愛蒙正"。籤文有"一笑相逢情自親"語，東坡解曰："既有夙約，一見如故。所謀皆同，事多就緒，何必相逢，又分爾汝。且順而行，事無齟齬。"碧仙注云："兩情如水素通流，何況機緣舊日同。"嗚呼，果能爾耶？

八月十四號星期日（七月十三）

終日草《漢十三州考》四千言。

小眠。

與谷杏春君話別，談甚久，看月。泛舟同談。

昨日下山右腿屈筋，愈走愈酸痛。到瀑布處息兩次。自瓜打石以下，幾不能舉步矣。此是舊疾，尚是十四年游妙峰時所犯。今春游五雲山時復發。此爲第三次矣。勉强到金仙庵，即憊不能興。今日腿仍痛，未出門。

接父大人來信，知鹽運使署將併入稽核分所，決辭職回家。

八月十五號星期一（七月十四）

早起，寫煨蓮，自珍明，世五，紹虞，晋華，芸圻信，托杏春帶回，送杏春下山。終日草《漢十三州考》四千言，記筆記五頁。

與履安同到朝陽院散步。

希白偕文理來，談至九時許。回室，看報。

希白，文理騎自行車來，僅二小時半耳。然累甚，上山已不支矣。

八月十六號星期二（七月十五）

寫牟潤孫，譚其驤兩函，爲文理介紹。伴希白，文理游全庵。八時，他們下山。九時，適之先生，在君先生夫婦及史小姐同來，導觀全庵及朝陽院。歸，記日記四天。看報。

作《十三州考》二千餘言。與履安到山上散步。

看《馮岑賈傳》。

適之先生來山中小憩，今日步行到此甚累。觀妙峰香會會帖，謂無一通者，而甚有味，因約于下星期一坐轎往游，游伴爲在君先生及履安。

八月十七號星期三（七月十六）

寫起潛叔信。終日草《十三州考》五千餘言。

與履安到亭子小坐。

看《光武紀》。失眠，起看《光武紀》畢。

予不能作文太多。今日寫約五千餘言，甚高興。然效驗立見，又失眠矣。服藥之後，始于十二時後得小眠。

八月十八號星期四（七月十七）

早起，寫父大人，欒植新，自明，自珍，世五，傅述堯信。與履安到秀峰寺，晤在君先生一家及適之先生父子，談話，留飯。

一時半，與履安同到北安河買物，寄信。又步上山，在响福觀，石家花園，駱駝石，朝陽院小憩。四時半到家，悉黃仲良來。洪太太來談。寫在君先生信，爲游滴水岩事。令王永增打電話與仲良。與履安到門口散步，坐泉上聽水流聲。

看前二日報。得佳眠。

履安向不能走山路，今日上下山行二十里，前之所未有也。

自石家花園以上，頗累，所謂"行百里者半九十"也。

八月十九號星期五（七月十八）

讀《後漢書·帝紀》，修改論文，記筆記三千餘言。

與胡家諸人攀山至朝陽院後石壁，至汽水公司坐談。

看《後漢書·帝紀》。失眠。

八月二十號星期六（七月十九）

讀《後漢書·帝紀》，記筆記三千言。續作《十三州考》一千言。

與履安步至山神廟。與泛舟談話。

洪太太來道別。服藥眠。

今日以鐸爾孟先生來山，王永增辭去，王萬英來服役。

近日食沙果極多，每日輒至十餘隻，以通便也。

八月廿一號星期日（七月二十）

鈔《後漢·帝紀》事入筆記約三千言。十時送洪太太等下山，抱愛蘭至駱駝石，跌了一交。

續作《十三州考》千餘言。與履安步至朝陽院茶棚。

鐸爾蒙先生來談。得眠，惟早醒耳。

得適之先生信，悉在君先生因病入協和醫院，妙峰之游作罷矣。

予研究諸題，鐸爾蒙先生無不知者。"十目所視"，可畏也。予自省無過人之姿，只以會提出問題，且肯着力幹，又值舉國無人之會，遂得他國人士之知，尚敢不勉力潛修乎！

八月廿二號星期一（七月廿一）

爲胡泛舟寫屏條及中堂三件。到鐸爾蒙先生處談話半小時。終日整理《十三州考》，略畢，擬一章節目。

與泛舟談話。

自十四日起，至本日止，《十三州考》凡草八日，得二萬四千言，尚未竟。

鐸爾蒙先生謂我，將來中國學問恐無中國人研究。聞之甚爲國家愧。

夜，夢郵局退回信五六封，中有予致健常書。悵惘之中，不審是彼不理我，抑係他去，因作函與祚萐，囑探其近況以告。

八月廿三號星期二（七月廿二）

終日修改《三皇考》，複看《上古史講義》二冊，補作千餘言。

與履安上山小步。

夜夢至伯祥家，看其架上，他借我的書尚存十之七八，大喜，向其索歸。噫，此閘北之灰燼尚能復得之乎！

八月廿四號星期三（七月廿三）

終日修改《三皇考》，複看《上古史講義》三冊。

與履安下山，步至駱駝石。

八月廿五號星期四（七月廿四）

終日據講義修改《三皇考》，寫五千餘字。看《雪鴻泪史》。
理物，入行裝。

《雪鴻泪史》一書，聞之已久，既不暇觀，又不屑觀，以其
爲鴛鴦蝴蝶派小説也。此次履安上山，帶得是書，以將歸家，心
稍亂，即取是書覽之，覺得亦不錯，惟詞藻堆砌太甚耳。看至黎
影絶命時，爲之泣下。履安笑我爲"傻佛爺"。傻佛爺者，朝陽
庵之神也。

八月廿六號星期五（七月廿五）

四時許起，理物。進早點後，七時，與履安及胡泛舟君同下
山，看大水澗房屋，八時到温泉，訪仲良，已歸。訪徐旭生太太，
稍談。到中法大學第二農場，見尹蔣二君，參觀猪欄等處。上車，
至西北旺小憩，與泛舟別，時已十一時半矣。

十二時半抵家，驢（背行李）兩頭于兩點到。理物。韓叔信來
談。看報及來信。

晚飯後與履安到紹虞處，謝其照顧康媛之疾。出，予到煨蓮
處，并晤叔信，士嘉，九時許歸。

今日歸來，離家已三十六日矣。在此時期中，我與履安約用
百元，二女用三十餘元。

得父大人書，悉又爲稽核分所經理馮君所留，且謂相依之親
故得以苟延殘喘矣。

八月廿七號星期六（七月廿六）

理物。莘田來，長談，送之到希白處。芸圻來。到希白處吃飯。
與子植，子馨，立厂同歸，談頗久。記日記。芝生來談。到振
鐸處，看其新屋，與紹虞遇。
杜校長偕其子來，留宿。

今午同席：吳子馨　趙斐雲　羅莘田　劉子植　商錫永　唐立厂　于思泊　予（以上客）　　容希白（主）

八月廿八號星期日（七月廿七）

杜校長父子早飯後去。到校剃頭。德坤來談。看《宋史·呂蒙正傳》。

修改《三皇考》及《漢州考》。記筆記三頁。檢查在山作文時所欲見而不得見之書。到後園摘棗。

到肖甫處談話，九時歸。教自明文法。

小說中以劉小姐與呂蒙正爲夫婦，《宋史》中則其母劉氏，爲其父所棄，同度貧苦生涯，及蒙正貴乃迎父同居，而蒙正之妻則宋氏也。

八月廿九號星期一（七月廿八）

容女士來。到圖書館訪洪都，到研究所訪煨蓮，均爲公事。翟錫光來。修綆堂耿君來。

看秦輯《世本》，記筆記。修改《三皇考》。張維華來。吳子馨來，商改保存故宮古物電稿。侯芸圻偕張西堂來。振鐸來。

與振鐸同到紹虞處，并晤劉恩源。

八月三十號星期二（七月廿九）

五時起，理信札，記日記。寫德坤，夢麐先生信。乘八時車進城，到王姨母處，到通伯家，看其夫人所臨畫。到文甫處，談。到昺衡家，見其夫人。到以中家，并晤仲呂，留飯。到賓四，錫永處。

到仲良處，立厂處，均晤之。到景山書社，看賬。到晉華處，光信處，均未晤。到適之先生處，談。到季忱處，泉澄處，均未晤。到修綆堂看書。到北平圖書館，晤以中，斐雲，森玉，子植等。

到玉華臺，公宴子馨夫婦，餞別。與錫永等步歸，談話。

今晚同席：吴子馨夫婦　子植　芸圻　剛主　希白（以上客）　斐雲　錫永　賓四　以中　立厂　予　森玉（以上主）

八月卅一號星期三（七月三十）

早飯後，到以中處談話。出，到北海，訪孟真，彦堂，槃庵，并晤李嘉瑞。到北平圖書館，訪其驤，并晤以中。寫斐雲信。到余季豫先生處，未晤。回錫永處，吃飯。與希白同到南池子，乘車返校。

看《北史·高車傳》，記筆記一則。看《建康實録》，尋刑制考材料。晋華來，同到紹虞處。訪維華，未得。士嘉來。

宴維華等，與希白煨蓮談至十一時半。

今晚同席：張維華（西山）　煨蓮　希白　德坤　家昇　世五（以上客）　予（主）

得父大人書，悉以節費之故，杭餘查驗局終歸裁撤，親故苟延殘喘竟絕望矣。又曾，簡香，自琛從此星散，而青畬廿元乾修亦從此無着落矣。父大人欲給與盤費，令其依我，然此人何堪承教，任其窮餓而死尚不失一辦法也。

一九三二年九月

九月一號星期四（八月初一）

希白來。牟傳楷來。羅香林來，留飯。趙惠人來。

看《建康實録》，集文材。與履安到振鐸處談話。

看清人考證書，尋修改兩文材料。

九月二號星期五（八月初二）

紹虞來，同到蔚秀園參加大學會議，振鐸亦同往。會畢，參觀園內房屋。翻看《廣雅叢書》。

羅雨亭來。張亮丞來。房東安錫九來。容女士來。記日記四天。

紹虞來。劉恩源來。看孫楷第《東京大連所見中國小説書目》。

一天天的過去，看似很忙，實乃鬼混。無力跳出社會，只得隨波逐流，奈何奈何。

九月三號星期六（八月初三）

編《禹貢》講義。理出應運城書籍。運勤廬書櫃入後院。

與二女騰出書箱，馮世五裝書。四時許，由外院劉君喚汽車來裝去。到子通處。

泉澄與陳女士同來。補記山中日記。

書籍統一三年，今以時局關係，不得不分開矣。今日報載日人宣言對關內將有軍事行動，恐調查團一去就來，故急運至姨母處。上午履安進城時尚未定計也。害我忙了大半天，又多不便。真恨日本人害我，將如何報復耶？

九月四號星期日（八月初四）

編《禹貢》講義。邱繼繩來。盧季忱來。通伯來。與通伯季忱同到振鐸處。

與季忱歸，留之飯。文藻來。以中，仲呂來，與同到子陵處。文珊，植新來。其驤來。李安宅夫婦來。

補記山上日記。

終日會客，真非了事。若爲妓女，茶會資收入不少矣。

自今晨起，當日灌已萎之文竹，以其復生與否爲驗。

九月五號星期一（八月初五）

覆看《太一考》一過，爲改正數處。到校，訪煨蓮，爲款事，發《學報》稿。寫葉公超信。寫錢琢如信。

校勘《禹貢》文字，備編講義。

今日開學矣，在國家社會如此情形之下，教人如何能安心讀書。我極願做些救國工作，而教書，編書，酬應，瑣屑人事，逼得我終歲無暇，僅存此想耳，一嘆。假如我有分身術，真不知可做多少事業，只恨他人的暇閑不能送給我耳。

九月六號星期二（八月初六）

記筆記五頁。寫紹虞等信及葉公超信，爲佩弦賀禮事。編講義二千言。

晉華來。余季豫讓之父子來。佩弦夫婦來。與履安，自珍步至李安宅家。今日兩到海淀買物，八時歸。

續編講義。肖甫來。十一時許眠。

履安近年月經愈來愈少，耳聾亦寖甚，終非辦法。囑其就醫，又不肯，深慮之。

九月七號星期三（八月初七）

編講義二千言。平伯來，同往訪紹虞，振鐸，俱不遇。膺東偕盛健來。

紹虞來，振鐸來，與同到清華，訪平伯佩弦，俱晤之。八時歸。

校講義。膺東弟來，留宿。

紹虞借清人文集十六套。

膺東表弟在青島高中畢業後，考清華，南開，青島三大學皆取，今入清華。

九月八號星期四（八月初八）

伴膺東弟到蔚秀園，訪潘由笙先生，滕白也。到史學系，唔士嘉。歸，編講義千餘言。

膺東弟來。盛健來。改講義。到校，上課一小時。與士嘉談。記日記四天。與膺東弟同到燕東園及朗潤園。

校講義。

本年選課者特少，大約因予課太專門，又無興趣之故。而時勢之刺戟，使人不安于故紙堆之生涯，亦一大原因也。

張維華　二九四五五

鄧嗣禹　三二四五二

李子魁　三二四八二

李晉華　三二四八一

黃席群　三二四二五

王育伊　三二四六一

羅香林　三一四九三

高仰山　三一七五六

謝國彥　三二四一八

尚有翁獨健，欒植新二君旁聽。

九月九號星期五（八月初九）

植新來，與同到前吉祥胡同。歸，爲寫庶務處信。晉華來，贈花瓶及月餅。編講義二千言。雨亭來。

與履安到後園收拾房子。與膺東弟及康媛游燕農園，自校南門歸。

校改講義。看衛聚賢《新中國史》。

本年計畫：

予——編《禹貢》講義。

植新——助予搜集材料。

起潛叔——編集《尚書》文字。

世五——鈔寫講義。

履安——鈔《尚書》材料。

頤年——畫《禹貢》地圖。

惠人——編《尚書》書目。

九月十號星期六（八月初十）

竟日雨，編《禹貢》講義二千五百餘言，九州之文字校勘及標點畢。

膺東表弟歸其家。

到季明先生處吃飯。改生產研究社章。十一時半歸。

早起得一聯云："不知嫉妒爲何事，但矚光明益向前。"當請人書之。

今晚同席：煨蓮　希白　文理　予　盛成中（以上客）　季明　馬蒙（以上主）

九月十一號星期日（八月十一）

到蔚秀園散步。乘八時車進城。到斐雲處，未晤。到玄同先生處，長談。到十二時，至玉華臺吃飯。

與振鐸同到西長安街，游雙塔慶壽寺，訪何殿英。出，到省黨部，晤楊敬之。到景山書社。到李光信處。到趙巨川處，未晤。乘六時半車歸，與容女士同步歸。

看《民間月刊》。

今午同席：余季豫　黎劭西　沈兼士　錢玄同　白滌洲　臺靜農　容希白　郭紹虞　鄭振鐸　予（以上客）　魏建功（主）

昨文理告我，渠在華北旅行所及，問中學生，無不知我者，且無不敬我者。不知何以至此。今日晤兼士先生，渠問我："已把書籍移至城內乎?""將來要把家中書畫古物捐與燕大乎?"予聞之凜然。以先生和我相隔之遠及感情之淡漠，而對于我的事情清楚知道如此，"十目所視，十手所指"，我如作有不可告人之事，起而攻擊之者將不知有多少人矣。予惟有利用吾名以成救國之業，自己之享用亦正不能計矣。

九月十二號星期一（八月十二）

寫彥堂，斐雲，玄同先生信。校改講義。文理來。香林來。耿君來。寫振鐸信。容女士來。

布置書房。看《禹貢》。壽林來。西堂來。希白來。德坤來。剛主來。紹虞來。爲剛主西堂寫字。

芸圻來。理物。

整日有人來，竟未能工作，命也夫!

九月十三號星期二（八月十三）

德坤來，贈物。豫備功課。

滕白也來。到校，上課二小時（冀——青）。與士嘉談。見慶美鑫主任。文理來。

家昇來。到振鐸處吃飯。歸，與肖甫談，至十一點。

今晚同席：高君珊女士　煨蓮　子通　學章　希白　文理其田　予（以上客）　振鐸夫婦（主）

席間聞東三省之義勇軍并非那麼一回事，蓋張學良利用之以壯聲勢，日本人復利用之以爲增兵之藉口，實際上據東省來人説甚安謐也。又聞今春國人捐助十九路軍之款共爲四千萬，而十九路軍發表捐款數止八百萬，蓋出于銀行等的扣留，有人正在調查交涉。國難至此，大家猶無心肝若此，中國其必亡乎?思之憤憤!

九月十四號星期三（八月十四）

補鈔山中日記入本册，畢。寫父大人，教務主任（爲起潛叔請假），章君疇信。

趙惠人來，談編《尚書》目録事。寫魯弟信。文理來談。寫金家鳳，謝卓兹信。

宴客，改定建設研究社簡章。十一時，客散。

此一節中，書賬殆六百元，付三百元。履安爲予付書賬多，甚憤懣。予于書不見則已，見則只要有一些用處，必欲得之，以此致困。此與予之因愛才而受閑氣正相同。天性無法改變，奈何奈何！

今晚同席：煨蓮　季明　文理　成中　希白　八爰（以上客）　予（主）

九月十五號星期四（八月十五）

到後院豫備功課。看郭沫若《金文叢考》。

到校，上課一小時（徐）。到白也處。到廉先處。到植新處。紹虞來。

植新來。

今日中秋，無月有雨。

綏貞産一男子于道濟醫院。

九月十六號星期五（八月十六）

寫程仰之，沈勤廬，費鴻年，郭鴻恩，崔月如，李一非，范廉泉，毛相伯姨丈，汪安之表弟信。

容女士來。寫志希信。德坤來。作《中國新年風俗志》序千餘言，畢。寫婁子匡信。賓四來，留宿，與之同往紹虞處。

本日《大公報》載路透電，據内政部發表統計，在日軍占領區域居住之華人，在二千五百萬名以上。

遼寧：一五、二三三、一二三，

吉林：七、六三四、六七一，

黑龍江：三、七二四、七三八。

全中國人口爲：四七四、七八七、三八六。江蘇人口最稠，爲三千四百一十二萬。寧夏最稀，爲一百四十四萬。

今年一月過寧，慕愚告我正統計人口，今已發表此結果矣。彼在部二年，而荒地與人口之統計悉已作成，可見勉力的人無論何處均可表現其成績，正不關職位之高卑也。

九月十七號星期六（八月十六）

編《尚書講義》千餘言。賓四來。余光宗來。看賓四《三苗疆域考》。

與履安，賓四到蔚秀園，先至崇岐，由笙先生處，并晤亮丞。出，到白也處，與之同編去年旅行時照片入日記，夜九時畢。

白也留飯。

近日心臟又有異象，總由于予太性急之故。

九月十八號星期日（八月十八）

寫李貫英信。容太太，容女士來，同到蔚秀園，至白也等處游玩一周，雇車游大佛寺，劉進墓（明左都御史，在寺西），五塔寺。又游萬壽寺，由東北通信隊副官王慶懷君等爲導。

到藍靛廠，入東來居吃飯，游市街，到廣仁宮及關王廟，遇燕京工廠樂君，導游一過。沿高梁河行，到蘆溝橋（？），至海甸，到容宅，與希白話別。

紹虞來。肖甫來，留飯。白也來。看《晨報・李石岑情變記》。

游大佛寺，白也罵僧人不善保持，弄得這樣壞。僧人答道：

"若乾净了，兵就來住了！"此種苦痛，洵實情也。

萬壽寺中有一銅佛，頗古樸。

九月十九號星期一（八月十九）

搬桌子至後院。編《尚書講義》二千餘言，《禹貢》校勘及標點畢。

容女士來。香林來。文理來。容女士來。點李紱文二篇。

助履安拆絨繩衫。看《平山冷燕》。

校對一篇《禹貢》，歷時半月，尚甚粗疏，世上安有容易事乎！

九月二十號星期二（八月二十）

豫備功課。校講義印稿。看《獨立評論》"九一八"號。

到校，上課二小時（揚，荊）。與士嘉談。張福慶來，未晤。建猷，春晗來。植新來。

子陵來。作《禹貢》九州表。看《生活》讀者信箱。

予自前年作《五德考》，以清華派書記來，日必給以三千字鈔寫，一方又爲燕大編講義，每星期必七千字，以是每星期必寫成二萬五千字，積三月而心臟病成，今遂不能過勞，一勞即發，心悸且蕩。正如十四年游妙峰，屈了右腿的筋，今走山路一累，亦輒發。肢體機能不能稍壞，有如此者。

九月廿一號星期三（八月廿一）

將《禹貢》校勘之文覆看一過，作跋千餘言。

定生來，留飯，長談。芸圻來。容女士來。定生之姊來。趙澄來。爲李恢鵬寫屏條。爲鄭賓于寫扇。

作《禹貢》跋畢。趙澄來，贈安南刻像畫。

在《燕京報》見有白虹給安媚一詩，中有句云："安媚呵，我祝你久幸福。只要你將來是幸福而快樂，我便覺得我已經心滿意足。"又云："但是呵，誰的心是木石冰鐵，已往的歡情又將我的創痕迸裂。這樣的罪我不能够再去忍受，在我的胸腑裏沸騰了我青春的熱血。"這真是矛盾的情感，讀了也惟有徒喚奈何。

九月廿二號星期四（八月廿二）

寫徐旭生先生信兩通，分寄温泉及北平研究院。修改《禹貢》跋畢。豫備功課。草五服圖。寫楊壽祺信。玉山來。

到校，兩訪博晨光，不遇。上課一小時（豫，梁）。到趙惠人處，到芸圻處，與廖幼平女士談季平先生事。與容女士談話。

在芸圻家吃飯，步歸。校講義鈔稿。

《禹貢》校勘記，共計一萬五千餘言。

今晚同席：廖女士，予（以上客），芸圻（主）。與廖女士談，知季平先生以嗜飲故，六十八歲患右臂偏中，歷十三年始没。聞之甚爲父大人懼，以予父亦嗜飲故，左臂略感不仁也。

四五日前，頸間發癢，後成痱子，癢甚，燙以熱水，略好。今日則頸間紅腫矣。大約因予出汗太多，而今夏以住山上，洗澡太少之故。

九月廿三號星期五（八月廿三）

發出寄父大人，予同，健常，朝陽書籍。寄八爰信。鈔《書古文訓》中之《禹貢》入講義。

到植新處，囑借書。香林來。校穆堂初稿中《尚書》論文。

看《聚學軒叢書》。寫法公使館楊君信。

久欲將《古史辨序》譯本及《史學年報》寄健常，躊躇莫決。今早決然寄出矣。不附信，惟在包皮角上寫一語曰："如人口統計表已印成，請賜下一册。"理智之所可已而情感之所不容已，奈何！

香林云，嘉應羅獻修先生，年八十餘矣，昔年爲廣雅書院齋長，曾由張之洞薦任京師大學教員，爲其父之師。今春在粵，與之談及予，彼亦曾睹予書者，大怒曰："此種書也看得的嗎！"

九月廿四號星期六（八月廿四）

寫賓四信，索稿。校改德坤文，發稿。旭生先生偕妻女來。賓四全家來。

張兆瑾偕其同鄉王，周二君來。祝廉先來。談建設社事。看愈之所作《告青年》一文。看劉師培上端方書稿等。

到季明處晚餐。與文理談，至十時許歸。

今午同席：旭生夫婦及其女　煨蓮　季明　文理

今晚同席：虞振鏞　文理　煨蓮　予（以上客）　季明父子（主）

九月廿五號星期日（八月廿五）

與容女士乘八時車到西直門，換電車到天橋，游天壇，歷兩小時。更到歷史博物館，十二時半出，未閱畢。渠到市場，我至中山公園赴宴。

飯後談一小時散。到北海訪君樸，并晤槃庵及蕭克木君。到以亨處，并晤子水。五時半出，乘六時車歸。

鄧嗣禹，朱士嘉來。

今午同席：紹虞　振鐸　壽林　季明　根澤　王重民　孫子書　盼遂　予（以上客）　黎劭西（主）

九月廿六號星期一（八月廿六）

寫克木，適之先生信。理書裝箱，運一大車去。閱植新代編之

《尚書研究》參考材料。

何峻機女士來。容女士來，爲改詩。豫備明日功課。香林來辭行，且贈菩提葉。

到吉祥胡同，晤植新，建猷。與肖甫長談，九時半歸。

爲心臟有異狀，到肖甫處囑其診脉，據謂脉尚不壞。彼謂我體質金陽剛，與夏震武之脉象甚相似。

九月廿七號星期二（八月廿七）

豫備下午功課。（導山甚費事。）校講義。

到校上課二小時（梁，雍，導山）。歸，看《古史辨》第四册印稿。理雜志。

記日記四天。到紹虞處，與振鐸談，渠贈《文學史》第二册。

九月廿八號星期三（八月廿八）

乘八時車進城，車上遇家昇。到七姨母處，取出書籍。到清華園洗澡，剃頭。到東來順吃飯。

到賓四及錫永處。到景山書社。到福慶處，未晤。到玄同先生處。到北大，晤讓之，賓四，斐雲，福慶。上課一小時。乘人力車歸。

到清華赴佩弦喜宴，九時歸。

在八面槽道中，一車行予車前，中坐女子其領其肩及其剪髮之式宛若健常。予車隨其後行里許，又鈎起舊恨矣。噫，自今以後，尚有與健常之車相隨之日乎？

今晚同席：寅恪夫婦　芝生夫婦　陳岱孫（總）　履安　紹虞夫婦　清華教員十五六人（以上客）　朱佩弦夫婦（主）

九月廿九號星期四（八月廿九）

豫備下午功課。盼遂來。畫中國山脉圖。王先進來，爲寫致陳受頤書，請轉入史學系。

到校上課一小時（導山畢）。到研究所取文稿。到振鐸處交書。到植新處送薪。與士嘉，嗣禹，席群，子桂，育伊諸君談。定生來，留宿。

吃蟹。聽留聲片。記日記。芸圻來。

昨日一天游散，而夜眠仍不佳，今日上午三時即醒，至五時始一合眼，不知何故。

九月三十號星期五（九月初一）

理書桌。編講義二千餘言（《書古文訓》中之《禹貢》）。羅雨亭來。看《生活周刊》小言論第一集。

鄧嗣禹來。邱繼繩來。改北平史學會緣起。容女士來。

一九三二年十月

十月一號星期六

校改昨草講義。

續草講義一千餘言。膺東表弟來。

請客吃蟹。

今晚同席：肖甫　子陵　世五　膺東表弟(以上客)　予夫婦(主)
肖甫謂余脉象剛勁如武將。

十月二號星期日

略陪膺東弟。草講義約三千言(《書古文訓》之《禹貢》,未畢)。碧澂來。起潛叔返校，談。士嘉來。紹虞，振鐸來談樸社事。到煨蓮處吃飯，十一時歸。

今晚同席：張銓　季明　白也　成中　李女士　予（以上客）　煨蓮夫婦（主）

張銓，本校製革科教員，本年加入陝西實業考察團入陝南一帶調查，今日見告，彼地軍閥以油布作紙幣，以合作社名義發出。一個軍閥倒，則此種幣即無用，故有製爲百衲之雨衣者。又云，每一中央委員入陝，省政府即贈以十萬元，以封其口。

十月三號星期一

與定生談。寫趙巨川信。校改昨草講義稿。寫祭廖季平先生文上白布。植新來。

寫賓四信。趙惠人來。豫備明日功課。履安于今日下午進城，以綏真產後須養息，由彼代照顧家事也。謝國彥來。趙泉澄，陳戀恒來。

劉廷佐來。與起潛叔談話。

祭廖先生文由芸圻起草，予書之，子植亦署名。布太大，作二寸楷，仿佛寫一碑也。

昨夜十二時始睡，今日四時許即醒，眠時過少，致足部發冷，精神甚弱。應酬之苦，實在研學之上。

十月四號星期二

豫備功課。寫京華印書局信。

到校，上課兩小時（導水）。到白也處，振鐸處。理信札。

到煨蓮處，開圖書委員會，十一時歸，十二時眠。

今晚同席：Miss Bering　Miss Speer　Miss Waller　季明　予　洪都（以上客）　煨蓮夫婦（主）

十月五號星期三

乘八時車進城，到商務書館買書及英語留聲片。到中華書局買地圖。到以中處，晤綏真及其子。到立厂處，未晤。到市場海豐樓吃飯。

步行到王姨母處，晤履安。到景山書社，寫邵君樸信及召集開會信。到北大，晤讓之等，上課兩小時。到書社看書，見馮蔭璋先生，世五之兄也。乘六時半車歸，與季明同車。

翻新購書。

昨夜眠得又不好，予實不能遲睡。

北大學生太浮動，太懶惰，以較燕京學生，把學問當作一回事的，相差太遠。予向不能面責人，今日乃面責之。謂居今之世，像我們這樣有飯吃，有書讀者，在國內已爲特殊的享受，我們固然受的時代刺戟太多，不能安心學問，但如我們而猶不努力，則更無可以努力之人矣。不知他們能受感動否也？

十月六號星期四

編講義一千餘言。幼漁先生來。

豫備功課。到校上課一小時（至五服）。德坤來談。到季子魁處。

李子魁來。看植新代編講義。

十月七號星期五

看《朱子語類》，鈔出其疑《禹貢》者。點讀《水經·禹貢山水澤地篇》。雨亭來。

亮丞來，到二號看其屋。鈔錄講義丙種之一（冀州境界問題）二千餘言。容女士來。趙肖甫來。

由笙先生來。白也來。

郵件發出十五日矣，平京書札往返，不過七日，今倍之矣，乃既無函來，即統計表亦不至，彼其終絕我乎？絕我，則何不將寄件退還，彼殆形極勢禁，同于予之不作表示乎？思之無聊賴，因取其影片就燈下鏡中觀之，仿佛伴我讀書也。噫，我其終如此銜悲以没世耶？

十月八號星期六

容女士來兩次，爲《燕京學報》立案事。劉盼遂來。鈔講義丙種之一。看邱繼繩畢業論文。邱繼繩來。寫蕭立安信。

到蔚秀園，吃飯，三時半出。趙惠人來。看五十年來北平戲劇史料。紹虞來長談。

點《漢書‧地理志》，并鈔出《禹貢》材料。失眠，起飲酒，看《山海經》一冊。

今午同席：馬文綽　馬季明　梅貽寶　郭紹虞　周學章　予（以上客）　滕白也（主）

晨起嗽口，忽思予之爲人，有目的，有計畫，有恒心，有定力，故得不避艱難，不畏險阻，不慕虛榮，不見異思遷，雖有種種之缺陷，仍無礙其成功。只要不受大力者之摧殘，身體亦支持得下，積以歲年，當然有成。回思才幹學問比我好的人何限，顧以缺乏如此之情感與意志，故終不能勝我而惟有妒我耳。若今日之青年，則急于小成，只肯做表面的工作，惟以虛聲作嗃喝，徒成爲隨時淘汰之分子耳。

十月九號星期日

終日點《漢書‧地理志》。
唐立厂來。點勘夏承燾一文。看《杏花天》。
失眠，飲酒亦無效，吃藥。

十月十號星期一

　　乘八時車與自明同進城，到以中處，與履安同出，到故宮博物院游覽，遇肖甫及起潛叔，遂五人同游。

　　到乾清門吃茶點當飯，直至下午五時，始匆匆覽畢。到景山書社小憩。與肖甫乘七時車歸。

　　留肖甫飯。

　　今日走了一天，故睡眠甚酣，不勞藥物與酒矣。予爲身體計，直當換一職業。果爾，真可作一强者。惜爲事勢所不許，且爲此心所不願，奈何？

十月十一號星期二

　　豫備功課。楊敬之偕閔君來。

　　到校，上課兩小時（甲種之三畢）。到哈燕社，晤博晨光及容女士。到振鐸處，未遇。士嘉，鄧嗣禹來。寫洪都信。寫請客片四份。

　　到季明處吃飯，開中文購書委員會。

　　今晚同席：煨蓮　文如　洪都　予（以上客）　季明（主）

十月十二號星期三

　　乘八時車進城，到以中處，續編講義，將丙種三之一作完。履安自醫院回。在以中處吃飯。

　　草“中國通史”《神話傳説中之古史》綱要。到北大，晤受頤，子水。到援庵先生處。上課二小時。到書社。

　　乘六時半車歸，與容女士遇。記日記四天。

　　履安昨今兩日到協和醫院，以 X 光照了兩次，昨照子宮，今照腹部，定後日再往診斷。

十月十三號星期四

　　豫備功課。

到校，上課一小時。王泊生夫婦（其夫人爲吳瑞燕）介李安宅夫婦見訪，略談劇事。歸，吳子臧來，同出，到燕南園，參加史學系年會。到汽車行取藥。歸，趙豐田來。

到振鐸處赴宴，九時許歸。

今晚同席：高夢旦先生　煨蓮夫婦　文藻　陳意女士　君珊女士　劉女士　予（以上客）　振鐸夫婦（主）

高君珊女士見詢："近與慕愚通信乎？"答以"久未"。予問伊何時見彼，謂"去年底在寧曾見數次"，則尚在予見彼之前也。君珊云："慕愚情感太強，任何利害均不計。"

十月十四號星期五

鈔《書古文訓》李遇孫釋文入講義，得三千餘言。羅雨亭來。何峻機女士來。吳文藻來。馮家昇來。

宴夢旦先生，七時來，九時許去。肖甫來。

今晚同席：夢旦先生　振鐸夫婦　劉淑度女士　世五　起潛叔（以上客）　予　自珍（以上主）

晨夢加入義勇軍，殺敵人及漢奸，甚酣暢。醒而思之，我研究歷史，喚起民族精神之責任，實重于殺敵致果，其工作亦艱于赴湯蹈火。我尚以伏處爲宜。斐希脱所謂"我書不亡，德國民族亦必不亡"者，我當勉力赴之。

十月十五號星期六

以《書古訓》李釋查對原書，付鈔。十一時，乘車進城，遇江清。到以中家吃飯。

與以中，賓四談話。到北大，上"中國通史"課兩小時（神話傳説中的古史，未畢）。到以中處吃夜飯。

與履安步至市場及中原公司，遇陳鈍。到王姨母處住宿。

履安到協和診察數次，昨見照片，乃知卵管相接處無鬚，不能成孕，乃由天生。醫謂割後可望有機會，履安不敢，亦遂不望生育矣。

十月十六號星期日

八時許，自王姨母處出，到匯文中學看文珊（貢珍），出，到書社，開會討論樸社進行計畫，至十二時散。到東來順吃飯。

到修綆堂看書。到太廟，游覽一過。到中山公園水榭，參加北平史學會。五時許出，到書社，草通知書。煨蓮乘汽車來，與之同歸。

在煨蓮處談話，吃夜飯。八時半歸，看信及報。

今日開會，到者：芝生　介泉　仲澐，振鐸，紹虞，殿英　予。議決樸社改組有限公司，招新股五千元，積極進行。

十月十七號星期一

理《史記》鈔稿。寫蕭文安信。德坤來，看其所譯恒譯《古史辨自序》之序。校講義。記日記五天。校李氏釋文。

編講義約二千言（甲種三之二，未畢）。

夜，士嘉來電話，謂城中有謠言，説北平史學會之設立乃係排擠顧頡剛者。此真奇事，我無絲毫權勢，用什麽法子來排擠我？且在廈門，在廣州，以及此三年在北平，謀排擠我者衆矣，究竟何害于我？我還讀我書，此外一切聽之人，且聽之天可矣。予何能以自己的墮落換得別人的安心？

十月十八號星期二

豫備功課。德坤來。

到校，上課二小時（《書古文訓》之《禹貢》，未畢）。到研究所，晤容女士。紹虞來。

理書桌，交賬與履安。寫父大人信。

覽《大公報》，悉小香水在天津春和戲院與金鋼鑽同演劇，以不能往觀爲恨。不知渠能來平否也。

十月十九號星期三

鈔改《兗州境界問題》，畢，約二千四百言。

乘一時半車進城，到市場購物。到北大上課兩小時。遇適之先生，同車歸其家。出，到書社，到晉華處。

到適之先生處，赴宴。十時許，留宿其家。

今晚同席：高夢旦　唐擘黃　陳□□（莎菲之父）　孫洪芬丁在君　余上沅　傅孟真　翁詠霓　予（以上客）　胡適之　任叔永（以上主）

合打一營救陳獨秀先生之電報，署名者八人。

十月二十號星期四

六時起，乘七時汽車歸。豫備功課。耿長來來。趙惠人來。

到校，上課一小時。到圖書館，審查善本書。與文如同步歸。德坤來。

看德坤《明器考》。

予三月前買《廣雅叢書》一部，價二百八十元。今日復購其廣刻《通志堂經解》，價二百四十元。此種書不能不購，然購又無力。故不敢告履安，恐傷其心也。

十月廿一號星期五

爲邱繼繩修改《春秋時交通》論文，未畢。

雨亭來。盼遂來。文楷齋劉君來。西堂夫人及雨亭夫人來。白也來。伴西堂夫人等游燕大及蔚秀園，送其上車。

看德坤《明器考》，爲修改。

十月廿二號星期六

爲邱繼繩修改論文。記筆記兩則。德坤來。

乘一時半車進城，遇史祿國夫婦，到以中處取皮包，到北大上"通史"課二小時半（神話傳説中的古史，畢）。到書社，寫賓四信。乘六時半車歸。膺東弟來，留宿。

趙泉澄來。整理什物。

"中國通史"課，北大聽者二百餘人，予之喉嚨殊嫌不够。予性太急，深恐説得太快，故服 Adalin 以鎮服之。兩次均未退課，學生尚不厭倦，在予已甚不易矣。

自燕大至西直門，汽車行二十分，自西直門至東安市場，行四十分，以屢停，且城中車多，須緩行也。自南池子還燕大，僅四十分。

十月廿三號星期日

到植新處。到壽林處，未晤。理各處來信。履安爲寫各人通訊處，劉朝陽信。

芸圻來。肖甫來。士嘉來。寫志希，德昭信。

寫壽彝，静農，兼士先生，皖峰，伯祥信。

久不寫覆信矣，今日一理來信，乃覺無從下手，若無一星期之閑即不能盡答，且若盡答則來者將更多也。

肖甫來，告予外有流言，謂北平史學會爲予所發起，且拉攏北大學生不少，若予欲在北平學界活動者。真可笑。吾誠能讀書治學，此樂南面王不易，何苦作學閥以自失其快樂乎！語云："猛虎在深山，百獸震驚。"造謡者太闒茸無能，乃視予若猛虎。

十月廿四號星期一

終日草《青州境界問題》，約二千八百言，未畢。

胡坤達來。林宰平先生來。

肖甫來談，十時別去。

十月廿五號星期二

豫備功課。德坤來兩次，爲開支票事。

張頤年，欒植新來。到校，上課二小時（《書古文訓》，差畢）。

續草《青州問題》千餘言。

昨夜夢健常來訪，予尚爲學生，導入宿舍，坐床沿談話，繼乃同游，盤桓甚久。以在中夜，醒後不能悉記。噫，青春逝矣，但可于夢中得此溫存耳。

十月廿六號星期三

改《青州境界問題》，畢，凡五千餘言。續草《書古文訓》跋，五百言。

進城，到北大上課（梁，雍，導山）。與讓之談話。到書社。到晉華處。泉澄來，同到二院。乘六時車歸。

到紹虞處。歸，與叔，肖甫談至十時許。

《大公報》記者心冷在《小公園》發牢騷云，小香水劇藝著實不錯，只因她黃金時代已過，爲好色者所不喜，故觀者寥落。聞之爲抑鬱。渠若在北平，我必常往觀之。我自謂觀人常在牝牡驪黃之外，必不以其色衰而變志也。

肖甫又謂予脉之剛，謂若在洪楊之際，將似羅澤南等之以文人握兵柄。又謂予目炯炯有神，亦似武官，惟時時定耳。因思予愛健常與香水，其目實亦似予，如得肖甫按其脉，亦當如予。

十月廿七號星期四

看《三閑集》。豫備功課。畫漢州界于地圖。希聖來談。履安爲寄杭州各書店欠款。

容女士來談。李退厂來。到校，上課一小時（九州説）。到圖書館開會。

士嘉來。教艮男讀《左傳》。記日記三天。

自珍性近文學，有志進大學國文系，因擬教以《左傳》。予自己亦得借以溫書。

十月廿八號星期五

寫樂吉羊及容女士信。乘八時車，與肖甫，德坤，起潛叔同進城，游天壇，觀禮樂器展覽會。出，到先農壇，在林中吃飯。

到陶然亭，吊高君宇之墓。到太和殿，看喇嘛念經，并參觀三大殿古物，及米帖刻石。到太廟，游一過。乘六時車歸，遇葉公超。

看《象牙戒指》（小説）。與履安及二女談話。趙泉澄來。

在陶然亭得一籤：第七十籤　中上

瑶臺應有再來期（唐彥謙），

珠箔輕吹拂玉墀（李商隱），

莫向尊前奏花落（同），

殘花猶發萬年枝（虞庠）。

讀至末二句，且驚且慰，蓋與五雲山籤語所謂“無頭終見尾”，“花萎又重開”若出一口也。

于君宇墓碑上，見石評梅題語，大意謂“我挽不住你電火般的生命，惟有把我剩餘的泪揮灑你的墳頭，直到我不能看你的時候”，歸而述之，自珍謂即廬隱女士《象牙戒指》所寫事也。因取覽之，頗受感動，但我終不願若君宇之自害以害人耳。

十月廿九號星期六

續寫《書古訓》跋，五百言。鄰家兒劉玉珍來。改裝電燈。重釘照片。今日終日心亂，竟未能多做工作。

校講義寫樣。看《東方雜志》復刊號。趙惠人來。寫張文理，胡愈之，周予同信。訪植新及白也，皆不遇。

校馮世五鈔《禹貢》文字表。

得文理廿五日由南京來書，謂"四日前由滬來京，曾與惕吾女士晤談，她確係有爲而且具有熱血的志士。弟已略向她陳述建設研究社之目的及組織。她說，她很不願意在內政部工作。如果我們的計畫得以實行時，她很願意到北平，一方面幫忙編輯年鑑及周刊，一方面可以自修些學問。關于各種統計之收集機關及已有成績，她將開一清單寄交德坤兄，以便其收集，充修改《天下郡國利病書》之參考材料"。不得渠音問九閱月矣，今日見此，喜極隕涕。

十月三十號星期日

校《三苗疆域考》。爲劉淑度女士寫斗方，吳子臧書屏條，夏瞿禪寫舊作詩，又爲人寫聯及斗方等。寫平伯，賓四信。

譚其驤來。校講義稿。爲柏堅內兄修改壽詩。

點《溝洫志》及《地理志》。看《象牙戒指》。

十月卅一號星期一

寫容女士，雲鶴女士，重民，子書信。到植新處，送薪金。點《漢書・地理志》付鈔，記筆記三則。寫葉玉虎信。耿君來。發朱惠湶信。

孫海波來。草《徐州境界問題》，畢，約一千八百言。魏守謨來。容女士來。

教自珍《左傳》。覆點《溝洫志》。

得葉玉虎先生來信,知甪直保聖寺古物館于下月十二日開幕。此事真虧得他,保存舊塑竟成功了!此一小事也,尚運動了十年,賴日本,廣東人之提倡而成之,況事之大于此者乎!

一九三二年十一月

十一月一號星期二

修改《徐州境界問題》。豫備下午功課。

到校,上課兩小時(冀州境界問題)。孫海波來。瞿子陵來。點孫詒讓《職方正義》。

夜半,夢慕愚來我家,予含恚問之曰:"何久不來?"渠則含笑應曰:"遠!"以忽醒,故記得。

十一月二號星期三

豫備功課。看程大昌《禹貢》論。校講義鈔稿。

進城,到北大上課兩小時(導水,五服)。到書社。到盧逮曾處談。到新月書店購書。

歸,點孫氏《職方正義》。

北大學生,愈來愈少。如何改變這不好學的風氣,大是難題。如北大再不克自拔,則數年後燕大殆成文化中心矣。(平大,師大,學風尚不及北大。清華則氣量太小,亦不能有大成就。)

十一月三號星期四

續作《書古文訓》跋。校《史記》《漢書》中之《禹貢》,記筆記四頁。寫來青閣信。寫王穎婉女士信。

豫備功課。到校,上課一小時(冀州境界問題畢)。與李庸莘同到蔚秀園，訪滕白也。到圖書館，開會審查購書單，七時半歸。

看《啼笑因緣》特刊，家譜稿。

十一月四號星期五

續草《書古文訓》跋，仍未畢。寫柏堅內兄壽詩入軸。與馮世五到大河莊李宅吃飯。步去步歸。歸與田，馬二君同。

到校，剃頭。賀昌群來，未遇。點《漢書·地理志》。

宴客。至十時許散。

天氣久暖，致發重華。群詫爲天時不正。昨日下午，始發風。今日風甚大，但尚不甚冷。

今午同席：洪煨蓮　馬季明　田洪都　馮世五　會計處趙君　女校庶務石君　予（以上客）　李退庵（主）

今晚同席：鄺雲鶴女士　王穎婉女士　容女士　容太太　馮世五　起潛叔（以上客）　予夫婦（主）

十一月五號星期六

竟日校點《漢書·地理志》，郡縣部分畢矣。

與自珍同讀《左傳》。肖甫來談，留飯。

今日風狂甚，徒寒，只得生火矣。

鄺女士多年不見，今已得理學博士，專研究應用化學，爲胰皂，糖。更有志於染料，及人造絲。

十一月六號星期日

與肖甫及起潛叔進城，予與肖甫游歷史博物館，先至西廊，看殿刻木版。次至中央公園，到中山圖書館。十二時出歷史博物館，到同和居吃飯。

飯後與起潛叔到北平圖書館。到景山書社，與肖甫同出，到團

城，看西北科學考查團陳列品。到景山，上山。到北大第二院及東
齋。到書社。

乘六時車歸。看欒君所鈔揚州境界材料。

自今日起，北平文化機關聯合開放八天，爲義勇軍捐寒衣。
惜天氣太冷，風又大，游者遂裹足。予等上午門，幾給風吹下。

十一月七號星期一

校《朱熹辨偽書語》。校講義稿。校《古史辨》第三册再版
印件。

草《揚州境界問題》，約二千言。芝生來。

修改德坤所作《中國明器》。

芝生來，借康長素先生著作七種：《春秋筆削大義微言考》，
《孔子改制考》，《四上書記》，《長興學記》，《孟子微》，《萬木
草堂叢書目》，《禮運注》，凡二十二册。

《古史辨》第三册，初版印千五百部，出版一年，僅乃銷畢，
亦可憐矣。

十一月八號星期二

草《揚州境界問題》序論畢。豫備功課。地山來，留飯。

到校，上課二小時（兗青疆域）。振鐸來。與起潛叔談話。續
草《揚州問題》千餘言。

子陵來。芸圻來。

植新來。

十一月九號星期三

竭力草《揚州問題》，畢。凡五千餘言。德坤來。文楷齋劉明
廣來。

乘一時半車進城，到北大上課兩小時（《禹貢》本文畢）。與賓四談話。到書社。到燕大校友會，開房間，留宿。

在校友會夜餐。到北海，訪陳驥塵，同到孟真處，并晤緝齋，談至十時別。

十一月十號星期四

七時許出，乘電車至珠市口，到林宰平先生家，取《左海全集》。到王姨母處，看《通志堂經解》。到市場潤明樓吃飯。還校友會，與孟恒德談話。乘十二時車歸。

容女士來。豫備功課。到校，上課一小時。到圖書館，審查善本書。

校講義稿。趙澄來。趙泉澄來。與自珍讀《左傳》（隱四年）。看《象牙戒指》。

晚自校步歸，薄寒淡月，忽起悲心，自念：愛，予之所熱烈以求者也，而寸步不能行。學，予極有野心者也，終遭牽掣，不能如願以償。人事，予所畏避者也，顧終無法却絶，且益陷益深，有“殺君馬者道旁兒”之嘆。欲爲者不得爲，不欲爲者不得不爲，奈何奈何！

又念：予之所以終不灰心者，則以對于愛與學有終必成功之信念。此信念毫無事實的根據，只仿佛有上帝的默示而已。

十一月十一號星期五

改德坤《中國明器》。寫陳驥塵，故宮博物院，聞野鶴，伍蠡甫，楊德昭，顧羨季，王雲五，王禮錫信。修綆堂來。

草整頓頌文義莊意見書，約一千言。看《象牙戒指》。挂李兆洛地圖。到振鐸處，晤劉女士。趙肖甫來，留飯，飯後全家到清華看電影。

整理書籍。寫張亮丞信。寫《春樹閑鈔》題記。

故宮博物院作賊心虛，前經我們一罵，上星期即送專門委員聘書與我。今日退還之，謂"課務甚忙，無暇到貴院審查物品。惟寶重古物之心不後于人，得爲貴院諍友，是所願也"。

十一月十二號星期六

寫夏癯禪信。亮丞來，與同到校，給邱繼繩畢業考試。試畢，與煨蓮談。牟潤孫來。亮丞來，與同到史祿國家赴宴。

訪葉公超，未遇。訪佩弦，遇之。訪紹虞，訪張孟劬先生。

邱繼繩來。

今午同席：Emile Gaspardone 夫婦（夫法人，婦日人）　亮丞　予（以上客）　史祿國夫婦（主）

加斯巴東研究安南史，來北平看《明實錄》及其他安南史料，雖不能説中國話而可看中國書，對之殊爲生愧。

十一月十三號星期日

寫賀昌群，樊漱圃信。校講義稿。改《古史辨》廣告稿。與履安到振鐸家赴宴。

邀佩弦夫婦及江清到吾家小坐。與履安同乘五點半車進城，予赴立廠宴。履安到市場購物。

十時，回王宅宿。

今午同席：佩弦夫婦　平伯　紹虞　江清　斐雲　予夫婦（以上客）　振鐸夫婦（主）

今晚同席：玄同　叔平　楊仲子　潘鳬公　雲垿　子植　盼遂　斐雲　森玉　中舒　錫永　余（以上客）　唐立庵（主）

十一月十四號星期一

進點後與履安同到東交民巷鋪中取皮衣。到張西堂夫人處。到西單購物。到羅雨亭處。出，到西單市場吃飯，到真光訪何殿英，并與履安合攝一影。

回王姨母處，改德坤《明器》一文畢，看張維華所著《葡萄牙第一次來華使臣考》稿，翻看《通志堂經解》。乘六時車歸，遇劉師儀女士。

子陵來。記日記。

此四日中，時間完全費在酬應上。如此生活，學問又有何望？昨與子植談，予謂郭沫若之著作何其多？彼云："無雜事，可專心。"此言殊刺予心，予安得有此無雜事之生活耶？年日以長，黃金時代將逝矣，奈何！

因有此牢騷，昨晚遂于夢中語人曰："吾將入山讀書五年。"此種夢想，我當矢志實現之。

十一月十五號星期二

豫備下午功課。校講義稿。

到校，上課二小時（青州，徐州之疆界）。德坤來，與之商榷所改文字。到振鐸處。到容女士處。

瞿子陵來。到劉廷佐處。草《荊州疆界問題》一序。曹敬盤來捐款。

十一月十六號星期三

續草《荊州疆界問題》畢，凡二千餘言。耿長來來。

乘一時半車進城，到北大上課二小時（九州總說）。遇賓四，斐雲。到姨母處。到毛以亨處，談一小時，同出。

到德國飯店就宴，九時許歸姨母處，宿。

今晚同席：適之先生　子水　緝齋　楊亮功　趙君夫婦　蔡

女士　江澤涵　陳醫士　予（以上客）　以亨（主）

十一月十七號星期四

在姨母處校《朱熹辨僞書語》及《老子》文（入《古史辨》
者）。十時半到景山書社，校《古史辨》廣告及《僞書考》序。乘
十二時車歸，遇許仕廉，馬太玄。

容女士來。豫備功課。到校上課一小時（揚州）。校講義稿。
歸，與何峻機女士談話，留之飯。

點孫詒讓《職方正義》。

十一月十八號星期五

作《書古文訓·禹貢》跋約一千言。到校，赴宴。晤羨季。

賓四來。文藻來。建功來，久談。校《漢·地理志》所引
《禹貢》《職方》地名。到曹家送捐款。

與履安，二女，起潛叔，馮世五同到校看電影。

今午同席：建功　振鐸　季明　予（以上客）　　紹虞（主）

看《故都春夢》電影，有一字幕曰：“分梨，分離，吾不願
和你分離。”宛然予去年一月中事讖，爲之抑鬱。

十一月十九號星期六

作《書古文訓·禹貢》跋畢，共六千字（修改一過）。寫鄂姑
母信，祝六十壽。寫吳寄荃信，介紹起潛叔到李木齋處看《隸古定
尚書》。

與起潛叔，履安，何女士同到振鐸家看《西廂記》展覽會，又
到操場看與清華賽球。鈔《豫州境界問題》二千餘字。

豐田來。看《兩周金文辭大系》。點《職方正義》。

傷風，喉塞，精神遂不振。

十一月二十號星期日

到孫海波處。乘十點半車進城，到市場購《國聞周報》。到玉華臺赴宴。

三時席散，乘電車至西直門，換人力車歸。已四時三刻，天將暮矣。肖甫來談。校講義。

點《職方正義》，粗畢。

今午同席：查斯璞夫婦（即 E. Gaspardone，今日予等爲之取中國姓名）　史禄國夫婦　福開森夫婦　李聖章　徐旭生　予（以上客）　張亮丞（主）

福開森先生來中國四十年。今日席間謂十八世紀以前，全歐洲之著作，其分量不能抵中國一國。因謂渠十八歲以前，已將希臘，拉丁文著作全讀畢，若在中國，則決無以一十八歲之青年而將古書全讀畢之理。中國學問之難治，於此可見。渠今年六十七歲，甚望多活數年，俾對於中國文化更能深知。其精神毅力可佩。

十一月廿一號星期一

寫福開森，適之先生信。德坤來。鈔《職方》全文，并録一《禹貢》《職方》地名比較單。校講義。

看晋華《靖難事變考》稿。理信札。寫敬文，子匡，光明，西堂，通伯，元胎，敬軒信。

讀《左傳》。整理孫詒讓《職方正義》。

十一月廿二號星期二

豫備下午功課。

到校，上課二小時。遇張東蓀，談話。與士嘉談話。歸，容女士來。理講義。紹虞，振鐸來。

肖甫來。子陵來。校《職方正義》。

十一月廿三號星期三

修改《豫州境界問題》，訖。豫備下午功課。耿君來。

乘一時半車進城，與振鐸同車。到北大上課二小時（冀州境界）。到晉華處，到書社，乘六時車歸。遇德坤，趙澄。

校《職方正義》。

破曉，夢歸家，祖母自他處來視予。去時，予送之，至懸橋卷，撫其背曰："請雇車行。有事時請寫信來。"是時胸中鬱甚欲哭，淚已承于睫矣，忽醒覺。噫，予之所浹骨淪髓以愛者，惟祖母與健常耳。

十一月廿四號星期四

校《職方正義》。豫備下午功課。

到振鐸處。與履安，容，劉二女士，自明，到蔚秀園看圖畫展覽（滕圭作品）。壽林來。到校，上課一小時。到圖書館開審查會。

劉師儀女士來。校《老子》一文。

十一月廿五號星期五

燕京印刷所經理陳昌期君來接洽印講義事。看植新擬講義稿《黑水》。寫瞿子正喜聯，祝廉先條幅。挂地圖。整理《周禮職方正義》。通學齋人來。

到植新處。容女士來。擬《燕京學報》第十二期目，開稿費支票。家昇來。紹虞來。維華，席群，育伊來。

與履安，自珍，起潛叔，肖甫到校看《續故都春夢》電影，十一時眠。

十一月廿六號星期六

容女士來。整理《周禮職方正義》，竟三十頁。旭生先生來，招煨蓮共飯，談至二時許。

光信來。張君來。容女士來。

記日記四天。看《檮杌萃編》。

中夜，夢將六年前慕愚贈我之小影放大。恐爲人所見，仍置篋中。以忽醒，乃憶之。

工作較多，心臟悶痕。此真難事！

十一月廿七號星期日

爲張季善等所辦《充實雜志》作贈言，得一千餘言。肖甫來。

到煨蓮處午飯，飯後談至天黑始歸。公寫一王素意女士信，請其歸辦印刷所。

看《檮杌萃編》。

今午同席：盛成　季明　予（以上客）　煨蓮（主）。飯後來談者：張銓　虞振鏞　胡經甫　章任堪。振鏞兄見告：渠在東三省時曾作一調查，小學畢業生之入中學者僅千分之四，小學畢業生之入大學者僅千分之一之四分之一。聞之咋舌。

十一月廿八號星期一

寫邵展成，孫伯葵信，寄吊禮。改《充實》贈言，訖，寫張季善信，寄去。爲容女士改《詞史》提要稿。

整理《東壁遺書》餘稿。趙惠人來。與振鐸，紹虞同到清華，訪佩弦，芝生，談樸社事。

歸，看《檮杌萃編》。振鐸來借書。

今夜忽發燒，熱高一度，因此早眠。

今年天氣不好，乾而熱。至陰曆十月底矣，湖中尚未結冰，以是害病者甚多。

十一月廿九號星期二

校講義稿。整理講義。豫備功課。

海波來。到校，上課一小時（《書古文訓》畢）。訪志辛，未值。陳昌期來取講義稿。看《檮杌萃編》，盡兩冊。

夢贈慕愚一聯，餘皆忘之，但記"直道"二字，此真彼之人格之核心也。

今日胃呆甚，上午連一碗牛奶也吃不下，午飯未進，晚飯亦僅吃薄粥耳。因此，上課減少一時。

身體一壞，前途即覺暗淡。近來每一伏案，即覺胸前悶痕。因此，近日不能做多少工作。若永久如此，予其已矣！我將來手頭較寬裕時，必不教書。因一教書即無從容之時間讀書作文，每當讀書作文時，此心卜急殆不可堪也。

十一月三十號星期三

寫趙巨川信，爲省立五中紀念刊題詞。到志辛處，未遇。寫請客片。鈔《職方今地釋》。豫備功課。

乘一時半車進城，到北大，遇向奎，季善，賓四，受頤，斐雲，讓之等。上課一小時。到晉華處送款。到書社，校《古史辨》。

乘六時車歸。校石印講義。記日記四天。

今日飯量較增。

一九三二年十二月

十二月一號星期四

豫備功課。張子玉來。文楷齋劉君來。履安代寫致《世界日報》函。

紹虞來。德坤來。到校，上課一小時（揚州，訖）。與士嘉談。

到圖書館開會審查書籍，適班禪來參觀。

樂植新來。于道源來。鈔《水經》目録。校講義稿。

今日報載"周利生爲故宮古物事，于廿九日親到清華大學，訪教授顧頡剛等，商酌意見"，此言真怪。我既非清華教授，亦無周利生來訪之事，何來此謠傳。因發函與《世界日報》更正之。至《晨報》則排爲"顏頡剛"，不必更正也。

十二月二號星期五

作《周官職方篇》跋，未畢。

理耳房中書籍，起潛叔相助。

今晨大便，爲從來未有之便秘，計上厠者二次，費一小時許始得下。自今以後，當多吃柿子。

十二月三號星期六

理書室中書籍什物。宴客。

續作《周官職方》跋畢，共約三千言。到容宅。

今午同席：查斯璞夫婦　史禄國夫婦　王克私　子通　亮塵起潛叔（以上客）　予夫婦（主）

十二月四號星期日

德坤來。李子魁來。到校，欲乘汽車而車已開，步行至海甸，雇人力車進城，到北平圖書館開購書委員會。吃飯。

會畢，孟真雇汽車邀同至劉半農處，又至倫哲如處看書。又至琉璃廠來熏閣，邃雅齋看書。乘六時車歸。

校《古史辨》稿。校講義稿。

今午同席：陳援庵　陳寅恪　傅孟真　趙萬里　徐鴻寶　袁同禮　予

十二月五號星期一

寫幼漁先生信。爲德坤改《調查經濟地理計畫》。改作《黑水問題》欒植新君代編之講義。邃雅齋送書來。

振鐸來。容女士來。

豫備明日功課。

十二月六號星期二

豫備功課。王重民，孫楷第來，伴游燕東園，朗潤園，蔚秀園及學校，同歸，留飯。耿君來。

到校，上課二小時（荊，豫州境界）。到圖書館，審查書籍。

校《黑水問題》講義。

十二月七號星期三

修改《黑水問題》。到司徒校務長處，赴宴，三時出。

點《漢書·地理志》，略畢。胡坤達來。士嘉來。

今午同席：程昌祺（成都協和大學國文系主任）　吳校長　煨蓮　季明　博晨光　洪都　予（以上客）　司徒雷登（主）

今日席散已二時許，北大課只得請假。此予請假之第一次也。

十二月八號星期四

容女士來。繪《職方》地圖。德坤來。張子玉來。文楷齋人來。

豫備功課。到校，上課一小時（《職方》）。與翁獨健君談。到李瑞德家，開歷史系教授會。

肖甫來談。

肖甫來述北大女學生語云："顧某學問太高，編的講義太深，我們看不懂。"噫，我亦知此調不能索知己于紅顏也。

今晚同會：王克私　李榮芳　洪煨蓮　鄧之誠　李瑞德　朱

士嘉　予

十二月九號星期五

寫滕白也，容女士，查斯璞信。丁迪豪來。羅雨亭來。點《黑水問題》講義重鈔本。

翁獨健來。到廉先處送對聯，談一小時。在成府剃頭。

校《古史辨》稿。勘《溝洫志》，《地理志》句讀。

剃頭，竟費一小時又四十五分，可怕。

燕大史學系學生，以齊思和，翁獨健，馮家昇，譚其驤四君爲出類拔萃之人物。惟譚君爲嘉興人，不能用苦功，他三人將來必有成就。

十二月十號星期六

寫錢玄同，金耐先女士信。勘《地理志》句讀畢。校講義（《地理志》）。

宴客。席散後，乘三時半車進城，與振鐸同車。到永興紙行，會田，馬二君，同到吳季荃先生處談，且看其所存舊報。

出，到市場吃飯。到景山書社，到以中處，至賓四處宿，談至十時半。

今午同席：博晨光夫婦　施美士夫婦　劉廷芳夫婦　李榮芳夫婦（以上客）　予夫婦（主）

十二月十一號星期日

在賓四處吃點後，到以中處小坐。到孔德學校，草燕大社會學系與樸社訂立之叢刊契約。起潛叔來，玄同先生出見，談至十二時半，予到玉華臺吃飯，照相。

二時半出，到北平研究院，開北平志編纂委員會，至六時未畢，予先退，趕乘六時半車歸。風狂甚，陡寒。

校講義（孫氏《職方正義》）。

　今午同席：史禄國夫婦　張亮丞　予夫婦（以上客）　查斯璞夫婦（主）

　下午開會：馬叔平　陳援庵　李玄伯　徐旭生　予　常維鈞

十二月十二號星期一

鈔陳棨算術教科之開方法七頁。

到吕劍秋處，談一小時。到鄧文如處，亦談一小時。到吴文藻處，未遇。到研究所，與容女士同往蔚秀園看藝術展覽會，與紹虞等同歸。容女士來。

肖甫來。振鐸來。爲起潛叔書墨盒銘。

以欲解《職方》之九服面積及其分國法，因重理在中學時所習之開方。然讀不如鈔之入肚，故鈔一過。我自省係一科學之才，只以生在中國，又居蘇州，致幼時未克向此方面進行，而今則已無及矣。

十二月十三號星期二

豫備功課。填履歷表送校長室。寫王禮錫，胡鑑初信。

到校，上課二小時（《職方》本文，畢）。到研究所。到圖書館，開會審查書籍，至六時半歸。

覆看《地理》《溝洫》兩志句讀。

與鑑初書曰：《東壁遺書》至今未能編畢，我的對不起貴館尚有何説。推原其故，實因處社會中一切不得自由，一方面既要求我研究學問，一方面又逼迫我作交際人情，故儘有天天赴宴陪客而一月中得不到一剃頭沐浴之時間者，言之悵然。

十二月十四號星期三

寫其驤，佩弦，剛主，斐雲信。記日記四天。擬“中國通史”課《陰陽五行思想及秦漢的宗教》大綱。

乘一時半車進城，到書社，到北大上課二小時（《書古文訓》）。與張季善同出，到汽車行談，遇白也。

鈔《地理志》郡國戶口目，并以戶口多寡列一次第。

寫其驤信，勸其努力從事於移民史之研究，勿隨環境流轉，勿與他人較短長，勿因一時之挫折而灰心，更當堅忍習苦，勿以生活之舒適爲目標。未知彼能受此盡言否？

十二月十五號星期四

鈔校《地理志》，依人口排一次序。豫備功課。容女士來。

到校，上課一時（《職方正義》）。到穆樓，聽袁希淵講演。與履安，自珍，起潛叔同到貝公樓聽彌撒樂曲。

到燕京印刷所。校《職方正義》排樣。

昨夜睡至四時忽醒，至六時又眠，夢見慕愚環游世界歸來，德坤爲畫一行程圖。她使人送我以冰糖葫蘆，謂是在日本手制者，予受其一串。日來部中正開内政會議，不知其忙碌何如，體爲何如，未能通問，悵惘何窮！

十二月十六號星期五

校《地理志》鈔樣。勘《漢書・地理志》畢，發鈔印。

通學齋人來。李子魁來。容女士來。欒植新來。徐貢珍來。葉公超，吳子臧來，留飯，談至九點別去。

校《職方正義》稿。爲容女士改文。

十二月十七號星期六

容女士來。記日記。乘十時半車進城，到姨母處。取書，校《古史辨》。到東興樓赴宴。

飯畢，到書社，校《朱熹辨偽書語》。到中央研究院，與孟真，君樸談。與孟真同到適之先生處，祝壽。

飯前談話，飯後看打牌，看小說。十時與孟真同歸，宿其家。

今午同席：查斯璞　西蒙（德人）　丁在君　李方桂　李濟之　李玄伯　劉半農　梁思永　陳受頤　予（以上客）　傅孟真（主）

今晚同席：在君　上沅　胡筱溪　顧一樵　羅隆基　孟真　紹原　子水　緝齋　予（以上客）　適之先生（主）

十二月十八號星期日

在孟真處進點後出，到書社，遇振鐸，同到覺明處，參觀其房屋。同出，到西四同和居赴宴。

飯後與紹虞同出，乘電車至西直門，換乘人力車歸。馮家昇來。紹虞來。

校講義稿。

今午同席：幼漁　叔平　森玉　思泊　王力（了一）　覺明　靜之　錫永　立厂　欣庵　盼遂　雨亭　斐雲　紹虞　振鐸　宰平　予（以上客）　雲圻　剛主　子植（以上主）

吃了三頓飯，兩天完矣，舌上亦覺乾燥無味矣。

十二月十九號星期一

點從洪亮吉文集中所鈔之文十篇。校講義（《地理志》）。

點勘《職方正義》荊豫二州。容女士來。滕白也來捐款。

與自珍共讀《琵琶行》十餘遍。

十二月二十號星期二

豫備功課，畫三江圖。

到校，上課兩小時（《職方正義》，揚州）。到圖書館，審查書籍，六時出。

到文藻處吃飯，談至九時許歸。點勘《職方正義》。

夜歸，得健常寄來民國十七年各省市戶口調查統計報告一册，民國二十年份蘇浙等十四省縣長統計一册，又民國二十年十一月各省荒地概況統計一册，皆內政部統計司所編，健常所與從事者。無信件，書面亦未署名。即此可知彼沒有忘記我，只是在現狀之下不便與我通音問耳。爲之一慰。

今晚同席：傅尚霖　鄭振鐸　予（以上客）　吳文藻（主）

十二月廿一號星期三

傅尚霖來。寫袁希淵（贈《古史辨》），傅尚霖（爲楊成志事），戴仲呂，土嘉信。張子玉來。發後日請客片。耿長來來。

進城，上課兩小時（《職方》）。李晉華來。到書社。乘六時車歸，晤張銓，胡經甫，與胡君長談。

歸，宴客，至十時許客散。十一時許眠。

今晚同席：吳碧澂　戴仲呂　朱士嘉　費孝通　王大珩　錢惠長　趙肖甫　欒植新　馮世五（以上客）　予（主）

今晚爲冬至夜。

十二月廿二號星期四

校《職方》講義。容女士來，爲改其《學術界消息》。豫備北大課。

豫備功課。到校，上課一小時（《職方》，三江）。到圖書館開審查會。

煨蓮來。芸圻來。校《職方正義》鈔本。

十二月廿三號星期五

豫備北大《陰陽五行思想及秦漢的宗教》一課材料。

子臧來。振鐸來。

與履安到芝生家赴宴。九時歸，更集材料。

今晚同席：張東蓀夫婦　黃子通　衛挺生　桑女士　杜女士
予夫婦　馮景蘭（以上客）　芝生夫婦（主）

十二月廿四號星期六

豫備下午功課。

進城，到景山書社。到北大上課兩時半，學生到兩時後多離席
去，如此不能耐勞，將來復有何望！

貢珍來。六時半歸，宴客，十時許散。

晚自城中歸，得慕愚十二月十九日來書，呵，我們的友誼復
活了！這是我的生命史上的大事！函中謂"張文理先生來京，談
及吾師近況，甚爲欣慰。邇來進行如何？……此間死氣沉沉，苟
且度日，苦惱殊甚。……值此國家危急之時，不能作些實際救亡
工作，而惟隨人俯仰，云何能安！回思求學時之抱負，不禁感慨
係之矣！"讀此函，激起我到兩粵作實際工作之心，因珠江流域
人有信仰，能組織，具勇氣，復興中國者必在于是也。

十二月廿五號星期日

校講義《職方正義》。校《古史辨》第四册下編。

寫健常信，約二千餘言。肖甫來，留飯。

校《朱熹辨僞書語》。校《職方正義》鈔本。

邇來事冗，各處信件均擱起，甚至父大人處信亦已兩月不
發。今日星期，幸無客來，大可做些手頭未了之事，或寫父大人
處信，然而竟寫一健常信。情之所驅，至於如此，此固宇宙間惟

一之原動力哉！

　　昨夜同席：翁獨健　馮家昇　黃席群　王育伊　張維華　嚴星圃　謝國彥　高仰山　鄧嗣禹　李子魁（以上客）　予（主）

十二月廿六號星期一

　　校《孝經》。理信札。囑自明鈔出致健常書。寫父大人，劉朝陽信。

　　校《古史辨》稿。趙惠人來長談。

　　覆勘《職方正義》稿，備發印。

十二月廿七號星期二（十二月初一）

　　張子玉來。張孝訢女士來詢會館歷史，爲寫旭生先生信。豫備功課。

　　到校，上課二小時（《職方》，揚，荆）。到圖書館，審查書籍。

　　覆勘《職方正義》點句二十餘頁。

　　晨夢健常有信來，只聊聊三數行字，履安揶揄我曰：“你寫得這般長篇累牘，她何以只數行呢？”予曰：“此非答我之信，乃答我之寄物也。我的信昨天剛發，還來不及有覆信來呢！”

十二月廿八號星期三（十二月初二）

　　寫趙豐田，麥太太，羅太太，郭篤士信。豫備功課。

　　進城，上北大課二小時（《職方》）。與讓之等談。吳玉年來談。到書社。六時車歸，遇張銓。

　　校講義稿及《古史辨》稿。

　　日軍準備大舉攻熱，北平城中有謠言，謂日方準備以黃河爲界，黃河以北爲大清國，以南爲中華民國，而擁溥儀來北平復辟。此事亦甚可能，如果實現，我決計舍此而去矣。

十二月廿九號星期四（十二月初三）

容女士來。寫煨蓮信。寫陳昌期信。豐田來。記日記。寫王禮錫信。耿長來來。

豫備功課。到校，上課一小時（漢源與雲夢）。到圖書館。審核《職方正義》句讀。

嚴星圃來。鈔宗教史料，備後日講。

未曉，夢扶祖母上泰山，是時祖母似已偏中，盡力抱之而上，慈顏甚喜。噫，祖母歿十年矣，猶得承色笑于夢寐之間，何其幸也！

接法公使館來電話，知伯希和已到平，邀明日往宴。他一來，又不知要費我多少功夫在交際上。別人要名要利，我則只要時間。一個半天，寫了幾封信，接了幾個電話，也就完了！

十二月三十號星期五（十二月初四）

發《學報》文二篇，寫容女士信。豫備明日功課。

與煨蓮夫婦同坐汽車到法公使館赴歡迎伯希和之宴。三時，席散，即歸。志辛來，結束一切。紹虞來，同到振鐸處。

到清華，赴葉公超之宴。十時，仍步歸。

今午同席：伯希和　翁文灝　傅沅叔　胡適之　李書華　劉半農　陳援庵　蔣夢麐　張亮丞　馬叔平　沈兼士　黃文弼　李玄伯　李麟玉　傅孟真　丁在君　羅莘田　邵可侶　鐸爾孟　沈尹默　陳寅恪　洪煨蓮　李濟之　予等約三十餘人（以上客）　法公使衛禮孟　參贊雷因（主）

今晚同席：朱佩弦夫婦　劉崇鋐夫人　江清　予（以上客）　葉公超夫婦（主）

十二月卅一號星期六（十二月初五）

豫備功課。

進城，到書社。到北大，上課二小時（秦漢宗教）。到書社，校《古史辨》稿。

校《職方正義》（以楚學社本）。

考古

　　胡肇椿　　袁復禮　　李濟　　董作賓　　裴文中　　翁文灝
社會史

　　陶希聖　　吳文藻　　郭沫若　　嵇文甫
通史

　　丁文江　　胡愈之　　傅斯年　　陳寅恪　　陳衡哲　　胡適　　羅家倫
　　楊筠如
專史

　　薛澄清　　葉國慶　　朱士嘉　　謝國楨　　白壽彝　　邵君樸　　魏守謩
　　丁迪豪　　鄭振鐸　　齊思和　　趙豐田　　滕圭　　姚名達　　賀昌群
　　譚慕愚
宗教史

　　許地山　　陳垣　　陳懋恒　　趙邦彦　　江紹原　　李鏡池　　黃石
民族史

　　牟傳楷　　趙泉澄　　譚其驤　　楊成志　　何觀洲　　辛樹幟　　史禄國
　　石聲漢
言語史

　　魏建功　　黃淬伯　　黎劭西　　劉半農　　錢玄同　　趙蔭棠　　顧廷龍
　　容庚　　商承祚　　唐蘭　　吳其昌　　劉盼遂　　瞿潤緡　　葛毅卿
交通史

　　張星烺　　向達　　鄭德坤　　王庸　　黃文弼　　張維華
近代史

　　　　羅家倫　　蔣廷黻　　顧敦鍒　　黎光明　　李劍農
民俗史
　　　　鍾敬文　　婁子匡　　林培廬　　張清水　　謝雲聲　　魏應麒　　葉均仁
　　　　羅香林
年表及地圖
　　　　劉汝霖　　張頤年　　邱繼繩

易　　　劉節　　侯堮
書　　　劉盼遂　　唐蘭　　顧頡剛
詩　　　顧頡剛　　張壽林　　鄭振鐸
儀禮
周禮
禮記
春秋左傳　　　張西堂　　陳槃
公羊傳　　　張西堂　　錢玄同
穀梁傳　　　張西堂
孝經
論語　　　趙貞信
孟子
爾雅　　　顧廷龍　　侯堮

今古文問題　　　錢玄同　　劉節　　錢穆
三體石經　　　顧廷龍
老子　　　沈國華
莊子
列子
管子　　　羅根澤

韓非子

呂氏春秋　　許維遹

淮南子

荀子

墨子　　胡適

山海經　　鄭德坤

論衡　　高　　　何定生

文子

慎子

尹文子

商君書

汲冢書　　黎光明

楚辭　　丁迪豪

史記　　徐文珊　趙澄　欒植新　金德建

漢書　　楊樹達　錢穆　趙貞信

後漢書

三國志

晉書

宋書

齊書

梁書

陳書

魏書

北齊書

周書

南史　　牟傳楷

北史

隋書

舊唐書　　李延增

新唐書

舊五代史　　　班書閣

新五代史　　　班書閣

宋史　　余遜　吳其昌　趙萬里　聶崇岐

遼史　　馮家昇　鮑汋

金史　　鮑汋

元史　　翁獨健　鮑汋　張星烺　陳垣　張爾田

明史　　黎光明　李晉華　吳春晗　孟森

律曆，天文　　錢寶琮　劉朝陽　唐蘭

地理，河渠　　鄭德坤　譚其驤

食貨　　王肇鼎

禮樂，輿服，祭祀　　李光信

五行，符瑞　　張福慶

刑法

藝文　　趙錄綽　聶崇岐　胡鳴盛

職官，選舉　　李延增　鄧嗣禹

釋老

兵衛

　　贈送《古史辨》第三冊者

二十一年一月

一日（1）起潛叔（乙）

二日（2）錢賓四（丙）　（3）王以中（丙）

四日（4）陳槃　（乙）　（5）李晉華（丙）　（6）邵君樸（丙）
　　（7）陳黃榮（丙）　（8）李光信（丙）

五日（9）容希白（乙）　（10）容媛　（乙）　（11）洪煨蓮（乙）
　　（12）楊鴻烈（乙）

六日（13）丁山　（乙）　（14）陶希聖（乙）　（15）謝剛主（丙）　（16）
　　劉子植（丙）　（17）丁在君（乙）　（18）傅孟真（甲）　（19）陳援
　　庵（乙）　（20）袁守和（乙）　（21）余讓之（丙）　（22）陳受頤
　　（丙）　（23）馬叔平（乙）　（24）馬幼漁（乙）　（25）向覺明（丙）
　　（26）劉半農（乙）　（27）董彥堂（乙）　（28）錢玄同（甲）　（29）
　　胡適之（甲）　（30）何定生（甲）　（31）魏建功（甲）

七日（32）瞿子陵（丙）　（33）沈勤廬（丙）　（34）何伯龍（丙）
　　（35）鄭振鐸（乙）

八日（36）商錫永（乙）　（37）郭紹虞（乙）

九日（38）吳春晗（丙）　（39）馮芝生（乙）　（40）浦江清（丙）　（41）
　　吳子馨（丙）　（42）俞平伯（甲）　（43）蔣廷黻（乙）　（44）胡鑑
　　初（丙）　（45）黃子通（乙）

十日（46）張天廬（乙）　（47）趙肖甫（乙）

十一日（48）侯芸圻（乙）　（49）張任父（乙）　（50）周啓明（乙）
　　（51）許地山（乙）　（52）羅雨亭（丙）　（53）衛聚賢（丙）
　　（54）劉盼遂（丙）　（55）黃仲良（丙）　（56）胡文玉（丙）
　　（57）王重民（丙）　（58）孫楷第（丙）　（59）黎劭西（丙）
　　（60）陳寅恪（乙）　（61）徐中舒（丙）　（62）方欣安（丙）
　　（63）范仲澐（乙）　（64）李濟之（乙）　（65）張亮丞（乙）　（66）
　　任叔永　陳衡哲（乙）　（67）牟傳楷（丙）

十二日（68）劉廷芳（乙）　（69）馬季明（乙）　（70）吳文藻（乙）

十四日（71）張蔭麟（丙）　（72）班書閣（丙）　（73）張長弓（丙）

十五日(74)魏應麒(丙) (75)郝昺衡(丙) (76)王碩輔(丙)
　　(77)劉朝陽(丙) (78)楊今甫(乙) (79)聞一多(乙)
　　(80)張西堂(乙) (81)容元胎(甲) (82)黃仲琴(乙)
　　(83)高本漢(乙) (84)張維華(丙,又一,二) (85)王昆玉
　　(乙) (86)曲繼皋(乙) (87)杜子勁(乙) (88)葉聖陶
　　(乙) (89)吳緝熙(乙) (90)陳通伯(乙) (91)恒慕義
　　(乙) (92)聞野鶴(乙) (93)黃任初(乙) (94)張立志
　　(丙) (95)謝雲聲(丙) (96)蔣崇年(乙) (97)程仰之
　　(乙) (98)林濟青(乙) (99)欒調甫(乙) (100)丁伯弢
　　(乙) (101)黃淬伯(乙) (102)楊德昭(乙) (103)何柏丞
　　(乙) (104)周予同(乙) (105)胡愈之(乙) (106)劉大白
　　(甲) (107)鍾敬文(乙) (108)王伯祥(乙) (109)姚達人
　　(丙) (110)修中誠(乙) (111)羅志希(乙) (112)李鏡池
　　(甲,丙) (113)劉澤民(丙) (114)袁洪銘(丙,又一,二)
十六日(115)劉師儀(乙) (116)定生之友(丙,又一,二)
十九日(117)羅香林(丙) (118)吳雷川(乙,又一)
　　(119)司徒雷登(乙) (120)祝廉先(乙) (121)譚健常(甲)
　　(122)謝祚茞(乙) (123)嵇文甫(丙) (124)陸侃如(丙)
　　(125)李安宅(丙) (126)父大人(乙) (127)魯弟(乙)

朱士嘉　後門內訥福胡同九號
陳懋恒　東四北馬大人胡同卅四號
趙泉澄　北大三院
錢穆　南池子南頭緞庫六號